浙江省金融学会重点研究课题获奖报告2013

浙江省金融学会　编

中国金融出版社

责任编辑：张智慧　赵晨子
责任校对：孙　蕊
责任印制：丁淮宾

图书在版编目（CIP）数据

浙江省金融学会重点研究课题获奖报告 2013（Zhejiangsheng Jinrong Xuehui Zhongdian Yanjiu Keti Huojiang Baogao 2013）/浙江省金融学会编．—北京：中国金融出版社，2014.7

ISBN 978－7－5049－7555－3

Ⅰ．①浙…　Ⅱ．①浙…　Ⅲ．①金融改革—研究报告—中国—文集
Ⅳ．①F832.1－53

中国版本图书馆 CIP 数据核字（2014）第 119792 号

出版发行 中国金融出版社
社址　北京市丰台区益泽路 2 号
市场开发部　(010)63266347，63805472，63439533（传真）
网上书店　http://www.chinafph.com
(010)63286832，63365686（传真）
读者服务部　(010)66070833，62568380
邮编　100071
经销　新华书店
印刷　保利达印务有限公司
装订　平阳装订厂
尺寸　169 毫米×239 毫米
印张　22
字数　399 千
版次　2014 年 7 月第 1 版
印次　2014 年 7 月第 1 次印刷
定价　45.00 元
ISBN 978－7－5049－7555－3/F.7115
如出现印装错误本社负责调换　联系电话（010）63263947

序　　言

2013年，党的十八届三中全会明确提出要全面深化改革，全会审议通过的《中共中央关于全面深化改革若干重大问题的决定》，对金融重点领域和关键环节的改革进行了全面部署，开启了新的改革窗口，将进一步激发金融发展的内在动力和活力，是指导新形势下金融改革发展工作的行动纲领。

长期以来，浙江在经济金融领域都是“敢为人先”，在金融领域创造出多个令人瞩目的全国“第一”，特别是温州又处在浙江金融领域改革创新的前沿，第一家股份制城市信用社的建立、第一家私人钱庄的出现、第一个深化利率改革试点都在温州。浙江还是金融创新最为活跃的地方，良好的金融生态环境也为金融创新提供了温床。在改革与创新的引领下，浙江成为全国城市商业银行最为集中的区域。如今，浙江金融业迎来难得的改革机遇，温州金融综合改革、丽水农村金融改革、义乌国际贸易金融专项改革、台州小微企业金融服务改革四项区域金融改革在浙江试点。这是推动全省金融改革的驱动力，也是全省金融业发展的良好契机。

浙江省金融学会是浙江省从事金融科学研究的学术团体，主要宗旨是组织金融行业和社会金融研究力量开展经济、金融理论研究，促进浙江金融业发展。长期以来，浙江省金融学会在广大会员单位的共同努力下，推动学术繁荣，注重成果转化，不断提升学会的社会服务功能和社会影响力，为推进浙江省金融改革发展、服务浙江经济社会，较好地发挥了金融学术社团的思想库、智囊团作用。在当前金融改革的浪潮中，浙江省金融学会正以温州、丽水、义乌和台州金融改革为重点，牢牢抓住难得的历史机遇，不断探索和及时总结区域金融改革经验和模式，为全国金融改革提供经验和借鉴。

2013年度，浙江省金融学会重点研究课题主要围绕区域金融改革与发展的重点、难点问题展开，共结项76项，内容涉及金融支持城镇化、地方金融组织体系、区域性资本市场发展、投资银行业务、供应链金融、民间金融、担保链风险等，课题研究的学术性、针对性、务实性很强，对浙江金融业的改革与发展有很好的参考作用。经浙江省金融学会重点研究课题评审小组评定，共评选出一等奖8项，二等奖16项，三等奖24项，优秀奖28项。我们将获得一等奖和部分二等奖的课题成果按获奖名次集结并公开出版。由于篇幅有限，多数课题篇幅被压缩，但每一篇课题成果的完整性并未受到影响。

这些课题成果的取得是课题组成员精诚合作、创造性地开展工作的结果，但由于经济金融是一个不断发展变化的领域，所以相关研究难免有不完善及遗漏之处。我们期待读者的反馈，以促进央行金融理论和政策研究工作的深化和发展。

浙江省金融学会会长　张健华

二〇一四年四月

目 录

一等奖

二等奖

一等奖

金融支持新型城镇化路径研究

——基于金融发展与城镇化关系的视角

中国人民银行杭州中心支行课题组*

一、导论

（一）问题的提出

2012年12月16日，中央经济工作会议指出，“城镇化是我国现代化建设的历史任务，也是扩大内需的最大潜力所在，要积极引导城镇化健康发展。”刚刚闭幕的十八届三中全会审议通过的《中共中央关于全面深化改革若干重大问题的决定》明确提出，“坚持走中国特色新型城镇化道路，推进以人为核心的城镇化，推动大中小城市和小城镇协调发展、产业和城镇融合发展，促进城镇化和新农村建设协调推进。优化城市空间结构和管理格局，增强城市综合承载能力。”

新型城镇化必将催生巨大的资金需求。那么按照我国新型城镇化率指标测算可能存在多大规模的资金缺口？当前城镇化融资存在哪些突出问题？新型城镇化对于金融结构的调整优化提出了哪些新的要求？国外城镇化融资机制如何？有哪些可以借鉴的融资模式和工具创新？研究上述问题将为我们厘清金融与新型城镇化的互动关系，从而为金融支持新型城镇化发展以及金融业自身的转型发展，寻找一条现实有效的路径。

（二）概念界定

20世纪70年代，我国开始出现城镇化与城镇化理论。到80年代，城镇化概念已为人们所熟知。城镇化概念涉及人口学、社会学、地理学、经济学等诸多学科，不同学科的定义有所差异，经济学意义上的城镇化①一般定义为农村人口不断向城镇集中，第二、第三产业不断在城市集聚，使得城镇数量增加，规模扩大的过程，具体包括人口身份和职业的转换、产业结构的转变、土地及地

---

* 课题主持人：张健华

课题组成员：王去非　贺　聪　易振华　邓舒仁　项燕彪

① Urbanization 被译为城市化或城镇化，由于 Urban 包含城市（City）和镇（Town），同时城镇化概念已被官方广泛使用，因此本课题一般使用城镇化概念。同时，国外讲的城市化与国内讲的城镇化的概念实际上没有本质区别，因此本课题将二者视为同一概念，不加以区分。

域空间的变化等。因此城镇化包括人口、产业和空间等几个维度，也有人将城镇化区分为人口城镇化、产业城镇化（经济城镇化）和空间城镇化三个部分。

城镇化发展水平一般使用城镇化率来衡量，而城镇化率一般采用城镇常住人口占总人口的比重。2013 年底的中央城镇化工作会议指出，2012 年我国城镇人口达到7.1 亿人，城镇化率基本达到世界平均水平，使用的就是这一概念。此外，中央城镇化工作会议还指出要稳步提高户籍人口城镇化水平。这一水平用户籍人口城镇化率来衡量，即城镇户籍人口占总人口的比重。除此之外，还有用非农就业人口占总人口的比重、非农产值占 GDP 的比重（经济城镇化率）、建成区土地面积占比（空间或地理城镇化率）等指标来衡量城镇化发展水平。当然也有人从人口、产业、空间和社会等多个维度构建综合性指标来衡量城镇化水平，但是不同文献中的指标选择和构建方法差异较大，没有形成统一的标准。本课题如无特殊说明，均采用城镇常住人口占总人口的比重作为城镇化率的指标。

步入21 世纪以来，我国城镇化率以年均1.36 个百分点的速度快速提高，农业人口的转移为城市提供了大量的劳动力，同时也对整个社会结构产生重大的影响。当前，我国城镇化发展面临着一些突出问题：一是半城镇化①特征明显，这一方面表现在城镇常住人口中包含大量的农民工群体和非城镇户籍的人口，这些人并没有与城镇户籍人口一样同等享受城市的各类基础服务和公共福利，没有真正地实现市民化。另一方面表现在许多小城镇基础设施薄弱，公共服务短缺，与农村并没有太大的差别。二是人口城镇化滞后于土地城镇化，从数据来看，从1980 年到2010 年，我国城市建成区规模扩大了8.2 倍，但是人口却只增加了2.5 倍左右。这说明单位城镇土地的人口密度在下降，土地利用效率降低。三是城镇差距日趋扩大，我国还没形成大中城市和小城镇均衡发展的格局，人口过度向大城市集中，导致北上广深等大城市过早地出现大城市病，而小城市，尤其是小城镇的产业基础不牢固，对人口聚集力不够。四是城镇发展过程中资源环境约束日趋明显，城市环境的承载力不断下降。针对以上问题，需要实现城镇化发展的转型，提高城镇化的质量。

为此，党的十八大报告专门提出了“新型城镇化”的概念，并指出要“坚持走中国特色新型工业化、信息化、城镇化、农业现代化道路，推动信息化与工业化深度融合、工业化与城镇化良性互动、城镇化和农业现代化相互协调，促进工业化、信息化、城镇化、农业现代化同步发展”。新型城镇化的核心是人（李克强，2013）。与改革开放30 多年我国所走的城镇化道路不同，新型城镇化不再片面追求城市规模扩大、空间扩张，热衷于“造城运动”，而是以农村人口

① 半城镇化也可称为伪城镇化，也有人称为城镇化泡沫。

转移到城镇，完成农民到市民的转变为核心，以实现进城人口权益的市民化为工作重点。“半城镇化”以及“人口城镇化滞后于土地城镇化”等问题实质上反映的是过去30多年来我国城镇化过程中的历史欠账。新型城镇化的一个重要任务就是要弥补历史欠账，切实提高城镇化质量，推动城镇化由偏重数量规模增加向注重质量内涵提升转变。李克强总理曾经指出，城镇化不是简单的城市人口比例增加和面积扩张，而是要在产业支撑、人居环境、社会保障、生活方式等方面实现由“乡”到“城”的转变。由此可见，新型城镇化不仅仅是盖高楼、修马路，而是需要在保持适度基础设施投资以外，大幅增加产业结构升级、公共服务支出、人力资本投资等多方位的投入。显然，新型城镇化对金融发展也提出了新的要求，单纯依靠土地抵押贷款、地方政府融资平台等传统模式已不能满足新型城镇化的金融需求，而是需要金融业通过自身转型发展、结构优化，才能有效支撑新型城镇化的持续发展。

（三）文献综述

金融是现代经济的核心，金融在推动新型城镇化发展中需要发挥更加重要的作用。如何创新金融服务产品，优化金融结构，建立有效的融资机制，切实保障中国新型城镇化发展中的金融需求，逐渐成为相关领域专家学者关心和思考的问题，诸多学者对城镇化相关的资金需求和金融支持进行了不同层面的深入探讨，研究成果也颇为丰富。

一是关于新型城镇化对信贷资金需求的相关研究。新型城镇化发展将带来巨大投资需求的问题已达成普遍共识，而投资的增加必将引发如何满足资金需求的问题。为此，一些学者从新型城镇化的发展特征出发，对城镇化的资金缺口以及相应的信贷需求进行分析和预测。迟福林（2012）研究认为，未来10年新增城镇人口将达到4亿人左右，以人均10万元的固定资产投资标准计算，能够增加约40万亿元的投资需求。沈炳熙、高弋君（2013）根据2006—2010年城镇固定资产投资资金来源平均构成比例，按未来10年城镇化推进需新增固定资产投资50万亿元测算，每年需要新增贷款约8 250亿元。国家开发银行（2013）认为2013—2015年我国城镇化建设资金缺口约为11.7万亿元，财政资金仅能支持当年城镇化新增投资的1/5左右，因而银行资金仍是我国推进新型城镇化建设的主要建设资金来源。阙方平（2013）从城镇公共事业建设、房地产开发、小微企业发展、新增居民等四个方面资金需求的测算表明，每年新型城镇化产生的银行信贷资金需求将达2.35万亿~4.69万亿元，占2012年全国新增境内贷款的26.6%~53.2%。

二是关于新型城镇化对金融结构需求的相关研究。新型城镇化更追求质量和效率，对金融服务提出了新的更高的要求。一些学者围绕着如何构建有利于城镇化建设的金融结构和产品体系，对相关问题进行思考和研究。宋时（2013）

认为城镇化建设融资方式过于倚重传统的银行信贷手段，直接融资比重较低，仅凭信贷融资难以满足城镇化进程中对金融产品的多样化需求。雷薇、朱鸿鸣（2013）研究认为，现有城镇化投融资模式存在明显的期限错配问题，城镇化建设项目往往具有前期投入大、回收期长等特点，而资金来源绝大多数是中短期资金，缺乏与项目投资回收期相匹配的稳定的资金来源。黄国平（2013）认为，以国有银行为核心，商业银行为主导的金融供给和服务体系与城镇化中需求主体多样化和个性化的融资需求之间存在结构性矛盾，因此需要培养地方中小金融机构，建立多样化的融资结构。伍艳（2005）认为长期存在的金融抑制现象导致我国城镇化率始终滞后于工业化率，城镇集约化程度和城市基础设施水平较低，因而需加快利率市场化改革、优化金融市场结构、发展中小金融机构和建立市场主导型的资本形成机制。纪志宏（2013）提出以完善城镇化融资机制为突破口，加快推进财政金融体制改革，在金融改革上提出建立基础设施产权交易市场，完善地方政府投资项目退出机制，探索开展市级政府发债试点等政策建议。

三是关于金融发展与城镇化关系的实证研究。随着中国城镇化演进和相关经济数据的积累，许多学者开始使用数量技术和计量工具对城镇化发展与金融支持等问题展开实证研究。饶华春（2009）通过 VAR 模型及其协整对我国金融发展、产业结构升级与城镇化的关系进行了实证研究，结果表明我国金融发展、产业结构升级有力地推动了城镇化进程，但金融发展对城镇化建设的作用更大。谷小菁、王定祥（2011）利用 1992—2008 年的省际面板数据对中国金融发展与城市化进程之间的关系进行了全国和分区域的研究，结果显示中国金融发展与城市化进程之间具有长期均衡关系。孙浦阳和武力超（2011）采用 1995—2008 年 120 个国家的数据，使用面板 2SLS 分析了金融发展对各国城市化进程的影响，结论认为金融发展水平和自由度的提高有助于城市化进程的加快。中国人民银行天津分行课题组（2013）基于省际面板数据对城镇化进程、经济增长与金融支持之间的关系进行分析比对，认为我国城镇化进程对经济增长具有显著促进作用，同时金融服务对于城镇化进程则需要进一步加强。缪海斌（2013）利用 2003—2011 年全国省际面板数据，实证分析了银行业发展对城镇化的影响，研究认为银行业发展水平与产业结构的不同匹配程度，对城镇化的推进存在差异；银行支持城镇化发展转型应该在保持总量规模的基础上，着力优化信贷结构。

总体来看，目前国内关于金融与新型城镇化发展的关系研究还处于起步和初级阶段，研究方法主要以定性分析为主，在为数不多的几篇定量分析中，研究对象也仅局限于金融发展与城镇化之间简单的相关关系，缺乏深入的理论分析和系统的实证研究。对于金融与新型城镇化关系的研究需要在如下几个方面进一步深化和改进：一是对新型城镇化的金融需求进行分类，对融资主体的范围进行明确，在区分好财政资金和金融资金的基础上，进行资金需求和供给测算，以确定是否存在资金缺口。二是对于金融与新型城镇化之间的相互关系，需要在实证研究上进一步深化。新型城镇化不仅对金融总量，而且对于金融结构的调整优化也提出了新的要求。三是对于金融支持与城镇化发展的国际经验，需要进一步总结，并与我国的具体国情相结合，有针对性地提出我国金融支持新型城镇化发展的路径和措施。

（四）文章结构及可能创新之处

本课题共分为六个部分。除导论外，第二部分从理论角度论述金融发展和城镇化之间的互动关系。第三部分对新型城镇化发展的资金供求及缺口进行了测算，并在此基础上分析了新型城镇化融资过程中存在的突出问题。第四部分是金融发展与新型城镇化关系的实证研究，从多个维度考察了金融深化和金融结构优化对于提高新型城镇化水平的贡献。第五部分是城镇化融资国际经验借鉴。第六部分给出新型城镇化融资的基本原则、路径和对策建议。

本课题的创新之处在于：（1）对2013—2020年我国新型城镇化的资金供求进行了测算，揭示了财政资金的缺口问题，并指出传统融资方式不仅难以满足城镇化发展的资金需求，而且存在期限难以匹配、风险过于集中等问题。（2）利用省际面板数据，实证研究了新型城镇化与金融发展之间的相关关系。研究发现，不仅金融总量指标（金融深化）对于城镇化有显著影响，而且金融结构（产权结构、期限结构、融资结构）的调整优化对于城镇化也有重要影响，并在借鉴国际经验的基础上，提出了我国新型城镇化融资的基本原则、路径和对策建议。

二、金融与新型城镇化的互动关系

金融体系通过提高金融深化程度、改善融资结构、提升金融效率，完善金融组织体系等途径更好地支持城市建设、产业发展和人口市民化，并以此推动城镇化发展。同时，城镇化的推进也为金融发展提供了广阔的市场空间，但是也给金融带来了新的挑战，促使金融业不断完善其融资结构、产权结构和期限结构等。二者构成了一种正向反馈的互动机制，而要使这一机制更好地发挥作用的条件是金融业的转型发展。

（一）金融支持新型城镇化的作用机制

金融支持城镇化是指金融体系发挥金融功能，直接或者间接地影响城镇化进程的作用和机制。在直接影响上，为城镇基础设施建设、“农民转市民”引致的消费和创业需求等提供融资服务；在间接影响上，通过促进储蓄转化为投资、提高资本配置效率、优化金融市场结构、降低交易成本、分散风险等促进产业和经济发展，从而间接地带动城镇化发展。

一是金融支持人口城镇化，一方面金融支持新增城镇人口引致的基础设施建设投资和公共服务支出，同时支持新增城镇人口的保险、理财以及信贷等金融服务，提高人口城镇化的水平和质量。另一方面金融支持人力资本投资，提高人口创业就业和融入城镇的能力，推动人口向城镇迁移。

二是金融支持产业城镇化。金融通过支持产业结构升级、产业部门融合和新兴产业发展等方式加快产业城镇化进程。一方面金融通过支持第一产业发展，提高生产效率，使得农村出现大量的剩余劳动力，从而为人口向城镇转移提供可能。另一方面金融支持非农产业发展，为转移劳动力提供充足的就业机会。非农产业和非农就业人口的不断增加，就是产业城镇化的演进过程。此外，金融可以发挥资本积聚效应、技术创新效应、资源配置效应、公司治理效应等多重功能，促进产业转型升级。

三是金融支持空间城镇化。这主要是支持城镇规模和数量的扩张，表现在金融支持城镇基础设施和公共设施建设，提高城镇的人口和产业承载力。此外，金融支持空间城镇化还需要支持土地的开发流转。从城市土地利用看，土地的平整、收储、拍卖、开发利用各个环节都需要大量的金融资本及金融服务；从农村土地利用看，土地的有效流转和农业生产的规模化所需要的资金也离不开金融体系的支持。

（二）城镇化推动金融发展的作用机制

城镇化对金融发展的影响主要体现在需求拉动上，城镇化，尤其是新型城镇化的推进能够带来了巨大的投资、消费、理财等方面的需求，这为金融发展提供了广阔的市场空间。

一是城镇化带来大量的投资需求。一方面是基础设施和公共设施投资需求。中央城镇化工作会议要求依靠市场力量和国家规划引导，逐步发展形成若干城市群，同时强调要把城市放在大自然中，把绿水青山保留给城市居民。从国际经验看，城市群是城市化发展的一条重要途径。城市群通过现代交通网络，把大中小城市和小城镇联结起来，促进不同规模的城市和小城镇共同发展。因此新型城镇化发展将带来跨区域轨道交通、高速公路建设等资金需求、城市内部基础设施投资需求以及城市生态基础设施建设资金的大幅增加。另一方面是企业投资需求。新型城镇化要求由建房造城向产城互动转变，这将带动一批新兴产业、现代服务业、先进制造业、高效生态农业等发展，带动企业投资需求的增长。政府、企业投资需求的增长不仅为传统银行信贷业务提供了巨大空间，同时也为债券市场和证券市场发展提供重大机遇。

二是城镇化的推进带来大量的消费需求。中央城镇化工作会议将推进农业转移人口市民化作为六大主要任务之首。随着“人的城镇化”进程的稳步推进，新增城镇人口的消费倾向、消费规模和消费结构都将发生巨大变化，带来大量的住宅、教育、医疗保健、耐用消费品、餐饮食品等行业的消费需求。2011 年，城镇居民与农村居民的人均消费比为 3.3:1，因此更多的农民转变为市民，有望带动消费金融业务的强劲增长。同时，新型城镇化的推进将有力地推动城市中等收入群体的崛起，带来居民消费的扩大和升级，为消费金融业务的发展提供巨大的空间。有专家测算：按照现有的城镇化速度，未来 5 年消费需求规模将从 2011 年的 16 万亿元提升到 2016 年的 30 万亿元左右。

此外，城镇化的推进有利于提高居民和企业收入，从而产生对财富管理、资产管理等金融服务需求的增加。同时，城镇化有助于实现产业和人口的集聚，推动涵盖金融基础设施在内的基础设施和公共服务的不断完善，为金融行业降低服务成本，提高金融服务水平创造了良好的条件。

三、新型城镇化的金融供求测算及存在问题

前面提到新型城镇化的资金需求主要有产业投资、消费升级、基础设施建设和公共服务支出等四大块。产业投资和个人消费的资金需求更多的是一种市场行为，应该由市场主体自主解决，在新型城镇化过程中，政府需要投入的资金主要有两块：一块是城镇基础设施。由于城镇基础设施大多是营利性和公益性相结合的项目，且公益性大于营利性，而市场在公共产品提供上存在“失灵”，这些基础设施的项目建设资金应由政府投入。另一块是农业转移人口市民化过程中的教育、医疗、社保等基本公共服务方面的支出。由于这些是纯公益性的，需要政府提供财政支持。本课题的研究都是针对后两大块。

（一）新型城镇化的资金需求分析

在测算步骤上，首先，可以测算未来的城镇化率，并根据人口增长率测算出新增城镇人口。同时考虑到大量的半城镇化人口的市民化水平还比较低，需要估算当前这些半城镇化人口的市民化水平和未来的发展情况。其次，需要测算新增农业转移人口的人均基础设施投资和公共服务支出需求。最后，对各方面的资金需求进行汇总。

在城镇化增长目标上，《国民经济和社会发展第十二个五年规划纲要》（2011—2015）将城镇化率的目标确定为提高 4 个百分点。从实际来看，2012 年我国城镇化率已达到 52.57%，较 2010 年提高了 2.6 个百分点，2 年完成了计划的 65%。2013 年中央农村工作会议提出要积极稳妥扎实推进城镇化，到 2020 年要解决约 1 亿进城常住人口的农业转移人口落户城镇，约 1 亿人口的城镇棚户区和城中村改造，约 1 亿人口在中西部地区的城镇化，推动新型城镇化和农业现代化相辅相成。

对于未来城镇化率增速的判断，一方面我国处于“纳瑟姆”曲线 30% ~

70% 的加速区间，按照国际经验应该能保持较高的增速；另一方面我国存在大量的半城镇化人口，城镇化质量不高，需要弥补“历史欠账”，这可能减缓未来城镇化增速。2013 年底的中央城镇化工作会议要求将促进有能力在城镇稳定就业和生活的常住人口有序实现市民化作为首要任务。可见推进城镇化不单是提高城镇化率，同时需要提高城镇化质量，提高农业转移人口的市民化水平。

近年来很多专家学者对未来城镇化发展速度和资金需求进行了预测。中国（海南）改革发展研究院院长迟福林（2012）认为，未来 10 年城镇化率年均提高 1.2 个百分点，将再有 2 亿农民进城。中国社科院城市发展与环境研究所副所长魏后凯（2013）预测到 2030 年，中国城镇化率将达到 68% 左右，预计到 2033 年前后到达 70%，到 2050 年将超过 80%。中国社科院《2013 年中国中小城市绿皮书》预测，2020 年中国城镇化率将达到 60.34%，届时全国将有 8.37 亿人生活在城镇。国务院发展研究中心（2012）对农民工市民化成本的测算表明在基本公共服务[①]方面的成本为 8 万元。国家行政学院（2013）报告指出从 2013 年到 2020 年，每年农民工市民化新增财政成本[②]为 2 261.38 亿元。若将 1.6 亿外出农民工一次性转为市民，则新增财政支出最低达到 1.8 万亿元人民币。

借鉴以上机构和学者的预测，本课题需求预测的基本假定：（1）预计 2013—2020 年，城镇化率年均增加 1 个百分点，在 2020 年底达到 60.57% 左右。（2）采用新增城镇人口人均 10 万的基础设施建设投资，人均 8 万元的市民化成本进行测算。（3）在人口增速上，以 2003—2012 年我国人口自然增长率大致为 5‰作为未来 8 年我国人口的年均自然增长率。（4）需要进一步市民化的农业转移人口数量为 1.6 亿人[③]，假设未来 8 年每年成功实现市民化 2 000万人。（5）假设现在城镇中农业转移人口市民化程度平均为 45%[④]（中国社科院，2013），2013—2020 年每年深化 2 000 万已转移农业人口的市民化程度。（6）基础设施投资的资金需求一半来自财政，一半来自金融；公共服务支出均直接或间接来自财政。（7）为简单起见，不考虑物价上涨因素的影响。具体预测数据见表 1。

---

① 成本测算主要包括六项成本，即农民工随迁子女教育成本、医疗保障成本、养老保险成本、民政部门的其他社会保障支出、社会管理费用、保障性住房支出。此外还包括一些公共服务的内容。

② 这些财政支出是基本公共服务体系支出，包括随迁子女的教育成本、社会保障里最基本的养老和医疗、保障性住房和就业。

③ 从 2012 年户籍人口城镇化率只有 35.29% 来看，非城镇户籍的城镇常住人口其实有 2.34 亿人，1.6 亿主要是指农民工群体。

④ 中国社科院《中国城市发展报告》评价农业转移人口市民化程度的综合指数仅有 40.7%，其中在享受基本公共服务权益的比重只有城镇人口的 45.2%。

表 1 **2013—2020 年城镇化发展的资金需求预测值** 单位：万人、亿元

年份	新增城镇人口	深化市民化程度的人口	基础设施投资	公共服务支出	财政资金需求	金融资金需求
2013	1 361	2 000	2.46	1.97	3.20	1.23
2014	1 381	2 000	2.48	1.98	3.23	1.24
2015	1 402	2 000	2.50	2.00	3.25	1.25
2016	1 423	2 000	2.52	2.02	3.28	1.26
2017	1 445	2 000	2.54	2.04	3.31	1.27
2018	1 466	2 000	2.57	2.05	3.34	1.28
2019	1 488	2 000	2.59	2.07	3.36	1.29
2020	1 511	2 000	2.61	2.09	3.39	1.31
累计	11 477	16 000	20.28	16.22	26.36	10.14

从预测来看，到 2012 年，基础设施领域的新增投资需求至少要 20 万亿元，新增公共服务支出 16 万亿元，合计至少需要 36 万亿元，其中财政资金需要 26 万亿元，金融资金 10 万亿元。

（二）新型城镇化的资金来源渠道

新型城镇化的资金来源渠道主要包括金融、财政和民间资金。

1. 金融资金供给

人民银行公布的社会融资规模对金融资金供给的统计最为全面，包括本外币贷款、委托贷款、信托贷款、银行承兑汇票、企业债券和股票融资等。从图 1 看，2012 年，我国社会融资规模达 15.76 万亿元；2013 年前 11 个月的融资规模已达 16.06 万亿元。从趋势上看，社会融资规模在增长，但是增长受政策因素影响很大，例如受 4 万亿元投资计划刺激，2009 年社会融资规模较 2008 年几乎翻了一番，2011 年以来呈现稳步增长态势。从存量上看，截止到 2012 年底，我国银行贷款余额达 63 万亿元，债券存量达到 26 万亿元，股票总市值为 23 万亿元。截至 2013 年 11 月，我国货币供应量 M_2 已达到 107.9 万亿。[①]

2. 财政资金供给

地方政府融资的渠道主要包括：财政专项支出、地方政府融资平台贷款、基础设施信托、城投债、地方政府债券等。2012 年我国财政收入 11.72 万亿元，增长 12.8%；财政支出 12.57 万亿元，增长 15.1%。从财政支出结构来看，经济建设支出占比从 1978 年的 64.1% 下降到 2010 年的 34% 左右，社会文教支出

① 数据来源自中国人民银行网站和 Wind。

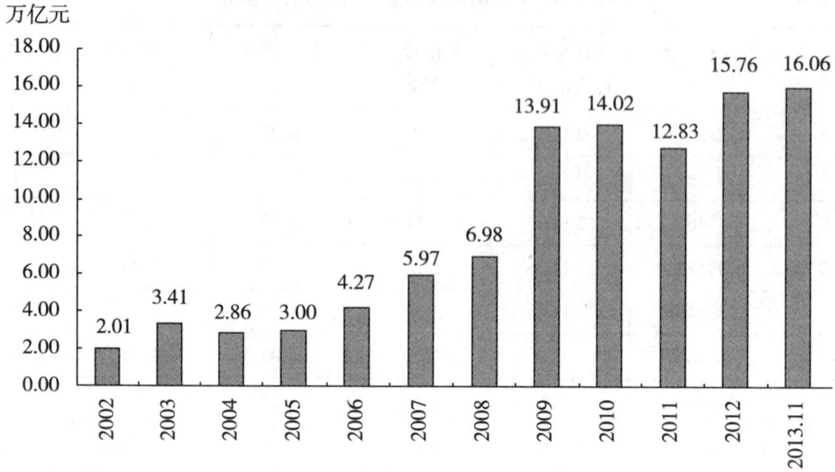

数据来源：中国人民银行网站。

图 1　2002—2013 年 11 月社会融资规模情况

从 1978 年的 13. 1% 提高到 2010 年的 28. 5% 。此外，预算外财政收入，尤其土地出让收入成为某些地方财政的支柱之一。土地出让收入受政策因素和房地产形势影响非常大，其支出结构也在发生大的变革，城市建设支出占比不断下降，这一方面是因为成本补偿性开支比重提高，使得土地出让收益在减少，另一方面土地出让收益用于保障性安居工程、农业农村的支出比重在不断提高。例如 2012 年，土地出让支出 2. 84 万亿元，实际利用土地出让收益 5 796. 95 亿元，占

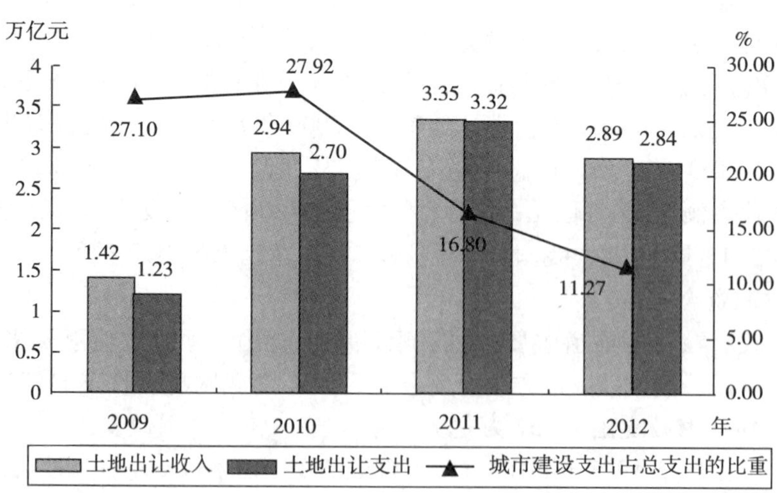

数据来源：财政部网站。

图 2　2009—2012 年土地出让金情况

支出总额的20.4%，其中用于城市建设的支出为3 204.15亿元，占土地出让收益的55.3%，比2011年下降了10.7个百分点。

3. 民间资金供给

随着经济社会的快速发展，民间资金和社会财富不断扩张，大部分财富以金融资产的形式进入金融系统，并通过金融体系支持城镇化等经济社会各方面发展，但是也有一部分民间资金没有进入正规金融体系，而是在直接或间接地（私募、民间借贷、民间资本管理公司等）从事各种投融资行为。目前，私募股权投资和风险投资发展也比较快，成为支持新兴高科技企业发展的重要力量，同时在一些地方，例如温州出现了利用私募为城镇建设融资的案例，但是对这部分资金的统计和测算都比较困难。

（三）新型城镇化的资金缺口

由于基本公共服务支出不具营利性，主要由政府投入，而基础设施建设资金主要由金融资金和财政资金共同来满足，假设各承担一半。

资金供给测算的基本假设：（1）考虑2013年中央经济工作会议强调必须继续实施稳健的货币政策，保持货币信贷和社会融资规模合理增长，因此假设未来10年，社会融资规模以年均15%的速度增长。（2）考虑我国经济正处于结构性减速期，未来10年经济增速保持在7%左右的可能性比较大，按比较乐观的估计，假设财政支出规模和土地出让收益在未来10年以年均10%的速度增长。（3）基础设施投资资金需求由财政和金融各承担一半，公共服务支出完全由财政资金承担。（4）土地出让收益全部用于城市建设和公共服务支出；社会融资规模的10%支持基础设施建设。具体测算结果见表2。

表2　　2013—2020年城镇化资金来源预测值　　单位：亿元

年份	土地出让收益	新增财政支出	社会融资规模	财政资金供给	金融资金供给
2013	0.64	1.26	18.12	0.89	1.81
2014	0.70	1.38	20.84	0.98	2.08
2015	0.77	1.52	23.97	1.07	2.40
2016	0.85	1.67	27.56	1.18	2.76
2017	0.93	1.84	31.70	1.30	3.17
2018	1.02	2.02	36.45	1.43	3.65
2019	1.13	2.23	41.92	1.57	4.19
2020	1.24	2.45	48.21	1.73	4.82
累计	7.27	14.37	248.78	10.15	24.88

从测算结果来看，2013—2020年的财政资金大致只能提供10万亿元，金融供给可以提供25万亿元。从总量上看，基本上可以满足36万亿元的资金需求，

但是财政资金存在缺口，且缺口高达16万亿元。这么大的资金缺口需要金融体系来填补，但是金融资源不可能直接用来填补财政缺口，财政缺口最终要通过地方政府的收入来填补。从时间轴上看，城镇化发展能够给地方政府带来一系列诸如土地增值收益、税收增加和使用者收费项目的增多等“红利”，这些“红利”是未来的，也是长期可持续的，且随着城镇化水平和质量的提高而不断提高。也就是说，城镇化投入和城镇化“红利”之间存在较长时间的错位。然而金融系统的重要功能就是实现跨期资源配置，通过构建合理的融资机制，就可以实现城镇化发展融资的财务成本在较长时间轴上的分摊和平移。

（四）存在的主要问题

从以上分析来看，新型城镇化融资主要是财政资金缺口问题，但是从时间轴上看，可以通过对未来城镇化“红利”的平移来填补这个缺口，这就需要发挥金融体系的作用。但是当前由于制度性约束和金融体系的不完备，导致金融体系的跨期配置功能难以充分发挥作用，这些问题主要表现在以下方面。

1. 传统融资方式难以满足资金需要。当前，地方政府主要依靠财政收入、土地经营和银行贷款等渠道来筹集资金。虽然从金融资源测算来看，不存在缺口问题，但是从地方政府融资结构来看，传统融资渠道不断收窄，可能存在资金缺口不断扩大的问题。一是地方融资平台债务融资的不断规范。2010年6月国务院颁发《关于加强地方融资平台公司管理有关问题的通知》，要求地方政府对融资平台公司债务进行一次全面清理，并按照分类管理、区别对待的原则，妥善处理债务偿还和在建项目后续融资问题。随后，财政部、发改委、人民银行和银监会联合下发了多个文件进一步加强对地方政府融资平台的管理。2012年2月，银监会下发《关于加强2012年地方政府融资平台贷款风险监管的指导意见》，要求各银行原则上不得新增融资平台贷款。二是土地融资难以持续。当前土地出让收入是地方政府重要的预算外收入来源，也是城市建设和公共服务支出的重要资金来源，但是以“土地财政”为代表的传统城镇化资金来源将面临各种现实约束。这是因为在土地成本在不断上升的背景下和土地红线的限制下，土地出让收益的来源和空间不断缩小。以上说明传统融资方式已不适应新型城镇化发展融资的需要。

2. 现有融资工具难以解决期限错配问题。城镇化发展融资与一般企业融资一样，是以未来的预期收益作为还款来源进行的直接或间接融资，但是不同点是城镇化发展融资的期限比较长，存在严重的期限不匹配问题。一方面从支出来看，城镇建设周期较长，投资回报周期往往更长；公共服务支出也需要长期可持续的资金投入。另一方面从政府预期收益来看，城镇化发展中的土地增值收益、税收和收费型项目增加等“红利”实现得比较慢，而且持续时间长。因此城镇化发展的资金需求和城镇化发展的“红利”都具有中长期和可持续的特点。为此需要通过更多的中长期融资来支持城镇化发展，然而目前城镇化融资主要依赖于短期性的银行贷款和信托资金，缺乏常规化的便捷的中长期融资工具，难以实现城镇化建设融资的财务成本在较长时间轴上的分摊和平移。许多城镇化建设融资中存在着借新还旧、短贷长用等现象，需要通过项目的滚动开发、未来足够的财政土地收入来缓解还款压力。因此通过金融深化，丰富金融产品，尤其发展中长期融资工具来支持城镇化发展就显得非常必要。

3. 融资风险过度集中于银行体系。风险过度集中于银行体系，反映了融资渠道比较单一、银行贷款或担保比例过高等问题，深层次上反映出城镇化的融资结构问题突出：一是尽管受加强地方融资平台管理影响，银行信贷依然是城镇化融资的主要渠道。二是针对平台融资的一些创新性表外业务，如融资性理财产品、融资性保函业务、委托贷款类业务，尽管形式上分散了风险，但由于风险分担机制的“软约束”，银行实质上承担了大量的“隐性担保”责任，大量的风险仍然积聚在银行体系之中。三是直接融资渠道有限且没有形成常态化的融资机制。四是民间资本进入具有营利性的城镇建设领域，如供水、供电等，还存在着较为突出的“玻璃门”、“弹簧门”现象。针对此现象，应该优化城镇化融资结构，建立完善多元可持续的融资体系。

4. 城镇化融资面临制度性约束。一是受《预算法》的约束，地方政府不能直接向银行融资，也不能直接发行债券（地方政府债券正在试点），导致国外较为常见且成熟的市政债模式在我国还不能推行，而被称为准市政债的城投债并不能对地方政府举债进行市场约束。二是当前财税体制存在的问题影响到地方政府及其平台公司融资的可得性、可持续性、规模以及成本。这主要是因为当前地方政府缺少可持续的支柱税种和主体税源，公共服务责任和财力不匹配、地方债务压力较大。三是土地制度给城镇化融资造成了一定的障碍。例如在目前的法律和政策下，农村住房和土地的登记、流转仍然处于小范围试点的阶段，农村土地流转机制不畅，不仅限制了农业生产经营专业化、标准化、规模化、集约化，进而影响土地的节约集约利用，导致人口的城镇化进程与空间的城镇化进程不相匹配，同时也导致农村土地这种重要的资源不能作为抵押担保，商业银行受制于土地性质难以介入土地开发和旧城改造，一定程度上制约了金融支持的力度。

5. 平台公司融资风险问题凸显。城镇化融资风险与地方债务问题紧密相关，当前城镇化融资风险主要体现在政府平台公司贷款、城投债和基础设施信托等方面，地方政府债券由于发行主体均是经济实力比较强的省级政府，因此风险比较少。近年来，融资平台公司大规模举债造成各类贷款和城投债的规模迅速扩大，平台公司存在着治理结构不合理、运作不规范以及缺乏有效监督和严格的资本约束等问题，城投债存在着发行主体信息披露不及时和较为普遍的信用评级虚高等现象，基础设施信托也内含着地方政府的隐性担保，这些都可能成为地方政府的隐性债务，具有较大的潜在财政金融风险。

四、金融结构与新型城镇化关系的实证研究

从理论上看，金融与新型城镇化之间存在互相促进的内在机制。这一节，我们将运用省际面板数据模型对新型城镇化的影响因素进行实证分析，深入研究金融深化和结构优化对新型城镇化的作用。

（一）模型选择

我们选择省际面板数据模型进行实证分析。面板数据是二维结构数据，较一般的截面数据和时间序列数据有一定的优势。面板数据大大增加了样本的个数，并且扩大了统计模型获取信息尤其是结构信息的能力，从而能够提高数据分析和模型的解释能力。

面板数据模型的基本形式为

$$y_{it} = \sum_{k=1}^{p} \beta_k x_{itk} + u_{it}, i = 1, \cdots, N; t = 1, \cdots, T$$

其中，N 是横截面的个数，T 是时间序列的长度，p 是自变量的个数，β_k 是自变量的参数；u_{it} 为误差项，满足均值为零，方差为 σ_{it}^2 。

面板数据模型的选择通常有三种形式：混合估计模型、固定效应模型和随机效应模型，后两者也称为变截距面板数据模型。上述三种形式的差异主要表现在系数、截距以及对随机误差的假设。如果从时间上看，不同个体之间不存在显著性差异；从截面上看，不同截面之间也不存在显著性差异，则可采用混合估计模型。如果在面板数据的散点图中，对于不同的截面或不同的时间序列，模型的截距是不同的，则可以采用在模型中加虚拟变量的方法估计回归参数，即为固定效应模型。而随机效应模型和固定效应模型相比较，相当于把固定效应模型中的截距项看成了两个随机变量，一个是截面随机误差项，一个是时间随机误差项。考虑到区位差异也会对城镇化的进程产生影响，而这种影响可以通过截距项的差别来反映，因此本课题采用变截距面板数据模型。进一步，对于固定效应模型和随机效应模型的选择，在实证研究中一般通过对面板数据的 Hausman 检验来确定。

（二）指标选取与数据来源

模型的被解释变量为城镇化率，这里选用城镇人口比重这一指标来刻画。解释变量主要包括金融总量和结构指标。其中，金融总量指标选择的是金融深化水平，定义为存贷款余额与 GDP 的比值。金融结构指标有三个，分别为产权结构、融资结构、期限结构。其中，产权结构反映了金融供给主体的多样化，选取国有银行资产占银行业资产比重这一指标；融资结构反映了金融供给渠道

的多样化，选取非贷款融资占总融资比重这一指标；期限结构反映了资金运用的期限特点，选取中长期贷款占全部贷款比例这一指标。除了上述四个解释变量之外，我们还选取了3个控制变量，分别是人均GDP、产业结构和城乡收入差距。其中，产业结构采用第二、第三产业占GDP比重这一指标，城乡收入差距采用农村居民家庭人均纯收入与城镇居民家庭人均可支配收入的比值。鉴于数据的可得性以及统计口径变化等因素，我们将样本区间定为2005—2012年的省际数据①。

表3　　模型变量说明

变量	符号	指标构成	数据来源
城镇化率	CZHL	城镇人口比重	Wind
产权结构	CQJG	国有银行资产/银行业总资产	PBC
融资结构	RZJG	非贷款融资/（非贷款融资+新增贷款）	Wind
期限结构	QXJG	中长期贷款占比	Wind
金融深化	JRSH	存贷款余额/GDP	Wind
人均GDP	X_ GDP	GDP/人口总数	Wind
产业结构	X_ CY	第二、第三产业产值/GDP	Wind
城乡收入差距	X_ CX	农村居民家庭人均纯收入/城镇居民家庭人均可支配收入	Wind

（三）实证分析

首先构建城镇化率与控制变量之间的随机效应模型，作为分析的基准模型；在此基础上，依次将产权结构、融资结构、期限结构，以及反映金融规模的金融深化等四个解释变量纳入到基准模型中，观察其相应系数的显著性及符号的合理性，同时观察解释变量纳入前后控制变量相应系数的符号及其显著性的变化，以此来判断解释变量是否能对被解释变量城镇化率产生显著的影响。模型估计结果如表4及图3所示。

表4　　自变量系数估计结果

变量	Model_ 0	Model_ 1	Model_ 2	Model_ 3	Model_ 4
C	-26.048***	-22.343***	-24.127***	-23.136***	-25.150***
X_ GDP?	1.810***	1.643***	1.735***	1.705***	1.740***
X_ CY?	0.712***	0.707***	0.696***	0.658***	0.683***

① 产权结构的数据来自中国人民银行官方网站的区域金融运行报告，由于缺失2005年的数据，该指标的样本区间为2006—2012年。

续表

变量	Model_ 0	Model_ 1	Model_ 2	Model_ 3	Model_ 4
X_ CX?	0.212 ***	0.235 ***	0.192 ***	0.210 ***	0.195 ***
CQJG?	—	-0.070 ***	—	—	—
RZJG?	—		0.026 **	—	—
QXJG?	—		—	0.039 *	—
JRSH?	—		—	—	0.947 **
$Ad-R^2$	0.75	0.75	0.75	0.75	0.75

注：＊＊＊、＊＊、＊分别表示在99%、95%和90%的置信水平下通过了显著性检验。

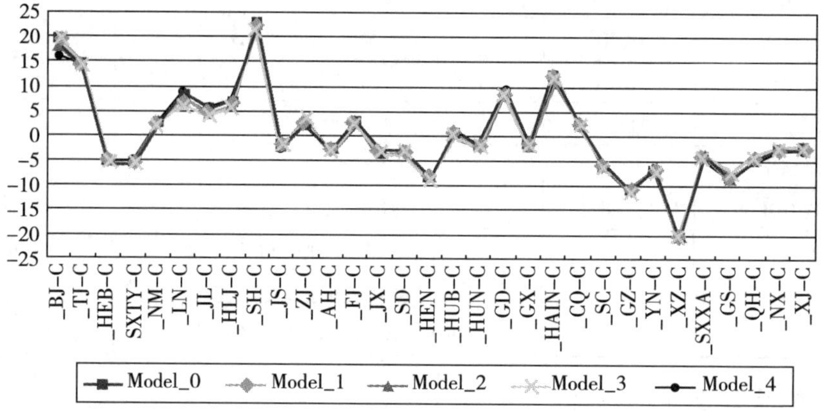

图3　面板数据模型的随机效应系数

结果显示，基准模型（Model_ 0）中控制变量系数都通过了显著性检验，且系数符号与理论分析相一致；将产权结构作为解释变量纳入到模型中（Model_ 1），该变量的系数通过了显著性检验，且符号为负，与统计描述分析得出的初步结论一致。同时，三个控制变量的系数和显著性均没有发生，可以认为产权结构能够显著地影响城镇化率，即金融供给主体的多样化能够有效地促进城镇化水平的提升。按照同样思路来分析在基准模型中纳入融资结构（Model_ 2）、期限结构（Model_ 3）的情形，可以得到相似的推论，即金融业的融资结构、期限结构能够显著地影响城镇化率，融资渠道的多样化，以及中长期投资占比的提升，能够对城镇化产生显著的正效应。此外，将金融深化这一解释变量纳入到基准模型中，系数也都通过了显著性检验，且系数符号符合经验判断，进一步论证了金融深化水平对于城镇化率的促进效应，也从另一个侧面反映了城镇化进程中对于金融总量的巨大需求。

（四）主要结论及启示

通过基于省际面板数据的实证分析，可以得出以下几点结论和启示：

一是金融供给主体的多样化，有助于促进城镇化水平的提升。随着新型城镇化战略的实施和推进，以国有银行为核心，商业银行为主导的金融供给和服务体系与新型城镇化中需求主体多样化和个性化的融资需求之间的矛盾将越发突出，因此，培养地方中小金融机构，进一步优化金融体系的产权结构，将是未来金融业转型发展的重要课题。

二是融资渠道的拓展、融资结构的优化对于城镇化发展有显著的正效应。在新型城镇化的背景下，金融总量的需求将大幅提升，当前过分倚重传统的银行信贷手段、直接融资比重过低的融资方式，势必将难以满足新型城镇化的金融总量需求。为此，需进一步发展间接融资，创新金融工具与产品，有效地拓展融资的渠道和方式。

三是城镇化水平的提升，伴随着融资期限结构的中长期化。从资金运用看，城镇化建设项目往往具有前期投入大、回收期长等特点，需要有与项目投资回收期相匹配的稳定的中长期资金来源。从实际情况来看，现有的城镇化投融资模式存在明显的期限错配问题，资金来源以中短期为主。这种投融资模式在新型城镇化进程中将难以为继，势必需要进行调整和优化，以达到与新型城镇化水平相适应的融资期限结构。

五、金融支持城镇化的国际经验和启示

"他山之石，可以攻玉"。虽然城镇化融资及金融政策受国家制度、文化和经济金融发展水平因素制约而具有不同的特色，但是一些好的做法和经验对完善我国城镇化融资方式依然具有重要的启示和借鉴意义。

（一）美国支持城镇化融资的主要模式

美国资本市场非常发达，在城镇化建设融资也发挥着重要作用，其中以市政债最为典型。市政债券是美国地方城镇化融资的主要工具。按照建设项目有无固定收益，美国的市政债券一般可分为两类：一类是一般责任债券或税收支持债券，该类债券用于没有固定收益的基础设施项目建设，由州、市、县或镇政府发行，并以发行者的税收作为偿债的保证；另一类是收益债券，主要用于建设机场、收费公路、区域电网、港口等有固定收益的有偿使用所带来的收益。为保障市政债券的成功运作，美国建立了一整套成熟制度作为保障，如美国设立专门机构——市政债券法规制定委员会（MSRB）来专门监管市政债券市场，规范券商、银行、经纪人和交易商的行为。截至 2012 年末，美国市政债余额达到了 37 146 亿美元，占全国债券市场规模的 9.7%。

由于市政债是金融市场的公开融资行为，使得地方政府融资面临较强的市

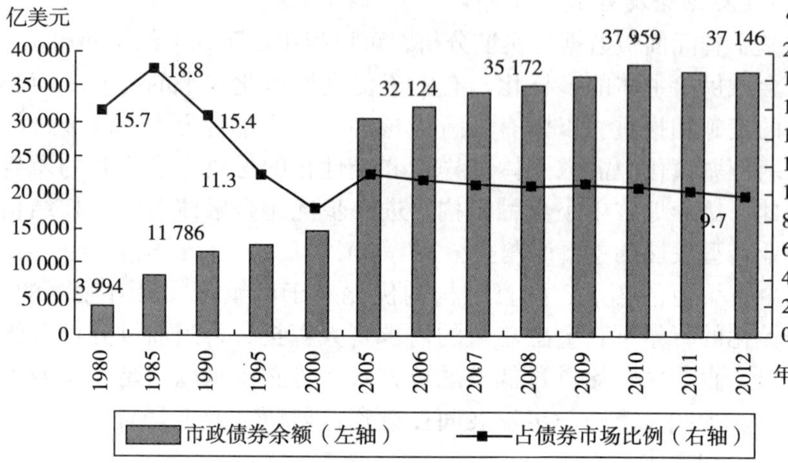

图 4　1980—2012 年美国市政债余额及占比

场约束，同时市政债券由地方政府或其授权的公营机构发行，因而也面临相应的财政纪律约束，在一些国家还要进行民意听证或地方议会审议，因而还具有一定的民意约束，可以规范地方政府的融资行为，降低金融体系风险。因此，目前无论是财政联邦制还是单一制国家，市政债或类似地方债都在城市建设中得到广泛运用。

（二）英法支持城镇化融资的主要方式

英国在 20 世纪 90 年代首先推行公私合作（PPP 或 PFI）的基础设施建设融资模式，这是一种在政府公共部门与民营部门合作过程中，让私人部门参与提供公共产品和服务，从而实现政府公共部门职能的管理模式。这一模式不仅有利于解决政府融资难题，还可能更有效率地提供公共产品和服务。目前，英国的 PPP 项目不仅仅局限于传统的交通和建筑领域，更广泛扩展至医疗、教育等其他公共服务领域，成为英国重要的城镇建设融资方式。

法国通过建立多元化的投资主体，多样化的融资渠道来支持城镇化发展。其城镇建设的投资主体既有政府，也有企业和各类基金，其资金来源渠道也比较多，包括市镇税收、经营开发与分摊税、城乡规划税和开发税、国家拨款、银行贷款、企业投资、发行机构投资、发行长期债券以及保险公司、老年保险等基金投资。

（三）日韩支持城镇化融资的主要措施

东亚经济社会发展具有明显的政府引导甚至主导特点，在金融支持城镇化发展方面也不例外。

日本在金融支持城镇建设中突出政府主导作用，同时又注重投资主体的多元化。一是通过提供财政和政策性金融担保降低非国有经济进入基础设施和公共服务领域的风险；通过设立政府基金，采用“筑巢引凤式”和“联合投资式”方面引导民间资本支持城镇化发展。二是开拓特殊债券市场，发行长期金融债，开辟居民储蓄用于城镇建设的新渠道。三是引进英国的 PFI 模式，通过制定《PFI 推进法》等措施保障其大力推广和实施，这使得 PFI 成为日本重要的基础设施建设融资方式。

韩国在金融支持城镇化发展中，一是通过制定《基础设施吸引民间资本促进法》、《扩充基础设施对策》等法律法规，设立国民投资基金等形式吸引非国有资本进入城镇建设领域；二是韩国的中央银行还负责向国外统借外债，通过开发银行和商业银行按较低的利率转贷给基础设施企业，而政府通过财政给予银行贴息。

（四）印度和拉美支持城镇化融资的情况

印度和拉美地区在城镇化发展过程中，出现金融支持滞后，这里分两种情况，一是金融市场发育不足，导致城镇化发展缓慢。例如 2011 年，印度城镇化率仅为 31.3%，重要原因就是资金支持和引导力度不够，不仅在机场、公路等基础设施建设上投资不足，而且农业现代化和工业化发展的资金需求缺口也较大，这就导致工业化和城镇化相互掣肘，发展较慢。二是城镇化过快发展，导致金融支持跟不上，拉美地区城镇化发展情况就是典型的案例。“二战”以来，拉美地区是全世界城镇化速度最快的地区，从 1950 年的 41.4% 提高到 2010 年的 79.6%，仅次于北美地区。由于城镇化速度过快，金融市场满足不了巨大的城镇建设资金需求，也难以满足城镇产业发展的需求，导致拉美地区出现大面积的贫民窟，引发一系列的社会问题。

（五）几点启示

从以上国外金融支持城镇建设的方式、措施和情况来看，我们可以得出以下启示：一是市政债是地方政府融资的成熟且有效形式，前提是需要建立完善市政债发行的各项制度。二是公私合作模式（PFI）是吸引民间资本参与城镇建设的有效形式，在我国具有试验推广的价值。三是在绝大多数国家，财政、金融和民间资本是城镇建设资金的三大来源，城镇建设的投融资主体日趋多元化，渠道日趋多样化。此外，政策性金融在支持城镇建设方面也发挥着重要作用。四是政府在金融支持城镇化发展中发挥着重要作用，不仅直接或间接地为基础设施建设融资，同时建立体制机制引导民间资本参与城镇建设。五是金融支持滞后会导致城镇化发展落后，同时城镇化脱离经济社会发展阶段，尤其是缺乏必要的产业基础和支撑，将导致城镇化泡沫。

六、金融支持新型城镇化建设的政策建议

新型城镇化给金融提出了新的挑战，为此需要进一步健全金融组织体系、完善融资机制、丰富融资工具、建立起相应的政策扶持体系，构建完善金融支持新型城镇化的体制机制。

（一）基本原则

金融支持新型城镇化建设关键是要建立完善可持续的、规范化的城镇化融资机制。为此需要遵循以下几个基本原则。

一是市场化原则。党的十八届三中全会公报指出要发挥市场在资源配置中的决定性作用和更好地发挥政府作用。城镇化融资也要坚持市场化的原则，借助供求、价格、竞争等市场机制，实现对金融资源的最优配置。为了更好地发挥市场作用，需要加强金融市场体系建设，稳步推进利率市场化改革，完善城投债和地方政府债券发行制度等。

二是激励相容原则。激励相容原则是指城镇化建设事权应与融资主体保持一致。奥茨定理指出城镇化公共服务、基础设施提供事权主要在地方，由地方提供公共品更具效率。为此需要给予地方相对应的财政实力，同时赋予地方政府融资的主体资格，为市政债的发行奠定基础。一部分具有使用者付费功能的公共事业由社会资本提供融资也符合激励相容原则。

三是代际公平原则。该原则是指在城镇化建设的财务成本分担上，需要遵循“谁受益、谁负担”的代际公平。特别是，城镇化中需要提供的大多数基础设施等公共品均具有一次建成长期使用等特点，地方政府应该通过合理的融资机制将未来现金流进行折现融资，使得城镇化融资的财务成本在时间轴上平移，从而实现财务成本分担上的代际公平。

四是适度倾斜原则。鉴于财政和金融资源的有限性，适当倾斜原则要求政府相关部门引导金融资源适当向中小城市和小城镇倾斜，向民生金融和消费金融领域倾斜，向科技型中小企业倾斜等，同时财政投入也要做好适度的倾斜。这与市场化原则并不矛盾，而是更好地发挥政府作用的重要体现。通过适度倾斜原则可以缓解城镇化发展的区域差异问题。

五是风险约束原则。风险约束原则从宏观上讲要求守住不发生区域性或系统性金融风险，从微观上讲要求融资者的负债与其未来现金流相匹配。对于地方政府而言，融资规模要与城镇化红利释放保持基本同步；对于企业和居民而言，融资规模要与自身的偿债能力相协调。为此，城镇化融资需要构建有力的财政约束、市场纪律约束和社会约束机制。

（二）路径选择

地方政府是新型城镇化发展融资的主体，这是由政府具有提供公共产品的

职责所决定的。对于金融支持新型城镇化发展路径需要建立在项目分类的基础上。按照世界银行提出的项目分区理论，根据是否有收费机制及其投资价值回报机制，将项目分为非经营性项目、准经营性项目和经营性项目三大类，对于不同项目，金融支持的方式和路径也将有所不同。

首先，对于非经营项目（纯公益性项目）。这类项目无资金流入，无收费基础，但是具有较高的社会效益和环境效益，因此既需要大力发展和建设，又不能通过纯粹的市场机制来解决。这类项目的资金最最终还是依赖于政府支出。金融支持此类项目的路径是在地方政府的未来收入流（主要是税收收入或土地出让收益）作为还款保证前提下向地方政府提供各类融资服务。例如美国市政债中的一般责任债券就是以地方政府税收作为主要还款来源。只要有资产抵押和还款保证，还可以探索多种形式的非经营项目融资方式。此外，政府也可以采用 BT（建设—转让）方式交给企业法人投资，这样投融资主体就变成了企业法人。在建设期满，政府再按照等价有偿原则向企业法人协议回购。

其次，对于纯经营性项目。此类项目有收费基础，属于使用者付费范畴，其投资可以完全覆盖成本，并能获取一定的收益。对此，地方政府可以通过公开、公平、竞争的招投标方式运作，完全交由社会资本进行建设或提供服务，以便提高投融资效率。对于社会资本投资经营，金融支持的路径是通过为参与建设的民间资本主体提供融资服务来实现。在投融资方式可以采用 BOT、BOO 等形式。现实中纯经营性项目，很多也是由地方政府建设经营，此类项目的融资相对容易，只需要用项目预期收入流进行还款保证就可以进行融资。金融支持的路径也很多，包括银行贷款、保险资金投资、民间资金参与、发行城投债等多种形式。

最后，对于准经营性项目。这类项目介于纯经营性项目和非经营性项目之间，由于具有较强的公益性，投资收益相对较低，甚至不能弥补投资成本。大部分政府融资项目均属于此类，对于这类项目，如果由地方政府投资建设，那么不仅需要以项目收入流作为抵押，同时需要地方政府以部分税收或预期土地出让收益作为还款保证，在此基础上，金融支持的路径就比较多了。如果采用引进社会资本方式，由于项目建设运营的收益相对较低，政府应该给予私人部门一定的补偿。在具体投融资形式上可以采用 PFI（公私合营）、BOT、BOO 等多种形式，金融支持的路经与以上基本一致。

总之，商业性金融机构在风险管理的要求下，需要足够的抵押和还款保证，为此政府需要针对不同项目提供适当的抵押和保证，金融机构才能为此设计出多样化的融资工具，开辟多样化的支持渠道。

鉴于新型城镇化发展项目的公益性，其融资符合政策性金融支持的条件，因此可以更好地发挥政策性金融机构的作用，从而为准经营性项目和非经营性项目提供低成本、长期的融资服务。

（三）具体建议

2013 年中央城镇化工作会议要求，“推进城镇化必须从我国社会主义初级阶段基本国情出发，遵循规律，因势利导，使城镇化成为一个顺势而为、水到渠成的发展过程。”因此，在推进理念上，要坚持实事求是、量力而行、稳步推进的发展理念，切忌急于求成，脱离城镇化建设资金来源状况和地方财力，人为设定过高的城镇化率发展目标，“大跃进式”推进城镇化建设。当然这也不是说城镇化就应该随其自然，尤其在我国城镇化发展滞后工业化和经济发展阶段的情况下，应该加大金融支持力度，综合多种融资工具，使得城镇化建设所产生的“红利”与其所产生的资金需求相协调、相匹配，走出一条可持续的、互相促进、良性循环的发展道路。

1. 构建多层次金融支持体系

中央城镇化工作会议要求，“建立多元可持续的资金保障机制”。在金融支持上，需要构建多层次的金融支持体系，努力扩大金融供给。综合利用银行贷款、保险资金、信托资金、融资租赁等方式，不断满足城镇化发展所带来的多元化融资需求。一是发展民营金融机构。党的十八届三中全会指出，“在加强监管前提下，允许具备条件的民间资本依法发起设立中小型银行等金融机构。”可见民营金融机构发展将是大势所趋，这将进一步优化产权结构，提高金融市场的竞争性，也将提高城镇化融资的可得性和效率。二是加强银行同业合作，对资金需求量大的城市建设、产业升级、技术改造等项目运用银团贷款。三是支持金融机构探索开展土地经营权质押融资业务，探索更多土地资本化方式，充分利用城镇化进程中的土地增值集聚金融资源。四是引导和支持保险机构为具有稳定现金流的城镇化建设项目提供保险资金，充分发挥保险资金规模大、期限长、来源稳定、成本较低的优势，满足项目中长期建设资金需求。五是在严格控制风险的基础上，继续运用各类信托产品为基础设施项目提供股权或债权融资支持，或以基础设施项目的经营类资产发行受益权信托，改善流动性。六是探索运用融资租赁方式为水务、能源、公交、医疗等对设备资金需求较大的建设项目筹集资金。总之，通过构建多层次金融体系，提升金融深化程度，促进城镇化发展。

2. 扩大政策性金融供给

党的十八届三中全会提出，“研究建立城市基础设施、住宅政策性金融机构”。中央城镇化工作会议指出，“推进政策性金融机构改革”。从国际经验来看，政策性金融在支持城镇化过程中发挥着重要作用。如日本政府在 1951 年成立了开发银行，主要向能源、交通等基础设施部门提供长期低息贷款，有效保障了大规模基础设施投资的资金需求。因此，我国从短期来看，一是鼓励政策性银行先期介入社会性、公益性强、建设周期长、资金需求量大的基础设施项目，充分发挥政策性金融的引导作用。政府可以建立以财政贴息、税收优惠等多种形式的补偿机制。二是深化政策性金融机构改革，解决其自身的定位、发展和监管等问题，明确其在支持城镇化发展的职责，以更有效地发挥作用。从长期来看，可以研究党的十八届三中全会的要求，研究和探索设立基础设施、住宅政策性金融机构。

3. 创新直接融资工具

国际上成熟的地方政府直接融资工具主要有市政债和基础设施支持证券。这些直接融资工具的发展有效地改善了融资结构，满足城镇化发展对中长期可持续性资金的需求。

在探索市政债的发行上，由于当前我国还没有真正意义上的市政债，只有被称为“准市政债”的城市投资债券和地方政府债券。同时，我国《预算法》还没有赋予地方政府直接发债的权力，因此先期可以继续扩大地方政府自行发债试点，为市政债的发行积累经验，同时探索将部分以公用事业为募集资金投向、以使用者付费收入为还款来源的城投债改造成为市政债，享受税收减免待遇，并在地方政府预算中设立特别账户，封闭式管理发债资金的运用及偿债资产的收益，并按照市政债的要求强化信息披露责任。在试点完善的基础上，修改相关法律条文，实现市政债发行的规范化和常态化。党的十八届三中全会提出，“允许地方政府通过发债等多种方式拓宽城市建设融资渠道”，因此发债融资可能将成为地方政府为城镇化发展融资的重要渠道。

在稳步推进资产证券化上，一是借信贷资产证券发行常态化的发展机遇，稳步推动融资平台信贷资产证券化，盘活货币存量，分散银行信贷风险。二是针对未来可产生稳定收益的经营性项目，以收费权、价格管理权等权益为基础进行证券化，借助交易所市场稳步推进基础设施资产支持证券发展。三是积极运用银行间债券市场创新工具，探索推动资产质量好、项目现金流充裕的城镇化建设项目发行资产支持票据，改善融资结构。

4. 探索推广社会资本参与模式

党的十八届三中全会提出，“允许社会资本通过特许经营等方式参与城市基础设施投资和运营”。中央城镇化工作会议提出，“鼓励社会资本参与城市公用设施投资运营。”从国际经验来看，通过多途径引进社会资本参与城镇化建设已经成为一种重要的模式，例如英国的公私合营模式、韩国的国民投资基金等。我国应该在经营性或准经营性城镇化建设领域，推广应用各类社会资本参与模式。一是借鉴产业基金的模式，探索建立由地方财政、城建企业出资，吸引民营资本和机构投资者加入的城市建设发展基金，以财政性资金作为杠杆撬动整个社会资源。二是进一步放开民营资本投资基础设施和公用事业设施的门槛，在道路、机场等基础设施领域和污水处理、自来水、煤气、电力和热力供应等公用事业设施领域，进一步采用 PFI、BTO、BOT、BOO 等形式吸引民营企业参与投资建设和营运，通过使用者付费和政府补贴相结合的方式使投资者能够收回投资并得到合理的投资回报。三是鼓励和支持民营资本投资教育、卫生、养老等公共服务领域，采取政府公共部门购买、私人部门提供服务的方式，提高公共服务的民营化水平。

5. 完善政策扶持体系

一是搭建政银企合作平台。充分利用地方政府的行政优势，通过组织政银企洽谈会、项目推介会等形式，向金融机构公开推介市场前景看好的城镇化发展项目，努力构筑政银企互利共赢的合作平台。二是探索以财产税代替土地财政进行城镇化建设融资，当前房产税的试点有助于改变土地和房产收益的时间分布，改变地方政府过度依赖“土地财政”进行融资的现状。中央城镇化工作会议指出，“要完善地方税体系，逐步建立地方主体税种”。从国际经验来看，财产是地方政府税收的主要来源。三是发挥人民银行的窗口指导作用，充分利用有区别的存款准备金率、再贷款、再贴现等货币政策工具，提高金融机构支持城镇化发展的能力和意愿。银行间市场要加快推进基础设施资产支持票据的发展。四是出台相关新型城镇化建设融资的专项财税激励措施。适时出台针对城镇建设的金融机构信贷补偿政策，如专项贷款贴息政策、专项贷款税收减免政策等，鼓励和引导金融机构加大信贷投入。此外，需要加强各部门间的沟通协调，进一步加强金融、城建、产业、财税、投资等政策的协调配合，发挥各项政策在鼓励和支持金融改革和基层创新中的协同效应，不断完善多方联动的政策支持体系。

参考文献

[1] 巴曙松、杨现领：《城镇化大转型的金融视角》，厦门大学出版社，2013。

[2] 迟福林：《释放改革的红利》，载《学习时报》，2012（12）。

[3] 谷小菁、王定祥：《中国金融发展与城市化进程》，载《金融理论与实践》，2011（9）。

[4] 辜胜阻、李睿：《新型城镇化的健康发展》，载《中国金融》，2013（4）。

[5] 国务院发展研究中心：《农民工市民化的成本测算》，课题报告，2012。

[6] 高戈君：《城镇化过程中的资金需求和金融服务》，载《农村金融研究》，2013（11）。

[7] 黄勇、谢朝华：《城镇化建设中的金融支持效应分析》，载《理论探

索》，2008（3）。

［8］黄国平：《城镇化发展中的金融体系改革与完善》，载《金融时报》，2013-10-14。

［9］纪志宏：《完善城镇化融资机制的改革视角》，载《中国金融》，2013（4）。

［10］陆岷峰、马艳：《以金融支持中国城镇化进程的新思考》，载《苏州教育学院学报》，2009（3）。

［11］谬海斌：《银行信贷、产业结构与城镇化——基于分省面板数据的实证研究》，载《金融监管研究》，2013（10）。

［12］雷薇、朱鸿鸣：《我国新型城镇化融资面临的新挑战》，载《国务院发展研究中心调查研究报告》，2013年第115号。

［13］阙方平：《城镇化进程中的金融需求与银行责任》，载《银行家》，2013（6）。

［14］饶华春：《金融发展、产业结构升级与城市化进程》，载《新疆财经大学学报》，2009（4）。

［15］孙浦阳、武力超：《金融发展与城市化：基于政府治理差异的视角》，载《当代经济科学》，2011（2）。

［16］宋时：《金融支持城镇化可有怎样的路径》，载《金融时报》，2013-08-24。

［17］吴超、钟辉：《金融支持我国城镇化建设的重点在哪里》，载《财经科学》，2013（4）。

［18］伍艳：《中国城镇化进程中的金融抑制问题研究》，载《理论与发展》，2005（2）。

［19］宗良、韩如晖：《金融助力新型城镇化进程》，载《中国金融》，2013（4）。

［20］中国城市经济学会中小城市经济发展委员会：《中国中小城市城市发展报告》，社会科学文献出版社，2013。

［21］中国人民银行天津分行课题组：《城镇化、经济增长与金融支持问题研究》，载《天津经济》，2013（1）。

宁波市贷款效率与资金优化配置问题研究

宁波市金融学会课题组*

一、绪论

（一）选题意义

在目前的中国，间接融资仍在融资方式上占主导地位，贷款资金无疑成为推动经济发展的重要资本要素。改革开放后，随着我国金融体制改革步伐的加快，各类银行业金融机构纷纷成立，信贷政策也逐步向市场化的调控方式转变，贷款总量呈现出明显的持续增长趋势，从而有力地推动了中国经济的高速增长。

宁波市作为我国东部沿海城市，经济金融相对发达，金融发展环境优越，银行数量众多，金融创新活跃，这更加有效地增强了贷款资金的投放量。截至2012年末，全辖本外币各项贷款余额11 961.02亿元，较1980年增长1 113.73倍，增长率是全国平均水平的4.40倍。

随着贷款规模的快速增长，贷款效率问题成为了经济学界研究的重要主题。按新古典经济学派理论，在市场经济机制下，“看不见的手”总是可以实现资源的最优配置，供求会自动达到均衡。然而，由于现实社会中存在信息不对称，加上贷款资源本身稀缺性的特点，借贷双方无法做到完全理性：一方面，政府或监管部门出于对经济增长、增加就业和防范通货膨胀等方面的考虑，会直接或间接地干预贷款资金的流向；另一方面，银行由于自身经营模式或管理能力的限制，其贷款资金也很难实现最优配置。这就导致贷款资金并不能完全根据“逐利性”原则自由流向盈利能力强、投入产出效率高的企业或行业，贷款对经济的推动作用大打折扣。2002—2012年，宁波市贷款余额增长率为669.51%，是浙江地区生产总值增长率的1.90倍，而同期全国贷款余额增长率仅为国内生产总值增长率的1.15倍。这说明宁波市贷款增长对经济增长的推动效应并没有完全发挥出来，贷款总体利用效率有待进一步提高。

那么，哪些行业能够在贷款投入后获得更大的产出？贷款资金在各行业间

---

* 课题主持人：宋汉光

课题组成员：周　豪　何振亚　余霞民　陈　科　俞佳佳

的配置状况又如何？贷款资金配置优化又会受到哪些因素的影响？如何通过优化贷款资金配置来增强贷款对经济发展的推动作用？本课题正是基于以上问题，以效率理论为基础，以分析贷款产出和资金配置为主线，以提高贷款总体利用效率为目的展开系统研究，这对于进一步提高宁波市贷款资金对经济发展的推动作用具有积极的理论与实践意义。

（二）概念界定

本课题借鉴了理论学界对金融效率的分层方法，从投入产出和资源分配两个角度进行界定。同时，为避免概念混淆，本课题研究范畴内的贷款效率仅是从贷款投入与经济增长的关系加以界定的。

1. 贷款的产出效率。即从投入产出的角度考察贷款在国民经济发展中的作用，衡量的具体方法为一定的贷款投入所带来多少的经济产出。因此，本课题所指的高回报（或高产出）行业、低回报（或低产出）行业也仅是从贷款产出效率的角度上加以衡量。

2. 贷款的配置效率。贷款作为一种资源，在各个行业之间如何分配将最终影响贷款对经济发展的作用大小，因为如果高回报行业不能有效吸引贷款资金的流入，贷款同样不能发挥出对经济推动的最大功效。正是基于此，本课题在贷款产出效率的基础上又提出了贷款配置效率，其衡量的具体方法是高回报行业是否能有效吸引贷款的流入。

（三）思路和框架

要通过优化贷款资金在行业间的配置，实现提高宁波市贷款总体产出效率，就需要按顺序解决三个问题：首先是宁波市的贷款产出效率大小具体是多少？这正是第三部分研究贷款产出效率所要解决的问题。其次是宁波市贷款资金配置的具体情况如何？这就需要先测算宁波市总体贷款配置效率的大小，再分析贷款资金是否能更多地从低回报行业流向高回报行业。这些正是第四部分研究贷款配置效率所要解决的问题。最后是哪些因素可以优化贷款配置效率？这正是第五部分研究贷款配置效率影响因素所要解决的问题。基于以上三个核心问题，本课题的逻辑框架见图1。

二、宁波市贷款现状分析

（一）贷款总量分析

2002—2012年的十年间，宁波市贷款余额从1 554.36亿元增长到11 961.02亿元，增幅高达669.51%，分别高于浙江省平均增幅92.61个百分点，高于全国平均增幅288.21个百分点，贷款余额年平均增长率为22.64%[①]。同时，新增

① 年平均增长率用几年平均数计算得出，下同。

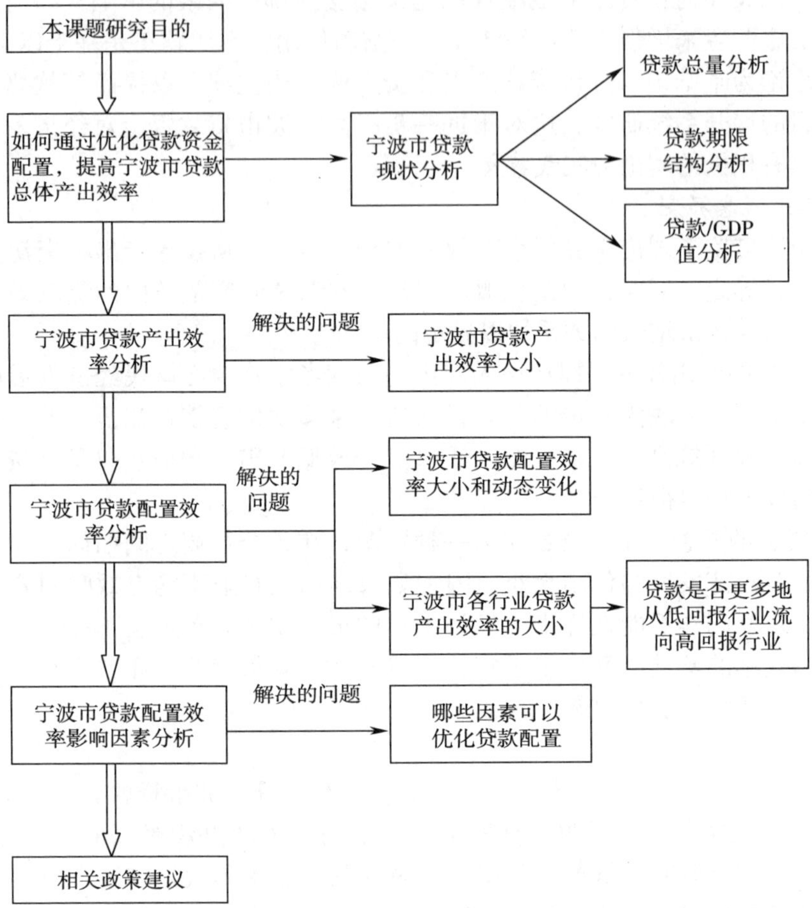

图 1　本课题逻辑框架图

贷款呈波动上升趋势。至 2009 年，受全国大幅增加贷款规模等刺激经济增长政策的影响，新增贷款在当年高速增长，达到历史峰值的 1 901.13 亿元，此后呈小幅回落趋势，见图 2。

（二）贷款期限结构分析

2002—2012 年，宁波市短期贷款与中长期贷款的存量规模均呈逐年递增趋势。短期贷款从 1 013.79 亿元增长至 6 760.27 亿元，增幅 566.83%，年平均增长率 20.89%，而长期贷款从 425.65 亿元攀升至 4 790.07 亿元，增幅 1 025.35%，年平均增长率为 27.39%，其所占比例也从 27.38% 提高到 40.05%（见图 3）。

（三）贷款/GDP 值分析

从纵向比较看，宁波市贷款/GDP 值近 10 年来呈明显上升趋势，2002—

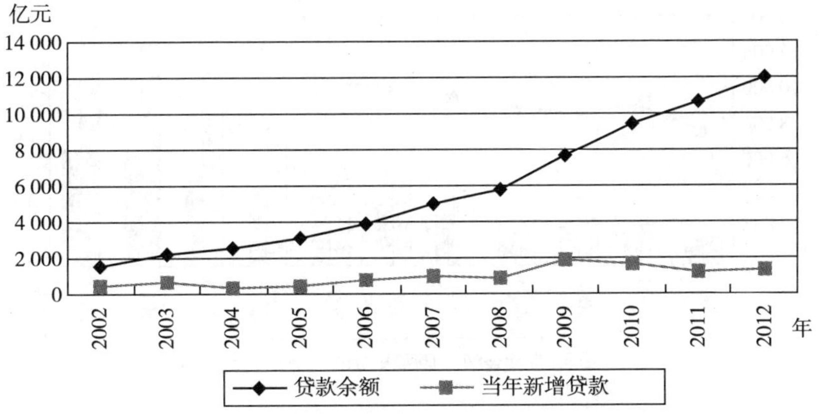

图 2　宁波市贷款规模变化走势图（2002—2012 年）

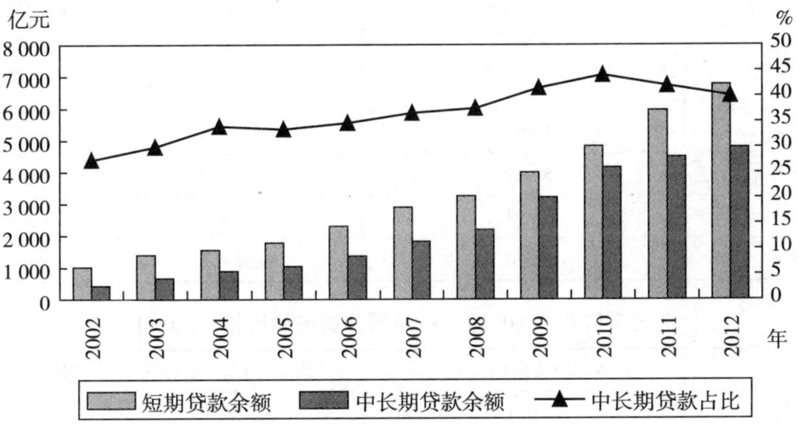

图 3　宁波市贷款结构变化走势图（2002—2012 年）

2012 年，宁波市 GDP 从 1 453. 34 亿元增加到 2012 年的 6 582. 21 亿元，名义增长 352. 90%，而同期金融机构本外币贷款余额则增长 669. 51%，远高于 GDP 的增速，导致贷款/GDP 值持续上升，从 1. 07 上升至 1. 82（见图 4）。

从横向比较看，在与省内其他 5 个相关城市的比较方面，2012 年宁波市的贷款/GDP 值居第 3 位，低于杭州（2. 32）和温州（1. 92）（见表 1）。选取其他 4 个计划单列市以及长三角地区的苏州和无锡等 6 个省外城市比较。在 7 个城市中，贷款/GDP 值则最高，比最低的无锡高出 0. 76，甚至高于将金融业作为支柱产业、总部型金融机构较多的深圳市（见表 2）。

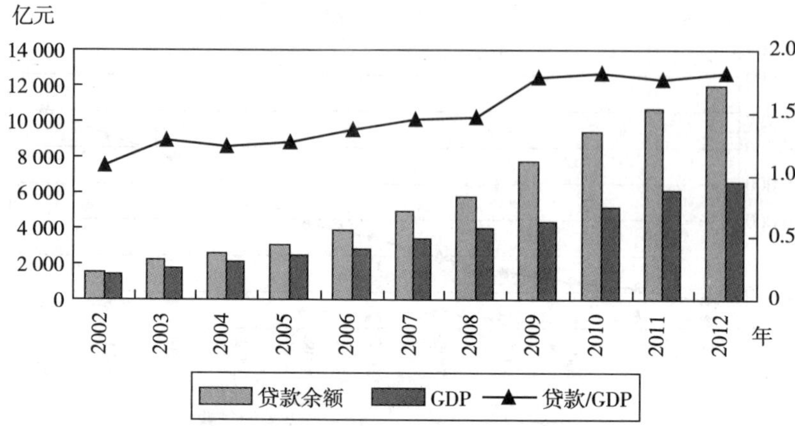

图 4　宁波市贷款/GDP 值变化情况（2002—2012 年）

表 1　宁波市贷款/GDP 值与省内部分城市的比较（2012）

地区	本外币贷款余额（亿元）	GDP（亿元）	贷款/GDP
杭州	18 090. 9	7 803. 9	2. 32
温州	7 013. 0	3 650. 1	1. 92
宁波	11 961. 0	6 524. 7	1. 82
绍兴	5 129. 2	3 620. 1	1. 42
台州	3 893. 2	2 927. 3	1. 33
嘉兴	3 670. 5	2 884. 9	1. 27

表 2　宁波市贷款/GDP 值与省外部分城市的比较（2012）

地区	本外币贷款余额（亿元）	GDP（亿元）	贷款/GDP
宁波	11 961. 0	6 524. 7	1. 82
厦门	5 107. 4	2 817. 1	1. 81
深圳	21 808. 3	12 950. 1	1. 68
大连	9 111. 7	7 002. 8	1. 30
苏州	14 877. 8	12 011. 7	1. 24
青岛	8 632. 8	7 302. 1	1. 18
无锡	8 024. 0	7 568. 2	1. 06

三、宁波市贷款产出效率分析

贷款/GDP 值只是某一个时点的静态数值。为定量测算一段时期内宁波市的贷款产出效率，需要对贷款和 GDP 指标进行计量分析。

（一）数据选取与指标说明

本课题选取各地区年度地区生产总值 GDP 作为衡量经济增长的指标，选取各地区年末贷款余额作为衡量贷款的指标，样本的时间跨度为 2000—2012 年。为充分比较宁波市与其他地区的贷款产出效率，本课题选取了全国和浙江、江苏两省以及与宁波经济、地理位置相近的上海市、杭州市、南京市和与宁波同为计划单列市的深圳、大连、青岛和厦门，加上宁波市共 11 个地区的年度相关数据①。所有变量单位均为亿元。同时，为获得经济增长与贷款的线性趋势，本课题对以上数据序列进行了对数处理。

（二）回归分析

以各地区 GDP 与贷款余额的对数序列建立线性回归模型，采用最小二乘法（OLS）估计，并利用 AR 对序列进行相关性修正，得到估计结果如表 3 所示。

表 3　　各地区贷款产出效率系数估计结果（2000—2012）

地区	系数估计值	标准误	R^2 值	T 值	P 值	
全国	0.918160	0.044616	0.982245	4.087233	0.0000	
江苏省	0.848943	0.042744	0.982584	19.86093	0.0000	
浙江省	0.764604	0.029779	0.986523	10.12829	0.0000	
地区	系数估计值	标准误	R^2 值	T 值	P 值	排序
深圳市	0.983098	0.074515	0.998722	13.19328	0.0000	1
南京市	0.970576	0.063360	0.986825	10.39603	0.0000	2
大连市	0.912781	0.047978	0.990125	19.02487	0.0000	3
上海市	0.889703	0.074790	0.981752	11.89063	0.0000	4
青岛市	0.777126	0.032548	0.994582	23.87657	0.0000	5
杭州市	0.756951	0.069517	0.979821	10.88877	0.0000	6
宁波市	0.716846	0.037187	0.994256	19.27687	0.0000	7
厦门市	0.645981	0.050675	0.994892	12.74818	0.0000	8

所有方程的判定系数 R^2 均十分接近 1，方程的所有系数也在 1% 的置信水平下显著，方程回归效果很好。

（三）结果分析

回归结果显示，宁波市的贷款产出效率为 0.717，既低于全国平均水平 0.918，也低于江苏省平均水平 0.849 和浙江省平均水平 0.765。在与其他 7 个相近城市的比较中，也仅比厦门市的 0.646 高，排在倒数第二位。这印证了宁波市贷款的产出效率较低，贷款投入对经济产出的推动作用比较有限的现状。

① 数据来源于各地统计局与人民银行的统计数据，下同。

宁波市贷款产出效率不理想的原因众多，如民间金融发达、贷款资金外流比较严重、社会融资结构不合理、个人或企业过度融资等，但还有一个重要原因可能就是宁波市的贷款资金并没有在各行业间进行有效的配置，即贷款并没有从产出效率低的行业更多地流向产出效率高的行业。

四、宁波市贷款配置状况分析

（一）宁波市贷款配置效率实证研究

1. 测量方法和理论模型。目前，学界对资本配置效率的主要测度方法一般有三种：一是流动性指标法，即选择具有代表性的表示资本流动性的指标来衡量资本的配置效率。二是生产函数法，即通过生产函数形式，计算出不同用途的资本边际收益，再根据资本边际收益的变化判断资本配置效率的高低。三是托宾 Q 法，它是通过计算企业的投资预期收益来衡量资本配置效率。

上述三种方法各有利弊，但都有一个通病，即都不能直接计算出配置效率的数值，也就无法直观地观察出资本配置效率高低。因此，我们选取美国 Jeffrey Wurgler 资本配置模型。该模型从资本对盈利能力的敏感度的角度出发，开创性地采用各行业投资对增加值的弹性作为衡量资本配置效率的指标，既可以通过资金流量和流向来直接测度资金配置效率值，也可以应用于一段时期的变动趋势动态分析，模型如下：

$$\ln \frac{L_{i,t}}{L_{i,t-1}} = a + \eta \ln \frac{G_{i,t}}{G_{i,t-1}} + \varepsilon_{i,t}$$

其中，L 表示贷款数量；i 表示不同行业；t 表示时间；a 为常数；表示自发资金投入的大小，即是不受生产总值变化影响的贷款投入部分；ε 为随机扰动项；η 为贷款配置效率，表示不同行业生产总值的变化对贷款的吸引力度，即产出贷款弹性。η 值越大，意味着该领域贷款资金投入对生产总值变化越敏感，贷款向高回报行业的投入越高，即贷款的配置效率越高。

2. 数据选取与指标说明。根据统计局的分类标准，将全社会行业分类为：农、林、牧、渔业（以下简称农业）；工业（包括制造业）、建筑业；交通运输、仓储和邮政业（以下简称交通运输业）；批发零售业；住宿餐饮业；金融业[①]；房地产业；其他非营利性服务业（以下简称非营利性服务业）；其他营利性服务业（以下简称营利性服务业）。选取各行业生产总值的对数作为衡量经济增长的指标，选取各行业贷款余额的对数作为衡量贷款投入的指标。鉴于数据的可得性，选取 2007 年 3 月至 2013 年 9 月的季度数据，以 10 个行业为个体样本，以

① 由于本课题研究范畴内的金融业是指有普通银行贷款需求的金融业企业，故主要是指小额贷款公司、担保公司、典当行等。

2007 年第一季度至 2013 年第三季度为时间样本创建 Pool 面板数据，全部样本数为 10×27=270 个。

3. 回归分析。基于 Pool 面板数据变系数模型对各季度的贷款产出效率进行动态回归，为消除任意序列自相关和误差项时期异方差，在回归估计时使用 White period 方法计算系数协方差，结果见表 4 和图 5。

表 4　　宁波市各阶段贷款配置效率（2007—2013）

时期	2007Q1	2007Q2	2007Q3	2007Q4	2008Q1	2008Q2
配置效率	—	0.170375*	-0.219153	-0.228240	0.118676	-0.047767***
时期	2008Q3	2008Q4	2009Q1	2009Q2	2009Q3	2009Q4
配置效率	-0.394959*	-0.150475	-0.102068	-0.622676*	0.005958	1.513279***
时期	2010Q1	2010Q2	2010Q3	2010Q4	2011Q1	2011Q2
配置效率	0.374110	0.740032*	-0.177523***	0.118524*	0.081840*	-0.064974*
时期	2011Q3	2011Q4	2012Q1	2012Q2	2012Q3	2012Q4
配置效率	-0.002775	0.055969*	0.179953**	-0.011123	-0.417346***	-0.070332
时期	2013Q1	2013Q2	2013Q3			
配置效率	-0.020657	0.029256	0.116161			

注：符号*、**、***分别表示在 10%、5%、1% 的水平下显著。

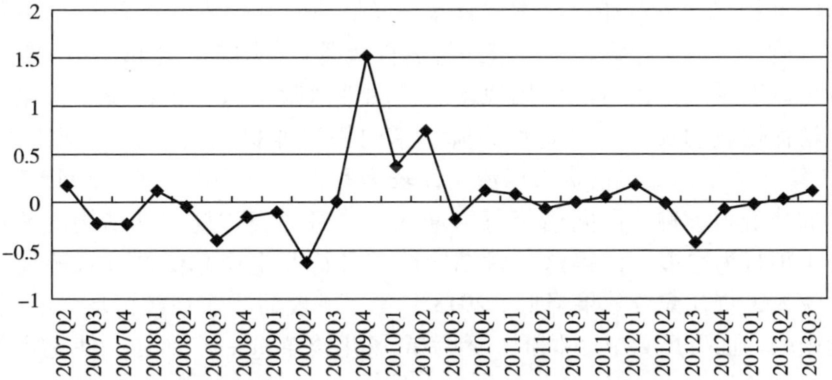

图 5　宁波市各阶段贷款配置效率变动情况（2007—2013）

4. 结果分析。从经济学意义上分析，贷款配置效率的高低与多种因素相关，但总体来看，其变化趋势与宏观经济环境和货币、信贷和产业政策有较密切的关系。

（1）2007 年第二季度到 2009 年第三季度，宁波市贷款配置效率不理想，经济增长主要是依靠粗放性的贷款绝对投放量的增加来推动。2008 年以前，由于宏观经济过热，通货膨胀压力增大，中央采取了大量“适度从紧”的货币政策，仅 2007 年一年间，中央连续 6 次加息，一年期存贷款利率分别从 2.79% 和 6.39% 增加至 4.14% 和 7.47%。同时，央行 10 次上调存款准备金率，2008 年上半年又连续 6 次上调，使存款准备金从 9.5% 增加至 17.5%，增幅达 85%。从 2008 年下半年开始，受国际金融危机的影响，实体经济出现疲软，为防止国民经济出现大幅度下滑，我国又采取包括降低存贷款利率，下调存款准备金，取消商业银行信贷约束和扩大贷款投入量等一系列刺激经济增长的措施。可能正是由于这个时期国家对信贷市场的行政干预过多，导致宁波市贷款配置效率下降。

（2）2009 年第四季度至 2012 年第一季度，宁波市贷款配置状况得到了明显改善，贷款资源的配置优化有效地推动了区域经济的集约型发展。从 2009 年第四季度开始，一方面，国民经济企稳回升，国家对信贷市场的干预减少，信贷政策保持了较好的持续性和稳定性。另一方面，宁波市金融深化加速推进，各类贷款创新业务密集推行。使得宁波市贷款配置状况出现明显好转。此外，股份制银行和城商行等中小商业银行出现了新一轮网点扩张趋势，各类新型农村金融组织也加速成立，使得宁波市信贷市场多层次、多区域的竞争日益加剧，充分的市场竞争也进一步推动了宁波市贷款配置效率的提高。故这段时间内，贷款配置优化对经济的助推作用得到了显著增强。

（3）2012 年第二季度到 2013 年第一季度，宁波市贷款配置效率再度出现下降。2013 年第二季度开始，贷款配置效率又呈现回升趋势。从 2012 年开始，受国内外政治经济因素影响，宁波市经济运行遭遇一定困难。全市 GDP 增速回落，外贸进出口不景气，银行的信用风险、流动性风险增大，银行资产质量下降明显。全辖存款波动加大、稳定性下降，辖内银行业机构流动性管理压力上升。至 2013 年上半年，全市信贷市场流动性较为紧张，对辖内部分银行贷款投放带来一定的冲击和影响。民间借贷行为增加，政府对贷款规模和结构的调控力度增大，干预行为增多，使得这一时期宁波市各行业生产总值的增长不能有效吸引贷款流入，贷款配置效果降低。2013 年第二季度后，宏观经济形势有所好转，资金紧张的局面有所好转，同时，利率市场化改革进一步加强，使全市贷款配置出现回升趋势。

（二）行业间贷款配置的实证研究

下面进一步测算贷款产出效率不同的各个行业实际获得贷款资金的情况，以便能探析宁波市贷款资金在行业间的流向趋势。

1. 回归分析。以各行业生产总值与贷款余额的对数序列建立线性回归模型，采用最小二乘法（OLS）估计，对 DW 值过高或过低的回归方程，利用 AR 对序列进行相关性修正，得到估计结果如表 5 所示。

表 5　　宁波市各行业贷款产出效率系数估计结果

行业简称	系数估计值	T 值	P 值	R^2 值	排序
住宿餐饮业	1. 120137	9. 606914	0. 0000	0. 707112	1
工业	1. 005138	10. 15829	0. 0000	0. 804865	2
建筑业	0. 829766	8. 496245	0. 0000	0. 621738	3
交通运输业	0. 736815	5. 761040	0. 0000	0. 884494	4
房地产业	0. 618408	2. 660254	0. 0140	0. 441392	5
批发零售业	0. 602836	7. 249884	0. 0000	0. 873152	6
非营利性服务业	0. 469270	1. 937763	0. 0640	0. 130584	7
营利性服务业	0. 401370	4. 674809	0. 0001	0. 741485	8
金融业	0. 121907	6. 002732	0. 0000	0. 488282	9
农业	0. 028142	0. 078731	0. 9379	0. 000737	10

回归结果显示，除农业和非营利性服务业外，其余变量均在 1% 显著水平上通过了 t 检验，而其他非营利性服务业在 15% 的显著水平上通过了 t 检验，故可以认为其他非营利性服务业的贷款与生产总值间呈现弱相关性。

再计算 2007 年第一季度至 2013 年第三季度各行业的贷款余额变动情况，见表 6。

表 6　　宁波市各行业贷款余额增幅（2007—2013）

行业	2007Q1 贷款余额（亿元）	2013Q3 贷款余额（亿元）	贷款余额增幅（%）	排序
金融业	0. 06	15. 57	25 384. 63	1
营利性服务业	333. 36	1 502. 19	350. 63	2
交通运输业	203. 62	824. 84	305. 08	3
批发零售业	420. 08	1 567. 13	273. 05	4
住宿餐饮业	30. 55	110. 08	260. 37	5
建筑业	134. 16	388. 65	189. 68	6
房地产业	277. 31	627. 93	126. 43	7
工业	1 837. 65	4 112. 83	123. 81	8
非营利性服务业	357. 23	733. 15	105. 23	9
农业	54. 14	76. 25	40. 85	10

表 5、表 6 反映出宁波市行业的贷款产出效率与其所获得的贷款支持力度并没有良好的匹配关系。结合表 5 和表 6，根据各行业的贷款产出效率和贷款余额

增幅绘制成宁波市行业间贷款资金配置效率图（见图6），以便能更加直观地观察两者间的对应关系。为排除各行业因基数不同而引起的贷款增幅差异过大，图中采用虚拟变量的形式，根据各行业贷款产出效率和贷款余额增幅的排序对虚拟变量进行赋值，排序最高的赋值10，排序最低的赋值1，如住宿餐饮业的贷款产出效率为10，贷款余额增幅为6。

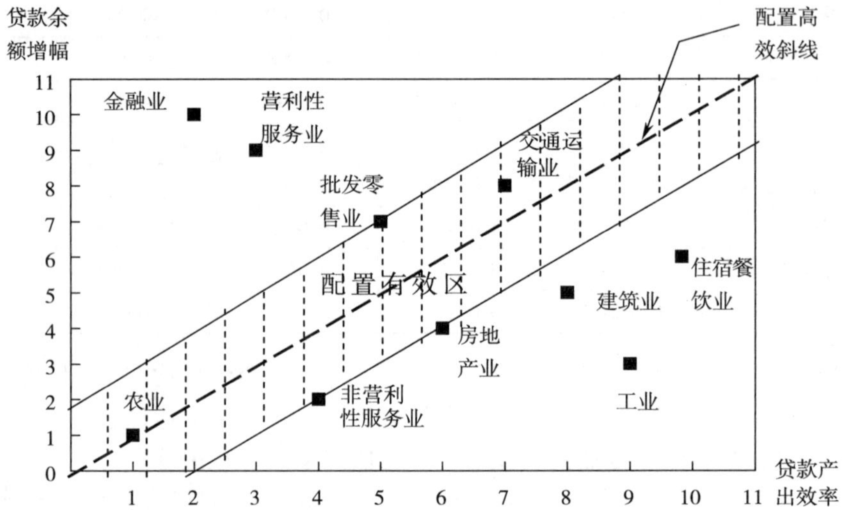

图6　宁波市行业间贷款资金配置效率图

图6中横轴代表行业的贷款产出效率，可表示贷款投入后的产出收益率。纵轴代表行业的贷款余额增幅，可表示获得贷款资金的支持力度。显然，配置高效斜线代表行业的贷款产出效率与贷款增幅完全吻合，贷款资金配置最有效。而配置有效区代表行业的贷款产出效率与贷款增幅大体吻合，贷款资金配置基本有效。而在其余区域，则代表了贷款产出效率高的行业不能获得更多的贷款资金支持，或者贷款产出效率低的行业获得了过多的贷款资金支持，也就是说，其余区域的行业的贷款资金配置不理想。从图6可以清楚地看到，在配置最有效的配置高效斜线上，只有农业一个行业，而在配置相对有效的配置有效区内，也只有交通运输业、批发零售业、房地产业和非营利性服务业四个行业。其他五个行业均落在其余区域，即根据其贷款产出效率，它们所获得的贷款资金过多或过少。

2. 结果分析。以制造业为主的工业、住宿餐饮业、建筑业属于宁波传统优势产业集群，这些行业虽然产品技术含量较低，但发展时间长，市场基础雄厚，专业化程度高，而且贷款主要用于企业的流动资金，投入产出周期短，故其贷款产出效率也较高。住宿餐饮业的贷款产出效率最高，达到1.12，即住宿餐饮业的贷款余额每增加1%，可以促进其生产总值增长1.12%。产出效率紧随其后的是工业的1.01和建筑业的0.83。但由于这些行业以中小微企业为主，缺乏有效抵押品，贷款风险较高，故并没有得到充足的贷款资金支持，其贷款余额增幅较小。

交通运输业一直是宁波的一个支柱性行业，近年来，宁波市综合交通运输网络发展较快，启动或完成了杭州湾跨海大桥、象山港跨海大桥、甬台温铁路、杭甬运河、绕城高速公路等一大批项目，初步形成以港口、市区为中心，以铁路、高速公路、国省道主干线为骨架，海、陆、空多种运输方式协调发展的综合交通运输网络。所以，交通运输业的贷款产出效率较高，贷款资金支持力度也较强。但现代物流业发展相对滞后制约了宁波交通运输业贷款产出效率的进一步提高。

房地产业和批发零售业的产出效率并不是十分理想，0.618和0.603的效率值分别排在第5位、第6位。而其贷款增速分别排在第7位和第4位。房地产业是一个高投入高产出的行业，随着近年来国家对房地产行业的宏观调控力度不断增大，导致其贷款增速和生产总值增速双双下降。批发零售业虽然在第三产业的各行业中比重最大，但行业多数企业规模过小，经营设施、运行效率、人才素质、管理水平等综合实力不强。信息网络缺乏、现代物流业发展相对滞后进一步制约宁波批发零售商业的发展壮大。

非营利性服务业和营利性服务业的贷款产出效率相对较低，分别为0.469和0.401。非营利性服务业所主要包含的科学研究，水利、环境、公共设施管理业，卫生和教育等均属于政策保障性行业，这些公益性行业关系国计民生和社会稳定，本身并不以盈利为目的，贷款回报的要求低。同时，其贷款余额增幅也较小，主要是保障基础性发展的贷款投入。而营利性服务业主要包括信息软件服务业、租赁和商务服务业以及文化和娱乐业等，这些行业一般属于资金密集型或技术密集型行业。宁波私营经济占比高，企业规模小，原材料、粗加工和初级产品比重大，对在研发、人才、品牌等方面投入不足，导致高新技术产业发展相对滞后，贷款投入对行业经济产出的正向作用并不明显。同时，营利性服务业中的租赁业存在大量政府投融资平台公司，政府性贷款较多用于基础设施投资，对GDP产出的乘数效应较小。然而，政府性贷款并非完全依靠市场手段主导，贷款不是完全根据“逐利性”原则流向产出高的区域或企业，故虽然营利性服务业贷款产出效率较低，但贷款余额增长却很快。

金融业（仅指非银行金融企业）是除农业外贷款产出效率最低的行业，只有0.122。分析其原因，一是这些非银行金融企业主要是依靠自有资金进行经营，其贷款绝对量很小，故贷款对于产出的作用十分有限。二是近年来，各类非银行金融企业迅猛发展。截至2013年5月底，全市小额贷款公司41家，股权投资机构 270 余家，金融中介服务机构 1 100 余家。社会对非银行金融企业的巨大发展潜力的预期助推了贷款资金的流入。加之宁波市金融业贷款本身的绝对量很小，致使近年来其贷款增长速度过快，2007—2013 年贷款余额增幅高达 25 384%。而这些非银行金融企业的金融创新能力和风险防范能力却并没有跟上贷款投入的步伐，其盈利能力比较有限，导致贷款投入很难及时有效转化为生产总值产出。

农业的贷款产出效率最低，且回归结果没有通过 t 检验。探其可能的原因，一是由于采用的是季度数据，而农业生产总值的季节性因素影响过大，使其回归估计中表现为不显著。二是宁波市农业劳动生产率仍然较低，品种单一，品质不高，受自然条件影响大，生产不稳定，使贷款对其生产总值的推动作用不显著。三是农业生产的风险和不确定性较大，信息不对称现象较为严重，使贷款流向与涉农企业的经济效益发生了偏离。四是由于农业在国民经济中的基础性作用，其政策性贷款、专项性贷款占比较高，这些贷款主要是为保障基础农业的发展，回报率要求并不高。另外，农业贷款的增幅也最小，反映出“三农”贷款资金支持力度还有待进一步提高。

五、贷款配置效率的影响因素分析

（一）实证分析

1. 数据选取与指标说明。根据国内外相关金融理论和实践经验，金融产权制度、宏观货币政策、银行经营方式、金融市场管制、社会融资结构等五方面与贷款配置效率息息相关。本课题从五个方面中选择 11 个指标加以分析。

一是金融产权制度。主要指标应是银行中国有股权所占的比重，但宁波市商业银行大部分不是法人银行，国有股权的占比数据无法取得。考虑到目前银行中的三大政策性银行[①]以及四大银行（工、农、中、建）国有股权比重占绝对优势地位，而其他股份制商业银行和城商行以及村镇银行等中小银行国有股比例相对较低或已经全部退出。本课题选用国有股权比重高的 7 家银行[②]贷款占比作为衡量金融产权制度的近似替代指标，记作 X_1。

二是货币政策。本课题选取一年期贷款基准利率（以下简称贷款利率）、法定存款准备金率（以下简称存款准备金率）以及贷款利率和存款准备金率调整的总次数作为衡量指标，分别记作 X_2、X_3、X_4。如果贷款利率和存款准备金率在一个季度中间发生调整，本课题将以实际天数为权重采取加权平均的方法算

① 虽然国家开发银行已于 2009 年改制为商业银行，但考虑到其实际股权持有情况和经营模式，本课题仍将其归为政策性银行范畴。

② 本课题所涉及的全国性银行，除有特别声明外，均指在宁波地区的市级分支机构。

出该季度的平均数值。此外，从 2008 年 9 月 25 日起，央行再次实行差别存款准备金率制度，为简化统计，本课题以大型金融机构与中小型金融机构的存款准备金率的算数平均值代替平均存款准备金率。

三是商业银行经营方式。本课题选取全市银行业金融机构资产规模和营业网点数作为衡量其规模的指标，分别记作 X_5 和 X_6 。以不良贷款率作为衡量其风险控制能力指标，记作 X_7 。以中长期贷款余额占比作为贷款结构指标，记作 X_8 。

四是在市场管制。以外资银行贷款占比作为衡量市场准入指标，记作 X_9 。选取虚拟变量 X_{10} 表示利率市场化程度，并根据央行对贷款利率管制放松政策的实行时间为该变量赋值。

五是在融资结构。选取直接融资额（包括企业债券融资额加上非金融企业境内股票融资额）对社会融资规模占比作为衡量直接融资比例的指标，记作 X_{11} 。

2. 序列的平稳性检验。首先对所有指标的时间序列 ADF 单位根检验，结果见表 7。

表 7　　各变量 ADF 单位根检验结果

变量	t 统计量	1% 临界值	5% 临界值	10% 临界值	滞后阶数
η	-6.168246 ***	-3.711457	-2.981038	-2.629906	0
X_1	-4.440254 ***	-3.724070	-2.986225	-2.632604	0
X_2	-2.74404 *	-3.724070	-2.986225	-2.632604	0
X_3	-3.821083 **	-4.374307	-3.603202	-3.238054	0
X_4	-3.94977 **	-4.356068	-3.595026	-3.233456	0
X_5	-5.326829 ***	-4.394909	-3.612199	-3.243079	1
X_6	-5.478847 ***	-4.374307	-3.603202	-3.238054	1
X_7	-3.625327 **	-4.374307	-3.603202	-3.238054	1
X_8	-3.726268 **	-4.394309	-3.612199	-3.243079	1
X_9	-5.177896 ***	-4.394909	-3.612199	-3.243079	1
X_{10}	-4.305435 **	-4.3943909	-3.612199	-2.243079	1
X_{11}	-3.095416 ***	-3.724070	-2.986225	-2.632604	0

注：符号 *、**、*** 分别表示在 10%、5%、1% 的水平下显著。

从检验结果来看，配置效率 η 与 X_1、X_2、X_3、X_4、X_{11} 在 1%、5% 或 10% 的显著性水平上不存在单位根，可以认为这 6 个变量为平稳时间序列，其余 6 个变量为非平稳的时间序列。再进一步对差分序列进行检验，发现这 6 个变量均为一阶单整时间序列。

3. 多项式分布滞后模型分析。考虑到需要估计的自变量过多，而时间样本数较少，且由于是季度数据，各影响因素对贷款配置效率的影响很可能存在一定的时间滞后，因此本课题将建立阿尔蒙多项式分布滞后模型对各因素对贷款配置效率的影响程度进行估计，该模型最主要的问题是确定模型的滞后长度和多项式次数，通过试错法对不同滞后长度和多项式次数的多个模型进行估计。由于变量 X_5 - X_{10} 为一阶单整时间序列，故取一阶差分进行估计，结果见表 8。

表 8　　各变量最优多项式分布滞后模式估计结果

变量	模型滞后长度	多项式次数	R^2	AIC 准则	SC 准则
X_1	2	1	0. 189528	0. 992657	1. 188999
X_2	4	2	0. 544717	0. 753898	1. 001862
X_3	4	2	0. 196601	1. 327232	1. 575196
X_4	3	2	0. 457619	0. 742401	0. 968743
$D(X_5)$	4	2	0. 355422	1. 174801	1. 423497
$D(X_6)$	4	1	0. 171801	1. 330283	1. 529239
$D(X_7)$	4	3	0. 203533	1. 481691	4. 680126
$D(X_8)$	3	2	0. 369628	1. 024952	1. 271823
$D(X_9)$	4	3	0. 106707	1. 524204	1. 684579
$D(X_{10})$	4	2	0. 264577	1. 257851	1. 452156
X_{11}	2	2	0. 381456	1. 245723	1. 387915

注：$D(x)$ 表示变量 x 的一阶差分。

根据确定的各变量最优多项式分布滞后模式，进行无约束限制的模型估计，结果见图 7 ~ 图 17。

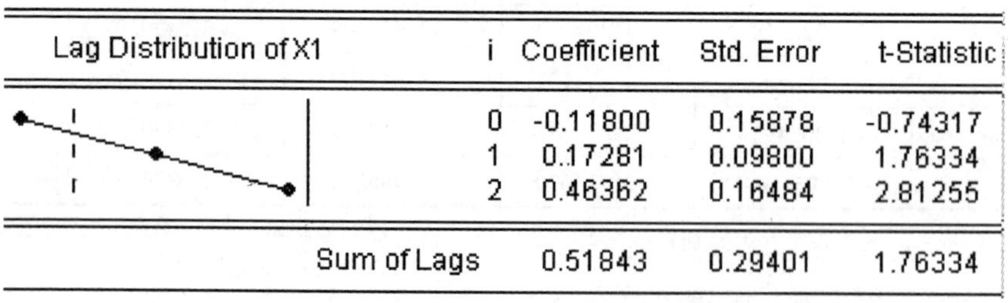

Lag Distribution of X1	i	Coefficient	Std. Error	t-Statistic
	0	-0.11800	0.15878	-0.74317
	1	0.17281	0.09800	1.76334
	2	0.46362	0.16484	2.81255
	Sum of Lags	0.51843	0.29401	1.76334

图 7　X_1 与配置效率 η 建立多项式分布滞后模型估计结果

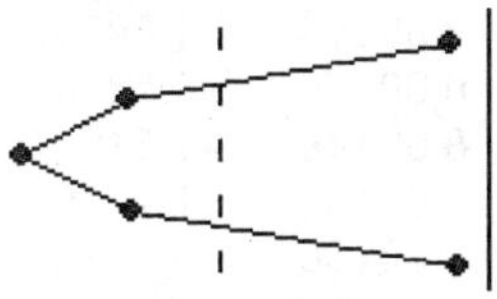

Lag Distribution of X2	i	Coefficient	Std. Error	t-Statistic
	0	0.47345	0.12844	3.68615
	1	-0.18983	0.04050	-4.68755
	2	-0.40754	0.08863	-4.59810
	3	-0.17968	0.04563	-3.93761
	4	0.49375	0.11377	4.33982
Sum of Lags		0.19015	0.09940	1.91310

图 8　X_2 与配置效率 η 建立多项式分布滞后模型估计结果

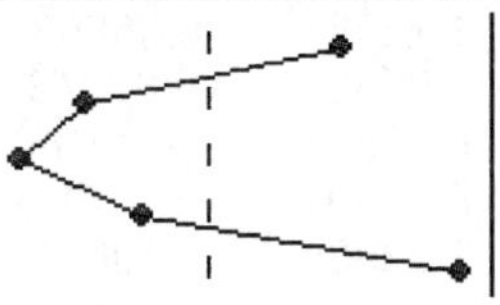

Lag Distribution of X3	i	Coefficient	Std. Error	t-Statistic
	0	0.04545	0.05975	0.76067
	1	-0.04269	0.02522	-1.69256
	2	-0.06531	0.04624	-1.41253
	3	-0.02241	0.02637	-0.84989
	4	0.08601	0.05111	1.68276
Sum of Lags		0.00103	0.04094	0.02528

图 9　X_3 与配置效率 η 建立多项式分布滞后模型估计结果

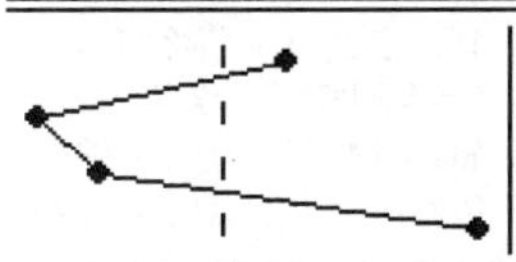

Lag Distribution of X4	i	Coefficient	Std. Error	t-Statistic
	0	0.03229	0.03714	0.86945
	1	-0.09042	0.02477	-3.65029
	2	-0.05958	0.02494	-2.38893
	3	0.12479	0.03612	3.45523
Sum of Lags		0.00708	0.05581	0.12682

图 10　X_4 与配置效率 η 建立多项式分布滞后模型估计结果

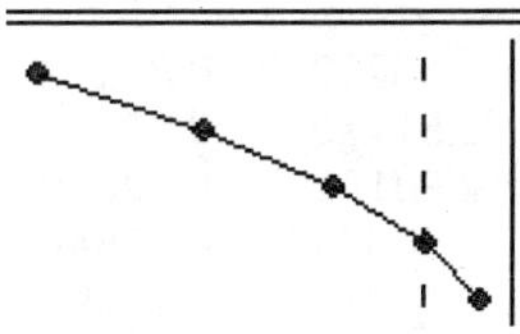

Lag Distribution of D(X5)	i	Coefficient	Std. Error	t-Statistic
	0	-1.1E-05	4.0E-06	-2.82090
	1	-6.5E-06	2.6E-06	-2.51721
	2	-2.6E-06	2.0E-06	-1.30895
	3	8.0E-08	1.2E-06	0.06665
	4	1.7E-06	9.6E-07	1.78192
Sum of Lags		-1.9E-05	8.0E-06	-2.32056

图 11　D（X_5）与配置效率 η 建立多项式分布滞后模型估计结果

Lag Distribution of D(X6)	i	Coefficient	Std. Error	t-Statistic
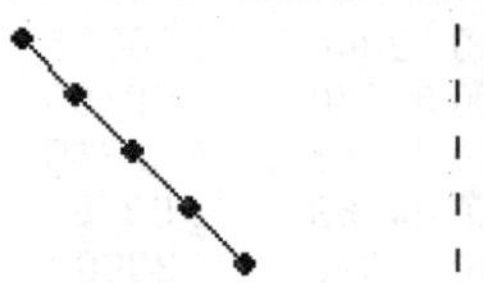	0	-0.00300	0.00214	-1.39806
	1	-0.00261	0.00170	-1.53587
	2	-0.00223	0.00146	-1.51922
	3	-0.00184	0.00154	-1.19758
	4	-0.00146	0.00188	-0.77389
	Sum of Lags	-0.01113	0.00732	-1.51922

图 12 D（X_6）与配置效率 η 建立多项式分布滞后模型估计结果

Lag Distribution of D(X7)	i	Coefficient	Std. Error	t-Statistic
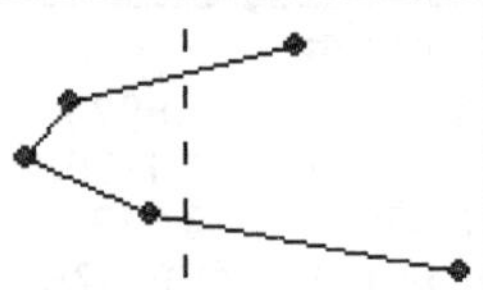	0	0.62868	1.12661	0.55803
	1	-0.61257	0.98368	-0.62273
	2	-0.88122	0.65681	-1.34166
	3	-0.16896	0.97001	-0.17419
	4	1.53253	1.02380	1.49691
	Sum of Lags	0.49845	1.25819	0.39617

图 13 D（X_7）与配置效率 η 建立多项式分布滞后模型估计结果

Lag Distribution of D(X8)	i	Coefficient	Std. Error	t-Statistic
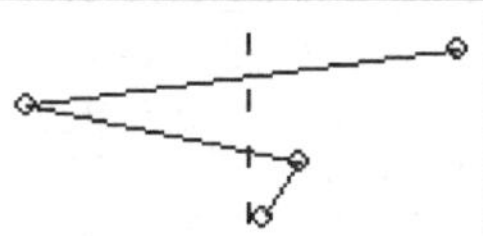	0	34.5166	13.2221	2.61052
	1	-36.5444	15.2316	-2.39924
	2	8.60613	10.1447	0.84834
	3	2.70363	9.75431	0.27717
	Sum of Lags	9.28197	13.0311	0.71229

图 14 D（X_8）与配置效率 η 建立多项式分布滞后模型估计结果

Lag Distribution of D(X9)	i	Coefficient	Std. Error	t-Statistic
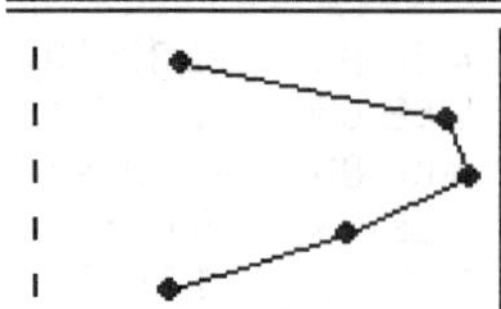	0	0.56950	2.65233	0.21472
	1	1.57977	2.51175	0.62895
	2	1.67190	2.30162	0.72640
	3	1.20178	2.56574	0.46840
	4	0.52529	2.75075	0.19096
	Sum of Lags	5.54824	8.89239	0.62393

图 15 D（X_9）与配置效率 η 建立多项式分布滞后模型估计结果

Lag Distribution of D(X10)

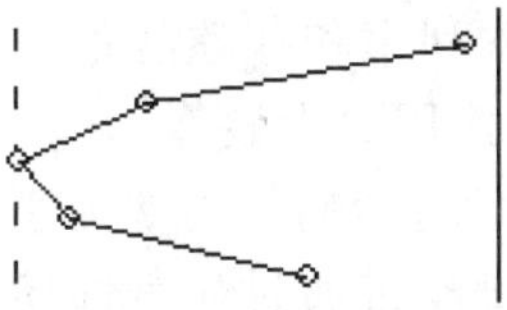

i	Coefficient	Std. Error	t-Statistic
0	1.06404	0.45507	2.33819
1	0.32146	0.29663	1.08371
2	0.01250	0.32317	0.03866
3	0.13714	0.30403	0.45107
4	0.69540	0.47966	1.44975
Sum of Lags	2.23053	1.34514	1.65822

图 16 D（X_{10}）与配置效率 η 建立多项式分布滞后模型估计结果

Lag Distribution of X11

i	Coefficient	Std. Error	t-Statistic
0	0.01314	0.00998	1.31763
1	0.00668	0.01017	0.65703
2	0.00156	0.01059	0.14715
Sum of Lags	0.02138	0.01629	1.31218

图 17 X_{11} 与配置效率 η 建立多项式分布滞后模型估计结果

（二）结果分析

根据以上多项式分布滞后模型的估计结果，国有银行贷款占比 X_1 对贷款配置效率在当期和滞后两期的影响方向相反。从系数来看，在当期国有银行贷款占比提高 1 个单位，贷款配置效率将会下降 0.118 个单位，但系数估计值并没有通过显著性检验。在接下来的第 2 期和第 3 期，贷款配置效率上升至 0.173 个和 0.464 个单位，而且系数估计值通过了显著性检验。所以综合来看，指标 X_1 与贷款配置效率正相关，即可以认为：国有股产权占比越高，贷款配置效率越高。分析原因，一是 3 家政策性银行贷款占比过小，对效率的影响主要还是取决于工、农、中、建四大银行的贷款，而宁波市四大银行对贷款资金的分配是比较合理的。二是在市场信息和渠道尚不完全的前提下，而“国有银行”贷款占比越大，反而使银行间资源共享这种外部经济发生的可能性增大。三是由于采用了国有银行的贷款余额作为替代指标，可能并不能完全反映国有股产权占比的作用和效果。

贷款利率 X_2 对贷款配置效率的影响当期为正，滞后的 1－3 期又出现了负面影响，滞后的第 4 期又呈正向作用，所有各期的系统估计值均通过了显著性验检。而存款准备金率 X_3 对贷款配置效率的影响效应与贷款利率十分相似，当期为正，接下来的三期为负，第 5 期又为正，但只有在滞后 1 期、2 期和 4 期时与贷款配置效率呈现一定的相关性。反映出货币政策对贷款配置效率的影响波动性较大，还要取决当时宏观经济和市场的多方面外生因素。从两个模型系数估计值的总数均为正可以看出，综合来看，近年来贷款利率和存款准备率调提高有助于宁波市贷款配置的优化，而且利率变化的影响作用更为显著。

利率和存款准备率调整总次数 X_4 与贷款配置效率的影响是当期为正，滞后1～2期为负，滞后第3转为正，但当期的系数估计值没有通过显著性检验，说明宏观货币政策的频繁调整，在短期内会降低贷款配置效率，但经过一定时滞期后，又会提高贷款配置效率。原因可能是货币政策变动一开始会对银行投放贷款产生一定的制约作用，为应对货币政策的调整，银行不得不改变经营策略，贷款配置效率下降。但经过一定时间的适应后，银行会根据新的货币政策调整贷款结构，反而有助于贷款配置的优化。

银行资产规模 X_5 ①的变动在当期和滞后1、2期均对贷款配置效率产生负效果，滞后第3期和第4期转为正效果，但滞后第3期系数估计值没有通过显著性检验。而营业网点数 X_6 的增长在全部5期内均不利于银行贷款配置优化，而且当期和滞后的前3期 X_6 的变动与贷款配置效率呈现弱相关性，即在15%的显著水平下通过了检验。说明银行资产规模和营业网点数增加均会造成贷款配置效率下降。原因是如果银行业金融机构规模过度扩张，网点布局不尽合理，反而会造成要素内部流动受阻，信息传递不畅，内部管理成本上升，资源配置不当，进而不利于贷款配置效率的提高。因此，银行采取精简机构和合理扩张的策略，会在一定程度上提高贷款配置效率。

不良贷款率 X_7 指标的变动在当期和之后的4期的系数估计值均没有通过显著性检验，说明目前宁波银行业不良贷款率与贷款配置效率之间没有直接相关关系。但仅从系数来看，总体正面效果大于负面效果，即银行为了提高贷款配置效率以获得更高的回报要以不良贷款率升高为代价。作为银行经营的“三性”原则，营利性、流动性和安全性历来存在相互冲突的关系，如何能更好地找到兼顾“三性”的平稳点，是目前银行需要努力探索的重要问题。

中长期贷款占比指标 X_8 的提高对贷款配置效率的影响，在当期和滞后1期一正一负，且效果大小十分相近，此后效果弱化，显著性也迅速下降。故从总体来看中长期贷款变动对贷款配置效率的影响还主要取决于其他因素。分析原因，一方面，中长期贷款涉及金额较大，时间较长，银行对其投放比较慎重。但另一方面，中长期贷款政府干预较多，在市场化程度尚不完善的情况下，又会导致贷款流向与营利性原则相违背。

---

① 由于 X_5 至 X_{10} 的6个变量均为一阶单整时间序列，故使用变量的一阶差分进行估计，其经济意义是考察各变量的变动量对贷款配置效率的影响效果。

外资银行贷款占比指标 X_9 的变动对贷款配置效率的影响虽然在各期均为正，但系数都没有通过显著性检验，说明目前两者间没有相关关系。分析可能的原因，虽然近年来，宁波外资银行贷款占比持续增长，但其绝对量依然很小，最高时也不到全市贷款总余额的0.0035%。过小的市场份额，一是不能对宁波市贷款市场的配置状况起到显著作用，二是无法通过增加竞争压力迫使内资银行改进经营策略，优化贷款配置。

放松利率管制指标 X_{10} 的变动在当期和之后的4期，其系数均为正，当期的估计值在5%的显著水平上通过了显著性检验，滞后第4期的估计值在15%的显著水平上也能通过显著性检验。可见，利率管制的放松的确有利于贷款配置效率的提高，其他3期系数估计值没有通过显著性检验，主要是虚拟变量 X_{10} 的值在考察时间内变动频率过小，故相关性效果还不是特别明显。

直接融资额占比指标 X_{11} 在各期，以及总的影响系数均为正，但所有系数估计值均没有通过显著性检验。只是当期系数与总体系数在20%的显著水平上能通过显著性检验，这说明两者之间还是存在一定的弱正相关性，即股票、债券市场的发展壮大对提高贷款配置效率能起到一定的促进作用，但效果并不明显。这反映出宁波市目前直接融资市场发育还不够完善，规模较小，机制不健全，资本市场的发展变化无法通过企业和银行传导至信贷市场。

六、政策建议

（一）规模适度增长，调整考核体系，注重协调发展

近年来，宁波市部分银行因规模扩张过快和网点布局不科学，一定程度上造成了贷款资源配置得不尽合理。因此，各银行要根据自身现有的规模和条件，科学合理地规划发展。对于规模较大的银行，应适当控制规模增速，进一步调整机构布局，整合、压缩、撤销一些区域重叠和效率低下的营业网点，高度认识集约经营与规模经济的关系，转变“市场占有份额至上”的经营理念，摒弃单纯通过增加网点数量和员工人数来获得存、贷款规模增长的粗放型经营模式，建立以提高净资产收益率等经济效率指标为核心的经营目标体系。

对于规模中等的银行，应保持适当的规模增速，但又不能过快。可以有效利用自身资金实力雄厚，人才队伍素质较高，金融创新能力、业务拓展能力和风险管理能力较强的特点，大力推进多元化的混业经营策略，有效扩大中间业务范围，加强跨行业合作，不断寻求银证、银保合作的新途径，通过业务的多元化来实现效益的提升。

对于规模较小的银行，应保持相对较快的网点增速，但要注意规避进入金融服务已经饱和或金融消费选择对象已经固化的区域，将有限的资源集中用于具有潜在盈利区域的新网点建设上，提高机构覆盖面，实现资源的有效配置。

在经营方式上，应注重技术更新，加强对外宣传，树立企业形象，扩大品牌影响力，拓宽客户基础，为实现贷款配置优化创造有利条件。

此外，2012 年末，宁波市保证金存款占比达 11.9%，说明目前部分银行为追求存贷款考核指标而通过将部分已发放的贷款转为定期存款或保证金存款的方式将贷款停留在金融体系内空转，从而使贷款在账面上虚增，并没有投放到实体企业中去。因此，监管部门应督促银行尽快调整“存贷款规模至上”的考核体系，同时，要加强对银行相关业务的检查和处罚，严格限制存贷款的虚增行为。当然，随着我国利率市场化改革的不断推进，银行也将逐步失去虚增存贷款指标的主观意愿。

（二）发展优质农业，提高农业保障，完善信贷组织

近年来宁波市农业的贷款产出效率较低，贷款投入后没有带来有效的产出，但农业在国民经济中的基础地位又决定了必须投入充足的贷款以保证其健康发展。故解决问题的关键在于发展优质高效农业，逐渐完善农业贷款与经济增长的互动机制。因此，首先，要大力发挥政策扶持导向作用，充分发挥宁波市海洋渔业优势，研发和推广高科技含量、高附加值和高综合收益的农业生产项目，提高农业经济效益。

其次，要加快农业保障体系建设，为农业发展提供良好信贷环境。银行对农业提供贷款比较谨慎，主要因为农业生产保障不足，且信用环境相对较差。所以，一是要加快以政府财政性资金投入或补贴为基础的政策性农业保险公司或经营政策性农业保险业务的商业保险机构建设，并鼓励大型农业龙头公司和农业协会创办农业担保公司，促进农业信用担保机构的发展与壮大。二是要建立适合农村土壤的互助保险组织。推广慈溪市龙山镇伏龙农村保险互助社模式，加强农村保险互保体系建设。三是要继续加强宁波农村信用体系建设。截至 2013 年末，全辖累计建立农户信用档案 59.37 万户。下一步，争取尽快实现农户信用记录的全覆盖，并不断提高信息采集质量，推广余姚市“道德银行”信贷模式和象山县“文明诚信家庭”信用贷款模式，不断增强农户及涉农企业的信用意识。

最后，要完善农业信贷组织体系。一是进一步深化农信社改革，打破区域限制，允许和鼓励有条件的农信社开展对外投资活动，加快推进农业生产集中度高，农村经济发达地区的农信社由合作制向股份制的改革，逐步取消资格股，实现股权结构的相对集中，消除“内部人”控制问题；二是稳步扩展农业发展银行的业务范围，增强商业化经营，逐步实现政策性经营与商业性经营的有效结合；三是进一步转变农业银行经营管理体制和机制，探索适应县域经济特点的服务新模式，加强农业贷款产品创新；四是加快培育村镇银行、小额贷款公司、农村资金互助社等新型农村金融机构，进一步拓宽农业贷款渠道，满足农

业发展多样化、多层次的金融需求。

（三）加强信贷引导，防范金融风险，保持政策稳定

首先，应加强政策引导，提高贷款配置效率。市政府通过资金投入、税收支持，人民银行通过窗口指导和货币政策工具引导金融机构加大对贷款产出效率高而贷款投入相对不足的行业（如住宿餐饮业、工业、建筑业）以及一些发展潜力大，但生产周期较长的高新技术型企业或产业项目的贷款投入。银监局应适当降低新设银行的准入门槛，允许和鼓励民营银行和外资银行的设立，以外部竞争压力，促使商业银行努力提高贷款配置效率。

其次，注重金融风险的防范，维护区域金融稳定。监管部门应注重贷款运行监测和综合分析，特别是要加强对流向异地和民间借贷市场的贷款的跟踪监测，及时了解贷款资金的流向和对本地经济的支持情况，以便能针对性地出台措施防范政策调整风险、贷款集中风险和短期流动性风险。

最后，要正确处理好宏观调控和市场机制的辩证关系。前文已经证明，在目前市场机制不完善，银行经营行为短期化还比较普遍的情况下，政府及监管部门适度进行宏观调控会有效避免信息不对称问题和逆向选择问题，提高贷款配置效率。政府应在产业政策上发挥宏观导向作用，以产业政策指导金融机构贷款投向，防止低水平重复投资和低效率的盲目投资。而监管部门应更加注重对贷款期限结构的合理调控，正如前文分析所述，长、短期贷款各有利弊，因此，要根据当前区域经济发展形式和产业结构调整升级要求合理控制。如在宏观经济存在较大通胀压力时，就需要适度加大中长期贷款的投放比例。此外，要加强对农业贷款的规模调控。农业生产弱质性导致了其基础建设方面无法有力吸引贷款资金的流入，应在确保农业贷款总体规模和关系着国计民生的重要农作物等贷款总量的基础上，减少对农业贷款的直接干预，充分发挥市场机制的作用，提高农业贷款的总体功效。

货币政策本身对于贷款的配置效率影响基本是中性的，但过于频繁地变动货币政策在短期内还是会对贷款配置产生负面影响。对于像工业、批发零售业、住宿餐饮业和营利性服务业等市场竞争充分，市场机制相对健全的行业，应尽量减少政策调控，特别是减少这些行业中政府投融资平台公司的数量并压缩其贷款规模。而对房地产业这样生产周期长，高投入高产出，且对政策十分敏感的行业，只有实施平稳的信贷政策才能有效防范短期内房地产市场波动而造成的信用风险。

（四）加快金融创新，优化融资结构，完善金融市场

银行对于具有良好发展潜力但风险较大的小微、民营、高新技术企业的惜贷行为，是贷款不能得到有效配置重要原因之一，扩大贷款抵（质）押品范围，可以有效缓解这一难题。近年来，宁波地区各类创新性抵（质）押贷款不断推

出，但目前试点范围较小，受益群体面窄。应尽快扩大试点范围，并进一步完善多元化的贷款产品，鼓励引导更多贷款资金向潜力性行业和新兴产业倾斜，以推动产业结构转型升级。

目前，宁波市直接融资占社会融资规模比重仍然偏低，因此，应健全和完善全市资本市场体系，引入和发展推动三板市场发展的做市商，并逐步将其交易范围由流通股票扩展到中小企业股权。积极稳妥地发展地方债券市场，加强债券发行、交易和信息披露的制度建设，推进企业信用评级体系的市场化运作，建立健全资产抵押、信用担保等偿债保障机制，推进债券发行的市场化，允许各类市场主体发行和投资债券，大力发展中小企业集合票据等债务融资工具。培育和壮大期货公司（目前宁波市只有杉立期货一家法人机构），并推动宁波本地优势突出的农产品或新型建材进入期货市场。提高证券公司经纪业务水平，打造包括资信评级机构、资产评估机构以及专业律师和会计师事务所在内的中介服务机构体系。支持和推动有实力有条件的企业在主板市场、创业板市场和三板市场上进行融资，并进一步提高上市公司质量，鼓励已上市公司进行并购重组，稳定上市公司的盈利能力。最后，是顺应金融发展趋势，针对高新技术产业，积极实施资产证券化，以高科技术企业营运项目的未来预期现金流或其贷款本身为支持，面向资本市场发行资产支持证券，在降低银行贷款风险压力的同时，为高新技术产业企业提供强大的资金支持。

参考文献

[1] 爱德华·S. 肖：《经济发展中的金融深化》，中国社会科学出版社，1989。

[2] 才国伟、钱金宝、舒元：《我国资本配置中的趋同与效率：1952—2007》，载《统计研究》，2009（6）。

[3] 方军雄：《市场化进程与资本配置效率的改善》，载《经济研究》，2006（5）。

[4] 甘小丰：《中国商业银行效率的 SBM 分析》，载《金融研究》，2007（10）。

[5] 韩立岩、王哲兵：《我国实体经济资本配置效率与行业差异》，载《经济研究》，2005（1）。

[6] 吕宙：《中国宏观资本配置与均衡研究》，中国金融出版社，2002。

[7] 汤伟、赵听：《我国资本市场资本配置效率的实证研究》，载《经济论坛》，2004（22）。

[8] 许开国：《资本配置效率的地区差异及影响因素分析》，载《山西财经大学学报》，2009（2）。

[9] 杨栋、郭玉清：《中国农业贷款效率》，载《金融研究》，2007（9）。

[10] 张国富：《中国资本配置效率行业差异影响因素的实证研究》，载《中央财经大学学报》，2010（10）。

[11] 张魁伟、许可：《湖北省行业资本配置效率实证研究》，载《经济经纬》，2006（6）。

[12] 周升业：《金融资金运行分析：机制、效率与信息》，中国金融出版社，2002。

[13] Arturo, G., S. Fabil and W. Andrew, 2007, "Does Financial Liberalization Improve the Allocation of Investment: Micro – evidence from Developing Countries", *Journal of Development Economies*, Vol. 83.

[14] Bemanke, B. and A. Blinder, 1998, "Credit, Money, and Aggregate Demand", *American Economic Review*, *Papers and Proceedings*, Vol. 78.

[15] Cho, Y., 1988, "The Effect of Financial Liberalization on the Efficiency of Credit Allocation: Some Evidence for Korea", *Journal of Development Economics*, Vol. 29.

[16] Darrat, A., 1999, "Are Financial Deepening and Economice Causally Related? Another Look at the Evidence", *International Economic Journal*, Vol. 13.

[17] Jeffrey, W., 2000, "Financial Market and the Allocation of Capital", *Journal of Financial Economics*, Vol. 58.

基于产业集群视角的供应链金融业务研究

浙商银行课题组*

一、绪论

（一）研究的意义

产业集群是一群地理邻近而且在某一特定领域里相互联系的企业和相关机构的集合。围绕某种核心的经济活动，群内的企业有投入产出联系和社会网络联系。

浙江是产业集群比较集中的省份，绝大多数集群是当地的经济支柱。但是，随着市场竞争的加剧，部分集群企业资金流瓶颈问题逐渐显现，由此导致的“木桶短边”效应实际上部分抵消了专业化分工所带来的产业集群竞争优势。在此背景下，研究产业集群的供应链金融业务具有以下意义。

1. 解决集群小企业的融资难问题

集群小企业因缺乏有效的担保措施，融资难问题比较普遍。而根据供应链金融业务的思想，以集群中处于支配地位的龙头企业或其他机构为核心客户，创新担保方式，为众多集群小企业提供无须传统抵（质）押、保证担保的融资服务，可有效解决其融资难问题。

2. 通过供应链金融业务促进集群发展

浙江绝大多数产业集群以低价格优势为主要竞争优势，企业间同业竞争严重，企业利润稀薄，资本积累不足，无力增加高附加值环节的资金投入，而这又反过来进一步将企业锁定在同质化竞争的状态，形成恶性循环。开展集群供应链金融业务，一方面可引导核心客户重视供应链的管理，提高供应链整体价值，另一方面可促进集群小企业扩大销售，增加资本积累，促使部分集群小企业增加技改投入。

3. 探索供应链金融业务新模式

现有供应链金融业务中，各家银行一般以符合或基本符合信用授信条件作为核心客户的准入标准。而浙江产业集群的龙头企业一般不符合该准入标准，

---

* 课题主持人：颜怀彬
课题组成员：沈金方　张仕华　邹百镀　廖园园

有些集群甚至没有明显的龙头企业，且供应链客户绝大多是小企业。因此，该课题研究是小企业供应链金融业务研究的有益尝试，是现有供应链金融业务模式的补充。

（二）相关文献综述

1. 产业集群研究述评

通过对集群理论及集群研究主题的文献梳理，可以看出集群研究视角和重点的转变，即研究的角度更加微观；集群内部的制度、文化、社会网络等非物质联系受到关注；更加重视集群发展的问题；影响集群发展的外部因素也纳入研究范畴。目前产业集群研究的发展趋势是内向的聚焦深化和外向的衍生扩展。

2. 供应链金融研究评述

供应链金融的研究尚处于起步阶段，现有供应链金融业务的研究局限于该业务本身，并未根据供应链所处的特定环境，例如产业集群，系统研究供应链金融业务。

3. 文献综述小结

产业集群的内部分工产生了集群产业链，集群内部同样具备供应链管理的特征，具有供应链金融的需求，但是产业集群与供应链金融的交叉研究目前还是空白。本课题以此为研究主题，具有理论与实践意义。

二、银行基于产业集群开展供应链金融业务的可行性

本章以浙江产业集群为例，分析集群的共性特点及集群小企业融资难问题，并结合供应链金融业务的特征，论述基于产业集群开展供应链金融业务的必要性与可行性。

（一）浙江产业集群特点及集群小企业融资现状

1. 浙江产业集群的特点[①]

浙江产业集群具有以下特点：（1）以中小规模的产业集群为主；（2）以传统产业为主，集群企业间同质化竞争明显；（3）创新能力与转型升级要求存在较大差距；（4）企业差距拉大，小企业依赖大企业生存。

2. 集群小企业融资难的原因

浙江产业集群的现状决定了集群小企业竞争激烈，利润率低下，资金紧张，具有强烈的融资需求。虽然理论研究表明，集群小企业融资具有多重优势，但

① 根据2009年浙江省块状经济调查报告整理。浙江省经济和信息化委员会分别于2003年、2005年、2007年、2009年对浙江省产业集群（块状经济）进行专题调研。2009年浙江省块状经济调查报告的数据是最新的官方数据。

是通过对本系统省内分行的调查，结合对同业的调研，发现大多数集群小企业仍存在融资难的问题。

理论中可行的信用互助融资、区域银行、互助担保融资、联保贷款等模式因资本市场体系不健全，缺乏为小企业提供服务的小型资本市场；区域中小商业银行发展和信用担保体系建设滞后；集群小企业信贷技术贫乏等原因无法实现。

（二）运用供应链金融业务解决集群小企业的融资难问题

1. 基于物流、信息流、资金流控制的供应链金融业务

供应链金融业务是核心企业与银行间达成的，一种面向供应链所有成员企业的系统性融资安排，这是其与传统的保理、货押业务等贸易融资业务最显著的差别。其产品设计的理念是，核心客户提供其与供应链客户交易的信息。银行根据这些交易信息，切入供应链资金流的薄弱环节，为该环节的企业提供融资服务，注入流动性，从而提高整个供应链的稳定性，降低财务成本。必要时，银行对物流进行监控，控制物权，确保银行授信的安全，即供应链金融是银行基于核心客户与其供应链客户的真实贸易，在掌握供应链物流、信息流、资金流的前提下，为供应链客户提供的自偿性贸易融资。

一方面，供应链金融是对担保方式的创新，为围绕核心客户的供应链客户提供无须抵押、担保的授信，对于解决中小企业融资问题非常有效。另一方面，供应链金融以核心客户为风险控制依托，实现了供应链客户的批量开发，中小企业融资的收益—成本曲线得以改善，表现出明显的规模经济。因此，各商业银行纷纷以供应链金融为手段，开发中小企业融资的蓝海。

2. 基于产业集群开展供应链金融业务应重点考虑的问题

当前国内银行供应链金融业务的核心客户实力较强，供应链客户的授信额度较大。浙江产业集群主要是传统制造业集群，开展供应链金融业务须重点考虑以下问题：

（1）产业集群类型影响供应链金融业务模式的选择。有些集群有实力相对突出的龙头企业；有些集群依靠市场将企业集聚，并不存在明显的龙头企业。因此，须根据集群的类型选择可以作为风险控制依托的“核心客户”。

（2）集群龙头企业实力不强，较难符合信用授信条件，须补充其他有效的风险控制措施。

（3）集群小企业的年交易额较小，单笔业务金额很小，须选择操作简便的业务模式。

（4）以现金为主要结算方式，融资品种以贷款为主。

因此，集群供应链金融的方向是：根据集群类型确定核心客户，设计业务模式；以核心客户承担付款或保证责任的模式为主要类型；要求核心客户配合

推荐小企业授信客户，减少信息不对称性；批量开发小企业客户；以流动资金贷款或保理为主要融资品种。

3. 集群供应链金融业务的同业开展情况

（1）台湾银行的经验。台湾的银行围绕优质采购商开展线上应收账款融资，可以为开展集群供应链金融业务提供借鉴。例如第一银行的台塑网在线融资业务、华南商业银行的台塑集团供应商融资、彰化银行的台塑网供应链项目融资，即银行为核心采购商量身定做在线电子交易平台，供应商通过该平台与采购商进行交易时，银行可依据交易各阶段的单据为其提供多种融资服务。通过在线电子交易平台，银行还可以为采购商提供付款、对账的便利，应付账款的管理等。

（2）民生银行的产业链金融。民生银行近几年创新的"产业链金融"为探索集群供应链金融业务提供了很好的思路。其围绕区域特色，加快分行转型，走专业化、批量化、规模化的道路，全面提升小微金融服务水平。以福建泉州分行水头支行的石材产业链金融为例，民生银行建立七大业务模式为石材产业链的每个环节提供服务，围绕产业链核心企业，带动其上下游辐射的数家中小企业，覆盖几十、上百乃至上千呈扇形的小微企业，而且对石料加工、荒料贸易等石材行业的薄弱环节，进行大比例资源的介入，助推整个行业的整合、升级。民生银行借力全产业链金融服务，主导石材的产业发展与整合，成为该行业金融服务的领导者。

三、产业集群类型与供应链金融业务模式选择

本章以浙江产业集群为例，根据集群内企业之间的关系状态区分产业集群的类型，并讨论不同类型集群可开展的供应链金融业务模式。

（一）产业集群类型[①]

集群治理结构"是指基于权利分配和关系类型的企业间关系"（Brown，2000），"是指集群治理行为主体及各行为主体之间的权利分配和利益协调关系，是以治理机制为核心的各行为主体在共同演化过程中相互博弈的结果"（易明、杨树旺，2009）。本课题通过内部治理结构类型来区分集群的类型。

根据前期的调研，本课题从集群内上下游企业间分工协作方式、上下游企业间的协作程度、集群内部供应链的跨链合作情况、产业链的完整性等五个方面来考察浙江地方产业集群的内部联系，总结出短距离市场、准层级、混合网络三种集群治理结构（见表1），并以此区分三种产业集群类型。

① 本节的主体内容系浙江省哲学社会科学规划重点研究项目——《浙江地方产业集群嵌入全球价值链实现产业升级的理论与实证研究》的阶段性成果，项目编号Z05YJ03。

表 1　　浙江 21 个地方产业集群的内部联系和治理结构类型

序号	所在区县	集群名称	集群内部联系							集群治理结构		
			上下游企业间分工协作方式		上下游企业之间的协作程度		集群内部供应链的跨链合作情况		产业链的完整性	短距离市场	准层级	混合网络
			外包	非订单生产	稳定紧密	松散	有	无				
1	滨江区	软件		√		√		√	较完整	√		
2		通信设备制造	√		√			√	较完整		√	
3		动漫游戏		√		√		√	较完整	√		
4	余杭区	家纺	√		√			√	较完整		√	
5		服装	√		√			√	完整		√	
6	萧山区	纺织	√	√	√	√		√	完整			√
7		羽绒	√		√			√	完整		√	
8		汽车零配件	√		√			√	较完整		√	
9		钢构	√	√	√	√		√	较完整			√
10	富阳市	造纸	√	√	√	√		√	较完整			√
11		通信光缆		√		√		√	较完整	√		
12	桐庐县	制笔		√		√		√	较完整	√		
13		针织	√		√			√	较完整		√	
14	临安市	节能灯		√		√		√	不完整	√		
15	海宁市	皮革	√	√	√	√		√	较完整			√
16	平湖市	光机电		√		√		√	不完整	√		
17	绍兴县	纺织	√	√	√	√		√	完整			√
18	龙湾区	塑料	√	√	√	√		√	较完整			√
19	鹿城等区县	鞋业	√	√	√	√		√	完整			√
20	苍南县	印刷		√		√		√	较完整	√		
21	乐清市	电气	√		√			√	完整		√	

资料来源：根据课题设计调查表，各产业集群调研报告整理。

1. 准层级治理结构——轮辐式产业集群

浙江地方产业集群中，具有这种内部治理结构的集群广泛存在。从表 1 中可看出，滨江区通信设备制造；萧山区羽绒、汽配；余杭区家纺、服装；桐庐县针织；乐清市电气等 7 个集群具有这种治理结构。这类集群一般有几个规模较大的龙头企业，其周边集聚了一大批依托龙头企业进行生产经营的小企业（见图1）。这种集群也被美国学者 Markusen 称为轮辐式产业集群（hub - and - spoke district）。鉴于龙头企业在集群中的核心地位和权威性，这种类型的集群表现出明显的层级治理特征，但又不同于企业内部的层级治理，因此称为准层级治理结构。

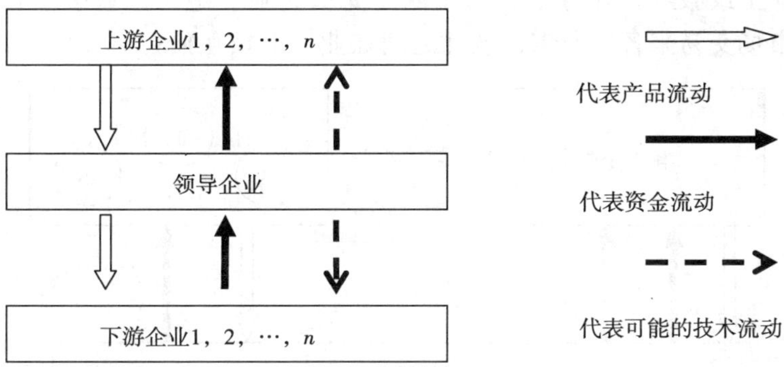

图1 准层级治理结构

2. 短距离市场治理结构——马歇尔式产业集群

样本集群中，具有短距离市场治理结构的集群有滨江区软件、动漫、通信光缆、临安节能灯、桐庐制笔、平湖光机电、苍南印刷等7个产业集群。这些集群没有明显的龙头企业，企业在空间上相距较近，可通过当地市场寻找自己所需的各种原材料或中间零部件，集群内上下游企业间不是以紧密合作关系进行研发、生产和销售活动，而是以市场为载体来沟通集群内不同主体之间的各种交易（见图2）。集群企业彼此间的关系以水平竞争关系为主，经典的马歇尔产业区符合这类集群的特征。但是区别于普通的市场关系，集群企业间的市场竞争是在某个集中的区域展开的，因此称为短距离市场治理结构。

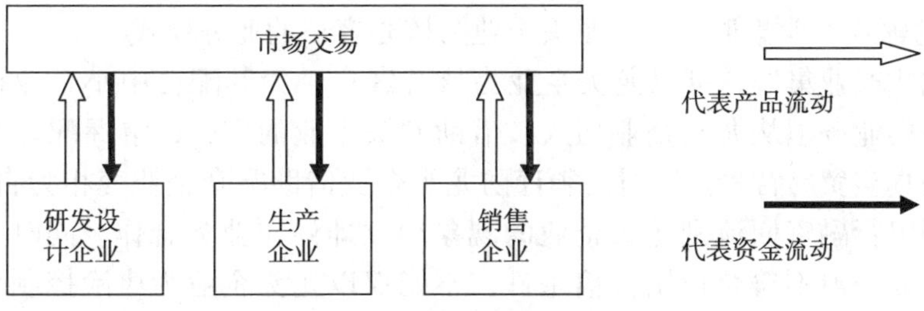

图2 短距离市场治理结构

3. 短距离市场 + 准层级治理结构——混合型产业集群

在调研的过程中，我们发现浙江部分地方产业集群既体现出短距离市场治理结构的特征，又具备准层级治理结构的特点，是这两种治理结构的综合，我们把这种情况总结为短距离市场 + 准层级治理结构，即混合网络治理结构（见图 3），也称为混合型产业集群。萧山纺织、钢构，富阳造纸，海宁皮革，绍兴纺织，龙湾塑料，温州鞋业等 7 个集群具有这种治理结构。这些集群中有龙头企业，但占绝大多数的还是中小企业。部分小企业依托龙头企业进行生产，为它们提供加工或服务，业务上相对附属于龙头企业。绝大多数中小企业通过集群内部的市场交易来各取所需，彼此之间在业务上相互独立。

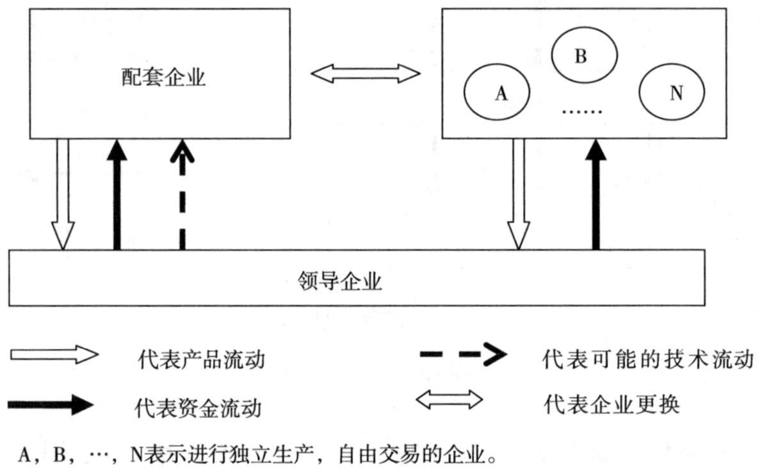

图 3 混合网络治理结构

（二）不同类型集群的供应链金融业务模式选择

供应链金融是围绕核心客户开展的业务，因此开展产业集群供应链金融业务的前提是准确切入集群核心客户。这里的核心客户不一定是企业的概念，而是指对集群企业的生产经营有重大影响力，或对集群小企业融资有增信作用，或对银行授信业务能起到风险分担或揭示、缓释作用的主体。

1. 轮辐式产业集群——以龙头企业为核心客户的业务模式

轮辐式产业集群，可以龙头企业为核心客户，为其配套中小企业提供融资服务。该类业务须从龙头企业切入，借助龙头企业的配合，掌握配套企业与龙头企业的真实贸易背景。同时，须谨防龙头企业借助配套企业变相为自己融资，一旦发现银行融资回流到龙头企业的现象须立即停止业务合作。同时，鉴于集群龙头企业一般不符合信用授信条件，不能仅以龙头企业为风险控制依托，须同时追加其他风险控制措施。

2. 马歇尔式产业集群——以行业协会或政策性担保公司为核心客户的业务模式

马歇尔式产业集群中，为规范集群竞争秩序，当地政府一般会组建行业协会或直接实施治理。若集群当地有行业协会，可以行业协会为核心客户。行业协会并非承担实质性风险责任，而是作为信息中心，为银行推荐交易记录良好、企业主无不良嗜好、经营持续的小企业，通过增强信息透明度降低小企业贷款的风险。若当地政府组建了政策性担保公司，可以政策性担保公司为核心客户，由其为集群中小企业提供担保。两种模式下，均还需追加其他风险控制措施。

3. 混合型产业集群——以龙头企业或专业市场为核心客户的业务模式

混合型产业集群中，对于为龙头企业配套的小企业，可以龙头企业为核心客户为其提供融资服务，具体业务模式同轮辐式产业集群。对于大量独立生产经营，不依赖龙头企业的中小企业，视当地政府的治理行为选择合适的核心客户介入。混合型产业集群本身的规模和企业间的联系内生了对专业市场的需求，政府一般会适时提供这项重要的公共物品。因此，可以专业市场为核心客户，追加市场方的保证担保，促使其审慎尽职地推荐小企业客户，并披露相关信息，通过增强信息透明度降低小企业贷款的风险。另外，若专业市场的摊位为企业主所有，可追加摊位抵押。若摊位为企业主所租用，可追加商铺承租权质押。

四、集群供应链金融业务模式及案例分析

（一）以龙头企业为核心客户——应收账款类融资模式

以龙头企业为核心客户的业务模式是集群供应链金融业务的主要模式。因为产业集群经过几十年的发展，大多已形成几家具有一定规模实力，在集群供应链中处于支配地位的龙头企业。

以龙头企业为核心客户的供应商融资模式大多是应收账款类融资，因为集群内小企业为龙头企业配套供应，而龙头企业的付款往往有 3 ~ 6 个月的账期。具体业务模式如指定龙头企业为出票人的商票融资业务（应收账款 · 商票保贴）、保理、应收账款质押等，其共性是核心客户在承担付款责任的前提下，为供应商提供应收账款变现的融资服务。这里介绍核心客户付款责任明确，操作风险相对较小的应收账款 · 商票保贴模式。

1. 模式简介

该业务是指以交易双方的真实贸易为前提，采购商（核心客户）签发以供应商为收款人的商业承兑汇票（以下简称商票）支付款项，收款人向银行申请贴现或质押融资，商票到期由采购商兑付的一种供应链融资业务。业务模式如图 4 所示。

2. F 造纸产业集群的“应收账款 · 商票保贴”融资业务

（1）F 造纸产业集群情况简介

F 市是全国最大的白板纸生产基地，造纸业是其支柱产业，产值占全市工业总产值的 20.9%。当地形成了从废纸供应到纸品生产的完整产业链，有 2 ~ 3 家

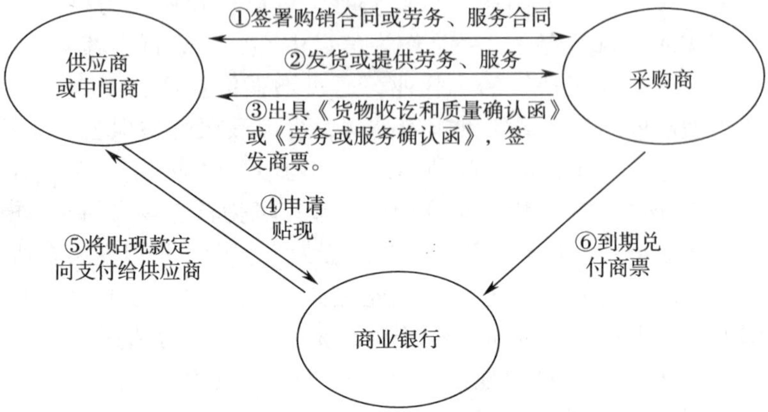

图 4 应收账款·商票保贴业务流程图

龙头企业，轮辐式产业集群的特征明显。Y 纸业集团股份有限公司（以下简称 Y 纸业）是 F 造纸集群的龙头企业。Y 纸业对上游供应商的付款账期为一个月，结算方式主要是银票。Y 纸业有适当拉长账期，降低财务成本的需求，对其上游供应商，有提前将应收账款变现的需求。

（2）业务方案设计

给予 Y 纸业间接融资额度，以 Y 纸业的上游供应商为直接授信对象，授信品种为商票贴现，指定 Y 纸业为商票出票人，业务流程图如图 4 所示。上游供应商也可以该商票做质押，申请短期流动资金贷款或其他授信品种。

（3）主要风险及控制措施

虽然 Y 纸业达不到信用授信的要求，仅凭 Y 纸业的商票兑付能力不足以进行风险控制，因此须追加以下风险控制措施。

①严格控制小企业授信客户的准入：

a. 限于 F 当地的小企业，并控制单户授信额度。

b. 小企业实际控制人具有多年从业经验。

c. 由 Y 纸业或 Z 物资书面推荐。

d. 严格按照小企业业务的准入及审批流程办理直接授信业务，不能因为核心客户承担商票付款责任而降低对小企业直接授信客户的准入要求。

e. 要求客户经理逐户了解小企业客户的全部资产情况、人品及其他投资担保情况，业务追加企业主夫妇的连带责任保证，以及子女或其他直系亲属的连带责任保证。

②批量开展，分散风险

通过扩大授信客户数，控制单户授信额度分散业务风险。

③Y 纸业实际控制人为 Y 纸业开立的商票提供连带责任保证担保。

④其他管理要求：

a. 商票期限一般不超过 3 个月，最长不超过 6 个月。

b. 出票人在其对该供应商的应付账款额度之内签发商票。

c. 定期与 Y 纸业、Z 物资对账，确保贸易背景的真实性，防止变相为核心客户融资。

d. 严格落实商票出票、核保核签环节，确保印鉴的真实性。

（4）简要评述

该业务方案涉及 F 造纸行业的龙头企业及当地为造纸厂配套的大量小企业，其风险归根到底是 F 造纸行业的行业风险。鉴于集群龙头企业不符合信用授信条件，本方案通过设定上游小企业授信客户的准入，小企业批量开发，严格审查贸易背景等手段，实现整体风险控制。

（二）以龙头企业为核心客户——非第三方监管存货融资模式

小企业的流动资产中，主要是应收账款及存货，前文所述的以龙头企业为核心客户的应收账款类融资模式是将应收账款盘活，若想把存货盘活，应该采用怎样的融资模式？常规的做法是引入第三方监管，但这种方式操作烦琐、监管费用较高，显然不适合小企业融资。一些对存货储存条件有较高要求的产品，如海产品、原酒，其集群小企业与龙头企业的合作关系使非第三方监管的存货融资模式成为可能。

1. 模式简介

这种模式中，集群小企业与龙头企业的合作关系是：小企业将存货保存在龙头企业的仓库，龙头企业收取一定保管费；待销售时，小企业再去龙头企业仓库提取货物。这种合作模式下，委托龙头企业代存储货物的小企业可申请存货抵（质）押融资业务，存货由龙头企业负责监管，同时追加龙头企业对小企业授信业务的保证担保。业务流程图如图 5 所示。

因为龙头企业掌控货物，一般同意承担连带责任保证担保。若授信客户到期未归还银行贷款，龙头企业可协助银行处置抵（质）押物，由其承担连带责任偿还银行贷款的可能性较小。同时，配合小企业融资，也可以扩大龙头企业的代存储业务，增加业务收入。

2. S 海洋渔业产业集群的非第三方监管存货融资业务

（1）S 海洋渔业产业集群情况简介

海洋渔业是 S 市工业经济第二大支柱产业，已形成 5 个海洋渔业产业集聚区块。一些捕捞户或中小水产品加工企业具有水产品代冻的需求。S 市有 3 家水产品加工的龙头企业，可提供代冻业务。以 H 水产有限公司（以下简称 H 公司）为例。公司自 2009 年库房建成运营后开展代冻业务，拥有 15 000 吨冷库。代冻的存货挤占了捕捞户和中小水产品加工企业的资金，限制业务发展。这些

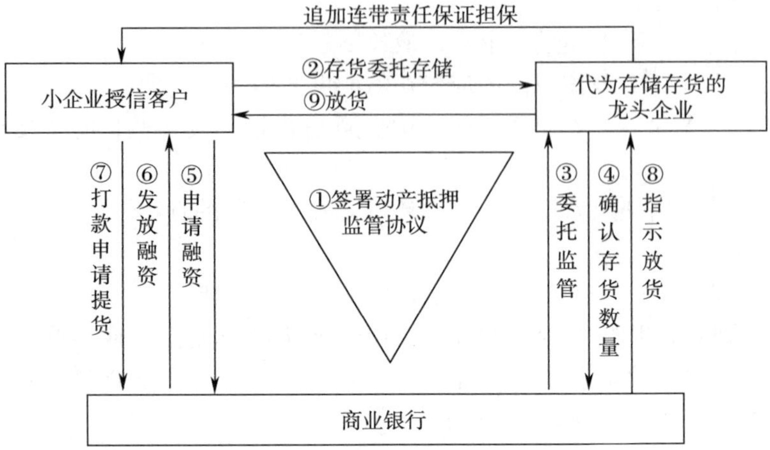

图 5　非第三方监管的存货融资

企业希望将存货盘活，解决公司生产资金周转的问题。

（2）业务方案设计

拟给予 H 公司间接授信额度，由单个融资人向银行申请授信，授信品种为短期流动资金贷款，期限一般为 3 个月，最长不超过 6 个月。授信由公司或个人代冻的渔货提供存货抵（质）押担保，追加 H 公司提供连带责任保证。具体业务流程图如图 5 所示。

（3）主要风险及控制措施

由于追加 H 公司的担保，该公司会谨慎地鉴定水产品的质量，严格履行监管职责，在银行指令下放货。要防范的是，H 公司借助该模式给自己融资，或者 H 公司从中收取担保费，未收到银行指令即放货。此外，还涉及操作风险、市场风险等。整个业务的风险控制措施如下：

①严格小企业客户的准入：

a. 融资申请人仅限于 S 当地的小企业或个人，并限制单户最高授信额度。

b. 小企业实际控制人具有多年从业经验。

c. 由 H 公司书面推荐。

d. 严格按照小企业业务的准入及审批流程办理直接授信业务，不能因为 H 公司承担保证责任而降低对小企业直接授信客户的准入要求。

e. 要求客户经理逐户了解小企业客户的全部资产情况、人品及其他投资担保情况，追加企业主夫妇的连带责任保证，若存在多个合伙人的，追加所有合伙人的个人连带责任保证。

②防范 H 公司借该模式为自己融资或收取担保收益：

a. 监控融资资金流向，如出现融资资金回流至 H 公司的现象，应立即暂停放款并进行进一步调查。

b. 跟踪授信客户打款申请提货的进度是否符合生产销售周期，若出现融资到期前一次性打款提货的情况，须展开调查并要求授信客户和 H 公司做出书面合理说明。

③严格按照相关操作办法操作，防范操作风险：

a. 划定指定的区域用于冷冻抵（质）押给银行的水产品，并由银行统一贴上标签。

b. 由 H 公司每天提供贷款客户的库存清单（电子格式）。

c. 加大巡库频率。

④合理确定抵（质）押物价格，加强价格跟踪，防范市场风险：

a. 合理确定融资比例。

b. 确定抵（质）押物价值时，选择 H 公司核定的价格及公开网站核定的价格中，孰低的价格进行估算。

c. 加强价格跟踪，当抵（质）押物的现时市场价格与最近的相关委托抵（质）押监管通知书确定的抵（质）押物价格相比较跌幅大于 5% 时，要求授信客户采取追加保证金或抵（质）押物、提前偿还部分敞口等补救措施。

⑤所有抵（质）押给银行的水产品均要求投保财产险，保单第一受益人为银行。

（4）简要评述

该模式适用于货物存储要求较高的行业，适用性相对较小。但浙江省是沿海省份，对于众多海洋渔业产业集群而言，是解决集群中小企业融资难问题的良好模式，具有推广意义。

（三）以政策性担保公司为核心客户——担保贷款融资模式

正如前文所述，当地政府一般会组建行业协会引导企业间规范有序竞争，促进集群发展。有条件的政府还会成立政策性担保公司，为企业融资提供便利。与行业协会推荐项下集群小企业联保贷款相比，担保公司担保项下的融资操作性强，风险更加可控，本课题重点介绍此融资模式案例。

1. 模式简介

该模式与传统的担保公司担保贷款相比，在客户筛选、担保成本及批量拓展客户方面具有明显优势。第一，该担保公司只面向集群中的企业，对企业的经营状况、实际控制人的品格、真实融资需求比较了解，会审慎推荐客户并给予合理的建议授信额度。第二，银行可要求担保公司推荐一批客户，实现规模效应。第三，该类担保公司是当地政府为集群发展而配套的政策性担保公司，担保费明显低于商业性担保公司，总融资成本在大多数小企业的承受范围之内。

2. L 产业园区的担保贷款融资业务

（1）L 园区企业情况简介

20 世纪 90 年代后期，随着城镇化进程逐步推进，当地政府为了整体规划，纷纷采取产业园区的形式重建集群。L 园区也是在这样的背景下成立的，现园区纳税企业 4 000 余家，产值超过 2 000 万元的企业 61 户，绝大多数是中小企业。园区有融资需求的企业主要是新入驻 B3 区的企业。该区企业的规模相对较小，园区内尚未形成完整的产业链，没有突出的龙头企业。

（2）业务方案设计

M 银行以新入园的 B3 区的中小企业作为营销重点，通过与 R 融资担保有限责任公司合作的方式，为企业提供融资服务。该公司隶属于 L 区国资委，具有国有独资背景，对于园区企业情况较为熟悉，已为园区中小企业的买地融资提供担保，并形成了较为成熟的合作模式。业务流程图如图 6 所示。

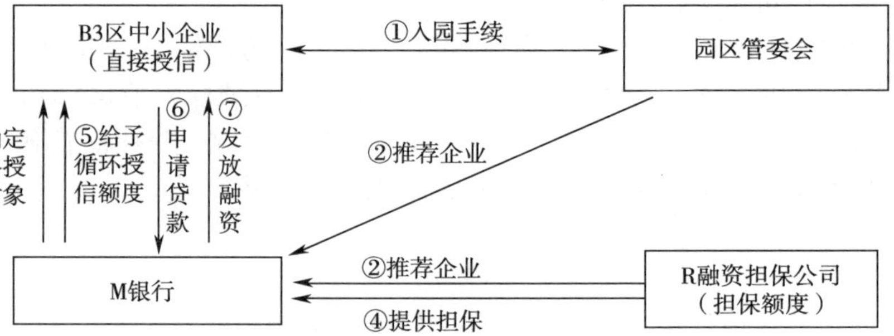

图 6　L 园区中小企业融资方案

（3）主要风险及控制措施

虽然担保公司资信良好，但担保毕竟是第二还款来源，须严格设定授信客户的准入。

①加强授信客户的筛选：

a. 由园区管委会和 R 融资担保公司共同推荐企业，R 融资担保公司还应给予建议授信额度。

b. 加强对目标受信客户的主动、审慎选择，在选择被担保的授信客户时，应严格审查第一还款来源，不能过度依赖担保而放松对实质借款人的风险审查与控制，做好授信客户及担保公司贷前及贷后管理工作，确保业务安全。

c. 被担保的授信客户仅限于注册地在 L 园区内企业，实行名单制管理。

②合理控制业务集中度：

a. 总担保余额不得超过担保公司实收资本的 5 倍。

b. 对单户担保金额进行控制。

c. 对单个被担保人提供的融资性担保责任余额（含他行，以下同）不得超过担保公司净资产的10%，对单个被担保人及其关联方提供的融资性担保责任余额不得超过净资产的15%。

③对授信客户按授信额度的一定比例收取担保基金。

④分行可视业务情况要求园区追加连带责任保证担保。

⑤其他管理要求：

a. 要求担保公司定期（按季度）向银行报送相关的财务报表和担保状况报表。

b. 按银行相关制度要求加强后续管理工作，密切关注担保公司担保余额、集中度、担保质量变化。

（4）简要评述

该案例适用了政策性担保公司担保贷款的融资模式，同时充分发挥了园区管委会的信息中介作用。就产业园区而言，如果当地政策性担保公司的担保能力较弱，还可追加园区的担保，这是传统产业集群不具备的优势。

（四）以专业市场为核心客户——管理方推荐项下多种担保方式组合融资模式

如前文所述，混合型产业集群中，对于大量独立经营，通过专业市场销售的小企业，可以专业市场为核心客户开展供应链金融业务。

1. 模式简介

银行与市场管理方合作，由管理方推荐资信优良的企业。银行评估专业市场的成熟度及繁荣程度，以此评价市场管理方的担保能力、商铺价值及商铺承租权的价值。具体而言，该模式项下小企业融资的担保方式可分为以下三种：

（1）商铺抵押：适用于抵押物充足的经营企业，可适当提高抵押率，满足商户资金需求。

（2）商铺抵押+管理方保证（向银行交纳5%的保证金）：适用于抵押物不足的企业，追加管理方保证的前提下，抵押率最高可至100%。

（3）商铺承租权质押+管理方保证（向银行交纳10%的保证金）：该方式主要针对没有抵押物的企业，贷款额度不超过商铺承租权价值的50%。商铺承租权包括商铺使用权及优先续租权，其中优先续租权是有价值的，特别是影响力较大，有升值空间的专业市场商铺。以商铺承租权做质押，若出质人到期未归还融资，银行可委托管理方处置承租商铺的优先续租权，并以处置所得优先偿还贷款。

2. C服装批发市场小企业融资模式

（1）专业市场简介

C服装城集团旗下的服装批发市场，是目前中国最大的服装批发市场，营业面积约 300 万平方米，市场商铺近 3 万个，2012 年交易额超 800 亿元。市场的商铺所有权归国有，服装城集团将商铺的 40 年优先承租权挂牌拍卖，拍得者在 40 年内有优先连续承租权。一个十几平方米的商铺 1997 年拍出的商铺优先续租权价格高达 300 多万元。

（2）业务方案设计

当地 J 银行、C 农商行探索商铺承租权质押贷款，即由市场管委会推荐小企业客户，服装城集团、小企业客户、银行三方签约，小企业客户以其商铺承租权（含优先续租权）作为质押担保，当其不能按期还贷时，银行有权通知服装城集团处置商铺承租权，并以处置所得优先偿还贷款，同时追加服装城集团的担保。业务流程图如图 7 所示。

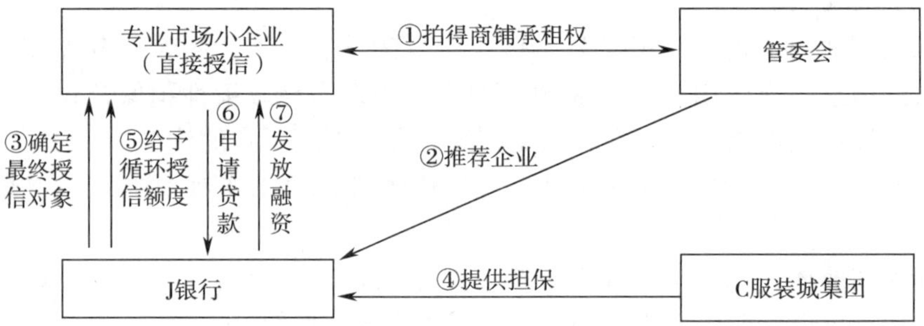

图 7　C 服装批发市场小企业融资方案

（3）主要风险及控制措施

商铺承租权是一种创新担保方式，市场管理方也非专业的担保公司，因此规模化开展，还须再落实以下风险控制措施。

① 合理设定专业市场小企业客户的整体授信额度。业务开展前提是根据专业市场的发展情况、市场容量等因素决定是否开展此业务，以及整体授信额度。专业市场至少须满足以下条件：

a. 已形成一定规模，具有较大知名度和影响力，相关配套成熟、完善，交易量较大，发展趋势良好。

b. 商铺出租率较高，承租的需求旺盛，商铺转租方便快捷。

c. 市场管理方有丰富的管理经验，管理规范有序。

② 加强授信客户的筛选。

a. 由市场管委会推荐小企业客户，服装城集团给予建议授信额度。

b. 加强对目标受信客户的主动、审慎选择，严格审查第一还款来源，不能过度依赖商铺承租权质押及管理方保证而放松对实质借款人的风险审查与控制。

c. 实际控制人具有多年以上从业经验，稳定经营，销售情况良好。

d. 要求客户经理逐户了解小企业客户的全部资产情况、人品及其他投资担保情况，判断其债务承受能力。

e. 业务追加企业主夫妇的连带责任保证，以及子女或其他直系亲属的连带责任保证。

③控制单户授信额度，做大客户数。

a. 贷款额度不得超过商铺承租权价值的50%，单户不超过500万元。引入第三方评估机构对该商铺承租权进行评估，再结合该商铺目前在市场上的转让费进行综合评价，得出该商铺承租权的合理价格。

b. 批量开发专业市场客户，通过派发传单、上门推介等方式开展地毯式营销，通过扩大授信客户数分散业务风险。

④其他管理要求：

a. 贷款期限原则上为6个月，最长不超过1年，且必须控制在经营权租赁合同有效期内。

b. 与市场管理方签订合作协议，明确其对商铺承租权质押贷款须配合的内容。一旦客户成功申请了银行贷款，其经营权被市场管理方冻结，未经贷款银行书面同意，不能转租他人。

c. 融资到期前，调查人提醒出质人归还贷款。若出质人不能即时偿还，市场管理方须配合银行及时拍卖商铺承租权，拍卖所得租金优先用于归还银行贷款。

（4）简要评述

以专业市场为核心客户的供应链金融业务，要求专业市场有较大影响力。若专业市场出于发展初期，尚未形成较大影响力，则建议将专业市场的功能定位为信息中介，发挥推荐客户，增强信息透明度的作用，授信业务追加抵押、担保等传统小企业业务担保措施。

五、集群供应链金融业务的风险控制

（一）从核心客户准入、小企业授信客户筛选、业务方案设计三方面控制整体业务风险

集群供应链金融业务的风险控制理念有别于一般小企业授信业务，也不同于一般供应链金融业务。须综合核心客户、小企业授信客户、业务方案三方面，考虑整体业务风险控制。这三者是相互补充的关系，核心客户承担实质性风险责任的，可把核心客户视做小企业授信客户的保证人进行风险评判。像专业市场这样的核心客户，主要作用在于推荐客户，增加信息透明度的，则须追加其他担保措施。

（二）重视信息披露在风险控制中的作用，严格审查贸易背景

小企业授信业务的主要风险在于信息不对称，银行难以了解其真实的财务

状况、经营能力等情况。基于集群开展小企业供应链金融业务，要充分利用集群便于信息流通的优势。增强信息透明度的另一重要作用是有利于审查贸易背景的真实性，确保银行融资真正用于小企业授信客户的正常经营用途，不是变相为龙头企业融资，不是用于其他非正常投资。

（三）批量开展小企业业务，控制单户授信额度，分散业务风险

由于集群龙头企业的实力达不到一般供应链金融业务核心客户的标准，因此须发挥小企业授信客户端的风险控制作用。一个行之有效的方式是控制单户授信额度，批量开展业务，分散业务风险。因核心客户推荐＋小企业地域集中，开展集群供应链金融业务为批量开展小企业业务提供了十分有利的条件。

（四）防范集群系统性风险

集群供应链金融业务将核心客户与众多小企业捆绑在一起，当业务量达到一定规模后，其业务风险本质上就是集群的系统性风险。因此，要研究集群所处行业的发展趋势，深入调研集群的发展周期、当地政府的治理措施、企业间竞争的有序性等情况，判断集群发生系统性风险的可能性。

（五）配备专业的中后台管理

1. 建立供应链金融业务操作平台，负责业务的集中操作，包括单笔放款辅助审查、流程控制、贷后检查等。一方面确保操作的规范性，另一方面实现前台与中台的专业化分工，突出前台的营销职能，提高业务效率，实现规模效应。

2. 配备专业化的产品经理。该业务并不是简单套用业务模式，而是根据集群生态，做针对性的调整与设计。因此，要求产品经理深刻理解业务的风险特征以及风险控制的方式，具有在风险可控的前提下创新担保方式的能力。

3. 实行专业化审批。集群供应链金融业务的审批理念有别于传统业务，对审批人员的专业化要求较高，应配备专门的供应链金融业务审批人员。比较通行的方式是，产品经理侧重业务方案的审查，即债项审查，授信评审人员侧重核心客户的主体资信审查，即主体审查。

六、总结与展望

（一）开展集群供应链金融业务，必须从核心客户切入

集群供应链金融业务的设计理念是，在核心客户的推荐下，实现小企业授信客户的筛选及批量开发。其业务模式均需在核心客户的主动配合下才能完成，例如确认债权债务关系、承担保证担保责任等。集群小企业与核心客户的合作关系是不对等的，很难从小企业切入来营销核心客户的配合。因此，只有银行与核心客户有良好的业务合作关系，或者核心客户真正意识到要提升整个供应链的运作效率并愿意投入时，集群供应链金融业务才能顺利开展。

（二）根据产业集群的类型及集群企业间的交易关系选择合适的业务模式

既然开展集群供应链金融业务必须从核心客户切入，那么核心客户选择及准入便是业务开展的重要前提。这里的核心客户是指对供应链上的企业有较大影响力，或对集群小企业融资有增信作用，或对银行授信业务能起到风险分担或揭示、缓释作用的主体。因此，不是只有龙头企业才能作为核心客户，集群本地政策性担保公司、集群专业市场都可以作为核心客户，具体要根据产业集群的类型进行选择。另一方面，即使都是以龙头企业作为核心客户，也应根据授信申请人与龙头企业之间的合作关系，设计不同的业务方案。

（三）重点开展应收账款类及担保类融资模式

为龙头企业配套供应链的小企业授信客户，可适用应收账款类融资模式。一是以核心客户的付款责任作为风险控制依托；二是手续简便，操作简单；三是可通过电子化技术，提高操作便利性，减少操作成本。

以政策性担保公司、专业市场为核心客户，或非第三方监管的存货融资业务，应追加核心客户的连带责任保证担保。一是增强风险控制手段；二是促使核心客户更加审慎地推荐小企业授信客户，更加全面地披露相关信息，尽可能地减少信息不对称引发的小企业授信客户信用风险。

（四）集群供应链金融业务应进行系统性风险管理

集群供应链金融业务的风险是多方面的，应综合考虑供应链金融业务、小企业授信业务的风险特征，从核心客户准入、小企业授信客户筛选、业务方案设计、风险分散、贸易背景审查、集群系统性风险防范、专业化中后台管理等多个方面进行系统性风险管理。

鉴于风险控制的复杂性与重要性，不少银行将风险管理内嵌于贸易融资事业部（部门），评审人员参与前期的行业调研、集群生态研究等环节，实现评审前置及审批的专业化。

（五）强化“线上化”开展集群供应链金融业务的导向

实现与客户的电子化对接是供应链金融业务的发展趋势。线上化对于开展集群供应链金融业务的意义重大：一是通过电子化系统对接企业，运用信息流开展业务，在风险可控的前提下进行融资模式的创新；二是规范业务操作，防范操作风险；三是明显提高业务处理效率，降低人工成本，改善小企业授信业务的成本效益曲线；四是实现业务的批量操作，实现规模效应。

参考文献

[1] 蔡晓慧：《产业集群突破中小企业融资约束的实证分析》，载《企业经济》，2013（7）。

[2] 丁耀民等省经贸委课题组：《浙江省“块状经济”发展报告》。

[3] 高连和：《国内中小企业集群融资研究综述与展望》，载《经济体制改革》，2013（1）。

[4] 古城：《浙江省产业集聚带的特征及形成机制》，载《特区经济》，2013（7）。

[5] 胡跃飞、黄少卿：《供应链金融：背景、创新与概念界定》，载《金融研究》，2009（8）。

[6] 深圳发展银行与中欧国际工商学院“供应链金融”课题组：《供应链金融——新经济下的新金融》，上海远东出版社，2010。

[7] 王缉慈：《地方产业群战略》，载《中国工业经济》，2002（3）。

[8] 杨慧：《面向可持续创新的产业集群治理》，上海三联书店，2008。

[9] Gilsing, V., 2000, “Cluster governance, how clusters can adapt and renew over time”, *Working Paper*, Erasmus University Rotterdam, p. 4.

[10] Porter, M., 2003, “The Economic Performance of Regions”, *Regional Studies*, Vol. 37 (7), pp. 549 – 578.

金融深化背景下商业银行发展投资银行业务的研究

——以中信银行杭州分行为例

中信银行杭州分行课题组*

一、我国金融深化的主要成果

建立一个市场导向、高效而富有弹性的金融体系一直是我国政府加快金融改革的方向①，也是金融深化理论在中国的深入实践。金融深化理论是指导发展中国家金融改革的主要理论之一，认为在金融资源配置中应高效发挥市场的决定性作用。对发展中国家而言，金融深化就是逐步减少对金融体系和金融运转的行政干预，放松对利率和汇率的价格管制，使两者真实反映资金供求关系，最终达到充分利用国内金融资源，推动经济增长的改革过程。1979 年 10 月邓小平同志提出，“要把银行作为发展经济、革新技术的杠杆，要把银行办成真正的银行”。之后的三十多年里，我国金融业经历了先中央银行后专业化银行，先改革间接金融后发展直接金融，先稳定国内金融市场后逐步对外开放等一系列变革。随着党的十八大明确将发展多层次资本市场，稳步推进利率和汇率市场化改革，逐步实现人民币资本项目可兑换等确立为重要工作目标，我国金融深化进入了新的纪元，在多个领域取得重要成果。

一是金融体制深化——多元化金融机构体系基本建立。随着金融改革的不断深入，我国中央银行体制和金融分业监管体制逐步形成，标志着我国银行体系无论是在运行机制还是监控制度上均趋于完善。我国银行业也经历了从单一体系的“政银合一”到二元化银行体系，再到多元化银行格局的改革，为金融业繁荣发展奠定了基础。

二是金融市场深化——多层次金融市场体系不断完善。我国多层次的金融市场建设成绩斐然，尤其是在 2007 年第三次全国金融工作会议明确提出“构建多层次金融市场体系”之后，我国多层次金融市场建设得到进一步发展和完善，

---

* 课题主持人：王利亚

课题组成员：陈越彪　赵　榄　郑雯雯

① 国务院发展研究中心向党的十八届三中全会提交的“383”改革方案总报告。

已形成了一个涵盖信贷、债券、股票、期货、信托、外汇、黄金、票据、保险、基金等多个领域的全方位市场体系。党的十八届三中全会将健全多层次资本市场体系作为金融改革重点，未来我国金融市场广度和深度还将扩展，市场功能将不断完善。

三是货币市场深化——市场价格发现功能进一步加强。党的十八届三中全会提出要完善人民币汇率市场化形成机制，加快推进利率市场化，健全反映市场供求关系的国债收益率曲线，分别从推进汇率市场化和利率市场化提出了顶层设计。人民币汇改下步将实现资本项目下的可兑换，利率市场化也只差存款的完全放开，市场对货币价格变动将起到决定性作用。

四是金融开放深化——金融自由化程度加速提升。我国履行加入世界贸易组织承诺，全面实施金融市场开放，外资银行的进驻、合格境外机构投资者的准入、人民币国际化进程提速等都显示出中国金融业正逐步融入金融全球化的浪潮之中。在党的十八届三中全会深化金融改革，加大对跨境投资和贸易支持的指引下，2013 年 12 月央行出台《关于金融支持中国（上海）自由贸易试验区建设的意见》，提出多项金融开放举措，我国金融开放已进入深度试验阶段。

五是金融服务主体多元化——金融市场准入标准放宽。央行积极改革相关审批制度，放宽市场准入标准，稳步发展多种所有制的金融企业，支持民间资本投资入股金融机构和参与金融机构重组改造。周小川行长 2013 年 11 月发表署名文章，提出金融业实施“负面清单”准入制度，并在上海自贸区试点开展，我国金融服务体系更具包容性、竞争性。

六是宏观调控市场化——调控手段从数量型向价格型转变。党的十八届三中全会公告将市场在资源配置中的作用从“基础性”提升至“决定性”。央行更加注重综合运用货币政策工具，通过公开市场操作、再贷款、再贴现以及短期流动性调节工具和常备借贷便利等创新工具组合，适时调节货币供应量，保持合理的社会融资规模，突出价格稳定目标并关注更广泛意义上的整体价格水平稳定，推进货币政策从以数量型调控为主向价格型为主转变。

二、金融深化中商业银行面临的挑战

在实体经济的金融需求和金融改革的推动下，我国金融市场正以前所未有的速度发生着深刻变革，商业银行发展面临空前挑战。

（一）金融脱媒化挑战银行业务经营模式

随着多层次金融市场体系的完善，企业融资渠道由传统的银行机构，扩大到证券、保险、信托等其他非银行金融机构，直接融资分流部分融资需求，间接融资的比例大幅下降，直接表现为银行贷款在社会融资规模[①]中的占比呈现持续下降态势。2013 年前三季度，我国新增本外币贷款余额占社会融资总量占比为 55.8%，而这一数据在 10 年前则高达 90% 以上。与此同时，我国直接融资发展迅速，2013 年前三季度企业债券和非金融企业境内股票融资占社会融资规模比重达 12.1%，且呈逐年增加态势（见图 1）。金融脱媒的趋势下，优质大客户更倾向于使用股票、债券等直接融资方式，对银行贷款的依赖度降低，在分流商业银行优质信贷资产业务的同时，迫使商业银行更多地将信贷资金投向风险溢价较高的中小企业等领域，使银行信贷结构被动调整，商业银行业务经营模式受到极大冲击。

表 1　　新增社会融资总量占比（2002—2013 年前三季度）　　单位:%

年份 科目	2002	2003	2004	2005	2006	2007	2008	2009	2010	2011	2012	2013 年 1 - 9 月
社会融资总量	100	100	100	100	100	100	100	100	100	100	100	100
人民币贷款	91.9	81.1	79.2	78.5	73.8	60.9	70.3	69	56.7	58.2	52.1	52.1
外币贷款	3.6	6.7	4.8	4.7	3.4	6.5	2.8	6.7	3.5	4.5	5.8	3.7
委托贷款	0.9	1.8	10.9	6.5	6.3	5.7	6.1	4.9	6.2	10.1	8.1	13
信托贷款	—	—	—	—	1.9	2.9	4.5	3.1	2.8	1.6	8.2	11.3
银行承兑汇票	-3.5	5.9	-1	0.1	3.5	11.2	1.5	3.3	16.7	8	6.7	4.6
企业债券	1.8	1.5	1.6	6.7	5.4	3.8	7.9	8.9	7.9	10.6	14.3	10.9
非金融企业股票	3.1	1.6	2.4	1.1	3.6	7.3	4.8	2.4	4.1	3.4	1.6	1.2
其他	2.2	1.4	2.1	2.4	2.1	1.7	2.1	1.7	2.1	3.6	3.2	3.1

（二）利率市场化挑战银行盈利能力

近年来，我国利率市场化改革稳步推进并取得重要进展。根据《金融业发展和改革“十二五”规划》提出的“放得开，形得成，调得了”的原则，货币市场利率、债券市场利率、外币存贷款利率已先后实现市场化。2013 年 7 月 20 日央行全面放开人民币贷款利率管制，10 月 25 日贷款基础利率（LPR）在同业市场公布，标志着贷款利率已完全市场化。随后，存款利率市场化改革也进入深水区。12 月 8 日，金融机构在银行间发行大额可转让定期存单（NCD）获批，成为存款利率管制放开的重要一跃。利率市场化使企业议价能力更强，商业银行净息差明显收窄，银行中间业务收入占比连年提升，从国内上市的 16 家银行

---

① 社会融资规模也称社会总体融资，包括银行人民币贷款、银行外币贷款、信托贷款、委托贷款、银行承兑汇票、企业债券、非金融企业股票融资七类。

收入情况来看，上述银行的中间业务收入从 2005 年的 957 亿元增长到 2013 年第三季度的 5 595 亿元，占比从 12.4% 提高到 24.2%。在银行利差收入逐年走低的态势下，依靠传统信贷业务的盈利模式变得不可持续，尤其在党的十八届三中全会提出要建立存款保险制度之后，商业银行的优胜劣汰成为可能。美国在 1985 年完成利率市场化后短短的四五年里就关闭了近 2 000 家中小银行。利率市场化对中小银行而言真正成为生死考验。

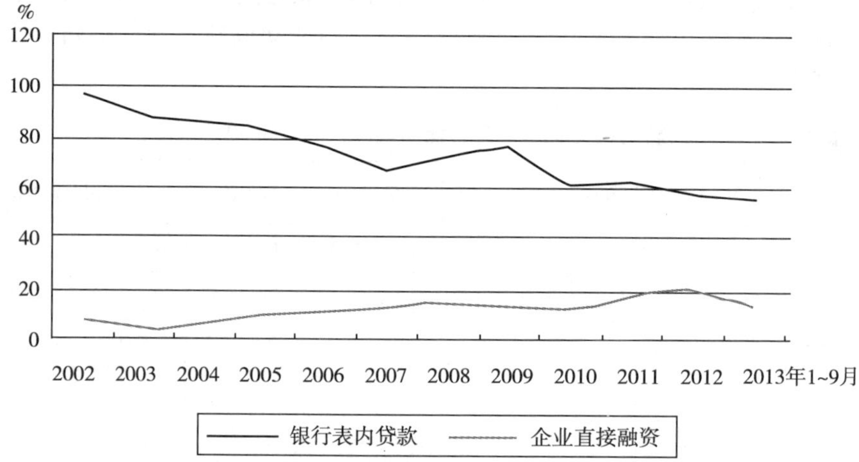

图 1 银行表内贷款及企业直接融资占比①（2002—2013 年前三季度）

（三）资金紧缩化挑战银行资本管理

2008 年全球性金融危机促使了巴塞尔协议Ⅲ的出台。2013 年我国《商业银行资本管理办法（试行）》正式实施，标志着以资本充足率为核心的国内资本监管新政基本定型，银行经营过程中资本的稀缺性更为显著。与此同时，我国货币政策的转变也使商业银行的资本管理面临空前考验。2013 年以来，我国保持适度从紧的货币政策，继“盘活存量、用好增量”的要求之后，国务院总理李克强再次表示“要在转型升级与保持合理增长速度之间找到一个‘黄金平衡点’”。着眼未来，“既不放松也不收紧银根”是李克强总理多次强调的货币政策走向。当前经济运行中新的强劲增长动力尚未形成，经济可能在较长时期内经历一个降杠杆和去产能的过程，银行业依靠大规模资金扩张获得快速发展的时代已经一去不复返，经营中的资源约束将成为常态，特别是在“服务实体经济，避免资金脱实向虚”的政策指引下，钢贸、光伏等产能过剩行业及政府融资平

① 银行表内贷款包含人民币贷款及外币贷款，企业直接融资包含企业债券、非金融企业股票及其他（保险公司赔偿、保险公司投资性房地产及其他）。

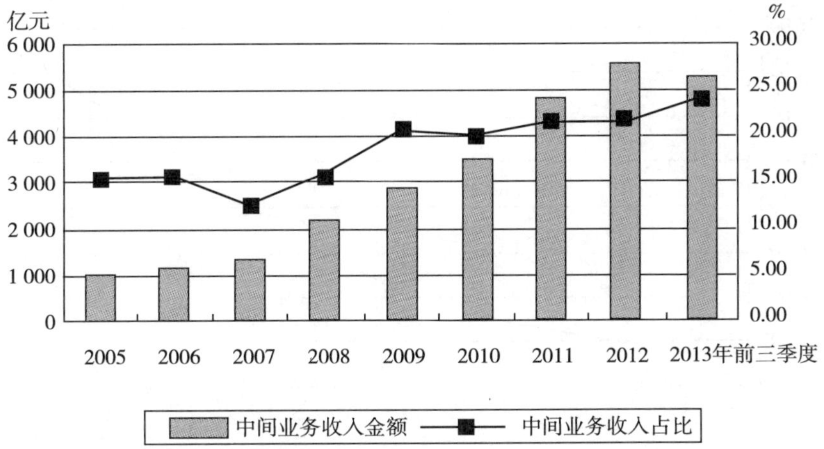

图 2　16 家国内上市银行中间业务收入及在总收入中的占比
(2005—2013 年前三季度)

台等领域在资金紧缩过程中的信用风险将进一步凸显，以长三角地区为代表的区域性资金链风险仍有可能反复。在资金紧缩的大环境下，商业银行必须积极调整信贷投向，优化金融资源配置，缓释资源约束。

（四）技术脱媒化挑战银行创新手段

移动互联网和互联网金融的扩张来势凶猛，对传统银行业构成极大挑战。截至 2013 年 6 月末，中国网民人数已经超过 6 亿，占中国总人口的 40% 以上。与之相应的电子商务市场也显示了巨大的潜力：第三方支付市场互联网收单交易额近年来连年保持 20% 左右的快速增长势头，2013 年 9 月已达 15 091 亿元，首次突破 1.5 万亿元（见图 3）；在 2013 年“双十一”购物狂欢节上，阿里交易额单日突破 350 亿元，是 2012 年 191 亿元纪录的近两倍。

在潜力巨大的网络经济“蛋糕”面前，电商企业、第三方支付平台和小贷公司开始纷纷涉足银行的核心业务——支付结算和信贷融资当中。在支付结算方面，第三方支付企业通过大量的创新产品逐渐撬动银行的中间业务，手机刷卡器、声波支付、NFC 支付（近场支付）等移动支付方式呈现百家争鸣之态。在信贷融资方面，阿里巴巴、苏宁、京东、生意宝等已经陆续铺开了各自的金融发展路径。随着网络金融的高速发展和普及，包括信用卡业务、个人信贷业务、支付结算业务等在内的银行传统业务均面临极大挑战，倒逼商业银行积极创新，开展新兴银行业务。

（五）存款理财化挑战银行存款来源

随着理财产品、信托理财，尤其是互联网理财产品的快速扩张，存款流失已经成为商业银行必须直面的挑战。2013 年我国商业银行共发行理财产品 4 万

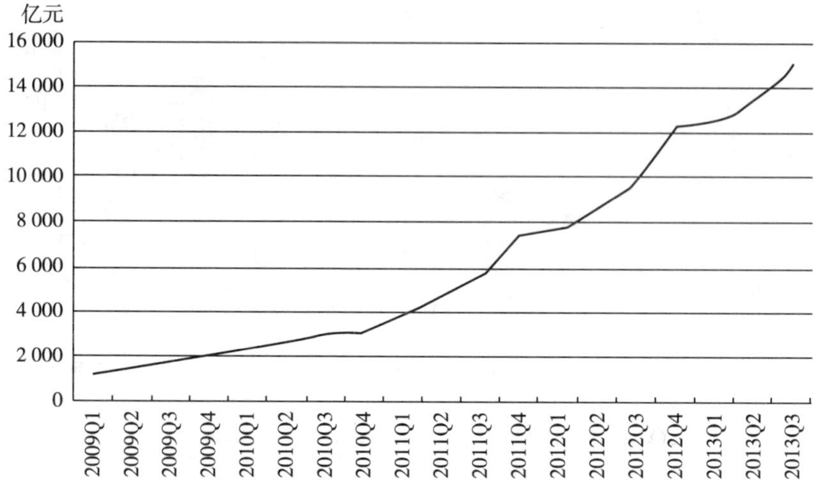

图 3 中国第三方支付市场互联网收单交易额

余款，理财产品余额超 10 万亿元，极大地分流了银行存款。更值得关注的是，层出不穷的“余额宝”、“零钱宝”、“理财通”等互联网理财产品也在暗暗撬动银行存款，最早试水的互联网理财产品“余额宝”截至 2014 年 1 月 15 日规模已超过 2 500 亿元，客户数超过 4 900 万，成为全市场单只规模最大的基金。与理财产品相比，当前银行利率水平对存款的吸引力明显不足，银行存款成本显著上升，稳存增存压力增大。商业银行必须改变被动负债作为资金来源主力的现状，通过同业存款、发行债券等方式进行负债结构调整，逐步转向主动负债模式，提高资金管理效率和收益水平。

（六）金融主体多元化挑战银行竞争优势

发展地方金融是我国金融改革的重要工作之一。党的十八大提出，要加快发展民营金融机构，放宽对民间资本设立民营银行等金融机构的准入，促进小额贷款公司、典当行、融资性担保公司等具有融资功能的非金融机构规范发展。党的十八届三中全会进一步将民资办银行由“探索”变“允许”，明确了政府发展“普惠金融”的工作方向。目前，我国已经形成由城市商业银行、农村金融机构（农村信用社、农村合作社、村镇银行等）、民间金融三类金融组织构成的地方金融体系。截至 2013 年第三季度末，全国银行业金融资产中，大型国有商业银行及股份制商业银行占比为 61%，而城市商业银行、农村金融机构、民间金融等地方金融的占比已达 39%。多种形式的地方金融机构的入驻打破了银行业在金融体系中的垄断地位，转变盈利模式、实施差异化经营成为商业银行保持竞争优势的唯一选择。

三、大力开拓投行业务，积极应对发展挑战

面对金融深化带来的多重挑战，商业银行过度依靠存贷业务的传统经营模式受到严峻挑战，业务转型更加迫切。对此，中信银行发展战略强调，必须持续深化“商行+投行”服务模式，满足客户高端金融需求，打造具有商业银行鲜明特色的投行业务发展模式。发展投行业务，已经成为商业银行实现经营转型、拓展利润来源的必然选择。第一，投行业务能在多渠道满足企业融资需求的同时增加盈利来源。投行业务通过为客户在债券融资、股权融资、跨境融资和投资理财等方面提供专业化的金融服务，能更好地满足客户多元化的融资需求，增强银行竞争力，并增加新的盈利来源。以债务融资工具为例，其涉及债券品种众多，从短期到中长期都有对应的产品，可以充分满足客户全方位融资需求，并为银行带来盈利和存款沉淀。第二，投行业务能够提升商业银行中间业务收入。投行业务如融资类理财、银团贷款、并购贷款等，相比传统业务具有交易结构复杂、技术含量较高等特点，是银行中间业务收入持续增长的重要动力，也是银行提升盈利能力、转变盈利模式的重要手段。第三，投行业务能有效缓解银行信贷资源约束。商业银行的投行业务如债券承销、银团贷款等，具有“零资本消耗”和“低资本消耗”的特点，不仅可以为客户拓展融资渠道，而且能有效节约银行资本的使用，提升资本回报水平。第四，投行业务有利于促进商业银行业务创新。商业银行的投行业务是在传统公司银行业务基础上的延伸和发展，往往需要通过与券商、保险、信托等同业合作，运用多种复合金融工具进行产品创新，为客户提供个性化、高附加值的金融服务。发展投行业务，加快了商业银行传统业务和新兴金融业务的结合，能够有效推动商业银行加快金融创新，促进多元化经营。

目前，中信银行的投资银行业务主要包括直接融资、结构融资、资产管理以及财务顾问四大类产品体系。其中，直接融资业务主要包括短期融资券、中期票据、中小企业集合票据、超短期融资券以及非公开定向债务融资工具的承销；结构融资业务主要包括结构化融资、银团贷款、国内保理、并购贷款等股权融资产品以及出口信贷等跨境融资产品；资产管理业务主要是存款类理财、票据类理财、应收债权类理财等产品；财务顾问业务主要是银行为企业提供的日常管理咨询服务、增值研究服务、理财咨询服务以及根据企业特定需求，为企业收购兼并、债务重组、股权融资等重大经济金融活动提供的咨询建议和方案设计。

（一）把握债券市场扩容机遇，全面深化债务融资业务

商业银行债务融资工具承销的债券品种丰富，不仅是商业银行的中间业务收入的重要渠道，还可以直接融资代替部分间接融资，为商业银行腾挪出宝贵

的信贷规模，有利于商业银行的经营模式从传统的表内业务向“表内 + 表外”转型，促进商业银行混业经营的发展，不断增强综合竞争力。

案例一：JL 公司注册发行中期票据降低融资成本

JL 公司是一家大型汽车制造企业，注册资本为人民币 8.3 亿元，总部设在杭州，并在全国多地设有汽车整车和动力总成制造基地，目前拥有年产 60 万整车、60 万台发动机、60 万台变速器的生产能力。截至 2012 年末，公司资产总额 1 132.62 亿元，净资产 298.57 亿元，实现营业收入 1 548.95 亿元。2012 年以前，该公司融资渠道较为单一，主要依赖银行借款。

中信银行杭州分行积极运用债务融资工具为企业降低融资成本。2012 年，JL 公司在交易商协会成功注册了规模为 30 亿元的中期票据，分两期发行，2012 年和 2013 年各发行 3 年期中期票据 15 亿元，其中 2012 年中期票据发行利率 5.3%/年，综合融资成本较 3 年期基准贷款利率下浮 9%；2013 年中期票据发行利率 4.7%/年，综合融资成本较 3 年期基准贷款利率下浮 18.7%，创同期同评级利率水平新低。两期中票合计为客户节约融资成本 1.03 亿元。通过发行债务融资工具，不仅改善了企业的融资结构，而且大大节约了融资成本，提高了经济效益，也获得了债券承销手续费收入。

（二）有效切入重大项目，深入开展银团贷款业务

银团贷款一般筹集金额较大，可帮助企业一次性获得大额资金支持，并简化企业财务和资金管理。在资本约束不断增强的背景下，通过银团贷款既可缓解银行规模紧张的压力，又可满足客户尤其是战略客户对大额资金的需求，因此是未来很长时期内商业银行投资银行业务的发展方向之一。中信银行是国内最早参加银团贷款的商业银行之一，项目借款人涉及交通、能源、通信、土地开发和飞机租赁等多个行业领域，并积极开发了附带延期选择权银团、分组式债务重组银团等创新业务品种。

案例二：跨境出口信贷银团贷款解决企业大额融资需求

DFJD 公司成立于 2002 年 3 月，是省属大型国有企业 GM 集团下属公司中唯一一家对外承包工程并配套设备出口的子公司。BLKT 公司是土耳其一家集能源建设、生产、销售于一体的综合电力公司，共拥有 18 座水力发电厂、1 座地热电站和 2 个风电场，是土耳其最早的私人发电企业和发展最快的发电企业之一。

DFJD 公司与 BLKT 公司签订了关于在土耳其建设 135MW 的煤电站的总包合同。该项目商务合同总额为 1.56 亿美元（含 10% 的预付款），双方希望通过出口买方信贷的方式为 BLKT 公司提供除预付款部分之外（即 1.404 亿美元）的融资。在收到客户的融资需求后，中信银行杭州分行立刻组成专项工作小组对项目进行研究。鉴于借款人对融资成本的要求较高，中信银行杭州分行积极邀请

美元资金成本较低的外资行共同组建银团贷款，最终确定由中信银行、GS 银行和 XBY 银行联合牵头筹集 1.404 亿美元的跨境银团，为 BLKT 公司提供项目融资。为有效规避项目风险，银团还引入中国出口信用保险公司为本次银团贷款提供覆盖全部贷款本息 95% 的保险，另 5% 的敞口风险由 DFJD 承担，最大限度地保障了银团贷款的安全。

该笔跨境银团贷款对各参团行可在新增授信有限的情况下较好地满足境外进口商的大额融资需求，同时强有力地支持了境内出口企业实施“走出去”战略，帮助其在更高层次上参与国际经济技术合作和竞争。该项目是商务部 200 亿美元出口信贷专项额度中中信银行唯一获批的项目，不仅为中信银行杭州分行带来了中间业务收入，也为浙江省出口型企业今后开展此类业务提供了有益的借鉴。

（三）顺应企业支付方式变化，大力发展保理业务

保理业务是银行与卖方签署合同，卖方将采用延期收款的方式销售商品或提供劳务所形成的应收债权转让给银行，由银行为其提供应收账款融资的服务。保理业务可以有效盘活企业资金，改善企业财务报表，并能帮助企业打开上下游市场，有效拉动银行的企业结算存款，是商业银行应该重点发展的投资银行业务。

案例三：运用国内保理为企业提供综合服务

Y 公司是一家著名的医药流通企业，由西药品、中药品、生物器械产品三大主营业务板块构成。公司销售网络遍布浙江、辐射华东，位列中国医药流通企业十强，在中国医药流通行业内有着较大的影响力。近年来，随着人民生活水平的提高，对于医药产品的消费需求不断提升，医药流通行业景气度较高，作为龙头企业的 Y 公司营业收入逐年增长，同时也存在流动资金周转和应收账款变现的需求。

中信银行杭州分行在获知企业融资需求后，为企业设计了“理财 + 短券 + 国内保理”的综合金融服务方案：一是通过“3 个月融资类理财 + 270 天短期融资券”的组合产品补充企业流动资金，在零信贷资源投入的前提下，一方面最大限度地降低了 Y 公司的融资成本，另一方面满足了企业对融资安排的特殊时间要求，成功帮助企业在年末降低了债务总量。二是运用保理产品盘活企业应收账款。Y 公司应收账款较多，开展保理业务将全面优化企业应收账款管理，成功为企业有效盘活资金，提升资金运作效率。中信银行杭州分行的综合服务不但获得了企业高度认可，而且在中信银行系统内深受好评，该案例也成为深耕现代服务业的经典案例之一。

（四）对接企业并购需求，加快拓展并购贷款业务

并购是并购方企业通过受让现有股权、认购新增股权，或收购资产、承接

债务等方式以实现合并或实际控制目标企业的交易行为。近年来，中国经济持续保持高速发展，中国企业的并购交易也日益增多。中信银行积极开发各类股权融资产品，尤其在并购贷款业务方面走在了同业前列。从 2009 年第一季度正式开展并购贷款业务以来，累计审批通过项目超过 100 个，融资金额超过 300 亿元，市场份额超过 10%。产品涵盖了收购股权、定向增发、增资注资、承接债务、购买资产等不同类型，形成了较为成熟的产品体系。

案例四：并购贷款助力 M 集团产业升级

M 集团成立于 2011 年，目前负责运营超过 35 家媒体，拥有超过 500 万读者，品牌价值超 40 亿元，是浙江省传媒业的龙头，是浙江省第一家国有文化传媒类上市公司。BF 公司和 HF 公司是两家著名的互联网游戏公司，旗下拥有庞大的互联网付费用户基础和成熟的互动休闲娱乐平台，月均活跃用户规模已近 2 000万人。

M 集团希望通过整合并购 BF 公司和 HF 公司 100% 的股权，拓展互联网新媒体业务，实现产业升级，持续提高公司综合实力。该项并购共需资金约 32 亿元，其中 M 集团采取定向增发的方式筹资 25 亿元，其余 7 亿元计划通过银行融资解决。中信银行杭州分行在对并购信息进行充分研究后，迅速组成专项工作小组对项目进行了全面尽职调查，在总分支三级机构的紧密联动下，为 M 集团设计了“银团 + 并购”的综合金融服务方案，得到客户的高度认可。

中信银行杭州分行在短短 1 个月内即完成了并购贷款的审批和银团的筹组，最终与 G 银行联合牵头 7 亿元银团并购贷款，帮助 M 集团顺利完成了对 BF 公司和 HF 公司的股权收购。此次银团并购贷款助力 M 集团完成并购目标，成功拓展了其在互联网领域的业务，不但进一步加快了产业转型升级，而且公司综合实力和市场竞争力也得到了显著提升。

（五）依托企业“走出去”，强化推动跨境融资业务

跨境融资主要包括出口信贷、跨境并购、海外上市及私有化（退市）等跨境金融产品。为满足企业“走出去”过程中的各类融资需求，中信银行充分依托中信银行国际、BBVA（西班牙对外银行）“三位一体”的跨境金融服务平台，为客户海外资本项下的金融活动提供融资安排，既推动了企业的国际化战略和转型升级，又开辟了新的中间业务收入来源。

案例五：为 GD 企业海外退市及资产整合提供综合融资服务

GD 集团专注于节能环保领域，从事污水处理、污染处理、垃圾处理及发电等业务。该集团控股的 GD 北京公司在国内上市，其关联公司 GD 新加坡公司在新加坡上市。受到同业竞争等方面的监管政策限制，GD 北京和 GD 新加坡在同一领域的业务难以同时实施，GD 集团为提高业务效率，优化业务板块，降低管理和财务成本，决定将 GD 新加坡退市，并成为 GD 北京的子公司。GD 集团海

外退市及后续资产整合分别有2.5亿美元和15亿元人民币的融资需求。

中信银行充分发挥“三位一体”跨境融资平台的优势，为GD集团提供了境外退市和境内资产整合的一站式投资银行服务方案。该方案分为两个阶段：第一阶段为海外退市阶段。GD集团于海外专门成立负责收购新加坡上市公司股权的SPV公司（即特殊目的公司）；GD集团以持有的GD北京流通股质押向中信银行申请开立2.5亿美元等值人民币保函，被担保人为SPV公司；境外合作银行为SPV公司的并购提供贷款支持，用于收购GD新加坡其他股东的股权。第二阶段为资产整合阶段。中信银行通过15亿元人民币融资安排支持GD集团参与GD北京配股，GD北京将配股资金定向用于收购实际控制人及SPV持有的GD新加坡股权，SPV出售股权偿还境外银行贷款，而GD新加坡成为GD北京的子公司。

本案例中企业海外退市及后续资产整合的成功推进，起到了良好的示范作用：我国不少公司在海外上市后，因境外对中小企业估值过低而缺乏持续融资能力，或因监管政策限制导致业务效率低下，这些企业欲境外退市后转回国内或其他市场再上市。本案例通过内保外贷、并购贷款等一站式跨境融资服务方案成功实现了上述目标，有利于我国企业进一步提升自身价值，实现可持续发展。

（六）充分运用表外融资，持续加强融资类理财业务

融资类理财业务是商业银行发行理财产品募集资金，并通过证券、信托等非银行金融工具投资于银行间市场及交易所市场，为客户提供融资。融资类理财业务运用表外手段为企业提供融资，突破了银行表内信贷投放不足的约束，在不消耗任何信贷资源的情况下，显著增加中间业务收入。同时，还在实现客户资产保值增值的同时，降低企业融资成本。

案例六：X集团发行融资类理财产品获得融资支持

X集团是一家大型企业集团，产业涵盖电梯、锅炉、起重机等多个领域，先后获得了全国民营企业500强、国家火炬计划重点高新技术企业等多项荣誉。伴随着企业的发展壮大，中信银行杭州分行提供的融资支持同步升级，从传统信贷支持逐步过渡到投资银行产品的使用。2012—2013年，中信银行杭州分行先后通过对公与零售渠道为X集团发行3期融资类理财产品，规模3亿元，成功满足企业补充流动资金的需求。

该产品是中信银行杭州分行成功运用资产管理类的投资银行产品实现各方多赢的典型案例：一是以较低的成本成功满足了企业的融资需求，融资价格显著低于贷款利率，为X集团节省了大量的财务费用。二是为对公和零售的理财客户提供了优质理财产品，满足了对公及零售客户的财富管理需求。三是提升了银行盈利水平，在以较低的融资价格实现客户融资需求的基础上，为中信银

行杭州分行带来了中间业务收入，并且节省了相应信贷额度的使用，优化了业务结构。

四、商业银行发展投行业务的战略思考

目前，投行业务已成为商业银行破解发展瓶颈的有效手段，但与国际先进商业银行相比，我国商业银行投行业务的发展仍然存在业务同质化、产品不够丰富、相关风险管理体系不完备等多方面问题。商业银行应高度重视投行业务的创新与制度建设，在快速变革的金融市场中抢占先机，促进银行加快转型发展。

（一）国际商业银行开展投行业务的经验借鉴

国际大型商业银行在发展中历经多次资源整合，已经逐步演变为包括商业银行业务、投资银行业务、保险业务等在内的综合性金融服务机构，在业务结构、产品及服务构成、资源配置等方面形成了较为完善的体系，其投行业务开展的先进经验突出表现在三个方面：

第一，业务多元化，创新水平高。金融自由化趋势和技术手段的进步催生了国际商业银行在投行业务上的大量创新，使投行业务品种大大增加。目前其投行业务除传统的证券承销、经纪和自营业务外，还深入到并购重组、资产管理、投资咨询、项目融资、风险投资、金融衍生工具等诸多业务领域，投资对象则几乎涵盖了所有的金融市场。在 20 世纪 80 年代以前，传统的承销和经纪业务一直是美国投资银行最重要的利润来源，利润占比超过 80%。随着多种投行创新产品的涌现，现在这一比重则已经降至 50% 以下，其他的创新业务已成为投行业务的主要利润来源。

第二，业务专业化，市场占有率高。在投行业务多元化的同时，国际商业银行也充分利用自身优势向专业化发展，在专业领域占据很高的市场份额，形成了较为稳定的收入来源。如美银、摩根士丹利是全球领先的财富管理提供商，2012 年两家银行管理资产各达 1.8 万亿美元，并列第一位，占全球前二十位财富管理商的 55.6%；高盛精于并购、投资领域，2012 年以 17.7 亿美元的并购咨询业务收入居并购咨询市场第一位，连续十年在并购业务收入榜上名列第一。

第三，业务国际化，全球化程度高。在全球经济高度一体化的背景下，国际商业银行已经彻底跨越了地区和市场的限制，积极开拓全球市场。许多银行都成立了管理国际业务的专门机构，如高盛的全球协调与管理委员会等，国际性业务收入占比较高。例如摩根大通作为全球最大的美元清算行，业务遍及全球 60 余个国家，在 2011 年 12 月就完成了首笔人民币外债业务。2013 年第一季度，其外汇业务、固定收益业务和大宗商品业务共计实现 43 亿美元的收入，占其投行业务总收入比重的一半以上。

（二）我国商业银行发展投行业务的策略

1. 应将投行业务作为缓解资源约束的重要手段

规模扩张与资源约束是当前商业银行面临的主要矛盾之一，债券承销、资产证券化等低资本消耗的投行产品应成为商业银行缓解信贷规模约束的主要手段。

（1）把握债券市场扩容机遇，全面深化债务融资工具承销业务。近年我国债券市场发展迅速，自2010年首度突破5万亿元关口以来，债券融资规模均以万亿元的量级增长。商业银行应持续推动债券承销业务开展，通过为客户提供债券融资替换更多银行表内贷款，缓释信贷规模约束：一是积极争取已发债客户的新增额度或剩余额度，推动承销规模进一步扩大。二是加大对中小企业集合票据、小微企业专项金融债等债券的投入力度，通过加强与担保公司和地方政府的合作，在扩大承销规模的同时帮助中小企业降低融资门槛。三是紧跟债券市场创新步伐，积极采用各类新型债务融资工具解决企业不同的融资需求。四是积极搭建债券销售渠道，在债市监管升级和“钱荒”冲击下，确保承销债券顺利发行。

（2）用好政策，积极开展信贷资产证券化。对商业银行而言，在目前资产和负债流动性失衡，又面临资本充足率和存贷比压力的情况下，重启信贷资产证券化不仅可借此盘活资产，缓解资本金压力，同时也为金融创新留下了较大的空间。商业银行应用好政策，紧紧把握资产证券化的机遇：一是通过存量信贷的科学配置提高资金使用效率。商业银行应加强信贷资金统筹管理，将期限长、利润薄的贷款通过证券化的方式提前兑现，从而加快信贷资金的周转速度，提高资金的使用效率。二是积极开展资产业务的同业合作。按照我国开展资产证券化试点的思路，未来信贷资产证券化不仅有商业银行、其他金融机构参与其中，企业集团、个人投资人也可以投资者的身份介入，商业银行应根据资产情况灵活操作，既可充当原始放款人，也可通过购买证券化的贷款来进行资产业务组合，拓展资金来源渠道。三是积极开展相关资产管理业务。商业银行除了作为交易方介入资产证券化业务之外，还可充当贷款管理和资金保管机构等角色，从而获取管理费用，提高中间业务收入。

2. 应将投行业务作为差异化服务的主要模式

当前，企业上市需求十分旺盛，兼并收购活动日益增多，跨境资本运作日趋频繁，商业银行应重点拓展各类股权融资、跨境结构融资等投行产品，在“投行+商行”的模式中开拓新的增长空间，深化与客户的合作关系，形成差异化竞争优势。

（1）把握机遇，深入开展股权融资。2014年1月企业IPO重启，给商业银行开展各类股权融资业务提供了良好契机：一是积极开展选择权贷款业务。对于高成长型的中小企业，可通过选择权贷款附加一定数额的股权认购期权，在扩大对企业资金支持的同时分享企业未来上市的收益。二是发展私募股权融资推介业务。商业银行应有效利用自身资源优势，撮合拟上市企业与私募股权投资机构的交易，在满足企业上市前融资需求的同时，通过担任私募股权投资机构的财务顾问，向其提供综合金融方案。三是大力开展并购贷款业务。企业在上市前往往需要进行资产整合或剥离，在上市后也会有大量的行业兼并及增发需求，商业银行可有效运用并购贷款为企业的资产整合、股权收购、增发配股提供资金。四是深化 IPO 承销推介等顾问服务。商业银行可充分利用与其他金融机构及中介机构的合作关系，为客户推介证券公司、律师事务所、会计师事务所等上市中介机构，提升对企业的服务水平和支持力度。

（2）依托“走出去”，大力拓展跨境金融。企业在开展跨境兼并收购或项目投资的过程中，大多需要巨额的外币资金支持，而这些企业或其在境外设立的 SPV 公司（特殊目的公司）往往缺乏在海外资本市场的融资能力。商业银行可抓住这一市场机遇，通过跨境银团、内保外贷、投资基金等方式加大对重大海外并购项目的支持力度，助力企业“走出去”。同时，面对企业在跨境贸易融资方面的需求，商业银行应灵活运用跨境人民币结算、外汇贷款、预付款保函、押汇等贸易融资产品，为企业提供全方位的跨境融资服务。

3. 应将投行业务作为强化同业合作的主战场

未来，同业合作仍将是金融市场上产品创新的主要推动力，商业银行应将投行业务作为强化同业合作的重要方向，积极拓展盈利渠道。

（1）多方合作，持续加强非银业务开拓。近年来商业银行与非银金融机构的合作日益密切，各类创新产品层出不穷，为银行和非银金融机构带来新的盈利渠道，并有力地推进了商业银行的转型和发展。商业银行应在合规的前提下，充分发挥自身客户资源优势，利用各类非银金融机构的资金募集能力，以投行业务为载体，大力拓展与信托、券商、保险、基金、资管公司等同业的合作，加大产品创新力度，在为企业持续提供融资支持的前提下，降低银行信贷资源消耗，实现银行、非银行金融机构与客户的多方共赢。

（2）创新求变，加快开发投行网络模式。投行业务与互联网具有很强的相容性，商业银行应加快投行业务的网络模式构建，积极利用网络技术和信息技术发展的优势，构建起一个覆盖资本市场主要参与者，如商业银行、机构投资者、证券公司、保险公司、信托公司、实体企业等在内的网上投资银行服务平台。一方面，将各种金融产品信息提供给投资者，按照投资者提出的设计构想，开发个性化的投行产品；另一方面，积极进行业务模式创新，设计新的适合在线交易的投行业务，从而实现投行业务的线上咨询、设计、发行和交易，打造快速、高效、个性化的虚拟投行。

4. 应持续完善符合投行业务特点的风险控制体系

商业银行传统业务和投行业务的风险特征大不相同。传统商业银行的风险管理着重防范风险、规避风险，坚持审慎经营，而投行业务的风险管理更强调通过运用各种金融工具和管理办法来控制风险，从而获得超额收益。但在实际操作中，商业银行的投行业务仍主要套用传统业务的风险管理手段，尚未建立起一整套能够全面覆盖业务各环节的风险管理体系，风险管理水平不能与投行业务发展规模和速度相适应。如目前商业银行部分债券承销业务中，募集资金流向缺乏统一监督管理，存续期管理信息收集存在缺失等风险仍然存在。对此，商业银行必须建立行之有效的投行业务风险管理体系，从投行业务特点出发设立与传统业务有别的风险容忍度，并以此为基础审查决策与投行业务的相关授信，加强针对性和适用性，有效地对投行业务的风险进行识别、控制和管理，促进投行业务健康发展。

5. 应加强投行业务人才队伍和激励机制的建设

专业化的人才队伍已成为商业银行投行业务快速发展的关键。商业银行应加强对投行业务专业人才的培养，建立和完善配套激励机制，确保业务顺利推进。一是要高度重视投行业务人才的培养和引进工作。应加快引进专业知识丰富、操作能力强的综合性高素质人才，打造一支勇于创新，具有市场竞争力的投行业务团队。二是要强化细分产品的专业队伍建设。应按照直接融资、结构融资、资产管理、跨境融资等产品线加强队伍建设，建立专项产品研发团队，实现投行业务专业化和个性化服务。三是要重视各个层级的投行队伍组建。应从总分支多个层面加强队伍建设，不仅总行要有专业化的投行团队，各分支行也要培养熟悉投行产品、营销能力突出的客户经理队伍，打造各层面高效合作的投行业务团队。四是要从战略高度建立行之有效的考核激励机制。应将投行员工的绩效与贡献相配比，风险与收益相挂钩，形成权、责、利统一的良性机制，充分调动各方积极性，为投行业务开展做好保障。

五、总结与展望

随着金融深化的持续推进，我国商业银行的经营环境发生了极大变化。高度依赖利差收入、依靠资源推动的传统业务模式变得更加脆弱和不可持续，银行经营模式转型的市场倒逼机制已经形成，发展投行业务成为商业银行拓展服务渠道、增加收入来源、缓释资源约束的必然选择。商业银行应深刻认识新时期发展投行业务的战略意义，紧抓我国金融改革的历史性机遇，把握重点发展领域，积极开展投行业务创新，不断丰富完善产品体系，持续深化同业合作，全面加强投行业务风控体系和队伍建设，在投行业务领域形成新的竞争优势和品牌形象，推动商业银行成功实现战略转型。

参考文献

[1] 国务院办公厅:《关于金融支持经济结构调整和转型升级的指导意见》,中国政府网,2013-07-05。

[2] 金融时报编辑部:《贯彻十八届三中全会精神,全面深化金融业改革开放》,载《金融时报》,2013-12-02。

[3] 李克川:《利率市场化与我国商业银行的可持续发展》,载《金融经济》,2013(2)。

[4] 刘翔峰:《中国的金融深化及风险防范》,经济管理出版社,2013。

[5] 同生辉:《投行的逻辑》,中国发展出版社,2011。

[6] 周小川:《全面深化金融改革开放,加快完善金融市场体系》,载《人民日报》,2013-11-28。

浙江省新型城镇化建设融资创新研究

国家开发银行浙江省分行课题组*

党的十八大报告提出了加快完善城乡发展一体化体制机制，推进中国特色的城镇化道路。2012 年 12 月 16 日，中央经济工作会议指出，城镇化是我国现代化建设的历史任务，也是扩大内需的最大潜力所在。新型城镇化建设，是党中央在新的历史条件下，科学判断形势，正确把握城乡发展关系做出的重大决策，是完善社会主义市场经济体制，全面建设小康社会的重大举措，是逐步改变城乡二元经济结构，从根本上解决“三农”问题的重大创举。

在支持浙江省新型城镇化建设中，国家开发银行一直走在前列。国开行浙江省分行通过坚持规划先行，不断开拓创新，融资融智，大力推进了浙江省新型城镇化的进程，包括：积极推进与政府城镇规划合作机制搭建，联合省建设厅以及各市县政府，组织完成了全省 670 个镇的规划调研，并全程参与了《浙江省 200 个中心镇发展规划》、《浙江省 27 个小城市三年行动计划》等省级专项规划的编制和实施；作为唯一一家金融机构参加了浙江省小城市试点三年行动计划评审会；以嘉兴作为浙江省统筹城乡综合配套改革试点区率先推进城乡一体化工作的契机，主动编制了《嘉兴市城乡一体化建设融资规划》；2011—2012 年，先后派出多名业务骨干赴塘栖、王江汀、六横、横店和贺村等 5 个建制镇挂职，并帮助地方政府完成 5 份《融资规划咨询报告》等。2013 年末，国开行浙江省分行在全省城镇化支持领域贷款余额超 1 200 亿元，占同期贷款比例近 80%，重点支持了开发区基础设施、城乡一体化配套设施、社会民生领域建设以及土地资源开发和集约利用等，真正体现了开行“政府热点、雪中送炭”的办行宗旨。

2013 年，国开行浙江省分行专门成立了支持新型城镇化建设领导小组，负责牵头开展和落实支持浙江省新型城镇化建设的政策研究、融资规划、资源保障、模式创新、综合营销和风险防控，专项协调解决支持新型城镇化建设中的重点、难点问题，积极支持全省各地开展新型城镇化建设。同时，围绕《浙江省新型城镇化发展“十二五”规划》的实施，分行主动与省政府咨询委建立合

---

* 课题主持人：徐　勇

课题组成员：乐　宜　周　莉　赵林茂　刘新平　夏文超　马瑞永

作机制，并在其组织下联合浙江省发展规划研究院、浙江大学金融研究院、省工经所以及人民银行杭州中心支行组建了《浙江省新型城镇化建设融资规划》课题组，先后赴省发改委、省建设厅、省金融办、人民银行杭州中心支行以及嘉善县、海盐百步镇、海宁马桥镇等开展城镇化调研，目前已完成了《浙江省新型城镇化建设融资规划》报告中期论证稿。

本研究报告旨在前期调研的基础上，通过对城镇化建设融资现状进行分析，提出融资所面临的问题，同时围绕当前城镇化建设中的融资瓶颈，从融资平台组建、融资渠道拓展、融资模式创新以及融资体系建设等融资体制机制创新等方面提出支持浙江省新型城镇化建设的思路和建议。

一、浙江省新型城镇化建设融资背景

（一）浙江省新型城镇化建设现状

浙江省推进城镇化走过了一条持续探索实践、不断深化创新的道路。1998年，浙江省在全国率先提出并实施城镇化战略。2004 年，浙江率先制定实施城乡一体化纲要。2006 年，浙江省委、省政府召开城市工作会议，率先提出并实施新型城市化战略，并出台《关于进一步坚强城市工作、走新型城市化①道路的意见》，明确了新型城市化的核心要义和基本内涵。2012 年，浙江省人民政府印发《浙江省新型城市化发展“十二五”规划》，明确提出了“十二五”末期新型城市化的主要发展指标和发展思路。

城镇化战略实施以来，浙江加大了城市群、都市区、大中小城市、小城镇和新农村的统筹力度，杭州湾、温台沿海、浙中三大城市群以及杭州、宁波、温州和金华—义乌都市区初显雏形，城镇化水平逐步提高，城镇化率从 2000 年的 48.67% 增长至 2010 年的 59%，年均递增近 1 个百分点。2012 年浙江省城镇化水平再创新高，达到 63.2%，高出全国水平 11.6 个百分点，稳居全国各省区前三。浙江省城镇人口比重较高的主要原因有两点：一是经济发展较快、总量较大，吸引了大量外来务工人员纳入城镇人口，省外流入人口占城镇常住人口约 26%；二是降低入城门槛，促进了农民有序进城就业，省内转移的农业户籍人口占城镇常住人口约 19%。上述两者合计占城镇人口约 45%，是城镇化率提高的重要渠道。

虽然浙江省在推进新型城镇化中取得了一定的成绩，但从总体上看，城镇化质量仍有待进一步提高，特别是土地城镇化快于人口城镇化，大城市带动力不强，小城镇布局分散，城市管理滞后于城市建设、城乡公共服务等问题亟须

① 浙江省提出的“新型城市化”概念总体上与党中央提出的新型城镇化概念一致。为了保持与党中央的提法一致，在本课题中均以新型城镇化表述。

解决。

（二）浙江省新型城镇化建设目标

根据《浙江省新型城市化发展"十二五"规划》以及《浙江省深入推进新型城市化纲要》，浙江省推进新型城市化的总体目标是：坚定不移地走资源节约、环境友好、经济高效、社会和谐、大中小城市和小城镇协调发展、城乡互促共进的新型城镇化道路。到2015年，全省城镇化率达到65%以上，城乡规划建设管理水平进一步提高，城乡居民生活品质进一步提升，基本形成以城带乡、以乡促城的城乡一体化发展格局；到2020年，全省城镇化率达到72%以上，城镇化发展总体上达到中等发达国家水平，城镇化发展质量位居全国前列，杭州湾、温台、浙中三大城市群和杭州、宁波、温州、金华—义乌四个都市区基本建成，县（市）域城乡一体化发展格局全面形成，城乡经济融合发展，城乡社会和谐稳定，城乡居民生活，品质显著提升，基本形成国际化程度高、创新能力强、城乡共同富裕、生态环境友好、文化全面繁荣的现代城镇体系，为建设物质富裕精神富有的现代化浙江提供重要支撑。

（三）浙江省新型城镇化建设思路

"十二五"末期形成以城市圈、都市区为主体，以特大城市和大城市为龙头，以中小城市为支撑，以中心镇为基础，布局合理、分工明确、功能互补、城乡互动的现代城镇体系，基本形成"三群四区七核五级网络化"的省域城镇空间结构。

1. 加快城市群和都市区建设发展

把城市群和都市区作为推进新型城镇化的主体形态。加快推进环杭州湾、温台沿海、浙中三大城市群建设，促进城市群内部产业发展互补、基础设施共建和资源信息同享，成为长三角世界级城市群的重要一翼。大力实施大都市区带动战略，加快提升杭州、宁波、温州和金华—义乌四个都市区产业层次，集聚高端要素，发展高端产业，增强都市区优惠宜居环境、提升生活品质、带动周边县市一体化发展的能力，逐步形成都市经济圈。

2. 加快推进省域中心城市发展

把中心城市作为推进新型城镇化的战略平台。加快完成湖州、嘉兴、绍兴、衢州、舟山、台州、丽水等7个省域中心城市综合服务功能，增强集聚辐射和创业创新能力，优化环境质量，提高文化品位，促进特色发展，加快建设成为大城市乃至特大城市，加快形成市域城乡一体化发展格局。

3. 加快中心镇发展和小城市培育

把中心镇和小城市作为促进城乡一体化发展的重要节点。积极推进县域城镇化，加快形成"一城三五镇"的城镇格局。着力推进中心镇发展改革和小城市培育，重点发展镇级小城市（27个）、中心镇（200个左右）。以加快人口集中、产业集聚、功能集成、要素集约为着力点，加强规划建设，推进特色化、多样化、集约化和现代化发展，努力建设经济繁荣、社会进步、功能完备、生态文明、宜居宜业、社会和谐的现代化小城市。

4. 加快推进以中心村为重点的社会主义新农村建设

把中心村作为推进新型城镇化、统筹城乡发展的重要基础。继续深入实施“千村示范、万村整治”工程，努力建成 1 000 个省级示范村。全面推进“美丽乡村”建设，完善县（市）域村庄布局，加强中心村规划和农村新社区建设，推进农村历史文化村落建设和保护利用，深化实施农村住房改造建设，开展农村住房改造示范村建设，促进农村经济发展和环境改善。

（四）浙江省新型城镇化建设投资资金需求

目前，现有统计年鉴中尚未对城镇化建设固定资产投资情况进行专项统计，因此需要对投资资金需求进行分析和测算。测算一个经济体城镇化建设固定资产投资需求的方法有多种，如城镇化率函数法、全社会固定资产投资剥离法、规划投资项目汇总法等。本课题对固定资产投资需求规模测算采用全社会固定资产投资剥离法。首先，对历年的全社会固定资产投资进行剥离，城镇化投资为全社会固定资产投资减去工业投资；其次，根据历史数据采用线性回归，求出 GDP 与全社会固定资产投资之间的线性关系，在“十二五”规划提出的 GDP 目标基础上预测未来全社会固定资产投资需求；再次，求出浙江省“十一五”以来历年城镇化投资及其占全社会固定资产投资的比重，并根据城镇化投资占全社会固定资产投资比例的增长趋势，预测未来全社会固定资产投资占比以及需求总量。同时采用规划投资项目汇总法对数据进行验证和分类。

根据上述方法测算得到的浙江省新型城镇化投资资金需求为：2013—2020 年投资资金需求约 13 万亿元，其中 2013—2015 年资金需求近 4 万亿元，约占全社会固定资产投资的 67%。从新型城镇化政府主导项目①来看，2013—2020 年资金需求总额达 4.7 万亿元，其中 2013—2015 年需求总额约 1.5 万亿元，约占城镇化投资资金的 37%。政府资金供给能力为 3.1 万亿元，资金缺口达 1.6 万亿元②。显然，新型城镇化建设投资存在相当大的资金缺口。因此，建设和完善新型城镇化投融资体制机制，放大政府投资的引导作用，积极创新多样化金融服务和产品，有效促进社会资本与境外资本进入城镇化建设，构建多元化、市场化和系统化的金融服务体系，显得尤为重要。

---

① 政府主导项目是指以政府为投资主体的城镇化建设项目，政府主导项目按国民经济分类代码包括：（1）交通运输、仓储和邮政业；（2）电力、燃气及水生产和供应业；（3）水利、环境和公共设施管理业；（4）科学研究、技术服务和地质勘探业；（5）居民服务和其他服务业；（6）教育；（7）卫生、社会保障与社会福利业；（8）文化、体育和娱乐业；（9）公共管理和社会组织，共计九个门类。

② 数据来源于《浙江省新型城镇化建设融资规划》，国家开发银行浙江省分行，2013。

二、浙江省新型城镇化建设融资现状及存在的主要问题[①]

（一）浙江省新型城镇化建设融资现状

2006—2012年6年间浙江城镇化建设总投资45 161亿元，占全社会固定资产投资的59%。从资金来源来看，国家预算内资金、国内贷款、利用外资、自筹资金和其他资金平均分别占5.3%、19.0%、0.6%、41.9%、33.3%。其中，自筹资金比例最高，其次是其他资金，利用外资比例相对较低。结合未来我国经济发展趋势和融资调控政策方向，预计未来浙江城镇化建设投资资金来源渠道中，国家预算内资金比例将趋于下降，国内贷款比例也趋于下降，利用外资比例有明显上升，自筹资金比例将小幅上升，其他资金将稳步上升。从贷款情况看，2010—2012年，浙江省主要银行机构城镇化贷款余额分别为3 360亿元、3 328亿元、3 680亿元，其中国开行贷款余额一直处于首位，占比近30%，工行和农行分别处于第二位和第三位。

为了进一步充分体现浙江省城镇化融资的具体情况，下面以浙江省27个小城市试点镇为代表，从金融组织体系、融资结构、融资模式三个方面进行具体分析。

1. 金融组织体系

27个试点镇的金融组织体系以银行业金融机构为主，部分试点镇有进驻保险、证券等金融机构，小额贷款公司、村镇银行等新型金融组织也为试点镇的城市建设提供了资金支持。27个试点镇中，共有各类金融机构329家，其中，银行业金融机构283家（含村镇银行2家），证券公司1家，保险公司24家，小额贷款公司14家，其他还有资金互助组织、担保公司等。27个试点镇中，有11个试点镇（占比40.7%）设立了小额贷款公司、村镇银行等新型企融机构，有5个试点镇进驻了保险公司，绍兴市钱清镇有1家证券公司（见表1）。

表1　　小城市试点镇金融组织体系情况　　单位：家、%

金融机构总数		银行业金融机构	证券公司	保险公司	小额贷款公司	其他：资金互助组织、担保公司等
数量	329	283	1	24	14	7
占比	100	86.02	0.30	7.29	4.26	2.13

2. 融资结构

27个试点镇的资金需求主要通过间接融资满足，直接融资仅占其中一小部分。一是直接融资缓慢增长。2012年，27个试点镇中，参与直接融资方式的试

① 本部分内容参考了人民银行杭州中心支行提供的城镇化调研材料，在此表示感谢。

点镇有9个，较2011年增加1个。上述9个试点镇中，上市企业20家，发行债券企业8家，分别较2011年增加1家和4家。二是信贷扶持力度有所增强。截至2012年末，27个试点镇贷款余额1 913.04亿元，较2011年同期增长17.14%，同比多增44.84亿元，略低于全省18.1%的贷款增幅。

3. 融资模式

（1）基础设施项目融资模式。试点镇基础设施项目的融资模式有直接融资和间接融资两种，且以间接融资为主。直接融资模式中，通过发行债券、私募股权等方式筹集资金用于基础设施建设的试点镇有3个，分别是湖州市吴兴区织里镇、温州市苍南县龙港镇和金华市东阳市横店镇，其通过直接融资方式募集的资金分别为10亿元、4.5亿元和4 000万元。间接融资模式中，运作方式主要有以下三类：一是以政府背景的投融资平台公司作为借款人由其通过提供抵押、担保等方式向银行融资。27个试点镇中，有12个镇成立了23家地方政府融资平台。二是通过抵押担保等方式向银行借款。三是BOT模式，即政府通过契约授予企业以一定期限的特许专营权，许可其融资建设和经营特定的共有基础设施，特许期限届满时，将该基础设施无偿移交回政府。如丽水市壶镇镇的污水处理厂建设项目，诸暨市店口镇的污水处理项目，桐庐县分水镇市民休闲中心，东溪沿江大道及分水文体中心改造工程、横店镇的城市建设发展项目等。

（2）产业发展融资模式。在推动小城市发展过程中，金融主要以支柱产业、龙头企业为扶持对象，在培育企业发展壮大过程中，逐步推进城镇化。在产业发展的融资模式中，以企业提供抵质押、担保等方式向银行融资为主，具体包括资产（如土地使用权、房产）抵押质押模式、保证模式（由大企业提供担保、企业联保、由专业担保公司担保等）、产业链融资“N+1+N”模式等。

（3）个人创业融资模式。个人创业融资基本靠金融机构满足，部分通过民间融资方式获得资金支持。针对农村城镇化过程中农民就业、创业的资金需求，金融机构通过开展金融产品创新提供资金支持。目前试点镇的个人创业融资贷款品种包括“巾帼信用联合体”贷款、农户小额信用贷款、个体工商户贷款、大学生“村官”创业贷款、青年创业贷款、巾帼创业贷款、残疾人创业贷款。

（二）浙江省新型城镇化建设融资中存在的主要问题

虽然浙江省融资支持新型城镇化建设取得了不少成绩，但仍存在许多制约融资支持新型城镇化建设的共性问题，如资金供需矛盾较大、融资结构需进一步优化、非国有资本存在着进入障碍以及政府融资平台受到新政制约等。具体结合27个试点镇来看，融资支持新型城镇化建设面临的问题主要表现在以下几个方面：

1. 人口集聚难度大。人口集聚是城镇化建设的重要环节，浙江省城镇化人口集聚主要有整体置换搬迁、就地改造、连片改造等模式，从调查情况看“整体置换搬迁”难度较大。如店口镇政府推出牛皋社区整村置换工程，建造小区商品房 10 万平方米，用商品房置换农民自建房。这个项目政府投入成本高但推进效果不理想，因为店口中心集镇与周边农村距离不远、环境基本相似，公共服务资源也差不多，特别是店口镇产业集群度高、辐射范围广，许多农户自办家庭工业或商业，宅基地住房能够满足住、工、贸一体化需要，因此农民整体置换搬迁的积极性不高。

2. 要素制约问题。一是土地要素制约。从调查来看，土地要素瓶颈是造成小城镇发展受阻和融资困难的一个重要原因。如绍兴县钱清镇根据土地利用总体规划（ 2006—2020），全镇能够并已经调整的新增建设用地 2 198 亩，其中约 1 500 亩已建或已报批项目，480 亩用于农民保障房建设，其余 218 亩用于企业拆迁安置，已没有新增建设用地可供利用。土地指标紧缺使项目融资抵押资源和还贷来源缺乏。土地要素制约的另一个问题是农地流转困难。小城镇农户“两权”（农村宅基地使用权、土地承包经营权）因受法律约束不能向市场公开流转，从而难以提供有效的抵押物。二是劳动力紧缺且成本上升压力大。部分镇由于户籍、教育、住房等改革滞后，使外来劳动者难以充分分享城镇化改革红利，从而影响高端人才引进，也难留住普通劳动者。部分镇反映近几年当地劳动力成本每年上升幅度高达 10% ~20%，企业成本压力大。三是财政支持能力有限。虽然目前部分试点镇的政府资金较为宽裕，融资需求不大，但大部分小城镇实力普遍偏弱，对城市基础设施建设和信贷激励往往力不从心。以宁波溪口为例，2012 年财政收入仅为 6.55 亿元，税收收入仅为 4 亿元，根本无力支撑一个大型项目的建设。

3. 产业空心化问题。由于原材料、土地成本、劳动力成本的提高，传统实业利润太薄，面临着日益萎缩的危机。前几年，投资者逐渐把资金从实业中抽出来投资于“楼市”、“股市”，如温州“炒房团”、“炒煤团”等短期投资遍布全国各地，游离于实业之外，导致实体产业“空心化”。如温州龙港镇农业、工业、建筑业、生产性服务业等领域的生产性投资完成 3.55 亿元，仅占全镇投资比重的 25%；投资对房地产依赖程度不断加重，房地产开发投资占全镇投资比重进一步提高到 63.2%。同时，民间资本进入还存在许多障碍，无法进入垄断行业。

4. 土地使用产权抵押融资面临法律障碍。《物权法》和《担保法》均规定，耕地、宅基地、自留地、自留山等集体所有的土地使用权不得设定抵押，《最高人民法院关于审理涉及农村土地承包纠纷案件适用法律问题的解释》进一步明确，“承包方以其土地承包经营权进行抵押或者抵偿债务的，应当认定无效。”虽然《物权法》规定“法律规定可以抵押的除外”，为土地流转改革预留了出口，但是目前尚无明确的相应法律规定。对土地使用权、农村宅基地抵押的限制，不利于真正实现农地承包经营权的市场性流转。土地使用产权抵押融资的法律瓶颈，影响了金融支持城镇化工作的顺利开展，急需健全完善土地产权改革配套法律制度。

5. 项目“小而分散”。城镇化建设项目普遍呈现“小而分散”的特点。从27个小城镇化来看，每个镇的平均投资额在1.5亿~2亿元。从浙江省来看，共有200个中心镇和400多个一般镇，每个镇平均投资额不足1.5亿元，具体到每个项目的投资额则更小。这些项目对于银行来说，融资管理成本较大。

6. 缺乏有实力的统一融资大平台。根据省银监局统计，截至2012年末，浙江省共有1 339家地方政府融资平台，其中省级平台10个［主要为港航管理局、公路管理局、浙江省交通工程建设集团有限公司（该平台已注销）、浙江青山湖科研创新基地投资有限公司、宁杭铁路有限责任公司、浙江省农村发展集团有限公司、浙江高速投资发展有限公司等行业平台，缺乏统筹开展城镇化建设的省级平台］，市级174个，区级332个，县级823个。平台层级分布不均衡，主要是受放权管理影响，浙江地方财政主动性较强，导致地方政府融资平台多分布于市县，平台个数占比达到86%，远高于全国59%平均水平，不仅大大稀释了地方政府有限的财政资源，也加大了政府部门内部的矛盾，不利于平台资源的统筹运用以及项目建设的统筹规划。近几年，天津、四川、湖北、广西以及山东等省市纷纷组建省级大型投融资平台，以融资平台为载体，将政府信用和市场化运作有效地结合起来，通过多样化融资渠道引入大额融资，不仅为解决区域内公益性和准公益性基础设施项目的融资难题提供了一条有效的路径，而且提高了财政资金的使用效率，借助金融杠杆放大了政府投资的引导和拉动作用。

7. 金融服务品种单一。一是支持力度不够。城镇建设的资金投入及建设规模迅速扩大，产生了巨大的资金需求。但总体来看，由于金融组织机构不全、信贷权限上收、政府平台融资受限等原因，金融支持城镇化力度有待提高。截至2012年末，27个试点镇的贷款余额为1 913.04亿元，占全省贷款余额的3.2%，比GDP占比低2.91个百分点，当年新增贷款292.06亿元，仅占全省增量的4.66%。二是金融创新不足。目前小城镇金融服务产品基本局限于存贷和汇兑，适合居民自主创业、就业等城镇化建设需求的服务品种较少，产品供给较为单一。从调查来看，由于试点镇以中小微企业为主，其融资主要依赖于间接融资，资本市场发展缓慢。截至2012年末，27个试点镇拥有上市公司20家，当年新增1家，平均每个镇不到1家，上市融资规模偏小。债券融资刚刚起步。目前，试点镇通过发行债券募集资金的企业仅有8家，含2012年新增4家。三是无法通过对已有的能产生现金流的基础设施资产或者在未来能产生现金流的基础设施资产进行证券化来加快资金周转、分散投资风险。

8. 金融生态环境不佳。一是小城镇行政环境与城市相比，行政方式和方法落后，不利于金融组织的市场化运营。二是乡村地区信用意识相对薄弱，表现为对合同的不了解、不执行，农村金融（尤其是民间借贷）纠纷发生相对频繁。三是金融文化制约。如湖州织里镇部分经营户恶性竞争，扰乱正常经营，经常出现“跑路”，信用环境被破坏，对银行形成很大的信贷风险。

三、融资支持新型城镇化建设的总体思路

围绕浙江省新型城镇化建设的发展目标、建设思路以及主要任务，以保障新型城镇化建设资金需求为目标，通过编制融资规划、优化融资结构、推动融资平台整合，创新融资模式，完善金融体系，推动和支持新型城镇化的建设以及新型城镇化发展规划的实施。

编制融资规划。通过运用开发性金融理论和方法，对融资需求做出系统性的统筹安排，在分析资金供求、融资总量、融资结构、融资渠道的基础上，从市场建设、信用建设、制度建设等方面对融资方案进行系统性的设计，从而破解融资瓶颈，并从源头上实现对风险的整体把控。

改善融资结构。继续增强银行信贷保障能力，充分发展政府财政资金的引导作用，进一步提高直接融资、民间投资和外资的比重。

推动平台组建。探索推动组建省级融资大平台、小城市开发统一融资平台以及适合本地特点的市县（区）城镇化建设投资公司，实现资源整合及有效运用。

创新融资模式。积极推动城镇化建设专项基金等组建以及城镇化专项债券的发行，探索新型融资模式，推动政府运用企业债券、中期票据、信托计划、夹层投资、基金、资产证券化、股权、融资租赁等多种方式融资，加强保险、信托以及银行同业资金的引导，通过市场机制将存量资产转化为流动资金，扩大融资规模和渠道。

完善金融体系。扩大小额贷款公司试点，推动发展村镇银行、农村资金互助联合会以及农村担保互助合作社，鼓励设立土地信托服务中心，加强推进涉农贷款担保创新和民间借贷登记服务平台建设，完善多元化金融服务体系和多层次金融市场体系建设，提升投融资服务能力。

加强风险防控。建立较为完善的政府负债管理和金融风险监测预警机制，健全全口径政府债务管理信息系统，探索以财产税代替土地财政，防控政府债务风险，确保区域金融运行高效、安全。

四、完善新型城镇化建设融资体制机制相关举措和建议

（一）加强政府投融资主体的改革和创新

一是结合浙江省当前缺乏省级统一融资平台现状，探索推动组建省级城镇

化融资平台。平台围绕人的城镇化，立足中小城市、县域城区和中心镇，以提供多元可持续的资金保障和提高城镇建设水平为主要任务，负责统筹资源开展全省范围内市县城镇化项目的统一投资和统一建设，一方面为棚户区改造等城镇化项目提供政策性转贷融资服务，另一方面参与城镇化综合建设投资和综合运营①。省级城镇化融资平台具体运作模式如图 1 所示。

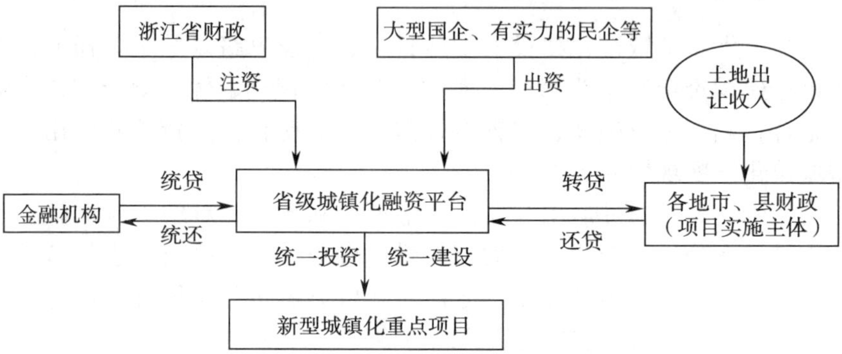

图 1　省级城镇化融资平台

二是组建小城市开发融资大平台。由省级、镇级财政以及有经验有实力的企业共同出资，并将省政府按年拨付的省级专项资金以及每年提供 27 个小城市的建设用地逐年增资入股，形成“省级财政 + 镇级财政 + 上市公司”共同参与的混合型融资主体，采取“统一规划、统一管理、统一投资、统一建设、统一借款、统一还款”的运作模式，统筹负责 27 个小城市的投融资和建设任务，包括土地的一级开发、二级开发和后期综合运作，以及配套公共基础设施、商业配套设施、社会服务设施等的建设②。小城市开发融资大平台具体运作模式如图 2 所示。

三是分行业、分板块整合资源，成立专业性的融资平台。探索推动政府对省内行业投融资主体进行整体规划、整合资源，统一开展项目建设，如充分利用国家允许水利搭建政府投融资平台公司的政策契机，借鉴湖北省长江投的做法，组建以政府为主导的水利投融资平台公司，按照市场化“统贷统还”的运作模式，整合项目运作收益、土地出让收入以及相关财政专项资金作为还款来源。

四是探索推动各市县组建适合本地特点的城镇化建设投资公司，使其发展

① 目前，浙江商业集团已向省政府提交请示，拟发起组建浙江省城镇化建设投资发展有限公司，注册资本拟定 30 亿元。

② 目前上市公司众安集团已注册成立了“浙江省众安小城市投资开发公司”，并选取了富阳新登镇及桐庐小源山等地开始先行试点。

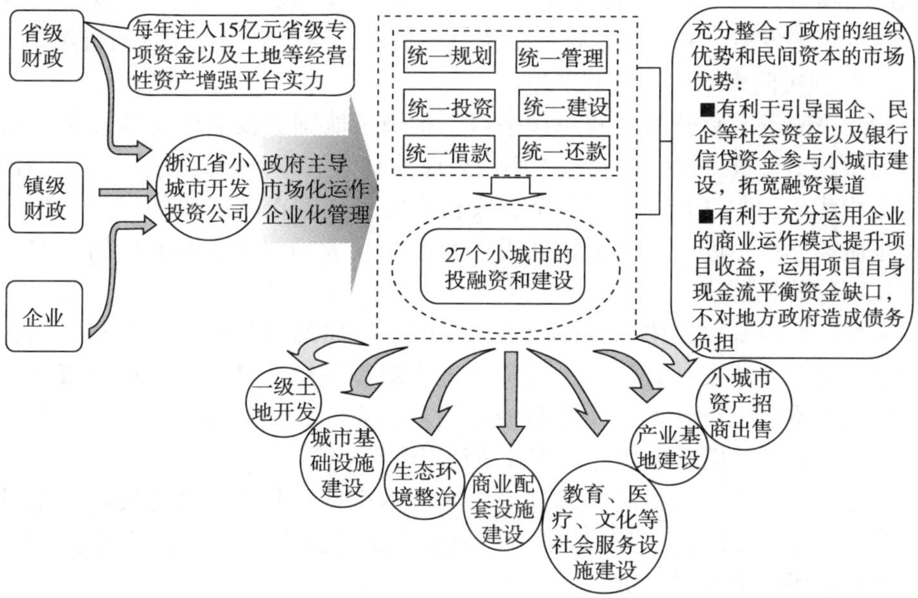

图2　小城市开发融资大平台

成为承载市县（区）及以下区域城镇发展的，以企业信用为主要依托的混合型主体。每个县（市、区）新组建若干家主业突出、竞争力强、对经济社会支撑带动作用明显的县（市、区）级国资营运公司，形成城市建设、交通建设、现代服务业、工业和国有资产投资、农村建设投资等行业板块，统筹本县（市、区）城乡一体化建设融资工作。

五是结合市县平台分散以及实力不强的现状，探索推动整合市县级平台，并通过注入资源、注入股权、赋予特许经营权等方式，充实资本金，加强法人治理结构建设，增强融资平台实力。

（二）加强民间资本的引导和创新

1. 培育民间合法投资主体

贯彻落实国务院颁布的民间投资“新36条”精神，积极鼓励民间资本参与金融机构、准金融机构和新型金融服务类企业的发起设立和增资扩股。争取允许民资发起设立小型地方商业银行，允许民资发起设立村镇银行（社区银行）或通过增资扩股成为其控股股东，允许优秀小额贷款公司转型村镇银行时主发起人保留控股股东地位；争取国家有关部门的政策支持，简化审批程序，放宽条件限制，鼓励设立由民资举办的各类金融机构；借鉴北京小城镇、国开四川（龙泉驿）城乡统筹发展基金等模式，积极组建城镇化建设基金，以政府资金为依托，积极撬动国开行及其他商业银行信贷资金，与有实力的市场化运营机构共同组建项目公司，同时引进国际一流的城镇开发领域专业机构，为小城镇开发、城乡统筹发展、新农村建设提供资金、技术、管理等一揽子优质资源。

2. 加强民间资本引导的制度建设

构建民间资本服务体系和对接平台。积极争取国家及省级产业政策、财税政策支持，出台扶持民间投资和中小微企业的具体措施，努力破解“两多两难”问题。构建从创业融资、银行信贷、股权投资到资本市场退出的较为完整的民间资本服务体系，进一步减低民间投资和小微企业的成本，激发民间资本投资新型城镇化的热情。

研究培育财税政策体系。积极争取在国家层面的财税政策对参与新型城镇化建设的民营企业支持，激励民间资本进入新型城镇化领域。财税政策可直接针对民间资本，也可针对涉及新型城镇化项目企业，通过转移支付、补助、减免税、贴息贷款、财政贴息等优惠政策加以支持。

创建民间资本退出机制。通过多层次资本市场的建立，创建民间资本投资的 IPO、股权协议转让、股权回购、产权交易所与破产清算等多元化退出渠道，形成规范的民间资本退出机制。

（三）加强投融资模式的探索和创新

1. 财政资金投入模式创新

设立城镇化建设财政专项资金。采取政府直接投资、资本金注入、投资补助和贷款贴息等方式使用，财政资金必须安排用于城镇化基础设施及其配套建设。

设立产业园区及集聚区建设专项资金。该专项资金重点支持海洋示范区、舟山群岛新区、义乌国际贸易综合改革试验区以及 14 个省级产业集聚区相关产业项目建设。支持方式主要以园区和集聚区为依托、以项目为载体、以贴息、补贴或奖励为手段，对符合条件的园区项目贷款给予贴息。

2. 直接投融资模式创新

重点鼓励基金设立，培育多元化主体。借鉴北京、苏州、天津等地引导基金做法，支持创设新型城镇化发展母基金，作为政府引导基金和股权投资平台，支持以社会资本为主体设立支持新型城镇化发展的系列化股权投资基金，运用双重放大的金融杠杆效应，充分发挥政府财政资金引导作用，并大力发展新型城镇化发展基金等多元化基金主体形式，形成基金合力，共同服务新型城镇化建设。

鼓励保险资金通过多种方式积极支持城镇化。加强有实力的商业保险企业投资城镇化重点建设项目，允许保险企业根据保险资金特点，创新股权投资产品，发展夹层基金和 FOFs（基金中基金），借鉴苏州工业园区区镇一体化项目债权投资计划，发起设立由保险资金参与的债权投资计划。

3. 间接投融资模式创新

进一步鼓励融资租赁模式。引导融资租赁经营机构，尤其是中小企业融资租赁公司，支持中小企业以及农业大型机具设备金融租赁业务，探索发展基础设施、公共建设项目融资租赁，探索“联合租赁、合作共赢”的企业合作模式。

积极采用小银团贷款模式。推动商业银行研发针对中小企业的“快捷贷”、“接力贷”、“联保联贷”、“循环贷”、“增值贷”等专项小银团模式，采用“代理债权”模式推动更多城商行等中小银行及非金融机构参与开发银行等国有大银行银团贷款，解决单个银行资金供给有限的矛盾，发挥“信息共享、风险分担、加强同业合作、降低交易成本”的独特优势。

努力探索纯网上融资模式。进一步推进阿里巴巴申请纯网上银行金融牌照工作，利用网上交易的诚信记录，作为微金融贷款审核的依据，开创中小企业和农户网上融资的全新模式。

积极推广农业抵押贷款模式。继续完善和推广农村土地经营收益权质押贷款、活体畜禽抵押贷款、保单质押贷款和大联保体贷款，探索开办农村建设用地、农村宅基地、农村房屋抵押贷款，努力满足农业规模化经营的资金需求。探索农业龙头企业统贷统还、合作社直接承贷、农户分头承贷等多种融资方式，提高信贷资金投放的针对性和使用效率。

积极创新中小微企业贷款模式。创新完善融资担保方式，进一步拓展结构资产、应收账款、仓单等新型抵质押渠道，满足中小微企业多元化、多层次融资需求。鼓励开展中小企业贷款保证保险、林权抵押贷款保证保险、担保机构再保险、农民创业保险等业务，推行“政银保”合作农业贷款，探索订单农业与保险、信贷相结合的金融服务新模式。

4. 混合投融资模式创新

桥隧模式。积极探讨在担保公司、银行和中小企业三方关系中导入第四方融资模式，包括风险投资或行业上下游企业。一旦贷款偿付发生困难，新加入的第四方按约定价格买入融资企业一部分股权，为企业带来现金流用以于付银行债务。

路衢模式。积极研究并试点主要以政府财政资金为引导，以债权信托基金为平台吸引社会资金有效参与的中小企业融资形式。通过政府财政资金的引导、担保公司的不完全担保以及风险投资公司的劣后投资，借助集合债权信托基金，实现对中小企业的融资支持。

社会资本参与项目投融资模式。鼓励社会资本以多种投融资模式，如建造—移交（BT）、建造—经营—转让（BOT）、建造—出租—移交（BLT）、建造—拥有—经营（BOO）、建造—移交—经营（BTO）、开发—经营—移交（DOT）、重建—经营—移交（ROT）、重建—拥有—经营（ROO）、移交—经营—移交

（TOT）、公共—私人—合营（PPP）、民间主动融资模式（PFI）参与基础设施。

（四）加强金融体系建设和金融服务创新

1. 加强金融组织创新

加快农村合作金融机构股份制改造。按照“先试点，后推开”的思路，选择农村合作银行作为试点单位，通过增资扩股，改制为股份制农村商业银行。把农村合作金融机构逐步改制成资本充足、内控严密、运营安全、服务优质、效益良好、具有创新能力和竞争力的股份制农村商业银行。

扩大和深化小额贷款公司试点。扩大小额贷款公司试点范围，鼓励支持小额贷款公司通过增资扩股和提升服务能力，实现小额贷款公司服务范围基本覆盖经济较发达乡镇和民营经济活跃的农村地区；逐步提高小额贷款公司银行融资比例，探索向经营状况良好股东适当融资的新方式；争取先行开展资产转让、票据业务创新等试点，扩大业务范围；探索年度考评优秀的小额贷款公司转化为企业控股、银行参股的新型村镇银行或专业贷款公司；推动小额贷款公司按区域或行业抱团合作，通过设立“共用风险准备金”等方式获得大型银行的持续融资支持。

推动发展村镇银行。借助浙江温州金融综合改革实验区相关政策，选择本地银行业金融机构作为主发起人，成立区域专业性村镇银行；支持有条件的小贷公司转化为村镇银行，或者由大型企业直接作为主发起人成立村镇银行。

发展农村资金互助联合会。按照“资金自聚、利益共享、责任自担、服务会员”原则，在社会信用度较高、中等经济规模、民间借贷活跃的地区先行先试农村资金互助联合会组织试点。通过特定区域、特定群体、封闭运作的内部会员资金融通手段，积极引导和规范民间融资行为，解决农村地区融资难问题，促进民间资本服务地方经济发展。

发展农村担保互助合作社。发展互助担保合作社由成员出资，民主管理，为成员担保融资服务，互助担保金就由成员出资共同组成，承担保证责任，商业银行应按照一定杠杆率发放贷款，合作社通行的标准是银行信用杠杆率为 12.5 倍（银行资本金与风险资产之比为 8%），一般担保公司杠杆率为 1:5 ~ 1:10。

鼓励设立土地信托服务中心。在浙江绍兴、湖南益阳市草尾镇以及福建沙县等地经验的基础上，引入信托公司，设立土地信托基金和土地信托投资公司，推动土地信托模式，加快农村土地流转。

2. 加强金融市场服务体系建设

加强民间借贷登记服务平台建设。通过营造有序的融资环境，规范民间借贷行为，防范和化解民间金融风险，引导民间资金合法规范有序地进入实体经济。争取在瑞安市先行开展试点，由国资营运机构出资，通过工商登记设立独立核算企业，负责民间借贷登记服务中心日常运作，为民间借贷双方提供供求信息汇集发布、借贷合约公证和登记、交易款项结算、资产评估登记和法律咨询等综合服务。待民间借贷登记服务中心运作成熟后，尝试建立民间资金交易市场。

加强推进涉农贷款担保创新。鼓励和引导社会资金参股、做大做强政府主导组建的政策性农信担保机构，组建以产业集群为载体，行业协会、产业联盟、产业链为纽带的中小企业互助联保组织体系。积极抓好农村宅基地使用权和房屋所有权证办理，切实解决城中村历史遗留的办证难问题，不断扩大农房确权登记的区域范围和受益群体，使农房抵押贷款试点深入推进。有条件的县（市、区）可以尝试整合资源，建立涉农担保机制，创造条件为农房抵押提供第三方担保，实现政银农三赢。积极探索基础设施、大宗订单等抵押方式，鼓励推广土地承包经营权、林权、海域使用权等新型抵押担保业务。

3. 加强农村金融服务创新

鼓励开发各类创业贷款产品，推广农户、个体工商户联保贷款，创新农户小额信用贷款，加大农村建房贷款支持力度。

鼓励银行业金融机构采取信贷员包村服务、金融辅导员制度、“贷款＋技术”等方式，推动信贷服务方式创新。建立空白乡镇金融网点与服务监测机制，健全农村支付指导员制度，大力推进便农支付工程建设。

鼓励金融机构在县以下乡镇增设银行网点和各类自助设备，提升农村地区金融服务水平。积极构建以农户信用建档评级、信用村镇评定、促进小额农户信用贷款发放为主要内容的农村信用体系。

参考文献

［1］国家开发银行浙江省分行：《浙江省新型城镇化建设融资规划》，国家开发银行浙江省分行内部调研报告，2013。

［2］中国人民银行杭州中心支行：《浙江省小城市培育试点镇金融支持基本情况》，中国人民银行杭州中心支行内部调研报告，2013。

［3］浙江省人民政府：《浙江省新型城市化发展“十二五”规划》，2012。

新形势下商业银行精细化管理研究：以先进商业银行和农行浙江省分行为例

中国农业银行浙江省分行课题组*

一、溯源与内涵：精细化管理的相关理论

（一）精细化管理的理论溯源

精细化管理理论的产生，源于管理实践的不断进步和管理理论的不断发展完善。当前，学界对于精细化管理还没有明确的界定，但从理论溯源看，精细化管理理论主要是融合了泰勒的科学管理、戴明等的全面质量管理和丰田的精益生产管理等三大理论，其共同点就是追求管理的科学与效率。

1. 泰勒①的科学管理理论

泰勒的科学管理理论是对19世纪管理思想的一次大综合，蕴含了如巴贝奇的作业研究、亨利·汤尼的收益分配思想、杰文斯的劳动强度和疲劳问题研究以及与泰勒同时期的甘特、怀特、巴恩等人的贡献，是管理思想发展史上的一个转折，使管理从此走上了科学发展之路。

2. 戴明②等的全面质量管理理论

全面质量管理理论正式萌芽于20世纪50年代的美国，但当时并未在实践中广泛运用。“二战”后，为帮助日本重建经济基础，美国向日本派遣了以戴明为代表的大批专家介绍这种全新的质量管理思想和方法，并运用于企业管理实践，使日本迅速发展成为质量大国。这也让美国认识到了质量管理的价值并引发了80年代美国的全面质量管理运动。戴明对美国质量管理运动作出了巨大贡献，被誉为“现代质量管理之父”。

3. 丰田的精益生产管理理论

精益生产源于20世纪50年代的丰田生产方式。丰田英二在考察了福特公司

---

* 课题主持人：冯建龙

课题组成员：厉文世　包春静　戴楚华　陈宇洪　周保成　陈　谦　余菁菁　潘　伟

① 泰勒（Frederick Winslow Taylor，1856—1915）：被誉为“科学管理之父”，其代表作有《计件工资制》（1895）、《工厂管理》（1903）、《效率的福音》（1911）、《科学管理原理》（1911）。

② 戴明（William Edward Deming，1900—1993）：被称为“现代质量管理之父”，其代表作有《商业研究中的样本设计》（1960）、《转危为安》（1986）、《工业、政府和教育的新经济》（1993）等。

的批量生产方式后，根据日本国情，和大野耐一就适合日本需要的生产方式进行了一系列的探索和实验。经过30多年的努力，终于形成了完整的丰田生产方式。该生产方式的指导思想是：为减少生产过量、等待时间、运输、工艺流程、库存、寻找、产品缺陷等造成的浪费，在生产、库存、作业再分配等各环节精益求精，进行准时化生产，寻找和消除生产过程中不产生产品增值的无用功，提升竞争力。丰田公司在国际市场上的成功，引起了西方企业界的浓厚兴趣，1985年，美国麻省理工学院组织以沃麦克和琼斯①为代表的学者开展了“国际汽车计划”（IMVP）研究项目，以汽车工业这一开创大批量生产方式和精益生产方式JIT的典型工业为例进行对比分析，认为丰田公司的生产方式是最适用于现代制造企业的一种生产组织管理方式，于1990年在《改变世界的机器》一书中第一次将丰田生产方式命名为精益生产（Lean Porductoin）方式，并在全球广泛应用。接着在1996年，经过四年的“国际汽车计划”第二阶段研究，出版了《精益思想》一书，描述了学习丰田方法所必需的关键原则，并且通过例子讲述了各行各业均可遵从的行动步骤，进一步完善了精益生产的理论体系。

（二）精细化管理的主要内涵

以上三大理论体系，共同奠定了精细化管理的理论基础。所不同的是，泰勒受时代的局限只注重到工人的现场操作，戴明扩大到质量的每一根神经末梢，丰田精益生产方式则系统地延伸到了企业的生产系统，而精细化管理则试图使以上理论贯穿于企业管理的全部系统。当前，国内也有许多管理学者和优秀企业在研究和推广精细化管理，综合而言，精细化管理是社会分工的精细化以及服务质量的精细化对现代管理的必然要求，是建立在常规管理的基础上，将常规管理引向深入的基本思想和管理模式，是一种以最大限度地减少管理所占用的资源和降低管理成本为主要目标的管理方式。经历半个多世纪的实践和深化，如今，精细化管理大致形成了以三大理论源泉、丰田公司实践为基本框架的七方面内容体系。

1. 低成本，剔除一切不创造价值的环节。最大限度地减少浪费是精细化管理的核心。这里所指的浪费有两层含义：一是不增加价值的活动，是浪费；二是尽管是增加价值的活动，但所用的资源超过了“绝对最少”的界限，也是浪费。

2. 追求零缺陷，全面质量管理。精细化管理其中一个理念就是“质量是制造出来的”。这个理念的本质在于把质量融入整个产品生产过程，而非仅仅是最

① 沃麦克（James P. Womack）和琼斯（Daniel T. Jones）：代表作有《精益解决方案》、《改变世界的机器》、《精益思想》，被誉为国际精益大师、精益生产方式概念的提出者和总结者。

后的一道检验，它的意义在于不同环节、不同流程、不同的岗位都要树立质量的观念，每发现一处缺陷都把它消灭在萌芽状态，这是一个主动预防的概念，而非仅仅在最后一道检验被动地接受。

3. 倡导连续价值流。价值流是使每一件特定产品通过从概念设计到投产全过程中的客户需求落地任务、从订货到送货全过程中的物流管理任务、从原材料到最终产品全过程中的生产组织任务这三项关键性管理任务时所必需的一组特定活动。精细化管理强调在准确定义价值并识别价值流的基础上，使所有设计、订货和提供产品所需要的活动在连续流中进行，创造无中断、无绕道、无回流、无等待或废料的价值流，并根据客户需求拉动价值流，使得企业能提供客户真正需要的产品。此外，精细化管理还讲求以核心企业为龙头，以协同商务、协同竞争和多赢原则为运作模式，有效规划和控制整体供应链上的价值流，从而将核心企业与客户、分销商、供应商、服务商连成一个完整的网链结构，提高价值链上各企业的竞争力。

4. 现场现物。任何解决问题流程、新产品的研发，或评估员工的表现，第一步是必须亲自到现场了解实际情况。精细化管理要求管理人员必须以现场为中心，落实现场、现物、现处理的只现主义，深入现场，以“5 个为什么”方法层层向上溯源，更为透彻地了解现场，找出问题的真正原因，得出彻底解决问题的改善对策，从而打造一个一流的现场。

5. 重视客户需求，贴近客户。客户需求是企业管理的路标，精细化管理要求时刻保持与客户多样化服务需求的无缝对接。一是精确定位，瞄准对企业而言最有价值的客户。二是快速开发设计产品，使得客户需求和价值得到满足。三是在订货到送货的过程中加强物流管理，提高效率，及时把产品送到客户手中。四是经常性地保持与客户的沟通，关注客户体验，不断根据客户需求变化完善产品质量。

6. 持续激励员工，保持持久的生产力、创新能力。人本管理是现代管理的基础。精细化管理强调把员工作为企业最重要的资源，充分考虑员工的成长和价值，通过全面的人力资源开发计划及鼓励、激励、情感等柔性方法，使员工主动发挥积极性和创造性。同时，通过培育特色企业文化，将员工的价值观念、思想观念以及道德观念等引向企业战略目标，实现员工和企业双赢。

7. 不断实践，持续改进。精细化管理以追求“完美”为最终目标，即持续不断地改进生产，消除废品，降低库存，降低成本和使产品品种多样化。

综上所述，这七个要素包含了两个层面管理内容：一是企业经营管理遵循的共同要求和通用原则：低成本、价值流、零缺陷。二是应对环境变化需要及时调整和改进的管理方法：贴近客户、现场现物、激励员工、持续改进。

（三）商业银行精细化管理的理论关注

商业银行作为金融企业，区别于一般企业，商业银行精细化管理也具有其自身的明显特征，是对企业精细化管理行为的延伸和拓展。目前，商业银行精细化管理的理论研究还处在摸索阶段，对商业银行精细化管理的探索散落在银行经营管理的各个领域，还远未形成完整的体系。总体来说，商业银行精细化管理理论主要关注以下几方面。

1. 关注战略管理

商业银行战略管理兴起于20世纪50~60年代，从20世纪80年代以来应用迅速，特别是进入90年代以后，成为银行业应对激烈外部竞争环境变化和高经营风险的重要措施。商业银行战略管理是理论与实践交融并重的重要问题，受到全球银行界和学术界专家们的高度关注。发展是商业银行战略管理的核心。对于战略作用、战略模型、战略选择、战略重点等方面，格拉迪和斯宾塞尔（1985）、肯约和马莎（1987）、戴维斯（1989）、Roossakis（1997）、葛兆强（2007）、韩君（2011）等在相关论文或专著中进行了论述。

2. 关注资本管理

20世纪90年代以来，“资本至上”的资本管理观念逐渐成为国际银行业新的价值导向，以资本管理为核心的商业银行经营管理，在理论上取得了突破性进展，在实践上国际活跃银行的资本管理体系已经建立并运行了十余年，在银行盈利能力、风险控制和资产结构合理化等诸多方面得到了大幅改进。对于资本的管理、风险计量、风险监管的影响和对银行业风险防控的作用，J. P. 摩根（1994，1997），Robert Merton（1997），Chris Matten（2004），Rutter Associates（2004），毛小威和巴曙松（2001），巴曙松、邢毓静和朱元倩（2010），邓鑫（2010）分别进行了论述，提出了相应观点。

3. 关注全面资产负债管理

全面资产负债管理的发展可追溯到20世纪70年代中期。随着金融市场波动日益频繁，利率风险和流动性风险对银行的影响日渐明显，全面资产负债管理（ALM）成为商业银行重要的风险管理和战略规划工具，其实质在于对银行资产、负债以及资本的资金水平、变化和相互之间组合进行规划、支配、控制。国外银行界和学术界一直在积极寻求科学、合理的银行风险管理技术、方法、模型。Van Sonlai，Kabir Hassan（1997）通过采用NIM（Net Interest Margin，净利息边际率）等指标实证研究，表明缺口分析对美国中小银行利率风险管理具有显著作用。Fooladi 和 Gordon（2004）肯定了久期作为银行资产负债管理工具的作用。Penza 和 Bansal（1999）等指出，VAR一般只能度量市场风险，难以将市场风险和信用风险分开，而且其流动性风险的度量也不尽如人意。国内银行资产负债管理领域研究绝大多数还主要是介绍国外资产负债管理工具、决策模型原理和理论框架，对于面向银行实际的资产负债管理模型应用研究还在初级阶段。

4. 关注全面风险管理

全面风险管理是现代风险管理的最新发展，始于20世纪90年代中后期，主要原因是金融机构面临的风险因素多样化和人们对于风险因素更加全面的认识，尤其是对于操作风险因素的认识。因此，强化自身风险管理水平并尽快向全面风险管理转变，显得尤为重要和紧迫。COSO委员会于2003年7月颁布《全面风险管理框架》，对金融机构内部控制理念和技术有着深刻影响。巴塞尔委员会从完善银行业的内部控制和风险管理的角度出发，从2004年起陆续公布了《巴塞尔资本协议（Ⅰ～Ⅲ)》，确立了以三大支柱为核心的全面风险管理框架，逐步完善了全面管理风险的整体框架、策略、技术及手段，是商业银行全面风险管理理论发展的重要推动力。

5. 关注价值创造

随着资本市场的快速发展，商业银行治理结构的不断完善和对资本稀缺性问题的深刻领悟，价值最大化已经被股东、银行管理者和经营者作为银行经营管理的最终目标，这促使商业银行把关注的焦点从传统意义上的增加盈利和市场份额逐步转为如何在价值链上增加相关利益主体的价值。20世纪90年代，由美国Stem Stewart公司创造并推广的经济增加值（EVA）价值管理体系，成为国际通用的企业绩效衡量标准，并逐渐推广应用到银行业。尤伊姆拉等人（1996）研究发现EVA与MVA的相关系数最高。Michael T. Namba（2003）认为EVA能将银行的财务业绩与股东价值创造更好地联系起来。EVA理论在国内银行业的实证研究仍处于探索阶段。谭德彬（2003）、蒋宏伟（2008）、廖辉延（2012）等研究了EVA对绩效评价的具体作用。

6. 关注流程再造

由于银行经营对象的同质性，银行的差别往往就在于彼此之间流程的不同，业务流程因此成为银行建立竞争优势的一个重要途径。西方银行业的流程再造始于20世纪80年代，盛行于20世纪90年代，取得了明显成效。George M. Bollenbacheu（1992）系统阐述了银行流程再造的内涵。Paul Allen（1994）在《银行再造》中首次正式使用"reengineering the bank"来整合、诠释所一贯倡导的银行经营变革理念，认为行业竞争环境的变化使商业银行流程再造势在必行，指出银行再造的关键不是优化某个具体任务的效率，而是优化流程，输入资源，得出正确的结果，银行再造需要将自上而下和自下而上结合起来。聂叶（2004）对银行再造理论从内涵、理论渊源、核心内容及其策略等方面进行了归纳，将银行再造分为内向型再造和外向型再造，认为在信息技术条件下，外向型再造是发展的趋势。李维民、张成虎（2007）对我国银行再造实施关键成功因素进行了实证研究。孙倩（2012）将六西格玛运用到银行服务流程再造中，从而提升银行服务质量。

二、危机和挑战：我国商业银行面临的形势和实施精细化管理的紧迫性

近年来，中国经济、中国金融市场、世界经济金融格局正发生着深刻变革，中国经济结构调整和增长方式加快转变，利率市场化持续推进，金融“脱媒”愈演愈烈，互联网金融快速崛起，客户需求日益多样化，监管约束更加严格。面对急剧变革的外部环境，迫切需要我国商业银行进一步深化改革，推进管理精细化，加快经营转型，从外延、粗放和同质化的发展方式，转向内涵、精细和差异化的发展方式。

（一）经济转型升级冲击银行发展模式

经济转型期下，我国商业银行主要面临以下冲击：一是发展速度回归常态；二是外延式发展方式面临冲击；三是资产运用难度加大；四是存在系统性、区域性风险隐患；五是各种风险因素复杂叠加。

（二）利率市场化冲击银行盈利模式

从国外实践看，利率市场化将对商业银行带来巨大冲击，甚至是生死考验：一是净息差短期内将明显收窄；二是存款业务加速分流；三是信贷结构加速调整；四是对金融创新带来挑战；五是导致银行间的优胜劣汰。

（三）“金融脱媒”冲击银行发展根基

近年来随着资本市场发展、互联网金融兴起和非银行金融机构壮大，银行传统的融资、支付、信息等中介功能逐渐退化，出现所谓“金融脱媒”现象。从国内外实践看，“金融脱媒”将冲击银行发展根基：一是分流优质信贷资产；二是抢夺商业银行资金；三是影响银行在社会支付体系中的地位；四是冲击传统金融固有的模式。

（四）客户需求新变化考验银行差异化竞争能力

随着经济社会发展、金融创新加快、移动互联等新技术应用，银行客户需求日益多样化，日益讲究自我体验和个性化服务。客户需求的新变化对我国商业银行带来多方面冲击：一是冲击银行传统的供给型服务模式；二是冲击大众营销模式；三是重新定义服务渠道优势；四是冲击传统的“部门银行”体制。

（五）新监管框架强化对银行的发展约束

《巴塞尔协议Ⅲ》发布后，中国银监会及时进行了跟进，推出了资本要求、杠杆率、拨备率和流动性要求等四大监管工具，构成了未来中国银行业监管的新框架。新监管制度强化了对商业银行的发展约束：一是资本的“硬约束”；二是冲击原有粗放式发展模式；三是加大价值管理压力；四是促进结构调整；五

是市场约束更加严格。

三、实践与探索：商业银行精细化管理的六大视角

（一）市场对接视角：充分发挥自身资源禀赋的精细化经营定位

1. 国内外商业银行精细化经营定位的实践与取向

（1）专注于特定客户群。民生银行专注于区域特色产业链金融和小微企业金融，经营战略定位于“做民营企业的银行、小微企业的银行、高端客户的银行”。在小微企业金融服务上，坚持四个方向：一是做专业；二是做产业链；三是做小微城市商业合作社[①]；四是往低端方向发展。在特色产业金融服务方面，重点开发以区域特色为特征的产业链、供应链业务。

（2）专注于特色业务。兴业银行自 2005 年开始就借助其首推的“银银平台”，被业界称为已把同业业务做到了极致。经营的同业业务主要分三大类，兴业银行着重开拓第一类、第二类。第一类，交易所存款、通道业务、财务公司等。兴业银行已实现了财务公司、信托公司、基金公司、证券公司等非银行业务全覆盖。第二类，中小商业银行同业业务。银银平台现有成员超过 400 家中小商业银行，连接网点超过 2 万家。第三类，与大中型银行的资金往来，买入返售、同业待付等。

（3）专注于新兴金融业态。浦发银行为应对移动支付迅速崛起的新趋势，在 2010 年 11 月和中国移动结成战略合作伙伴，在移动金融及移动电子商务、客户渠道及资源共享等领域全面开展互利共赢的战略合作。目前该行已完成了在远程与近场（NFC）两个方面手机支付领域的布局。

（4）专注于新竞争优势培育。工商银行围绕“资产管理大行、国际化、信息化、综合化”等重点进行转型，在信息化方面加快数据仓库和信息库建设，组建“数据分析师 + 专业分析师”团队，建“支付 + 融资”的综合电商平台。选择网点作为转型突破的一个重要抓手，2013 年计划对 700 家低效网点优化和对 2 214 家低效维持网点的迁建。中国银行未来将把握住“人民币国际化、利率市场化、移动互联大发展”三大机遇，从三个方向发力，即“重振国际业务优势、打造综合经营平台以及网络再造竞争力”。

（5）专注于综合服务。在综合经营定位选择中，建设银行是大型银行中最积极的尝试者，试图在平安、光大和中信之外，建立综合经营的大型国有银行

---

① 小微城市商业合作社 2013 年 2 月由民生银行、北京首创融资担保公司、新沃资本控股有限公司共同设立，是针对整个小微客户集群搭建的区域性、行业性综合交流服务平台。

范本，选择“综合性、多功能、集约化”经营定位①。

2. 农行浙江省分行精细化经营定位的探索

精细化定位一：中小微企业客户群

突出抓好六类客户：一是供应链类企业，主要是长期稳定为央企等核心客户提供原材料、零配件和配套服务的小微企业。二是产业集群类企业，特别是地方政府着重支持的产业集群、特色园区内的小微企业。三是品牌商品代理商，重点是知名品牌商品的各级经销商或代理商。四是商贸类企业，重点是区域内专业市场、重点商场和超市的入驻商户。五是科技类企业，特别是拥有知识产权，主导产品科技含量高的科技创新型小微企业。六是进出口贸易企业，主要是产品竞争优势强，客户资源长期稳定的出口导向型小微企业。

精细化定位二：县域和“三农”客户群

突出抓好五类客户：一是县城基础设施和重点项目建设，包括土地储备、旧城改造、水电路气、学校、医院等基础建设和民生工程；经济强县、国家旅游强县、其他经济发达县的优质房地产、经营性物业等项目。二是县域集群产业经济中发展前景看好、受产业政策扶持的战略性新兴产业和支柱产业，重点是县域工业经济中的集团性客户、上市类客户和销售稳定、主业突出、创新能力强、有品牌的中小企业。三是新型城镇化过程中的城镇新社区、安置房建设、低丘缓坡改造、宅基地复垦、滩涂围垦等项目。四是资产规模和销售规模均超亿元的农业龙头企业，“公司 + 基地 + 农户”产业化经营和农村商贸物流体系建设。五是专业种养大户、家庭农场、专业合作社、公司 + 农户的订单农业等优质农户业务。

精细化定位三：零售客户群

突出抓好四类客户：一是职业和收入都较稳定的白领客户群，如公务员、事业单位人员、金融、电力、电信、烟草等优质行业单位在编人员。二是民营企业主、上市公司股东和大中型企业的法人高管、中层。三是专业市场经营户、个人投资户。四是农村里的富裕农民、拆迁户。

① 综合性：要统筹发展国际与国内市场、货币信贷市场与资本市场，以满足客户多层次、多元化、多产品金融服务需求为目标，加快设置海外机构，加快发展保险、信托、投行、基金、租赁等业务。通过综合发展，形成市场互为依托、业务互为补充、效益来源多渠道、风险分散可控的经营构架，以应对不同市场的考验，实现可持续发展。多功能：要在做好银行传统业务的同时，积极发展投资银行、私人银行、电子银行、财富管理、小企业金融、消费金融、金融社保卡等战略新兴业务，为客户提供全方位、多样化的金融服务。集约化：要集中、高效利用有限资源，降低经营成本、提高经营效益、提升经营层次；综合性、多功能必须建立在集约化的基础上，否则不仅无法发挥协同效应，还会影响到全行的成本管理，甚至滋生风险内控隐患。

（二）客户开发视角：构建适应多层次需求的精细化营销维护体系

1. 国内外商业银行客户精细化开发的实践与取向

（1）注重与关键客户建立长期伙伴关系。主要形式包括：一是与关键客户签订中长期服务合作协议，成为客户的优先合作银行；二是开发个性化的专属产品，并设计“量身定制”的综合服务方案，强化合作独享性；三是强化与客户在各个层面的对接，包括联席董事会、联合业务规划等，充分共享敏感信息，实现高度的战略协同和利益共享。

（2）注重以零售方式经营小微企业。招商银行 2011 年底将贷款金额 500 万元以下的小微企业贷款业务从“对公”部门划归到了“零售”部门。中国银行正在全国 10 个省市试点对小微金融业务进行“手术刀式”切分，将年销售收入 2 500万元以下、贷款金额 350 万元以下的微型企业客户群体划拨至个金条线。

（3）注重打造“平台金融”。华夏银行利用“平台金融”，即银行自主研发的资金支付管理系统，对接电商等平台客户，进入大宗商品交易市场、市场商圈、客户财务管理或销售管理系统等交易平台，掌握平台客户与上下游客户日常交易中的资金流、信息流、物流信息，并提供在线融资、现金管理、跨行支付、资金结算、资金监管等服务。平安银行则在搭建以“万里通”积分通积通兑的平台，与大商户、大积分联盟合作积分互换时获取客户，近期将 8 000 万保险客户转成银行客户，远期旨在接入 10 亿非金融客户，实现“高频使用、海量获客”目标。

（4）注重以数据库为基础的精准营销。花旗银行借助智能 CRM 系统建立了先进的数据库，主要包括客户姓名、性别、职业、职位、偏好、交易行为、产品使用时间、交易时间等基本信息，分析客户对银行的满意度、信用情况和潜在需求等，细分客户群体，实现营销精细化。光大银行建立立体丰富的客户基本信息、爱好信息、行为信息、分析信息数据库，把银行内部的客户号和新浪微博号、QQ、邮箱等社交化、能很快找到客户的方式挂接起来，打通社会化大数据库，将品牌价值透过网络杂音直击目标客户，实现群体营销和精准服务。

（5）注重伴客户成长的全周期服务。日本三井住友银行针对普通人生活中最需用钱的孩子上学、买房和养老等三件大事，推出的“设计你的下一步”咨询服务，把这三项个人消费项目并入人生计划，跟踪服务于日本家庭。

2. 农行浙江省分行客户精细化开发的探索

（1）构建高层对接、一揽子服务的系统性、垄断性客户营销维护体系。一是分层对接。在摸清辖内客户的基础上，跨部门、跨行级组建营销团队，形成前后台密切配合、上下联动的舰队制营销，做到层级对称、紧密对接。二是一户一策。根据客户特征，一户一策量身定制公私联动、本外币联动、结算理财联动的营销方案，科技、产品、渠道、价格、服务等并举，采取包括系统开发、理财定制、电子商务、票据池等综合化金融服务手段，由点及面进行营销突破。三是有效激励。每个前台部门都有一定数量的目标客户，作为部门绩效考核的重点，并有明确的目标责任，进行台账监测，定期通报，严格考核兑现。四是强力营销。积极争取新客户，重点关注政府重大决策行为，第一时间介入，并尽量做到排他性营销。

（2）构建同业客户联盟共享、合作双赢的营销维护体系。一是找到利益结点。根据双方需求，大致分为三类：①功能性合作，由于客户自身某一部分功能缺失，需要借助我行的平台开办业务；②渠道性合作，部分机构对我行网点渠道、结算渠道的依赖等；③资源性合作，如同业存放、同业融资等。二是实施源头合作。与三大政策性银行签订全面战略合作协议，开展广泛合作。在银保合作上，突出银保合作资源互换，转变与保险公司的合作模式，真正实现“双赢”。三是做好动态跟进。针对第三方支付客户，积极跟进理财定制、网上分期付款、快捷支付、现金管理等业务。针对券商客户，加强第三方存管、券商自有资金存款、债券发行和交易、IPO 等投行项目、资产管理业务等合作，对金融资产在 50 万元以上的第三方存管客户进行联合促销。

（3）构建适应差异需求的中小微企业营销维护体系。中小微企业客户群体既是一家行可持续发展的重要基础，也是农业银行传统的服务优势领域。农行浙江省分行针对原有政策将小微企业等同于一般企业、操作性不强、基层缺乏营销积极性等问题，从区域实际出发，研究制定了“加快推进小微企业业务发展的实施意见”，从完善政策、创新担保方式、健全数据库系统、突出全周期管理等方面，积极推进小微企业差异化经营。

（4）构建分层经营的个人客户营销维护体系。一是强化高端客户信息收集。在充分利用行内交易、对公业务合作、外部机构资料等信息基础上，落实人员和部门搜索、梳理区域内高端个人客户营销线索，确定目标客户群体；落实各级目标客户群体的具体名单，逐级制订营销方案和实施计划。二是完善贵宾客户服务体系。在将个人客户细分为普通客户、贵宾客户、私人银行客户三个层级的基础上，对私人银行客户进一步细分，建立以私人银行管理部门为龙头、财富中心为承接、理财中心为主要阵地、网点贵宾服务区为主要场所的分级维护体系，统一规划和实施贵宾客户营销管理。三是定制个性化产品。为高端客户提供资产管理、贵金属、珠宝、信息资讯、旅游方案等定制服务。引入第三方合作机构，打造开放式产品服务平台。四是提升长尾效应。在做好高端客户营销维护的同时，重视中低端客户的批量营销，把长尾做宽做实。

（5）构建精准定位、差异服务的网点营销维护体系。一是精细划分网点类型，实行精准服务。坚持以市场为导向，根据网点所处区域资源禀赋、经营贡献和发展潜力等，将网点分为城市商圈型、乡镇型、市场型、园区型、社区型五类进行管理。二是差别授权管理，增强网点经营活力。针对网点区域资源相对优势、客户群体特点和业务拓展空间，赋予不同网点不同的经营功能，实施差别化授权，使网点找到业务发展的方向与突破口。三是优化业务流程，提升服务效率。积级通过客户体验、柜员体验，整合和优化业务流程，切实解决网点业务量和柜员工作强度大的问题。

（三）资源效能视角：聚焦价值创造和使用效率的资源管理精细化

1. 国内外商业银行资源管理精细化的实践与取向

（1）经营目标从利润最大化转向价值最大化。瑞银集团（UBS）核心经营理念就是为客户创造价值，让员工体现价值，最终实现股东利益的最大化，并实行以经济资本为核心的经营核算。花旗、汇丰等银行围绕股东价值最大化，构建其战略管理、绩效考核、财务管理、风险管理等管控系统，同时业务组合、市场选择、服务营销、投资决策和重组并购等经营活动以股东价值最大化为唯一标准，从而构建了完整的价值管理基础架构。

（2）价值成长路径从规模导向型转向质量导向型。花旗银行存贷款业务带来的利润仅占总利润的 20%，而承兑、资信调查、企业信用等级评估、个人财务顾问、外汇远期等中间业务却为其带来了 80% 的利润。

（3）资源使用从粗放转向集约。瑞银集团高度重视资本集约管理，在综合考虑各分支机构所在地的资本情况下，通过预测未来业务发展，利用股利政策和股票回购计划使得瑞银集团保持最优资本结构，从而避免资本浪费，并获得很高的信用评级。工商银行大力推进“四统一”的财务集中改革，即统一财务集中内容、统一财务集中核算模式、统一集中支付管理和统一财务集中制度。2008 年实现一级分行财务集中，财务核算支付主体从近 400 个减少到 37 个，财务核算精细度提高 7 倍，并大大提升了资源配置效率和财务风险控制能力。

（4）成本管理从费用管理转向全面成本管理。奥地利中央合作银行（RZB）成本管理主要包括成本会计和盈利贡献分析两个层次，并在盈利贡献分析的基础上确定产品定价方式。各项产品价格分为最低价格和目标价格：最低价格 = 融资成本 + 标准风险成本 + 标准权益成本 + 直接产品成本；目标价格 = 最低价格 + 覆盖固定成本部分 + 覆盖间接费用部分。工商银行从 2003 年开始实施全面成本管理，并建立价值管理系统，2006 年颁布了产品预算管理操作指引。

2. 农行浙江省分行资源管理精细化的探索

（1）建立以约束和回报为目标的资本管理机制。一是严格资本预算管理。强化经济资本的预算管理，对超经济资本计划的行，双倍计算惩罚性经济资本占用，扣减经济增加值；严禁无经济资本计划的行发生资本占用性业务。二是创新资本配置机制。改革“锁定存量、配置增量”的经济资本配置旧模式，建立效益导向型的新模式，引导各经营行从“要资本”向“挣资本”转变，确保经济资本向资本占用低、回报高的区域和客户倾斜，促进资本配置效率提升。三是强化资本考核结果应用。四是加强资本基础管理。

（2）推进风险调整后收益最优的净息差（NIM）管理。一是深化贷款综合定价管理。树立“收益覆盖风险”的理念，建立定价测算模型，对每笔信贷业务进行综合回报测算，并嵌入信贷全流程，做到营销必谈定价、审查必审定价、审批必批定价，确保收入覆盖风险和成本。同时建设贷款综合回报监测系统并推广上线。二是加强主动负债管理。通过差异化产品、个性化服务等方式，大力培育核心存款基础；加大对合作性同业存款、协议存款等高成本负债的清理力度，实施差异化的理财产品营销策略，以维护拓展高端客户为营销重点。三是实行动态、差异化的利率授权。按照综合收益和市场竞争力兼顾的思想，以同业和市场利率为标准，多维度按季度动态调整存贷业务各品种利率授权。四是强化 NIM 考核传导。

（3）建立价值激励为核心的工资资源配置机制。完善工资分配机制，在全行树立“收入凭贡献”的理念，突出工资资源分配的价值创造导向，大力推进工资分配的公开化、透明化和直观化。要与战略目标和关键营销活动挂钩，提高全行的战略执行力。

（4）建立投入产出高效的财务资源管理机制。一是建立收入对费用增长的约束机制。二是加强费用结构管理。三是完善费用配置机制。四是严格费用预算管理。五是建立有偿使用的固定资产配置机制。

（四）绩效管理视角：构建战略导向和全维度的精细化绩效评价体系

1. 国内外商业银行绩效管理精细化实践与取向

近年来，国内商业银行积极借鉴国外先进银行的经营理念和管理方法，逐步建立了以价值创造为核心，以风险控制为前提，注重战略导向的多维绩效评价体系，呈现以下主要趋势：（1）突出价值创造的考核导向。（2）注重战略意图的体现。（3）注重发展、回报和风险的综合平衡。（4）兼顾外部监管、追求可持续发展。（5）考核体系从纵向考核向纵横多维发展。（6）日益突出非财务性指标。

2. 农行浙江省分行绩效管理精细化的探索

（1）完善以“三个力”为核心的机构绩效考评体系。在符合总行及监管要求的前提下，结合本行经营实际，围绕以加快发展方式转变，走可持续质量效益型新路子为主线的发展目标，把“市场竞争力”、“价值创造力”、“风险控制力”作为机构绩效考核的主要评判标准，健全面向县域的“三农”金融分部绩效考核。

（2）强化以目标为导向的部门绩效评价机制。为充分发挥省分行本部各职能部门对业务发展的管理作用，实施以计划目标为导向的部门绩效评价：一是完善经营目标责任制考评；二是优化部门“上档升位”激励机制。

（3）构建业绩为先、全员覆盖的个人绩效评价机制。建立涵盖柜员、客户经理和本部人员的三大员工考核机制：一是对客户经理的统一度量衡考核；二是对柜员的统一绩效考核；三是对本级部门的岗位目标考核。

（4）建立健全科学透明的绩效考核结果挂钩机制。加强绩效考核结果的应用管理，建立健全科学合理的考核结果挂钩机制，考核结果作为经营决策的参考依据，并反馈给被考核行作为其改进经营管理的决策参考。

（5）加强以过程控制为手段的绩效系统性管理。加强绩效考核机制的归口管理，强化对条线专项评价方案的审核，确保绩效考核政策在纵向机构与横向部门之间传导的一致性和连贯性，进一步提升绩效管理效率。

（五）风险防控视角：构建前瞻性、全流程精细风险管理体系

1. 国内外商业银行风险管理精细化的实践与取向

（1）重视构建结构清晰、权责明确的风险管理治理结构。英国巴克莱银行较早建立了相对完善的风险管理系统，董事会负责内部控制系统的有效性；业务条线负责人负责识别和管理业务条线的风险；风险总监负责进行风险管理和控制；分类风险主管及其团队负责风险控制框架的建立与监控；业务风险团队负责协助业务条线负责人识别并管理其总体业务风险；内部审计独立地检查风险管理和内部控制环境。交通银行风险管理架构力求做到“横向到边，纵向到底”全覆盖，将风险管控的触角向外延展、向下深化，直至覆盖到各级机构和网点、各类风险和业务、各项管理和操作，比如将授信延伸到理财、投行等业务，权责对等，实行严格的风险管理责任制，有明确的岗位责任和管理责任认定标准，对失职者严格问责。

（2）重视运用风险偏好和资本管理对风险的约束。巴克莱银行风险偏好体系的具体方法是：通过未来三年的业务规划，估计收益波动的可能性及实现这些业务规划的资本需求，将这些与目标资本比率、红利等因素相对比，并将这些结果转化为每个主要业务板块规划的风险容量。风险偏好的数值要通过估计集团对宏观经济事件的敏感性来进行验证（这种估计是利用压力测试和情景模拟来完成的）。美国银行强调以风险调整的资本收益（RAROC）考核银行的风险管理能力，将预期损失（EL）和非预期损失（UL）量化为当期成本，直接对当期盈利进行调整，既约束银行倾向于风险更大的交易，也为不同部门风险提供一个公平比较平台，使资本对风险行为进行有效约束。

（3）重视风险的动态和全过程管理。早在 2003 年，广发银行就把以“事前防范、事中控制、事后评价”为原则的全流程管理理念引入到信贷管理中并逐步加以实施，开发了专门的全程业务管理系统，涵盖了贷前客户风险评级及调查和审批、贷中合同签订和出账控制、贷后的风险分类及监控管理等信贷业务

流程的各部分，为规范银行信贷管理流程、控制信贷风险、提高资产质量起到了重要推动作用。民生银行把预授信申报公示制度、客户经理和检查人员双线贷后管理等做法引入信贷全流程管理，突出通过强化过程控制来夯实风险管控基础。

（4）重视风险管理工具务实应用。巴克莱银行主要利用五步风险管理程序（即指导、评估、控制、报告、管理和分析）以及基于COSO的内部控制体系来进行，利用自己的历史数据和其他外部信息，通过银行内部风险评级系统来对借贷者、交易对手以及零售客户进行评级。同时采用一些外部开发的模型和评级工具，当然这些外部开发的模型及评级工具必须经过巴克莱银行的相关验证。中信银行零售评级系统正式投入运营，开发了公司债项评级系统，公司客户评级的覆盖率接近100%，公司违约损失率样本达到3 000多个，高于国内中小股份制银行平均水平，操作风险量化模型也在加快开发。

（5）重视培育良好的风险文化。农业银行在“诚信立业，稳健行远”核心价值观的指导下，提出以“细节决定成败，合规创造价值，责任成就事业”的管理理念和“违规就是风险，安全就是效益”的风险理念，以“抓合规、控风险、强基础、促发展”为主线，全面提升基础管理水平。交通银行坚持“依法合规，稳健经营”的理念，在经营管理和产品创新中守住合规底线、不触政策红线，不与监管部门博弈，借助外部监管与内部检查，强化全员合规意识。民生银行重视把风险管理意识和理念贯彻到全行全员，贯彻到业务拓展的全过程，使银行的每位员工在做每一笔业务时都考虑到风险因素，落实风险与收益相匹配的基本思想。

2. 农行浙江省分行风险管理精细化的探索

（1）树立审慎稳健信贷文化。一是在战略导向上，引导全行管理层树立科学的发展观和正确的业绩观，正确处理好有效发展与风险控制的关系，短期利益与长期利益的关系，显绩与潜绩的关系，始终把风险控制作为发展的前提。二是在合规管理上，高度重视、严格服从法律和监管规定，严格服从总行有关制定和政策，保证内部控制的有效性，倡导“合规创造价值”的理念。三是在人员管理上，注重全员风险文化。

（2）强化资本、风险和收益的平衡管理。重视发挥经济资本机制的作用，努力做到资本、风险和收益的三者平衡，建立以风险管理和经济资本回报为基础的信贷资源配置机制，引导资源向低占用、高回报的区域、行业、客户和业务流动。

（3）实行前瞻性、主动性贷款组合风险管理。一是牢牢对接区域经济发展规划导向。二是牢牢对接产业转型升级方向。三是牢牢对接浙江块状经济中的区域竞争优势行业。

（4）强调全流程各环节风险控制。一是在调查环节，突出实地调查、全面调查、尽职调查，从原来的“三品三表”扩充至“四品六表五圈”，即企业大股东个人品行、法人品性、企业产品竞争力、企业押品；企业资产负债表、损益表、现金流量表、纳税审报表、电表、水表；关注企业业务圈、股东生活圈、企业担保圈、企业资金运作圈、企业项目投资圈，确保调查的真实性、有效性和完善性。二是在审查环节，建立“六必审”制度，对准入条件、用信需求、财务信息、还款来源、风险缓释、资本占用六项内容，深入分析，全面评估客户风险并在调查报告中作明确阐述。三是在审批和放款环节，严格把握“四性”，即用信主体合法性、信贷政策有效性、信用风险可控性、监管要求合规性，推行“限质提交、限次补充、限时审结”三项制度。四是在贷后管理环节，建立“十必核”制度，即落实客户经理时刻关注企业行业动态、股权结构、管理层动向、经营战略、对外投资、对外担保、融资结构、关键财务指标、本行账户资金、信用记录等十个方面因素的稳定性，出现异常变化立即开展现场核查，审慎评估风险，研究落实针对性措施。

（5）注重风险监测和风险管理责任的约束。农行浙江省分行较早实行了贷款十二级分类管理系统，把风险分类分为十二级：正常类细分为四级，关注类细分为三级，次级类细分为两级，可疑类细分为两级，损失类对应损失级。实行严格的不良贷款责任追究制，对新发生的不良贷款严格按照标准对各个环节的责任人进行追究，并实施责任终身制，不因岗位变动而消除，不因职务升迁而减弱，特别是负有直接责任的高管，采取就地免职和下岗清收等方式，提高制度的威慑力。

（六）人本管理视角：人力资源的精细规划和应用

1. 国内外商业银行人本管理精细化的实践与取向

（1）注重以人本为核心的企业文化建设。花旗银行自建立以来，一直将“以人为本”作为企业文化核心，信奉“没有快乐的员工就不会有满意度高的员工，就无法提供令客户满意的服务”、“把员工看成上帝，员工才会把顾客看做上帝”的员工哲学，始终认为人是第一位的要素。大力奉行“充分开发和高效利用人力资源”的政策，注重创造“事业留人、待遇留人与感情留人”的亲情化工作氛围，让员工与企业同步成长，让员工在花旗有“成就感”、“家园感”。工商银行在建行初期就提出了“求实创新、吃苦耐劳、顾全大局、团结奋进”的工行精神，把全行员工的思想和行动统一到创业发展上来。随着改革的不断深入，该行又先后提出了“五种观念”和“六种精神”，即“稳健的发展观、真实的效益观、全面的质量观、严格的管理观、科学的创新观”和“勤俭建行、艰苦奋斗的创业精神；锐意改革、勇于探索的创新精神；真抓实干、注重实效的务实精神；恪尽职守、严谨稳健的负责精神；崇尚知识、尊重人才的科学精神；同心同德、和衷共济的团队精神。”

（2）注重以人才开发为重点的团队建设。汇丰银行将关键人才和优秀人才作为激励重点，突出激励机制的精细化和个性化，该行大力推行接班人计划和管理培训生计划，两项计划都是汇丰选拔、培养和发展中高级管理人才的专项计划。工商银行重点从建立完善的员工岗位制度入手，推进市场化的人力资源改革，自行设计了岗位职级体系，根据岗位价值将全部岗位纵向划分为25个岗位职级；根据岗位职责横向划分为管理类、专业类、销售类和操作类四大职类，在各职类内部又根据岗位特点和任职要求细分成若干岗位序列。

（3）注重打造持续改善的学习型组织。中国银行不断完善培训体系，推进专业序列建设，加强国际化人才培养，特别制订了海外员工培训指引，加大海外员工培训力度，选派海外员工到总行和境内分行挂职、交流，加强对海外当地员工的培养和使用。工商银行大力推进基地库、师资库、教材库、案例库、试题库、档案库“六库”建设，不断丰富全行培训资源；大力推广案例教学、网络大学等多种新型培训方式。建设银行持续推进大规模培训，为员工提供更多的培训机会，培训规模实现稳步增长；启动“一线青年员工成长帮助计划”（EAP）项目。

2. 农行浙江省分行人本管理精细化的探索

（1）完善人力资源配置机制。一是科学配置人力资源。坚持“三倾斜”原则，即向一线倾斜、向基层倾斜、向价值回报高的行倾斜，控制并压缩各级机关人员数量，提升人力资源配置效率。二是实施人员“零基数”核编。根据各行经营规模、经营效益、管理幅度等因素，按照“零基数”原则，核定各行人员编制，并与新增用工指标、基数工资分配挂钩，引导各行主动挖潜，合理配置人力资源。

（2）打通员工职业发展通道。一是突出职业设计的针对性。二是突出职业通道的延展性。三是突出选人用人的公平性。

（3）建立岗位利益保障机制。一是在待遇上保障。二是在人员上保障。三是在流程上保障。四是在机制上保障。五是在培训上保障。

（4）强化员工行为管理。一是加强制度约束。二是加强监督规范。三是加强责任追究。

参考文献

［1］巴曙松、邢毓静、朱元倩：《金融危机下的〈巴塞尔协议Ⅱ〉：挑战与改进》，中国金融出版社，2010。

［2］巴曙松：《国际银行业风险管理新版“神圣公约”的中国视角》，载《银行家》，2001（1）。

［3］彼得·S. 罗斯：《商业银行管理》，机械工业出版社，2011。

［4］邓鑫：《另一角度看巴塞尔协议Ⅲ》，载《银行家》，2010（10）。

［5］格拉迪、斯宾塞尔、布隆逊：《商业银行经营管理》，中国金融出版社，1991。

［6］葛兆强：《战略管理、银行成长与商业银行战略转型》，载《广东金融学院学报》，2007（22）。

［7］韩君：《我国商业银行战略管理策略探讨》，载《中国金融电脑》，2011（11）。

［8］姜杰等：《西方管理思想史》，北京大学出版社，2011。

［9］蒋宏伟：《EVA在商业银行绩效评价中的应用》，载《新疆金融》，2008（5）。

［10］克里斯·马腾：《银行资本管理》，机械工业出版社，2004。

［11］莱克：《丰田模式：精益制造的14项管理原则》，机械工业出版社，2011。

［12］李维民、张成虎：《我国银行再造实施关键成功因素的实证研究》，载《经济问题》，2007（6）。

［13］廖辉延等：《商业银行价值创造最大化的路径》，载《重庆经济》，2012（6）。

［14］马蔚华：《传统银行蝶变》，中国金融出版社，2012。

［15］聂叶：《银行再造：理论与实践》，中国金融出版社，2004。

［16］潘功胜：《大行蝶变——中国大型银行复兴之路》，中国金融出版社，2012。

［17］彭彬、黄海闻、傅正军：《我国商业银行实施精细化管理的理论思考》，载《金融论坛》，2006（5）。

［18］史进峰：《差异化竞争之路　中国银行业下一个十年：改革与转型》，载《21世纪经济报道》，2013-02-22。

［19］孙倩：《基于六西格玛的商业银行流程再造方法研究》，载《经济研究导刊》，2012（35）。

［20］谭德彬：《EVA——上市银行业绩评价新标准》，《财经科学》2003年第5期（增刊）。

［21］王顺：《金融风险管理》，中国金融出版社，2007。

［22］沃麦克、琼斯：《精益思想》，机械工业出版社，2011。

［23］肖钢：《百年中行新变革》，中信出版社，2011。

［24］雅各布斯：《运营管理》，机械工业出版社，2011。

［25］张华：《后金融危机时代的商业银行资产负债管理》，载《金融经济

(理论版)》, 2013 (6)。

[26] 张乐、姚兵：《试论我国商业银行利率敏感性缺口管理》，载《金卡工程（经济与法）》，2008 (12)。

[27] 张远为：《中国商业银行利率风险的实证分析》，载《经济与管理》，2008 (4)。

[28] 赵玉睿：《以精细化管理实现商业银行信贷均衡投放》，载《中国金融》，2010 (9)。

[29] Allen, P., 1994, "Reengineering the Bank: A Blueprint for Survival and Success", McGraw Hill.

[30] Basel Committee, 2004, "International Convergence of Capital Measurement and Capital Standards: A Revised Framework", Basel Committee.

[31] COSO, 2003, "Enterprise Risk Management - Integrated Framework", COSO.

[32] Davis, S., 1989, "Managing Change in the Excellent Banks", Working Paper.

[33] Kenyon and Mathur, 1987, "The Development of Strategies by International Commercial Banks", Working Paper.

[34] Namba, M., 2003, "An Economic Approach to Bank Performance and Value Creation".

[35] Sonlai, V. and K. Hassan, 1997, "An Empirical Investigation of Asset - Liability Management of Small US Commercial Bank", *Applied Financial Economics*, Vol. 7, pp. 63-65.

[36] Uyemura, D., C. Kantor and J. Pettit, 1996, "EVA for Banks: Value Creation, Risk Management and Profitability Measurement", *Journal of Applied Corporate Finance*, Vol. 9, pp. 94-113.

商业银行应对利率市场化的路径选择

中国工商银行浙江省分行课题组*

利率市场化改革是一国金融业发展到一定程度的客观需要和必然结果，也是一国经济金融体制改革中的核心问题。在过去的几十年中，西方发达经济体和部分发展中国家已先后实现了利率市场化，不仅对于银行个体的资产负债结构、经营战略产生了巨大的冲击，同时对其各自的金融体系，尤其是对商业银行业的市场结构、运行机理产生了深远的影响。面对国内渐行渐近的全面利率市场化，本课题从已完成利率市场化改革的国家与地区其商业银行实践经验入手，得出相关启示，并据此提出国内商业银行应对利率市场化的路径选择。

一、审视与回顾：我国利率市场化的历史沿革与当前进程

（1）实施利率市场化改革的必要性。我国存贷利率管制对实体经济发展产生了很大负面影响，造成银行业与实体经济利润的巨大“剪刀差”，社会资金纷纷投放银行业。2012 年沪深两市 16 家上市银行的利润占了全部上市公司的 50%。也就是说，16 家银行一年的利润占了全部超过 2 400 多家上市公司总利润的一半。上市银行盈利能力之强，与实体经济中的众多上市公司形成鲜明对比，两者差距之悬殊更是让人瞠目结舌。存贷利差收入占了银行业总收入的 79.97%，利润主要来源于国家利率管制下的利差。近年来，优势行业和地方政府兴办银行的积极性空前高涨，也是看准了国家利率管制下存贷利差的盈利空间，可以带来更大的资金增值。这种现象任其下去，对实体经济发展的负面影响会越来越大。另外，其所导致的“地下银行和地下钱庄”的泛滥，及其逃避金融监管的融资行为，同样给经济发展和社会稳定带来很大的负面影响。而要消除利率管制对实体经济带来的这些越来越严重的负面影响，就必须尽快实行存贷利率的市场化。

（2）推进利率市场化改革的渐进性。我国利率市场化改革，遵循了“先外币、后本币；先贷款、后存款；先长期、大额，后短期、小额”的渐进性原则。自 1996 年启动利率市场化改革以来，已走过十多个年头。从其进程来看，主要

---

* 课题主持人：沈荣勤

课题组成员：孟苇舲　俞　栋　王晓暾

有以下五大"关键节点"：一是逐步放开外币存贷款利率。2004 年之前，分几步放开了外币存贷款利率。二是扩大银行贷款定价权和存款定价权。2004 年贷款利率上浮范围扩大到基准利率的 1.7 倍。同年 10 月，贷款利率上浮取消封顶，下浮幅度为基准利率的 0.9 倍。与此同时，允许存款利率可以下浮，下不设底。三是在企业债、金融债、商业票据方面以及货币市场交易中全部实行市场定价，对价格不再设任何限制。随着各种票据、公司债券的发展，特别是 OTC 市场和二级市场交易不断扩大使价格更为市场化，很多企业，特别是质量比较好的企业，可以选择发行票据和企业债来融资，其价格已完全不受贷款基准利率的限制。四是扩大商业性个人住房贷款的利率浮动范围。2006 年 8 月，浮动范围扩大至基准利率的 0.85 倍；2008 年 10 月，央行进一步提升了金融机构住房抵押贷款的自主定价权，将商业性个人住房贷款利率下限扩大到基准利率的 0.7 倍。五是全面放开贷款利率管制。自 2013 年 7 月 20 日起，央行全面放开金融机构贷款利率管制。取消金融机构贷款利率 0.7 倍的下限，由金融机构根据商业原则自主确定贷款利率水平；取消票据贴现利率管制，改变贴现利率在再贴现利率基础上加点确定的方式，由金融机构自主确定。同年 10 月 25 日，央行宣布贷款基础利率[①]（Loan Prime Rate，LPR）集中报价和发布机制正式运行（具体举措见附表）。

（3）推行利率市场化改革的临界性。最近召开的党的十八届三中全会作出的《中共中央关于全面深化改革若干重大问题的决定》明确提出，要"加快推进利率市场化"、"建立存款保险制度"等。这是中央高层对我国金融改革进程与国家经济实力、金融体系发展现状和监管能力的匹配程度进行综合考虑之后做出的重要决定，也意味着我国利率市场化已经到了"临门一脚"的关键时刻。应该说，目前我国金融体系已经较为完善，监管政策也更加完备，尤其是商业银行仍能保持较强的盈利能力，因此进一步推进利率市场化改革的时机也日趋成熟。2013 年 12 月 8 日，央行发布《同业存单管理暂行办法》（中国人民银行公告〔2013〕第 20 号），规定同业存单的发行利率、发行价格等以市场化方式确定。利率参考同期限上海银行间同业拆借利率（SHIBOR）确定。上述《办法》发布后，有 10 家银行相继发行了两批同业存单，共 340 亿元，并在 2 个小时内被全部认购。同业存单是向利率的完全市场化正式迈出的关键一步，将为未来存款利率市场化提供重要参照。从目前来看，我国利率市场化改革已仅剩

---

① 贷款基础利率 LPR 是商业银行对其最优质客户执行的贷款利率，其他贷款利率可在此基础上加减点生成。LPR 的集中报价和发布机制是在报价行自主报出本行贷款基础利率的基础上，由指定发布人对报价进行加权平均计算，形成报价行的贷款基础利率报价平均利率并对外予以公布。首批参与 LPR 报价的商业银行共 9 家，包括工商银行、农业银行、中国银行、建设银行、交通银行、中信银行、浦发银行、兴业银行和招商银行等。且 LPR 将于每个工作日通过上海银行间同业拆放利率网公布。

存款利率上限这"最后一步"，利率市场化改革已迈入"深水区"。

二、影响与启示：利率市场化对商业银行影响的国际经验

（一）利率市场化对商业银行的三大影响

1. 资产负债结构发生"变异"。从国际经验来看，利率市场化往往能延缓"金融脱媒"，使存款机构吸存能力削弱的问题得以缓解。同时，信贷业务占比会逐渐上升，进而使得商业银行的资产负债结构得到改善。因此，利率市场化必将改变负债结构及存款期限结构，抬高商业银行资金成本，逼迫银行发展更多的高收益信贷业务以获取更多利润。

（1）存款平稳，贷款上升。美国经验表明，自 20 世纪 80 年代以来，随着利率市场化的深入推进，客户存款占商业银行负债比重持续下滑的态势得以扭转，而趋于平缓，这也说明存款利率放开能显著提升商业银行相对于货币市场和资本市场的竞争力。显然，这对商业银行吸收存款起到了一定的促进作用，可以保证银行获得相对稳定的资金来源，进而减轻其流动性风险。此外，剔除金融危机时期的数据，可以发现利率市场化后美国商业银行资产结构中贷款比重逐步上升，贷款业务在 70 年代末期较初期上升了 3.5%。同时，20 世纪 80 年代贷款/生息资产比重也呈上升之势，这都说明利率市场化后资产的使用效率有所提高，也使得贷存比保持稳定上升（见图 1）。

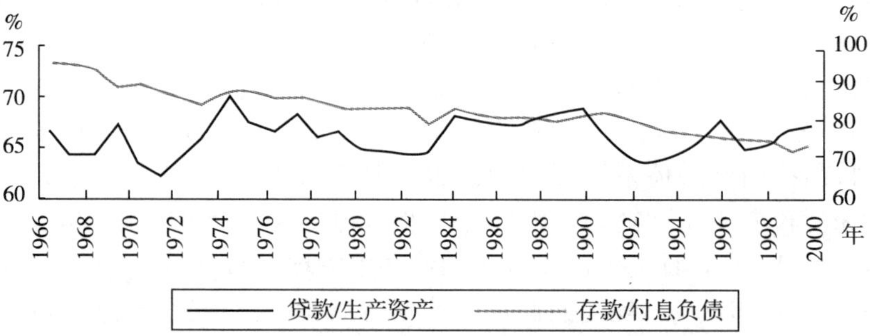

图 1　美国利率市场化前后商业银行资产负债结构

（2）借入更多，储蓄增加。首先，利率的完全放开无法扭转商业银行在整个金融体系中中介作用和地位逐步下降的大势。随着混业经营管制的放松，金融创新带来的投资渠道多样化，以及居民储蓄偏好下降，导致美国 20 世纪 90 年代以后存款占付息负债的比重再次下滑。为应对这一局面，银行负债中借入资金逐步增多，这又加大了银行的资金成本。其次，利率市场化后，银行存款结构中的低成本存款逐渐向高成本存款转换。20 世纪 80 年代后，美国商业银行存款结构中的低成本活期存款占比明显下降。反之，储蓄存款占比则逐步提高。

在美国，存款账户分为活期存款账户（Demand accounts）、储蓄存款账户（Savings accounts）和定期存款（Time deposit）等类型。其中，活期存款可开具支票，等同于现金；储蓄存款不能开具支票，仅是为居民提供具有流动性并能取得利息的存款方式。虽然从长期来看，活期存款的占比降低，一定程度上提高了银行的资金成本，但同时储蓄存款的增加使得银行存款稳定性提高，这有利于降低银行的利率风险，也使得可贷资金增多。

（3）利率提高，风险上升。对于商业银行而言，贷款利率的上升将会逼迫优质大企业客户提高其直接融资比例，银行进而不得不寻求新的贷款客户，如中小企业客户等。而银行为风险较高的私营部门提供较高利率的间接融资，则通常会增加银行的经营风险，降低银行业整体的资产质量。分析美国20世纪80年代到90年代的数据可知，美国1984—1991年不良贷款率由3.1%增至5.2%。主要是由于利率市场化以后，利率水平上扬、利差收窄，刺激银行的贷款扩张，而贷款质量也在下降。同时，美国商业银行的高利率贷款大量流向房地产领域，使得房地产贷款占比迅速增长。由于实行固定利率的长期房地产贷款，与银行所吸收的短期存款期限不匹配，因而利率上升会对其造成严重的损失。

2. 净息差先抑后扬。顾名思义，净息差和存贷款利差是两个较为相似的概念，但也有一定的区别：存贷利差代表了资金来源的成本和资金运用的收益之间的差额，而净息差是商业银行净利息收入和其全部生息资产的比值，实际上是资金运用的结果。要注意的是，现实中银行吸收的存款并不是完全用去放贷，还必须有一部分是用于存款准备金、购买央行票据、债券等其他投资，这些总收益率加上贷款利率与全部存款利率的差额，才能得到净息差。同时，从数量上看，两者也可大可小，主要是由于存贷利差并没有考虑到生息资产和付息负债可能是由不同规模的不同金融工具构成。理论上，存贷利差、资产负债结构变化及其他相关因素的共同作用，会对代表银行资产收益情况的净息差造成直接影响。但从实践经验来看，其在各国的利率市场化过程中也表现出不同的变化趋势。

首先，以美国利率市场化进程为例。其利率市场化进程对存贷利差和净息差造成的影响是相似但不一致的。在美国利率市场化进程中，虽然存贷利差有所下降，但是净息差的变化较为平稳。具体来看，从70年代末利率市场化启动到1986年最终完成这段时间，净息差先抑后扬，由70年代的3%左右上升至90年代的4%以上。自90年代末开始，随着金融自由化进一步发展，净息差才进一步下滑，但始终保持在3%以上（见图2）。

由此可见，虽然利率市场化初期会收窄存贷利差，并在一定程度上对净息差造成负面影响，但在美国利率市场化期间，一方面依靠存贷款结构的变化，

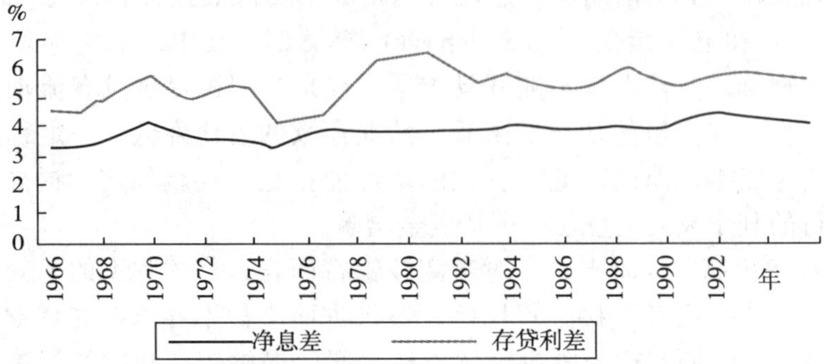

图 2　美国利率市场化前后商业银行净息差和存贷利差的变化

即贷款占生息资产比重的上升，提高了贷存比，从而提升了净息差；另一方面存款来源较之前更加稳定，同时银行的资金使用效率和定价能力不断增强，使得贷款的量价齐升，减轻了利率管制放松对存贷利差的负面影响。因此，净息差保持平缓增长。同时，银行的生息资产和付息负债并不只是存贷款，而净息差即是在存贷利差的基础上加上其他生息资产的收益成本差。因此，如果银行能够从过去简单、低附加值的业务转向经营更复杂、附加值更高的金融产品，即提升其他生息资产的利润率，则净息差有可能不断扩大。此外，美国利率市场化进程伴随着金融自由化和金融创新的深化，这也是其 80 年代以后净息差平稳上升的重要原因。而在 1992 年以后净息差明显下降，则其主要原因是脱媒效应和银行间的竞争加剧，加之利率市场化以后银行集中度提高，净息差相对偏低的大型银行市场份额有所增加。

其次，看日本利率市场化过程。其利率市场化后银行业贷存比大幅下降，导致净息差明显下降。日本在 20 世纪 60 ~ 70 年代经济快速发展时期，由于实行利率管制和信贷配给制度，使其贷存比超过 100%，被称为“超贷经济国家”。而利率市场化后经济增长放缓，“金融脱媒”加剧，导致贷存比大幅下降，加之利差明显收窄，则净息差进一步收缩。

再次，看世界各国利率市场化的整体过程。历史数据说明，世界各国的利率市场化过程大多集中于 20 世纪 60 年代至 20 世纪末，特别是 80 年代。从实际数据来看，存款利率先降后升的特征十分明显，存贷利差也呈平稳上升态势（见图 3）。

3. 商业银行自觉或不自觉转型。利率市场化初期，商业银行的利差不断缩小，银行转变自身传统盈利模式是大势所趋，主要表现在以下几个方面：

（1）传统业务逐渐收缩，表外业务持续扩张。应该说，银行传统资产业务在社会融资中相对地位下降之势不可逆转，传统业务的萎缩亦是必然。因此，

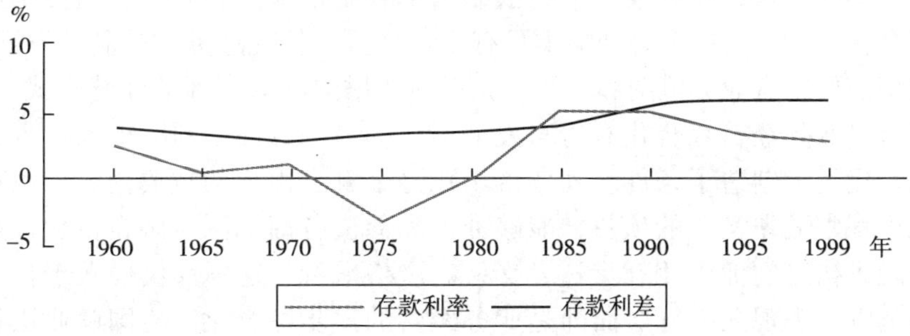

图 3　1960—1999 年世界实际利率的中值

20 世纪 80 年代以后，商业银行不断扩大业务范围，表外业务的比重大大提升。银行加快发展不依赖利差的表外业务，不断开发新的金融产品，并依靠非利差收入的增长来弥补利差收入的下降。商业银行非利息收入绝大部分来自于表外业务，因此从非利息收入的增长可以看出近 20 年来美国银行表外业务的迅猛发展。

在利率未放开之时，美国商业银行非利息收入占比长期低于 20%，而在利率市场化过程中，随着金融创新的加深，银行不断加强表外业务的发展，非利息收入占比逐渐上升，从 1979 年的 18.25% 上升至 2000 年的 43.11%。与此同时，净利息收入占总收入的比重不断下降，从 1979 年的 81.75% 下降至 2000 年的 56.89%。从结构上看，美国银行表外业务收入主要包括四个部分：与存款相关的服务收入、来自信托业务的收入、各种衍生交易收入和其他收入。从 1995 年到 1999 年，增长率也分别达 7.7%、13.2%、13.5% 和 17.1%。

从其他国家和地区经验来看，表外业务也呈持续增长态势。如 1990 年欧洲银行业非利息收入占总收入的比重为 26%，到 2000 年达到 39%；德国银行业非利息收入在 70 年代初占总收入的比重不足 10%，而在 1992 年非利息收入占总收入的比重达到 23.9%，占总盈利的 65%；日本商业银行从 20 世纪 80 年代中期起，表外业务快速增长，由 80 年代初的 20.14% 上升至 90 年代的 35.19%。

总体来看，虽然商业银行传统的利差收入逐步下降，但考虑表外业务收入后，美国、德国、日本等国家的商业银行盈利逐渐恢复。这表明利率市场化以后，由于传统业务的萎缩，商业银行都加速转型，积极从融资中介向服务中介转型，通过收取庞大的手续费摆脱在传统业务领域的困境，为银行获得了丰厚的利润。

（2）业务日益渗透交叉，综合经营趋势彰显。从国际经验来看，利率市场化是触发银行开展综合化经营的重要因素，同时也为银行开展综合化经营创造了条件。一方面，利率市场化会促使银行加快开展综合化经营。随着利率市场化进程的不断深入，商业银行单纯依靠利率管制带来高利差盈利的传统经营模式不复存在。其原有的金融功能不具有竞争优势，传统业务的盈利性不断减弱。因此迫切需要拓宽业务范围和种类，获得新的增强其盈利性的经营模式。可见，商业银行对业务经营综合化有着自发的诉求。另一方面，利率市场化也为银行开展综合化经营创造了条件。利率市场化是金融自由化的重要内容，也是金融自由化进程中最先实施的项目，能够推进和促进各国加深金融自由化，也将使得各金融机构之间业务相互渗透、交叉。严格来看，这不仅仅局限于自身经营业务的范围，表现在银行层面即是业务经营的逐步综合化。美国商业银行应对净信贷供给占净国内信贷份额不断下降的残酷现实，加快了对传统融资业务和工具的创新，通过大力拓展银行业务尤其是表外业务，从而大幅提高银行的非利息收入比重。可以说，利率市场化以及随之而来的业务自由化，为银行发展表外业务、经营综合化提供了条件。同时，在利率市场化和金融机构业务交叉化后，银行在传统业务方面，尤其是在资金融通的功能上，与直接融资机构，以及与其他非金融机构的竞争加剧。并且，在筹集资金和转移资源的功能上加大了银行与货币市场的竞争，使原本一体化于传统银行的存款和贷款业务被分解，进而使得传统银行业务不断萎缩，导致银行的外部竞争压力越来越大，反过来促进银行综合化经营转型。可见，利率自由化及随之而来的金融业务交叉化，导致银行之间及银行与其他非银行金融机构间的竞争都加剧，这些因素共同促进了银行业务经营的综合化。

从历史经验来看，商业银行业务的交叉化、渗透化和综合化也是一把“双刃剑”。从有利的一面来看，综合化经营促进了商业银行不断加强金融创新，开发各种新兴金融产品和服务，有利于充分利用现有金融资源，并促进对潜在金融资源的开发。在利率市场化导致银行利差收窄压力加大的背景下，有利于其构建全新的盈利模式，提升银行在金融业中的竞争力。从不利的一面来看，综合化经营会增加商业银行乃至整个金融体系的不稳定性。因为商业银行不断涉足新的业务领域，必然会增加业务成本、减少收益，从而削弱抗风险能力。并且，如果银行过度涉足相对陌生的业务领域，也会使业务经营的风险增大，特别是对于发展中国家商业银行而言，其对新业务领域熟悉程度低、抗风险能力较弱、风险防范措施不健全，推进综合化经营所面临的风险自然也高于发达国家。

（二）利率市场化国际经验的借鉴与启示

启示之一：必须培育市场基准利率，疏通利率传导渠道。从发达国家利率市场化过程来看，其一般会参照“官方可控利率→市场基准利率→市场利率”的间接调控模式，基准利率确定之后要能真正反映资金的供求关系。因此，我国利率市场化的任务之一就是要推动新的基准利率，并使之引导整体市场利率走向。目前，上海银行间同业拆放利率（Shibor）与美国的联邦基金利率比较接近。自2007年开始运行以来，其货币市场基准利率的地位逐步确立，并逐渐成为票据市场、回购市场、债券市场以及金融衍生品市场的定价基准，有望成为我国的基准利率。接下来应将Shibor分别与货币市场产品定价和存贷款利率定价挂钩，从而实现有效引导存贷款利率的市场化利率传导机制。

启示之二：必须加强中间业务创新，转变传统的盈利模式。由上面的分析也可以看出，国外利率市场化改革同时伴随着连续的金融创新过程，两者的发展相辅相成，其中商业银行中间业务品种繁多，中间业务收入在银行总收益中占比较大。因此，加强中间业务产品创新，提高非利息收入占比，是商业银行转变传统盈利模式、降低利率风险的有效途径。而当下我国银行业中间业务目前多限于结算与一般性代理业务，中间业务收入占总收入的比重不足30%。为增加盈利来源和规避利率风险，国内商业银行必须扩大中间业务领域，减少对传统存贷款业务的依赖。

启示之三：必须严控利率风险，建立高效管理运行机制。从国外经验可知，利率市场化完成后，利率的变动会更加频繁，利率风险会相应加大。为此，商业银行应健全利率管理的组织体系和利率风险管理运行模式。一是完善利率管理制度。制定严谨全面的利率管理办法和实施细则，引导资产负债业务协调发展，预测和分析利率风险大小，统一制定各类产品的定价策略，为商业银行决定介入或退出业务提供参考。二是健全利率风险内控机制。合理划分利率风险管理职责，把利率风险管理工作具体到部门，分解到个人，确保重要环节分工明确。三是建立利率风险的分散、转移和补偿机制。将资金投向不同区域、不同行业、不同企业，形成资金的合理配置，分散风险损失。

三、对策与路径：商业银行应对利率市化的战略思考

面对利率市场化的逼近，把握利率放开前的时间，做好相关应对策略的制定，逐步适应利率市场化带来的冲击和挑战。为此，本文认为商业银行须采取以下路径，未雨绸缪，积极应对即将全面完成的利率市场化改革。

（一）以贷款利率为突破口，建立科学的存贷款定价机制

利率市场化本质上就是金融产品的价格竞争。商业银行在拥有更多的利率自主权后，存贷款业务的竞争方式将由原来的非价格竞争为主转向以价格竞争为主。为此，商业银行应进一步明确利率定价原则和考虑因素，建立利率定价模型，完善产品定价机制。

1. 贷款定价

通常商业银行贷款定价有以下三种模式：

（1）成本加成定价模式。贷款定价主要由资金成本（即银行所支付资金的

价格，包括债务性资金和权益性资金两部分）、净管理成本（即与贷款有关的各项费用，如信贷人员的工资、发放和管理贷款时使用的用具和设备成本等）、风险成本（即对贷款可能发生的违约风险作出的必要补偿）和税负成本（即贷款所包含的营业税及附加成本）。公式：贷款定价 = 成本/贷款余额 = （资金成本 + 净管理成本 + 风险成本 + 税负成本）/贷款余额。

（2）基准利率加点定价模式（也称价格领导模式）。具体操作程序是：首先选择某种基准利率作为“基价”，然后针对客户贷款风险程度的不同确定风险溢价。即：贷款利率 = 基准利率 × 风险溢价乘数。或者：贷款利率 = 基准利率 + 风险溢价乘数。

（3）客户盈利分析定价模式。商业银行在为每笔贷款定价时，应考虑客户与本行的整体关系。首先，为客户设定一个目标利润，然后比较银行为该客户提供所有服务的总成本、总收入及银行的目标利润，以此来权衡定价水平。银行为客户提供服务所耗费的总成本包括：该客户的活期、定期存款账户的管理费用，支票账户的服务费用、贷款的管理费用（如信用分析费用、贷款回收费用等）；贷款所需资金的利息成本；贷款的违约成本。银行从客户的账户中所获得的收入有：客户存款的投资收入、各种服务费收入、贷款的利息收入。公式：

贷款利率 = （银行的目标利润 + 为该客户提供所有服务的总成本 - 为该客户提供所有服务中除贷款利息以外的其他收入）/贷款总额

商业银行应认真研究影响资金定价的因素，按照风险收益对称的原则确定风险溢价，完善科学的定价机制和定价技术，以适应利率市场化后在利用价格优势吸引优质客户的同时，保持一定的利润水平。

在上述三大模式的基础上，现阶段比较适应国情并适用于商业银行的贷款利率定价模型的总体设想是：建立以成本加成法为基础，结合资本回报率并引入市场资金波动因素，统筹企业、市场和银行多维度、多因素的风险收益均衡定价模型。基本原则是：以市场化为导向，以央行贷款利率浮动下限为“底线”，以金融市场利率和银行业贷款平均收益率为参考，以市场资金需求者可接受价格为依据。新的贷款利率定价公式如下：

贷款利率 d = [（最低资本回报率 × 信用风险占用经济资本 + 营业成本 c + 市场利率 × EAD + 风险成本 s）/（0.95 - 最低资本回报率 × 15%） × EAD] × 调节系数 ξ

其中：

（1）最低资本回报率：根据实际的资本回报率水平确定；

（2）信用风险占用经济资本：根据巴塞尔信用风险资本计算公式确定，客户信用等级（PD）、债项等级（LGD）、是否小企业、贷款剩余期限等要素均对资本占用有影响；

（3）营业成本 c：由 MOVA 系统获得；

（4）市场利率：即上海银行间同业拆放利率（Shibor）；

（5）风险成本 s：即预期损失，是预测的客户或债项违约后每笔债项的额平均损失；

（6）调节系数 ξ：考虑两方面因素：①市场形势变化在贷款定价中的体现。通过计算每日市场 Shibor 价格与前半年市场 Shibor 均值间的标准差，作为调节系数。考虑到每日市场 Shibor 和前半年市场 Shibor 均值获取的时效性以及计算的复杂性，可以适当延长调节系数的更新时间，即每季度或每月确定一次调节系数（可以通过上个月市场 Shibor 均值与前半年市场 Shibor 均值间的标准差确定），待技术成熟后，再细化至每日。②客户类型及其对银行的综合贡献度。

2. 存款定价

在实行贷款利率精细化、市场化定价之后，开发存款利率定价模型，并确定合理的净收益率，从而计算出可承受的存款利率。新的存款利率定价原则是：以贷款利率为基础，以金融市场利率和竞争对手利率为参照。具体公式如下：

存款利率 r =（贷款利率 d － 营业成本率 c－税率 t－净收益率 i）×修正系数 θ

其中：

（1）贷款利率 d：指试点机构实际执行的贷款利率；

（2）营业成本率 c：由 MOVA 系统获得；

（3）税率 t：营业税税率（5%）×贷款利率；

（4）净收益率：银行的合理利润；

（5）修正系数 θ：根据 Shibor 走势、存款市场竞争程度、存款期限与金额，赋予 θ 不同值。

（二）以风险管理为突破口，稳步推进利率风险度量管理

利率风险度量方法包括利率敏感性缺口法、存续期缺口法和 VaR 法三种方法。一是敏感性缺口法。银行把在某一时期内到期或需要重新确定利率的资产和负债称为利率敏感性资产或负债，二者之差即为重新定价缺口（Repricing AP）或资金缺口（Funding AP）。正的重新定价缺口使银行面临利率下降的风险，负的重新定价缺口使银行面临利率上升的风险。二是存续期缺口法。反映了在市场利率变动时，银行资产与负债净值的变动。它是以现金流量的相对现值为权数，计量出的资产（或负债）中每次现金流量距离到期的加权平均期限，反映了现金流的时间价值。三是 VaR（Value at Risk）法。也称为风险价值或在险价值，指在一定的置信水平下，某一金融资产（或证券组合）在未来特定的一段时间内的最大可能损失。在我国现有的约束条件下，由于金融市场的不完善和利率风险度量管理技术经验的缺乏，大多选择度量利率风险成本相对较小、

相对容易简便的方法即存续期缺口法来衡量利率风险，通过披露缺口报告来衡量和管理利率风险。不过，这种方法存在较多缺陷。为此，随着全球一体化的加快和我国金融统计资料的日益健全，应该大力推进三种方法的结合运用，以逐步提高我国商业银行利率风险度量的管理水平。要强化对利率走势的分析建立市场利率信息收集、反馈和分析系统，并利用利率预测模型对利率的走向进行科学有效的分析。在利率市场化条件下，影响利率变动的因素很多。对此，一方面，商业银行应加强宏观经济的研究，跟踪分析影响利率变化的各种因素，从多种渠道收集反映经济情况、货币政策的信息，对利率走势做出较为合理的预测分析，提高对市场的敏感度，尤其对中央银行的货币供应量、公开市场操作动向、再贴现率、再贷款率等更应时刻关注；另一方面，商业银行还应详细了解本行的利率水平和结构，分析各相关因素对利率的影响程度，以在外界环境或内部条件变化时能及时调整利率水平。同时，要关注国际金融市场利率走势的变化。因为当今世界是一个经济一体化的时代，国外金融市场利率的波动同样会影响我国的利率走势。由于利率风险的度量模型很多需要数据的支持，商业银行在加强利率风险管理的同时，要加快数据的搜集整理，便于用模型更精确地分析度量利率，规避利率风险。

（三）以产品创新为突破口，逐步适应利率市场化的经营环境

在当前的监管政策和市场条件下，可考虑率先推出以下一些创新产品和举措：一是“重启”大额可转让存单（CD）。突破银行间市场限制，采取“记名或不记名”（后者可在市场上流通转让）、“长短结合、长签短转[①]”等方式。其中，单位客户进入门槛为1 000万元以上；个人客户为100万元以上。CD利率以Shibor利率为参考，兼顾市场供需状况浮动确定。二是完善协议存款。突破目前三大对象（社保、保险、省级养老保险）的限制，通过“一笔一议”或“一企一价”的方式，在市场发行。其中，单位客户进入门槛为1 000万元以上，个人客户为100万元以上。其利率以Shibor利率为参考，根据市场供需状况浮动确定。三是加快信贷资产证券化。以试点金融机构一定比例的信贷资产为基础，通过组合打包，由总行以银行（金融）债券的形式。债券利率以同期国债、企业债利率为参照，兼顾市场供需状况。四是探索非同业信贷资产转让。由各商业银行根据自身经营状况和资产结构，选择一部分信贷资产，向市场转让。转让价格以市场资金供给者和需求者可接受价格为依据，必要时可采取竞价定价法。若认购者需要委托银行管理的，银行可根据受托资产的规模、管理难易等收取相应的管理费。

---

① 若存款者按协议买入5年期CD，银行签发的CD上的存款期限可以只标明六个月，银行按约定将这六个月的CD连续转期10次，则存款人可随时出售该CD。

（四）以综合化经营为突破口，增强抵抗利率风险能力

其一，要逐步由以信贷资产为主，转变为信贷资产和非信贷资产并重，提高资产的综合服务盈利水平。其二，控制高成本负债增长，提高低成本负债比重，创新包括理财等各类负债替代型产品，把更多传统负债业务转化为能带来中间业务收入的金融工具。其三，逐步由以利息净收入为主转变为利息净收入和中间业务收入并重，实现收益来源的多元化。其四，大力推动网上银行、电话银行、手机银行和自助银行等新型渠道的发展，促进传统渠道与新型渠道的协同发展，构建适应银行自身发展特点和实体经济发展需求的机构网络布局。

（五）以人才队伍为突破口，积极培养利率风险管理人才

利率风险衡量和管理是一个系统性和技术性都很强的工程，对人才的知识背景、模型掌握能力与数学能力都有很高的要求。因此，一方面，应采取切实可行的措施，加大在自身体系培养这些熟知我国和国际金融情况的人员，成为利率风险度量和管理的高素质人才。具体包括制订人才培养计划、加强与国际银行业的学术交流、加大高级人才的海外培训力度等。同时要以人为本，重视人的情感情绪、尊重人的价值，以最大限度地挖掘人的潜力。另一方面，要加强制度建设，深化人力资源管理体制和机制改革。具体包括重新构造人力资源的配置机制，改革薪酬制度，建立与授权授信、客户经理制、岗位责任制相适应的收入分配和绩效考核制度，加大力度吸引和稳定这些人才立足现岗位进行服务。

附表

我国利率市场化进程一览表

时间	利率市场化举措
1996 年	放开银行间同业拆借利率，由拆借双方自主定价
1997 年	启动银行间债券市场；放开债券回购和现券交易利率
1998 年	央行改革贴现利率与再贴现利率生成机制，放开贴现与转贴现利率
1999 年	央行批准中资银行法人与保险公司法人试办自定利率大额定期存款；连续三次扩大金融机构贷款利率浮动区间
2000 年	放开外币贷款利率与 300 万美元以上的大额外币存款利率
2003 年	放开英镑、瑞士法郎和加拿大元的外币小额存款利率管理，由商业银行自主决定
2004 年	商业银行、城市信用社贷款利率上限扩大到基准利率的 1.7 倍；放开金融机构人民币贷款利率浮动上限
2005 年	放开金融机构同业存款利率；债券远期交易正式登陆银行间债券市场
2006 年	建立报价式的基准利率体系 Shibor；正式开始人民币利率互换交易
2007 年	Shibor 正式运行
2012 年	人民币贷款利率下限放开至基准利率的 0.7 倍；存款利率上限放开至基准利率的 1.1 倍
2013 年	金融机构贷款利率全面放开；准许金融机构发行同业存单

参考文献

[1] 胡新智、袁江：《渐进式改革：中国利率市场化的理性选择》，载《国际经济评论》，2011（6）。

[2] 加特：《管制、放松与重新管制》，经济科学出版社，1999。

[3] 金玲玲、朱元倩、巴曙松：《利率市场化对商业银行影响的国际经验及启示》，载《农村金融研究》，2012（1）。

[4] 科斯、阿尔钦、诺斯：《财产权利与制度变迁》，上海人民出版社，2004。

[5] 梅耶、杜森贝里、阿利伯：《货币、银行与经济（第六版）》，上海三联书店、上海人民出版社，2007。

[6] 闫素仙：《论日本的利率市场化及其对中国的启示》，载《管理世界》，2009（3）。

[7] Honohan, P., 2000, "How Interest Rates Changed under Financial Liberalization: Cross - country Review", IMF Working Paper.

[8] Lee, S. and J. Rose, 2010, "Profits and Balance Sheet Developments at U. S. Commercial Banks in 2009", Federal Reserve Bulletin, 2010.

把握机遇，抓住重点，大力推进浙江私募证券市场创新发展

中国证券监督管理委员会浙江监管局课题组*

长期以来，我国资本市场发展的核心和主线是公募市场，而私募市场处于缓慢的自然衍生境地。尽管私募市场之前没有像公募市场一样受到关注和政府层面的主动构建，但私募证券活动在我国是客观存在的，分布的领域和范围还相当广泛。成熟资本市场国家发展的经验证明，私募证券风险收益的匹配机制较公募证券更为健全，可以为较高风险的中小企业或项目提供融资，可以为机构投资者和高收入人群提供理财服务，对实体经济发展具有重要意义。

从我国情况看，经济总量已跃居世界第二，具有强烈理财需求的高净值群体人数剧增，同时正处于经济结构调整和产业转型升级的关键阶段，产生了差异化、多元化的投融资服务需求，公募市场难以全部承载这些重任，必须通过发展私募市场来弥补缺憾。从浙江情况看，以民营为主的经济极具活力，同时带有“两多两难”的典型特点，既有发展私募证券市场的现实需求，也有发展私募证券市场的良好基础。应充分利用好这些优势，找准突破口，抓住重点，加快推进浙江私募证券市场发展。

一、私募证券市场发展概况

私募是与公募相对应的一个概念，二者都是一种资金募集方式，主要区别在于募集方式是否公开、对象是否特定。综合国内外学者对私募的解读，可以把私募证券定义为以非公开的方式向特定对象发行的一种金融工具，而私募证券市场就是相对于交易所公募市场的以场外为主的非公开定向发行交易市场。

（一）私募证券市场的特点

与公募证券市场相比，私募证券市场主要有以下特点：

一是市场板块不同。公募证券市场属于多层次资本市场体系的较高层级，主要包括主板、中小板、创业板、新三板。私募证券市场处于多层次资本市场的较低层级，主要包括区域性股权交易市场（四板）、柜台市场和其他场外

---

* 课题主持人：吕逸君

课题组成员：王继翔　谢定能　贾　婕　张晓昆　周书会　胡亦盛

市场。

二是发行交易方式不同。公募证券市场采用公开发行、公开交易方式，向不特定对象发行和交易证券。私募证券市场不能采用广告或者劝诱的方式，不能向社会公众发行，只能采取非公开方式向特定对象发行。

三是产品类型不同。私募证券市场产品与公募证券市场具有较高的耦合性，包括股票、债券、基金三个大类，但私募证券产品更为丰富。公募市场证券主要是股票、上市公司债券和基金份额。私募证券包括一般性股权、股票、创业板公司定向债、中小企业私募债、四板市场私募债、证券公司集合资产管理计划、基金管理公司特定客户资产管理业务、私募股权基金等。

四是监管方式不同。一般而言，私募证券市场监管较为宽松。公募证券市场涉及公众利益，以严格监管为原则，以信息披露监管为核心内容。私募证券市场涉及小众利益，以适度监管为原则，以投资者适当性和产品适当性为核心内容。

（二）境外私募证券市场发展情况

在境外成熟市场国家（地区），私募证券市场与公募证券市场相伴而生，功能互补，互相促进。私募证券市场在服务中小企业融资、提供风险管理工具、促进并购重组、扶持科技创业企业、发展公用设施等方面发挥了不可估量的作用。

从美国情况看，私募证券市场在经济发展各个阶段都扮演了重要角色。20世纪40年代，美国大量中小企业难以从传统金融机构获得资金支持。为此，早期私募基金“美国研究与发展公司”应运而生，此后私募基金推动产生了微软、苹果、英特尔、星巴克和联邦快递在内的一大批创新行业领导者。同期出现了私募债券，为公用事业，铁路和工业公司等提供融资。如今私募债券占债券市场的75%。20世纪90年代，私募股权基金大量参与企业杠杆收购，促进了美国产业结构调整升级。21世纪初，私募融资成为继银行和IPO之后最重要的融资方式。目前，美国私募证券市场取得了急速增长，规模较大。2007年，对冲基金管理资产数额为2.79万亿美元，私募股权基金市值达到4 390亿美元；2006年PORTAL市场募集资金总量为1.62万亿美元，已经超过纳斯达克、纽交所、美国证券交易所募集资金的总量。

从我国香港情况看，从事私募业务的机构非常多，国际化程度较高，很多知名的金融集团如汇丰都运作私募基金。此外，资产管理公司、私人银行、证券公司、投资咨询公司也参与私募市场业务。2012年，对冲基金总数约700只，资产总值约900亿美元；私募股权基金377只，管理规模约800亿美元；私募债券规模约7 000亿港元。

（三）我国私募证券市场发展概况

1. 发展历程。我国私募证券市场的起步可以追溯到20世纪80年代末90年代初期，当时募集设立的股份有限公司大都采用私募的形式，而其增资扩股和并购重组也是一种私募证券行为。2000年后，各类私募股权基金公司相继出现，特别是2004年股权分置改革后，私募股权基金取得了跨越式发展。2003年以来，各类持有证券牌照的证券公司、基金公司除了公募业务外，也开始涉足针对特定客户理财的私募业务。2012年中小企业私募债推出，私募债券市场获得了较快发展。

2. 发展成效。我国私募证券市场受益于宏观经济持续平稳增长、公募证券市场日趋完善壮大和较为宽松的监管环境，近年来取得了较好发展，体现出了三个特点：

一是募集资金额较大。尽管私募市场与公募市场相比体量较小，但从募集资金数量上看，已经超过了公募市场募集资金额的一半。据初略统计，2007年至2012年，公募市场募集金额分别为10 156亿元，4 822亿元，8 387亿元，12 003亿元、9 343亿元、15 916亿元，而同期私募证券市场发行额分别达到5 031亿元，5 985亿元，3 988亿元，5 688亿元，6 660亿元、7 945亿元。最近6年，私募证券市场募集资金总额达到了公募证券市场的58%。

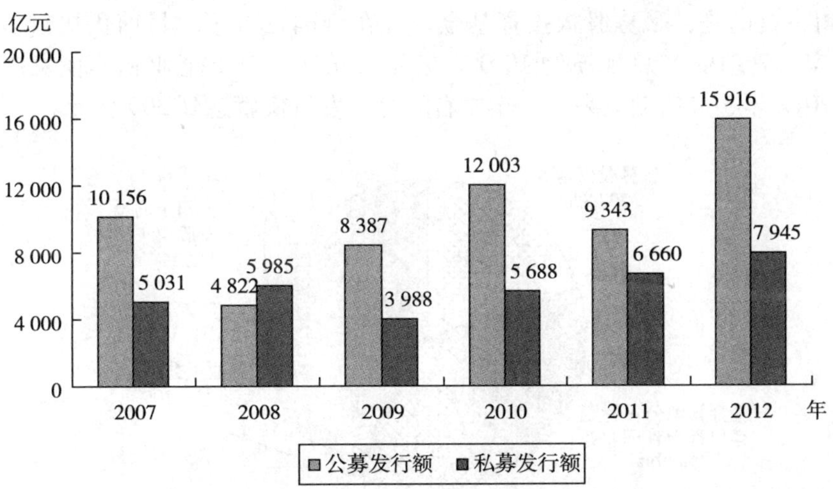

图1　2007—2012年中国证券公募与私募证券市场发行额比较

二是平稳增长。从近年情况看，包括机构柜台、三板、四板和其他场外市场在内的私募证券市场募集资金规模实现了平稳增长，2008—2012年，年增长率分别达到了18.96%、-33.37%、42.63%、17.10%、19.29%，除2009年受金融危机影响募资额出现了下降外，其余年份增长幅度都将近20%。以2007年为基数来统计，近 5 年来平均年增长率达到了 11.58%。

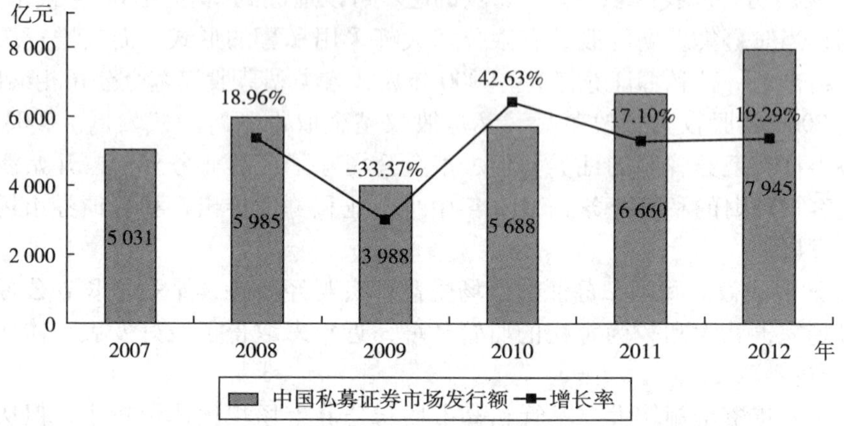

图 2　2007—2012 年中国私募证券市场募集资金情况

三是品种丰富。我国私募证券市场实现了多品种发行，从大类别上看，作为传统公募证券市场的股票、债券、基金都涉及了私募领域。从 2012 年情况看，私募产品以私募股票为主，占比 41.72%；私募股权基金占比、基金公司特定客户资产管理业务占比都超过了 20%。

值得一提的是，私募股权投资基金，现在全国近万家，目前仍比较活跃的有6 290家，管理资产总规模约 10 000 亿元。此外，中小企业私募债发展也较好，从 2012 年 5 月启动以来，一年左右的时间发行额就达到 300 亿元。

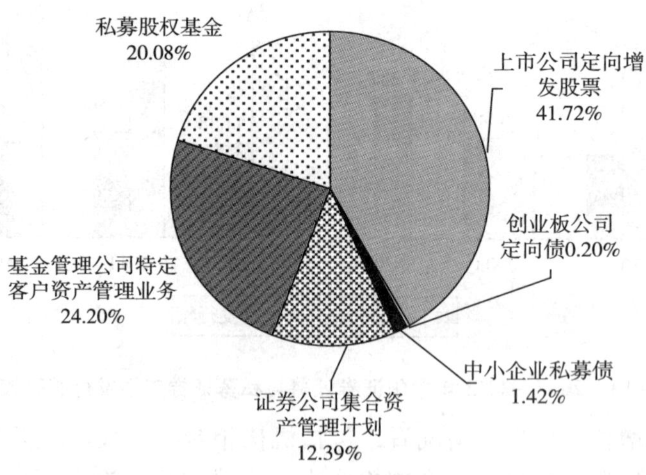

图 3　2012 年中国私募证券市场各产品比较

3. 存在的问题。不可否认，我国私募证券市场还存在很多问题。

一是对私募证券投资者利益保护不够。在私募证券市场上出现了以私募为名行公募之实、欺诈投资者、不遵守投资契约等现象，如2009年浙江首家民营风险投资公司红鼎创投非法集资2.1亿元事件。而目前金融监管部门对私募领域的监管刚刚起步，还没有一套有效的监管方式，对违法违规行为打击力度不够。

二是没有建立统一规范的合格投资者制度，可能产生监管套利行为或者市场恶性竞争。私募股权、私募债券、私募基金等各个私募产品合格投资者标准不一致，主板、新三板、四板等各个涉及私募业务的市场合格投资者标准不一致。

三是私募证券市场透明度不高。私募证券市场没有强制信息披露要求，发行交易信息没有统一汇集，总体上处于一种“说不清、道不明”的状况，存在一定的金融风险。

四是私募证券缺乏制度支持，不利于市场的长远发展。现行的《证券法》、《公司法》都没有涉及私募证券的内容，私募证券市场处于法律灰色地带，规范发展存在较大难度。

国内外金融发展的经验证明，私募证券具有较强的市场生命力。它是一种灵活性和适应性都很强的资本募集方式，运行成本较低，投资决策自由度高，可以根据投融资的各自需求来设计，有利于投融资双方便捷地管理金融风险和收益。在我国资本市场发展到世界第三大规模的阶段，私募证券市场顺应了以市场决定资源配置方式的政策导向，适应了金融服务实体经济的现实需求，将成为金融改革创新的重要领域和金融深化的重要载体，具有广阔的发展前景。

二、在浙江大力发展私募证券市场的必要性和可行性

（一）在浙江发展私募证券市场的必要性

一是对接投融资服务的需要。浙江以民营经济为主，以中小企业为主，本土金融中介机构特别是证券经营机构实力不强，发展过程中出现了“企业融资难、个人投资难”的“两难”矛盾。私募证券市场面向特定的投资者，可根据投融资双方的特殊需求个性化地形成投资契约，有利于解决浙江投融资不匹配的现实问题。

二是优化浙江融资结构的需要。浙江金融体系中间接融资长期过度供给，直接融资比例不高，造成了浙江企业负债率偏高，风险也过度集中于银行体系。2012年浙江融资总量约为7 928亿元，其中贷款占比79%，直接融资占比为21%。直接融资额中的私募融资额约为923.9亿元，占融资总额的11.6%。对银行的过度依赖造成宏观经济下行、银行信贷收紧时，将进一步加剧企业困境。

因此，迫切需要通过发展直接融资来调整企业融资结构，提高资本比重。由于公募市场规模难以短期内快速扩大，发展私募市场就显得尤为迫切。

三是调整浙江产业结构的需要。浙江企业具有低、小、散的特点，此类传统产业在激烈的市场竞争中正日益受到前所未有的挑战，特别是近年来受国际经济的影响和企业生产要素成本的提高，原先低成本、低价格的竞争优势正在失去，具有转型升级的内在需求。同时应该看到，浙江经济虽以劳动密集型产业为主，却也不乏高科技企业、创新企业和新兴产业。这些代表浙江经济未来发展方向的高科技企业、创新企业或新兴产业大多属于初创期，规模小、风险大，难以从银行或者公募市场获得融资支持，需要借助私募证券市场的力量发展壮大。从这个意义上说，发展浙江私募市场，不论是风险投资还是并购基金都十分有助于推动浙江经济转型升级。

（二）在浙江发展私募证券市场的可行性

目前，整体制度环境有利于浙江私募证券市场的发展。新修订的《基金法》已经明确把私募基金纳入监管范畴，并且在酝酿出台基金管理条例；《国务院关于清理整顿各类交易场所切实防范金融风险的决定》以及证监会发布的《关于规范证券公司参与区域性股权交易市场的指导意见（试行）》为区域性私募市场的建立奠定了制度基础。此外，证监会正修订完善《公司债券发行试点办法》，拟规范发展私募债券市场。更重要的是，浙江具备了发展私募证券市场的基础和条件，具体如下：

一是浙江公募市场的发展为私募证券市场奠定了坚实基础。浙江已有 300 多家上市企业，总市值超过 1 万多亿元；有 3 家证券公司，11 家期货公司，以天健为代表的会计师事务所具有一定的市场影响力，高净值且具有投资办企业经验的投资者多，这些都是私募证券市场发展所必需的基础条件。此外，公募市场中 IPO 或者上市公司并购重组还为浙江私募股权基金提供了退出通道，解决了私募投资流动性不足的问题，激发私募证券市场的投资热情。

二是浙江经济具有“两多”特点，具备私募证券市场所需的投融资对接基础。浙江中小企业数量多，有 340 余万家各类经济活动单位，高达 105 万家企业，在公募市场实现上市融资的企业仅有 300 家，大量中小微企业需要在私募市场上实现融资。同时，浙江经济具有“藏富于民”的典型特点，居民收入和社会财富大幅增长，众多机构和企业也有富余资金，具有投资理财的现实需求。截至 2012 年 12 月 31 日，浙江 GDP 总量居全国第 4 位，达到 34 606 亿元，居民个人存款超过 2. 7 万亿元，社会存款超过 6. 7 万亿元，单位存款 3. 5 万亿元，人均储蓄存款居全国第一，达到 49 118 元。

三是浙江已经具备发展私募证券市场的先发优势。一是积极探索地方金融改革，其中温州金融综合试验区改革已于 2012 年获批，开了地方性金融改革的先河，此外丽水、义乌等地都正进行涉及金融领域的综合试验改革；二是成立了浙江股权交易中心，初步建成了区域性私募市场平台；三是私募股权基金公司实力较强，全省约有671家私募股权基金公司，管理资产约1 000亿元，家数和管理资产约占全国的10%；四是初步形成金融要素积聚中心，建设了嘉兴基金小镇、杭州财富管理中心等。

三、发展浙江私募证券市场的思路对策

党的十八届三中全会决定指出，要健全多层次资本市场体系，多渠道推动股权融资，提高直接融资比重。对于浙江而言，就是要借助经济发展和政策红利的有利时机，在资本市场发展上实现由公募市场为主转到公募和私募并举的路径上来。

发展浙江私募证券市场的总体思路可以概括为"四个着眼"：着眼于总量提升，实现持续发展，做大浙江私募证券市场的规模；着眼于完善结构，以私募股权和私募债券为发展重点，为中小微企业提供便捷融资工具；着眼于区域特色，根据全省各地经济产业的差异和资本市场发展的不同阶段，因地制宜，各有重点地发展私募市场；着眼于优化环境，营造有利于私募市场的软环境，夯实法制、信用基础，制定财政税收扶持政策，完善政府引导基金。具体可采取以下对策：

（一）转变观念，形成发展私募证券市场的统一认识

目前，浙江省乃至全国对私募证券市场还没有形成一个正确的认识。从政府层面看，发展资本市场的思路主要停留在培育企业上市的阶段，对私募市场发展的重视程度不够；从证券中介机构层面看，业务重心主要还是放在公募市场，没有把私募纳入培育客户、提升企业长期效益的重点业务范围；从投资者来看，很多人对于私募证券市场的合法性认识不清，对参与投资还存有重重疑虑，担心成为非法证券活动的受害者。

为此，一方面政府层面应高度重视，统一思想，把发展私募证券市场提升到解决"两多两难"，优化产业结构的战略高度，采取必要的措施积极推进；另一方面要加强宣传引导，鼓励中介机构开展私募业务，加强投资者教育，通过各类媒体，普及私募证券知识，让社会大众特别是高净值人群了解私募市场。

（二）完善产品结构，以私募股权和私募债券作为发展浙江私募证券市场的重要突破口

私募股权和私募债券是为浙江企业"输血"的重要金融工具，可以在一定程度上缓解中小微企业融资难的问题，特别是提供宝贵的长期可用资本，改善企业的财务结构，增强抗风险能力，大力支持创业创新，应该优先发展。

一是要大力推动企业股份制改造，夯实私募股权、私募债券的发展基础。

私募市场对企业规范性的要求比较高，通过股份制改造才能让企业更好地享受到私募金融服务。因此，要持续推进“三转一上”（“个转企”、“规下企业转规上企业”、“规上企业转股份公司”以及“股份公司上市”）工作，特别是要以股份制改造作为其中最重要的环节和抓手。同时要注重通过私募证券产品，满足企业在转制过程中衍生出的多样化的投融资服务需求，形成良性循环。

二是要加快推进浙江股权交易中心建设。浙江股权交易中心本质上就是一个区域性私募市场，是实现私募股权融资和私募债券融资的重要载体。要通过创新，努力将浙江股权交易中心建设成为中小微企业多元化综合性直接融资平台，展示和培育平台，投融资双方相互融合的平台，通过形成融资示范效应，汇聚优惠政策，提供改制顾问服务等方式，成为私募证券市场的重要阵地。

三是要支持发展风险投资、创业投资和并购基金。浙江私募股权基金公司中，创业投资基金特别是 PRE－IPO 多，风险投资和并购基金少。要鼓励私募股权基金公司重心前移，开展业务创新，服务实体经济，特别是初创期企业。要推动浙江私募股权基金公司与证券公司、银行、金融租赁、第三方理财以及信托等金融机构合作，优势互补，增强行业竞争力。鼓励各类投资机构在浙江设立并购基金，强化与上市公司及其大股东的合作，吸收浙江民间资金，探索出一条以资本市场为纽带的并购重组新路径。

四是要以中小企业私募债券为重点，推动私募债券市场发展。截至 2013 年 11 月，浙江已有 45 家企业在交易所备案发行私募债，备案金额 56.26 亿元，居全国第二位；已有 20 余家企业在四板市场备案发行私募债券 26.3 亿元。下一步要通过发展机构投资者、加强市场增信、支持大中型企业发行私募债、建立有效的风险防范和处置机制等方式，促进浙江私募债券市场的蓬勃发展。

（三）优化区域布局，形成各具特色的私募证券市场发展模式

在浙江发展私募证券市场既要做到通盘考虑，全省一盘棋，又要根据经济发达程度的不同、产业结构的不同、投资者成熟度的不同、信用环境的不同、倾斜政策的不同，采取不同的定位，发展不同的私募证券产品。

一是因地制宜。以杭州为核心的浙北地区汇集全省所有的证券经营法人机构、93%的私募股权基金公司、最具实力的审计机构和律师事务所、唯一的区域性股权市场，具有发展综合性私募业务的基础，应成为浙江省私募证券市场的中心。其他地区应结合自身特色，实现差异化发展。

二是因策制宜。浙江全省有多个地区得到国家或者省级层面的政策支持，应根据这些发展战略，形成不同的私募融资形态。舟山海洋经济区应以海洋金融为重点，探索航海私募理财产品和私募金融衍生品；义乌国际贸易综合试验区应以发展贸易金融为重点，研究发展私募资产证券化，在全国率先开展国际贸易企业应收账款资产证券化；温州金融改革综合试验区应结合温州企业规模

小、规范化程度不高的特点，推进股份化改造，发展私募股权业务，推动企业并购重组，产生规模效应；丽水农村金融改革应以发展农村小微企业为重点，探索以林权、农村土地产权为增信手段，发展私募债券产品。

三是因时制宜。目前，浙江省经济处于平稳复苏阶段，经济结构正处于转型升级重要时期，是形成发展金融集聚平台的有利时机。要以发展民间财富管理中心建设作为发展私募市场的重要抓手，建设以杭州为核心的浙北集聚中心，以宁波为核心的浙东集聚中心，以温州、台州为核心的浙南集聚中心，以义乌、丽水为核心的浙中集聚中心，形成全省联动的局面。

（四）营造有利于私募证券市场发展的政策环境

从发达国家看，私募证券市场能取得成功离不开政府的软环境建设。各国为支持私募资本投入到中小高新技术企业等实体经济中，都制定了一系列鼓励扶持政策，创造出了良好的外部环境。浙江要建设区域性私募证券市场，同样需要政府层面的政策支持。

一是要制定扶持浙江股权交易中心发展的政策。对于到浙江股权交易中心挂牌的企业或者从事挂牌推荐业务的中介机构，给予一定的奖励。

二是减免交易税费。以公募市场作为参照，以地方财政回补的形式，减免私募交易环节的所得税，鼓励投资者参与私募市场。

三是出台鼓励私募股权基金公司发展的财政政策，对于按照规定实行备案管理和投向符合国家产业政策的私募基金公司，给予财政扶持。

四是进一步充实和利用好政府引导基金，采用合资或者独资的方式设立市场化运作的省、市、县级的产业母基金，引导基金可以不分红或者后于私募投资分红，以吸引各种私募创业投资基金共同投资于符合国家产业政策方面的省内实体企业。

五是完善浙江省征信平台建设，将私募证券发行人、中介机构、投资者信息纳入征信平台，营造有利于私募证券市场发展的信用环境。

（五）加快培养私募证券市场所需的人才队伍

人才是金融的核心要素之一，特别是在私募证券市场领域，涉及经济、会计、法律、管理乃至科技方面的知识和技能。发展私募市场，迫切需要大量受过专业培训、工作经验丰富的从业人员。在浙江私募证券市场处于创新发展的关键阶段，人才的重要性更是不言而喻。

一是要积极培育私募股权市场中介服务机构。中介机构服务水平是衡量私募证券市场是否发达的重要标志。要鼓励和引导证券公司、会计师事务所、律师事务所、私募股权基金参与私募股权和私募债券业务，支持民间资金发起设立登记、会计核算、信息咨询、管理服务中介机构。

二是要引进人才，由政府统一协调，从境外或者上海、北京等地引入私募证券人才，在住房、子女教育、社会保障、薪金待遇方面给予一定补贴。

三是要培养人才，通过高校订单式教育或者研究机构培育，举办研修班，培训从业人员等方式，提高私募证券市场人员的素质。

四是要留住人才，针对私募业务特点，建立一套不同于公募市场的科学的激励约束机制，调动员工的积极性，以吸引和留住人才。

（六）实施适度监管，有效防范私募证券市场风险

借鉴成熟市场国家监管经验，以自律监管为主、行政监管为辅，切实防范私募证券市场风险。

一是强化自律组织监管职能，行业协会、浙江股权交易中心等自律组织要依据自律规则，对会员的违规行为采取有效的自律惩戒措施。

二是要严厉打击违法违规行为，对于私募证券欺诈发行或信息披露违规行为，要依照《证券法》给予行政处罚，支持投资者依法维权，使违法者承担民事、行政甚至刑事责任。同时，以打击非法证券活动为切入点，制止变相公开募集行为，禁止非法证券投资咨询业务。

三是强化事后监管。私募证券市场体系庞杂，规则不统一，市场参与主体多元化，发行交易隐性化，采取公募监管方式并不完全适宜。要建立以事后监管为主的监管模式，注重从投资者举报、新闻报道中收集监管线索，及时立案稽查，并做出行政处罚。

四是保护投资者合法权益，完善并落实合格投资者制度，切实保障投资者知情权、参与权、收益权。

参考文献

[1] 孔凡保：《美国私募资本市场的发展与运作机制》，载《经济与管理研究》，2002（6）。

[2] 李靖：《全球私募股权投资发展的历程、趋势与启示》，载《金融市场》，2012（5）。

[3] 卢俊：《论我国私募证券投资基金监管制度的完善》，中国证监会研究网。

[4] 王欧、查向阳：《私募股权投资基金市场发展现状分析》，中国证监会研究网。

[5] 朱灿、云佳祺：《中国制度环境下私募股权投资现状与趋势》，载《经济与管理研究》，2013（5）。

二等奖

发展新型地方金融组织体系研究

中国人民银行杭州中心支行课题组*

自国务院批准《浙江省温州市金融综合改革试验区总体方案》实施一年半以来，虽然浙江省委、省政府和温州市委、市政府高度重视，但期望与现实之间落差较大。抓住温州金融综合改革的契机，发展新型地方金融组织体系，着力引导民间资本更好地服务中小实体经济，是综合改革试验区的关键所在。

一、问题的提出

改革开放以来，金融体制改革推动了我国金融业三十多年的蓬勃发展，使我国初步建立起了适应现代市场经济发展的金融体系。第一是银行体系改革。1978年以前，我国是“大一统”的金融体系，中国人民银行掌握着全国金融总资产的93%。1978年1月，人民银行与财政部正式分开办公。1983年9月17日，国务院宣布确立中央银行制度，同时成立中国工商银行。之后，几大国有商业银行相继成立，政策性银行、股份制商业银行、城市商业银行、信用合作机构及外资银行并存的多元化银行体系逐步发展。2004年以来，四大国有商业银行通过股份制改革并成功上市，标志着我国现代银行制度的正式建立。截至2012年末，我国银行业金融机构总资产达到131.3万亿元，四大国有商业银行全部跻身全球市值十大银行之列。第二是金融市场改革。1984年11月，上海飞乐音响股份有限公司公开向社会发行股票拉开我国资本市场的序幕。邓小平同志曾说“允许看，但要坚决地试”，“搞不好，可以关掉嘛”。正是这样的改革魄力，1990年末和1991年初，上海和深圳证券交易所分别成立，标志着我国资本市场开始形成。截至2012年末，我国上市公司数量达到2 494家，总市值高达23万亿元。1996年银行间拆借市场和1997年债券市场的相继建立，标志着我国货币市场已经形成，交易规模已位居世界前列。第三是金融监管体制改革。自20世纪90年代开始，我国金融监管制度逐渐由“大一统”走向“分业监管”。中国银监会、中国证券会和中国保监会的相继成立，标志着我国“一行三会”的分业监管框架基本形成。金融监管制度改革，实现了货币政策与银行监管职

---

* 课题主持人：刘仁伍
课题组成员：盛文军　洪　昊　王紫薇　宋　玮　孙　巍　赵敏慧　周妙燕

能的分离，分工明确、互相协调的分业监管体系提高了监管的专业化和有效性，确保了金融安全与稳定。

虽然我国现代金融体系已覆盖了银行、证券、保险等多个领域，但是小微企业和“三农”融资难依然存在。而且，伴随中国经济步入转型升级期，过去依赖资源消耗、资金供给的增长模式越来越难以为继，小微企业和“三农”融资难、融资贵的问题就变得更加突出。客观上，小微企业和“三农”融资难是一个世界性和长期性的难题。其主要原因：一是小微企业财务透明度不高，农村信用体系建设滞后，导致资金供应方与需求方信息不对称。二是小微企业和农户普遍缺乏足够的抵押资产和担保物。三是金融资源配置结构不合理。如区域结构不合理，金融资源主要集中在城市，农村地区金融服务比较匮乏。又如融资结构不合理，间接融资比例过高，直接融资比例偏少。在目前较不发达的直接融资市场小微企业占比又非常低，上述问题在浙江尤为突出。

中共中央总书记习近平 2012 年 12 月初在广东考察时指出，要增强改革的系统性、整体性、协同性，做到改革不停顿开放不止步；要尊重人民首创精神，在深入调查研究的基础上提出全面深化改革的顶层设计和总体规划，尊重实践、尊重创造，鼓励大胆探索、勇于开拓，聚合各项相关改革协调推进的正能量。中央政治局常委、国务院副总理李克强在 2012 年 11 月 21 日主持召开的全国综合配套改革试点工作座谈会上指出，改革是中国最大的红利；改革要既有顶层设计，又尊重基层的首创精神。

2013 年 7 月 5 日，国务院办公厅发布《关于金融支持经济结构调整和转型升级的指导意见》（简称金十条），明确提出鼓励民间资本投资入股金融机构和参与金融机构重组改造。允许发展成熟、经营稳健的村镇银行在最低股比要求内，调整主发起行与其他股东持股比例。尝试由民间资本发起设立自担风险的民营银行、金融租赁公司和消费金融公司等金融机构。探索优化银行业分类监管机制，对不同类型银行业金融机构在经营地域和业务范围上实行差异化准入管理，建立相应的考核和评估体系，为实体经济发展提供广覆盖、差异化、高效率的金融服务。

2013 年 11 月 12 日，党的十八届三中全会审议通过的《中共中央关于全面深化改革若干重大问题的决定》第三部分《加快完善现代市场体系》中用了三段话对金融改革与发展进行了论述。其中，第一段的重点是允许具备条件的民间资本依法发起设立中小型银行等金融机构和健全多层次资本市场体系；第二段主要是利率市场化改革、汇率市场化形成机制改革和加快实现人民币资本项目可兑换；第三段主要是金融监管体系改革和金融配置设施的建立，重点是监管协调机制的完善、中央和地方金融监管责任的界定和存款保险制度的建立。前不久，中国人民银行行长周小川在十八届三中全会公报专题辅导报告会上，着重从放宽金融业准入、利率汇率等要素价格市场化改革及尊重和维护金融消费者自由选择权三个方面，对“使市场在资源配置中起决定性作用”、“完善金融市场体系”等内容进行了详细解读。上述内容为我们下一步的金融改革与创新指明了方向。

纵观我国改革开放的发展历程，20 世纪 80 年代初的家庭联产承包责任制突破了计划经济的枷锁，为建设中国特色社会主义市场经济开了先河。90 年代末，国有企业和乡镇企业体制改革，为企业在市场竞争中增强活力注入了“强心剂”，特别是在民营经济发达的浙江，抓住了改革的时机，成为市场经济的“领头羊”。如今国务院先后在上海、广东、浙江、福建等省市批准了十余项区域性金融改革试点，重点是解决市场准入成本过高、管制太严格的问题，在市场主导的同时确保金融的安全与稳定。因此，应以温州金融综合改革为契机，通过发展新型地方金融组织体系，推进民间金融阳光化、规范化，寻求新的资金配置方式，解决小微企业和“三农”融资难，使金融更好地服务于实体经济发展。

二、发展新型地方金融组织体系的重大意义

发展新型地方金融组织体系，符合信贷配给学说的相关理论，对解决小微企业融资难、融资贵的问题有着切实可行的现实意义，符合当前浙江经济金融的发展实际。

（一）理论角度分析

由于小微企业是我国县市一级行政区划的主要企业群体，因此在发展新型地方金融组织体系过程中，必须充分考虑到小微企业融资需求和融资结构的特殊性。而小微企业贷款问题从本质上来说，可以看做是信贷市场上的信贷配给问题，而关系型贷款理论也为发展新型地方金融组织体系提供了有价值的参考。

根据传统的经济学理论，利率是信贷市场上最重要的决定因素。通过利率机制的作用可以调节信贷市场上的供求关系，并最终达到市场出清的结果，使信贷资源得到最优的配置。然而，上述结果的出现是以信息完全和无交易费用为前提的，在现实生活中这种前提几乎不存在。现实中的信贷市场经常出现资金供给无法满足资金需求的情况，并且经常出现利率机制无法使信贷市场出清而数量配给经常被采用的现象。由此可见，在信贷市场上发挥作用的不仅仅是利率机制，非价格机制也会对信贷市场的均衡起重要作用。对此，经济学界提出了信贷配给学说（Credit Rationing）。

信贷配给是指贷款人并非通过利率机制来对发放贷款的风险和利润进行考量，而是往往为信贷交易附加各种条件，通过配给的方式来实现交易，最终导

致有些借款人被排斥在信贷市场之外。斯蒂格利茨和韦斯（Stiglitz & Weiss，1981）① 将信贷配给定义成如下两种情形：一种是在完全同质的贷款申请者中，一些借款者获得了贷款而另一些被拒绝，并且被拒绝的申请者即使支付更高的利率也不会获得贷款。另一种是所有借款企业都能得到贷款，但其数量少于其所期望得到的。

斯蒂格利茨和韦斯（Stiglitz & Weiss，1981）② 以信贷市场信息不对称为基础建立了具有广泛影响的S-W模型，他们认为，在信贷市场上，银行与借款人之间存在着信息不对称，表现为借款人拥有投资项目成功的概率及偿还贷款的条件与动机等私人信息，因而具有信息优势，而银行则处于信息劣势。在这种情况下，如果企业在贷款前向银行隐藏信息，银行在面对按期还贷概率不同的众多借款人时，就难以根据借款企业以往的违约情况、资产状况和贷款用途等相关信息，在事前确定借款企业的违约风险；在企业获取贷款后，银行无法完全控制企业的贷款使用和还贷行为，借款企业有可能不顾风险追逐利润，银行面临贷款违约的风险。由于银行的预期利润不仅取决于贷款利率，而且取决于偿还概率的大小，即贷款违约风险的大小。因此，虽然利率的提高会使银行的利息收入增加，但由于在信息不对称下可能使贷款的违约风险增加，因此提高利率并不必然使银行的预期利润增加。其原因在于，利率的提高会使进入信贷市场的借款人质量状况发生变化，低风险的借款人退出市场，借款人的平均风险程度增加，从而可能降低银行的预期收益，也就是产生所谓的逆向选择效应，而与此同时，利率的提高可能诱使借款人选择高风险的投资项目，贷款的违约风险增加，从而降低银行的预期收益，产生所谓的道德风险效应。实际上，银行的预期收益和利率之间有一种非单调关系，起先预期收益随着利率的提高而增加，超过一定的临界水平后，预期收益随着利率的提高反而减少。这种银行预期收益与利率变化之间的非单调性决定了银行会将利率设定在预期利润最大化的水平上，这时信贷市场如果存在超额需求，银行是没有动力通过利率调整使市场出清的，从而出现信贷配给，并且这种信贷配给现象可以作为一种长期的均衡现象而存在。

上述S-W模型从理论上说明了信息不对称下银行贷款的理性行为，也从一定角度说明了小微企业在信息不对称下融资困难的原因，以及为了解决信息不对称问题而建立关系型借贷的原因。关系型借贷是指银行的放贷决策建立在通

---

① 参考自Stiglitz, J. and A. Weiss, 1981, "Credit Rationing in Markets with Imperfect Information", *The American Economic Review*, Vol. 71, pp. 393-410.

② 参考自Stiglitz, J. and A. Weiss, 1981, "Credit Rationing in Markets with Imperfect Information", *The American Economic Review*, Vol. 71, pp. 393-410.

过多种渠道长期积累的贷款企业信息以及这些企业主个人信息的基础之上。除了通过这些企业在银行的存款账户、资金清算和结算业务等一系列历史的银行活动来了解企业在未来偿还银行贷款的能力和可能性，还从众多企业利益相关者，包括股东、债权人、员工、供应商以及客户等处获得相关信息。所有这些信息不仅包含了企业的财务信息等“硬信息”（Hard Information），还包含了许多有关企业行为、信誉和业主个人品性的“软信息”（Soft Information）。银行通过这样的长期关系来收集相关信息，从而消除放贷活动中的信息不对称性。戴蒙德（Diamond，1984）① 的金融中介理论进一步说明通过在银行和贷款人之间建立长久的信贷关系有利于解决信息不对称所带来的逆向选择和道德风险问题，从而减小贷款人的融资成本。同时，金融中介理论强调了银行的信息优势，认为银行相对来说在获取借款者信息方面有着更强的比较优势，尤其是对于存在严重信息问题的借款者。由此可以看出，建立关系型借贷对缓解信贷市场上由于市场失灵以及信息不对称所导致的信贷配给有着一定程度的帮助。特别是对因财务信息和抵押物不足而在信贷市场上处于劣势的广大小微企业，关系型借贷是帮助解决其获取间接融资的一条可行途径。

对于关系型借贷理论，很多经济学家从实证上对银行和企业间这种关系进行了检验。其研究的实质是看这种关系的存在对贷款利率和贷款额度的影响。布特和撒克（Boot & Thakör，1994）② 认为随着银行与企业之间关系的不断加强，贷款利率会逐渐下降。这是因为关系型借贷的强化有利于消除银行和借款企业之间的信息不对称。同时也能减少贷款投放和对所投放贷款的监督成本。而且银行会选择一种最优的合同方式来动态地加强对借款人的激励，以避免其转向其他放贷银行。巴哈尔拉、达欣亚、桑德斯和斯里尼瓦桑（Baharath，Dahiya，Saunders & Srinivasan，2011）③ 通过对部分美国公司银行贷款的研究认为，无论是从降低其借款利率还是从降低其借款抵押要求来看，关系型借贷对美国的借款企业有着十分显著的好处。他们认为，公司层面信息不透明的问题反过来促进了关系型借贷的发展。而且，贷款定价与抵押物多少的要求会随着企业与银行之间关系的长短而变化。在借款者与银行交往的初期，银行给予的贷款利率较高，也会要求更多的抵押物。随着关系的持续和深入，这两方面的要求

---

① 参考自 Diamond, D., 1984, “Finaneial Intermediation and Delegated Monitoring”, *Review of Eeonomic Studies*, Vol, 51, pp. 393 - 414.

② 参考自 Boot, A. and A. Thakor, 1994, “Moral Hazard and Secured Lending in an Infinitely Repeated Credit Market Game”, *International Economic Review*, Vol. 35, pp. 899 - 920.

③ 参考自 Bharath, S., S. Dahiya, A. Saunders and A. Srinivasan, 2011, “Lending Relationships and Loan Contract Terms”, *Review of Financial Studies*, Vol. 24, pp. 1141 - 1203.

都会有所下降。对此，斯凯诺内（Schenone，2010）[①] 也发现了类似的结论。伯杰和尤德尔（Berger & Udell，1995）[②] 通过研究发现，在美国关系型借贷有效降低了企业获得贷款的利率。哈霍夫和科廷（Harhoff & Körting，1997）[③] 通过对德国小企业的研究发现，关系型借贷增加了企业贷款的可获得性。温斯坦和雅菲恩（Weinstein & Yafeh，1998）[④] 对日本企业的研究也表明，银行和企业间更加紧密的关系可以促进企业获得更多的贷款。彼得森和拉詹（Petersen & Rajan，1995）[⑤] 的研究认为也是如此。但是，除了上述研究之外，夏普（Sharpe，1990）[⑥] 以及戈林鲍姆、卡纳塔斯和韦内齐亚（Greenbaum、Kanatas & Venezia，1989）[⑦] 通过研究认为，随着银行和借款者之间关系的加深，放贷银行对借款企业信息的垄断（Information Monopoly）占有程度就越大。这也就造成了该借款企业与其他潜在放贷银行之间形式上的信息不对称，从而造成借款企业在寻求其他银行贷款的时候会产生逆向选择问题。而原先的关系银行则可以对其施加"垄断租金"（Monopoly Rent），导致更高的贷款利率。这一观点也得到了德格里斯和范·凯萨西尔（Degryse & Van Cayseele，2000）[⑧] 和安杰利尼、迪·萨尔沃和费里（Angelini，Di Salvo & Ferri，1998）[⑨] 研究结论的支持。

从国内研究来看，张捷（2002）[⑩] 研究了中小企业关系型借贷与银行组织结构的关系，认为我国的银行倾向于和大企业客户建立关系而忽视中小企业。这是造成中小企业贷款难的原因之一。但与此同时，中小型银行在对中小企业贷

---

① 参考自 Schenone, C., 2010, "Lending Relationships and Information Rents: Do Banks Exploit Their Information Advantages?", *Review of Financial Studies*, Vol. 23, pp. 1149-1199.

② 参考自 Berger, A. and G. Udell, 1995, "Relationship Lending and Lines of Credit in Small Firm Finance", *Journal of Business*, Vol. 68, pp. 351 - 381.

③ 参考自 Harhoff, D. and T. Körting, 1998, "Lending Relationships in Germany Empirical Evidence from Survey Data", *Journal of Banking and Finance*, Vol. 22, pp. 1317-1353.

④ 参考自 Weinstein, D. and Y. Yafeh, 1998, "On the Costs of a Bank-centered Financial System: Evidence from the Changing Main Bank Relations in Japan", *Journal of Finance*, Vol. 53, pp. 635-672.

⑤ 参考自 Petersen, M. and R. Rajan, 1995, "The Effect of Credit Market Competition on Lending Relationships", *The Quarterly Journal of Economics*, Vol. 110, pp. 407-443.

⑥ 参考自 Sharpe, S., 1990, "A Symmetric Information, Bank Lending, and Implicit Contracts: A Stylized Model of Customer Relationships", *Journal of Finance*, Vol. 45, pp. 1069-1087.

⑦ 参考自 Greenbaum, S., G. Kanatas and I. Venezia. 1989, "Equilibrium Loan Pricing under the Bank-Client Relationship", *Journal of Banking and Finance*, Vol. 13, pp. 221-235.

⑧ 参考自 Degryse H. and P. Van Cayseele, 2000, "Relationship Lending within a Bank-Based System: Evidence from European Small Business Data", *Journal of Financial Intermediation*, Vol. 9, pp. 90-109.

⑨ 参考自 Angelini, P., R. Di Salvo and G. Ferri, 1998, "Availability and Cost of Credit for Small Businesses: Customer Relationships and Credit Cooperatives", *Journal of Banking and Finance*, Vol. 22, pp. 925-954.

⑩ 参考自张捷：《中小企业的关系型借贷与银行组织结构》，载《经济研究》，2002（6）。

款方面有着更大的优势。因此，建立中小银行体系对于解决中小企业融资难问题有着较大的现实意义。张杰、经朝明和刘东（2007）① 则认为利用银企之间长期合作关系所产生“软信息”的关系型借贷并未在中国的银行业内有效应用，以固定资产抵押为条件的银行贷款加剧了中小企业贷款难的困境，而构建动产抵押的金融安排是解决现阶段我国中小企业贷款难问题的现实途径。郭田勇和李贤文（2006）② 通过实证分析认为，一方面，在我国银行和大型企业之间的确存在关系型借贷行为且对企业的贷款量有显著性影响。另一方面，中小企业关系型借贷对于贷款量的影响较小且并不明显。因此，为改善中小企业融资状况，商业银行应建立一套完整的信用记录体系，在放贷过程中注重对中小企业“软信息”的考察，与一批资质较好的中小企业建立长期的银企合作关系。

从关系型借贷理论的视角出发我们可以看到，地方金融组织由于存在较高的本地化优势，更容易与借款者建立一种长期的“熟人”关系，并获取更多有关借款者的信息，从而消除两者在发生借贷关系时的信息不对称问题。而且，这种通过建立长期关系所获取的信息，更能真实地反映借款者的风险状况和偿债能力。因此，发展新型地方金融组织以及小微企业关系型借贷对解决小微企业融资难、融资贵的问题有着切实可行的现实意义。

（二）浙江发展实际角度分析

《金融业发展和改革“十二五”规划》明确指出，优化金融机构的行业和地区布局，构建和完善现代金融组织体系。大力推进政策性银行、大型商业银行、全国性股份制商业银行、地方中小银行、非银行金融机构等各类银行业金融机构分层配置、科学合理布局，加快建设和完善社区金融服务组织体系，完善农村金融组织体系。发展新型地方金融组织体系，不仅是浙江完善金融组织体系的内在诉求，更是金融支持小微企业和“三农”的重要渠道，也是推动民间金融阳光化、规范化的必然选择。

一是发展新型地方金融组织体系是完善浙江金融组织体系的内在诉求，有利于激发“鲇鱼效应”。

当前，浙江多元化的金融机构组织体系已经初步建立，大金融机构及服务体系相对比较健全，但金融产业组织结构和空间布局不合理的问题也相当突出，大银行、大机构集中于城市，而扎根基层、服务小微企业和“三农”的小银行、小机构供给相对不足。近年来，随着小额贷款公司、村镇银行、农村资金互助社等新型地方金融组织体系的快速发展，在加大农村金融资源供给、缓解小微

① 参考自张杰、经朝明、刘东：《商业信贷、关系型借贷与小企业信贷约束：来自江苏的证据》，载《世界经济》，2007（3）。

② 参考自郭田勇、李贤文：《关系型借贷与中小企业融资的实证分析》，载《金融论坛》，2006（4）。

企业融资难满足、满足多元化金融需求、促进金融资源供给平衡等方面发挥了重要的作用。虽然以上突出问题有所缓解，但仍未能从根本上解决小微企业融资难、融资贵的问题。与此同时，大量民间资金游离金融体系之外，从而进一步加大了小微企业的负担。

作为浙江金融组织体系中不可或缺的一部分，新型地方金融组织体系应当是正规金融机构的补充和完善。在金融服务对象上，新型地方金融组织体系必须坚持区域“支农、支小、支散”的市场定位，金融服务面向“三农”，面向国有、股份制商业银行服务无法辐射的小微企业和个人群体。在金融机构设置上，新型地方金融组织体系有着一种拾遗补阙，填补社区、农村金融空白的特征，其更多地分布于大银行较少介入的农村地区及小城市，或是单一机构或极少有分支机构，从而呈现出“边缘化”的色彩。同时，新型地方金融组织体系的设立，也激发了金融体系内部的“鲇鱼效应”。各地新型金融组织以其独特的经营方式和经营理念，强化了各区域金融服务的竞争氛围，推动其他金融机构在发展策略、激励机制、管理流程、金融产品和服务创新等方面进行积极竞争，较好地促进区域内金融机构服务水平和服务效率的共同提高。因此，浙江建立完善地方金融组织体系，不仅需要坚定不移地做大做强正规金融机构，也要积极发展各类新型地方金融组织体系，推动形成正规金融机构和地方新型金融组织分工协作、功能互补的良好格局。

二是发展新型地方金融组织体系是金融支持小微企业和“三农”的必然选择，发挥“拾遗补阙”作用。

小微企业一直是浙江经济的主体和优势所在，也是浙江发展的一个亮点、一面旗帜和一大特色。近年来，各金融部门都非常重视小微企业和“三农”的金融服务工作，持续加大对浙江小微企业和“三农”的定向支持。自 2008 年起，浙江金融机构中小企业本外币贷款年均新增超过 4 000 亿元，中小企业贷款占全部企业贷款的比重从 2008 年的 75.6% 最高升至 2011 年的 81.8%。涉农贷款近年来年均增长率都保持在 18% 以上，高于全部贷款增速，截至 2012 年 9 月末，贷款余额达到 24 296.86 亿元。其中，小额贷款公司、村镇银行等新型地方金融组织正逐步成为金融支持小微企业和“三农”的中坚力量，积极发挥“拾遗补阙”的作用，初步缓解了浙江农村地区银行业金融机构覆盖率低、金融供给不足、竞争不充分、金融服务缺位等问题。但小微企业融资难、融资贵，“三农”服务不到位仍然无法有效解决。

发展新型地方金融组织体系是浙江金融支持小微企业和“三农”的一种积极探索，与浙江经济以“轻小民加”，“一乡一品，一县一业”的运行特点息息相关：一是经营机制灵活、高效，充分发挥深入客户、熟悉客户、贴近客户、了解客户的优势，可在极短时间内为农户提供快捷的贷款服务，突破了小微企业和“三农”少资产、无抵押的障碍。二是注重金融产品和服务创新，针对当地小微企业和农村金融需求专门设计贷款产品。三是良好的风险控制能力。针对小微企业和“三农”具有投资主体和所有制结构多元化、财务报表不健全等特点，新型地方金融组织体系展开信贷评估时可以更多注重现场调查和收集企业非财务信息等“软信息”，包括贷款主体的产品经营状况，缴纳的税金、电费、水费等单据，以尽可能减少信息不对称。

三是发展新型地方金融组织体系是推动民间金融阳光化、规范化的重要渠道，有助于“开渠引水”。

浙江是小微企业和民间资本大省，如何破解小微企业融资难、民间资本投资难的“两难”困境，如何合理引导民间资本流向实体经济，如何通过浙江金融的发展有效转化民间资本为产业资本，是浙江金融业发展面临的重大挑战。党的十六大以来，民间资本进入金融服务领域的步伐逐渐加快。从浙江的情况来看，民间资本参股银行类金融机构已经比较普遍，截至 2012 年 6 月末，民间资本在浙江 156 家地方法人银行中持股 487.15 亿股，占比 74%，在 42 家新型农村金融机构中占比 89.12%。虽然不少民间资本在股份制商业银行、城市商业银行、农村合作金融机构、村镇银行的增资扩股和改制工作中都发挥了重要作用，但是在发起设立或控股银行类金融机构方面仍然存在诸多的政策障碍。相反，民间资本可通过新设、重组、股权受让、增资扩股等方式实现控股小额贷款公司等新型地方金融机构，使之成为当前民间资本进入金融业的重要“踏板”。当然，由于制度设置问题，小额贷款公司目前也受到各种发展约束并潜在各种风险。

发展新型地方金融组织体系，就是为民间资本提供多元化的投资渠道和资金集聚载体，有利于有序引导民间资本流向，吸引优秀民间资本参与地方金融组织体系建设，使之成为民间金融阳光化、规范化的有效途径之一，将更多民间资本由“体外循环”转为“体内循环”，由“游离资本”转为“产业资本”，主动对接小微企业和“三农”金融需求，促进实体经济结构升级和转型发展。随着温州金融综合改革的获批，地方民间资本对进军金融业寄予了厚望，对发起设立金融组织的呼声越来越高，这也为浙江大开新型地方金融组织的“渠”引民间资本的“水”迎来了良好的契机。

三、发展新型地方金融组织体系的国际经验比较

从国际经验来看，美国社区银行模式和我国台湾地区民营银行模式对发展新型地方金融组织体系具有参考价值，值得借鉴。

（一）美国社区银行模式

美国的二元银行体系以存在大量与地方社区密切相连的社区银行为主要特

色之一。根据美国独立社区银行家协会（IBCA）的定义，社区银行[①]是指在一定的社区范围内，按照市场化原则自主设立、独立经营、资产规模小，且主要服务于社区内小微企业和居民的中小型银行。[②] 长期以来，社区银行一直是美国银行体系中的重要组成部分，在满足小微企业多样化需求、服务地方经济发展中扮演了不可或缺的重要角色。虽然我国在社区银行上还是一片空白，但是社区银行的定义和特点决定了它和民间金融具有较强的替代关系，社区银行发展比较好的地方，民间金融活动相对较少。因此，社区银行的发展将加快民间资本进入金融业，从而有助于民间金融的阳光化、规范化。

美国社区银行的设立情况：自 1985 年以来，美国联邦存款保险公司（FDIC）的参保社区银行数量占银行总数的比例一直保持在 90% 以上，截至 2012 年 3 月末，有 5 738 家商业银行和 905 家储蓄机构可称做社区银行，分别占所有参保的商业银行和储蓄机构总数的 91. 6% 和 86. 7% 。社区银行在机构设置上存在着一种拾遗补阙、填补金融空白的特征，其营业机构更多地分布于大型银行较少介入的农村地区及小城市，从而呈现出“边缘化”的色彩。

社区银行的市场份额：在营业机构方面，社区银行占有相对较高的份额。一直以来，社区银行在美国整个商业银行业中占有近三分之一的营业机构数量。其中，资产规模介于 1 亿 ~5 亿美元的社区银行在营业机构数量上又占据相对优势，1985—2011 年在整个银行业中的平均占比为 18. 57% 。在资产方面，社区银行所占有的市场份额则要低得多，资产占比从 1985 年的 13. 94% 一路下降至 2011 年的 10. 2% ，且仍然存在不断下滑的趋势。在存款领域，1985—2011 年社区银行的平均市场份额为 15. 7% ，高于其在资产领域的市场份额。在贷款领域，截至 2011 年末，社区银行占据了 11. 92% 的市场份额，基本低于其在存款市场上的份额。总体而言，与其自身在银行数量上所占的绝对多数相比，社区银行在银行业务整体中的市场份额则要小得多。虽然社区银行在银行业务上并未占据主导地位，但其在服务特定社区及特定对象上则起着关键的作用。

资金来源与供给：美国社区银行的主要资金来源是大量稳定的核心存款（Core Deposit）。社区银行的存款客户主要是社区内的农场主、小企业和居民，短期内存款余额可能有所波动，但从长期来看是相对稳定的。这部分存款为社区银行提供了廉价且稳定的资金来源，是社区银行保持流动性的“核心”。

社区银行的资金专注于服务特定区域范围内的企业和存款人，这与大型银

---

① 在美国理论界和实务界也尚未形成统一的判断标准，一个简单并基本的认识是，凡资产规模小于 10 亿美元的商业银行（Commercial Bank）和储蓄机构（Savings Institutions）都可统称为社区银行。

② “社区”并非一个严格界定的地理概念，既可以指一个州、一个市或一个县，也可以指城市或乡村居民的聚居区域。

行形成鲜明的反差。从具体服务对象上看，美国社区银行的服务对象主要包括特定社区内的小微企业、小型农场、个人以及附近社区的存款者等，为其提供存款、贷款、支付、结算及其他金融服务。在美国存贷款利率完全市场化的背景下，社区银行会收取比较高的贷款利率，可获得的净利差相对要高于大型银行。据美国存款保险机构的统计，占全美银行业总资产比重不足11%的社区银行，发放了40%的小企业贷款以及超过70%的小额农场贷款，其占银行全部贷款的比重都明显高于大型银行。

（二）我国台湾地区民营银行模式

我国台湾地区银行业的民营化改革主要是通过两大方式：一是允许公营银行私有化，二是民间新设立商业银行。具体特点如下：

一是设立的法律依据及基本流程。1989年7月，台湾地区“立法院”通过“银行法（修正案）”，其中增修第52条与民营银行设立相关，并规定设立标准由“中央主管机关”确定，商业银行开放设立有了明确的法律依据。台湾地区于1990年4月公布商业银行设立标准，同时受理民营银行设立申请，并规定每年4月到10月为银行申请设立的期限。在程序上，申请设立商业银行分三阶段进行审核，分别为书面审查、负责人面谈、由专家学者所组成的委员会评审，1991年6月核准15家民营银行设立，并分别在1991年12月到1992年4月陆续开业；1992年又有1家提出申请，也获准开业。前后两年新设立开业的民营商业银行共有16家。同时，台湾地区也核准信托投资公司、大型信用合作社及中小企业银行可申请改制为商业银行，致使商业银行家数倍增；又推动公营金融机构民营化，开放票券金融公司、信用卡公司、证券金融公司以及工业银行设立，放宽外资银行设立营业据点条件，批准信托投资公司、中小企业银行及信用合作社改制为商业银行等，进一步打破了以前的金融垄断状况。

二是高标准的最低实收资本额规定。新设商业银行最低实收资本额为100亿元新台币。从台湾地区当时公营银行的股本来看，1990年资本额达100亿元新台币以上的银行只有交通银行、台湾银行与台湾土地银行，而接近100亿元新台币资本额的银行有中国输出入银行与中国国际商业银行；到1991年时100亿元新台币以上资本额的银行只增加中国国际商业银行一家。因而，当时设立100亿元新台币最低实收资本额，可以说是高标准的。大多数专家学者与从业者都认为门槛超高，有失开放竞争的本意，可能存在阻止中小企业主导开设的问题。当时，台湾地区出台这样的标准主要是基于以下几个方面的考虑：一是防止银行新设家数过度膨胀，造成市场恶性竞争，危及金融秩序与金融稳定；二是过高的资本额，可降低人人设立银行的可能；三是过高资本额的要求，再配合大股东持股最高比率的规定可以解决股权分散，避免财团与银行结合而产生利益输送的问题，促进所有权与经营权分离，健全银行经营；四是较高的资本额，可以提高银行经营的稳健性，降低经营风险。而且，从实际情况来看，在标准放宽的前两年，就有 20 家新设银行提出申请，可见民间对新设银行有浓厚的兴趣，而且所订立的标准并非遥不可及。

（三）国际经验的启示

美国社区银行模式和我国台湾地区民营银行模式对发展新型地方金融组织体系具有参考价值，值得借鉴。

一是开放民营银行的家数要适宜。经济决定金融，银行机构的家数与服务地区工商业发展活跃的程度及经济活动人口的多寡密切相关。在同一地区纵然人口众多，但工商业不发达，不可能存活很多银行。在 1991 年民营银行设立以前，台湾地区已有公营银行遍布各处，而且每年均有相当数额的盈余。当 16 家民营银行设立之后，其分行也跟着遍布各处，于是加剧了公营、民营银行的竞争。为了赢得竞争，不少银行故意提高存款利率，以吸收存款，同时降低贷款利率，以增加贷款。这种行为压缩了银行的利差，增加了经营风险。因此，在民营银行设立时，在数目上应加以限制，要与当地经济发展程度相适应。

二是严格限制新型金融组织的经营范围。美国监管机构对社区银行的经营范围有着严格的规定，跨区域经营必须经过审批和核准，坚持“取之于民、用之于民”的金融服务理念，鼓励社区银行致力于区域内小微企业和农户的金融服务，支持区域经济又好又快发展。据美国存款保险机构的统计，占全美银行业总资产比重不足 11% 的社区银行，发放了 40% 的小企业贷款以及超过 70% 的小额农场贷款，其占银行全部贷款的比重都明显高于大型银行。我国设立新型金融组织的目的就是为了解决小微企业和“三农”融资难、融资贵问题，因此，应该限定新型金融组织的业务范围和地域范围。如对村镇银行跨区域设立分支机构要十分谨慎，对村镇银行跨地区吸纳存款要坚决查处，对村镇银行的业务范围要严格界定。此外，为了鼓励新型金融组织发展，应该在利率政策、税收政策上给予适度倾斜。

三是民营银行要设立较高门槛。首先，股东本身须财力雄厚，如台湾地区高标准的最低实收资本额规定，新设商业银行最低实收资本额为 100 亿元新台币。从台湾地区当时公营银行的股本来看，1990 年资本额达 100 亿元新台币以上的银行只有交通银行、台湾银行与台湾土地银行，而接近 100 亿元新台币资本额的银行有中国输出入银行与中国国际商业银行；到 1991 年时 100 亿元新台币以上资本额的银行只增加中国国际商业银行一家。因而，当时设立 100 亿元新台币最低实收资本额，可以说是高标准的。其次，要有一定的人才储备。新设立的民营银行，应采取循序渐进的方式，边做边学，累积经验后，达到一定要求和条件时，再视情况，允许其适度扩大规模或增加营业网点。在内控方面，需要有一套健全的会计制度。由于民营银行的所有者往往是大股东，不少大股东将经营的银行视做私人银库，为了利用方便，通常在会计上做手脚，不愿意将其财务状况透明。会计制度透明化，可禁止关联贷款，也可防止大股东将银行大量存款投资于其经营的其他行业，更可防止存心不良的大股东，掏空银行存款，潜逃国外。

四是退出机制及风险救助体系要完备。民营化之后的台湾银行业尽管家数增加了，但也暴露了银行业利润递减、不良率增加等问题，台湾银行民营化改革后来发生问题的原因主要有两方面：其一是台湾地区只是放宽市场准入，对于银行监管和银行业退出没有充分准备，诱发道德风险问题，造成银行经营效率低下。其二是出现大量的关联贷款，台湾地区在放开民营银行时设立了较高的准入门槛，为了达到金融当局设定的标准，筹建民营银行的发起者需要联合大企业，造成银行与大企业之间的不正常关系。金融机构的市场准入和退出机制是保障金融市场效率和有序竞争的重要环节。现有的金融监管和金融法规偏重于对商业银行市场准入的规定，而对市场退出缺乏相应的监管规定。应对民营银行潜在的经营风险和道德风险，建立一个事前、完备的民营银行援助、退出、清算程序就显得尤为重要。

五是要坚持“有序推进、严格监管、风险自担”的原则。“有序推进”是指在民间资本进入金融业问题上，应该遵循渐进原则，按照从非存款类金融机构到存款类金融机构、从小型金融机构到大型金融机构这一路径，逐步放开民间资本准入。“严格监管”是指在放开民间资本进入金融业限制的同时，要加强包括民营金融机构在内的所有金融机构的监管，监管标准要统一，实施标准监管而非对象监管，不因监管对象是否民营而有所变化，这一点对于市场经济的公平有序至关重要。同时，要明确民营金融机构的监管主体，按照“谁审批、谁负责”的原则，落实责任机构，消除监管空白。“风险自担”是指在民间资本进入金融业的过程中，要培养有风险承担意识和风险承担能力的民间投资主体，避免出现民间资本投机炒作、政府埋单的道德风险问题。

四、发展新型地方金融组织体系的典型案例分析

从浙江发展实践看，台州银行、浙江泰隆商业银行、浙江民泰商业银行三家城市商业银行的发展，显示了地方金融组织作为金融组织体系的重要补充作用，对发展新型地方金融组织体系意义重大。

（一）城市商业银行微贷技术的主要特色及经验

一是坚持市场化、民营化导向，牢树小微贷款市场定位。三家城市商业银

行始终坚持市场化、民营化导向[①]，产权清晰、自主经营，在二十多年发展中与国有等大型银行开展差异化竞争，始终坚持服务小微市场定位，形成了“地缘、人缘、亲缘”三缘关系，为小微客户提供专业、专注、专门的服务。一是零售化经营。小微客户突出的特点是小、散，三家城市商业银行将约40%的人力资源配置到客户经理，变“坐商”为“行商”，以“人海战术”深入小微金融服务与竞争不充分的乡镇农村、街角巷尾，撒网式逐户挖掘、发展客户。二是标准化、高效率服务。形成包括贷款营销、申请受理、调查决策、发放和贷后监管等的集约化、标准化处理流程，将信贷审批权最大限度地下放至营业机构；以“脚勤、贴心、快捷”紧贴客户服务，达到“三三制”限时服务（新客户贷款3个工作日完成发放、老客户3小时内立等可取），最大限度地适应小微客户“短、小、频、急”特点。三是差异化容忍。实行“小微贷款2%不良容忍度、大额贷款零容忍”，敢放、能放小微贷款。

二是创新特色化、个性化信息收集机制，破解小微贷款信息不对称难题。三家城市商业银行在二十多年的零售化、走街串巷的经营实践中，探索形成了适应小微客户资产缺少、财务数据不健全情况下的“软信息”收集方式，开展特色化风险评估，能够有效破解小微企业信息不对称难题。如台州银行的“三看三不看”（不看报表看原始、不看抵押看技能、不看公司治理看家庭治理）、“十六字方针”（下户调查、眼见为实、自编报表、交叉检验），浙江泰隆商业银行的“三品三表”（即人品、产品、抵押品和电表、水表和海关报表）、浙江民泰商业银行的“九字诀”（看品行、算实账、同商量）。通过深入细致的调查检验，清晰了解客户情况，无形中也将非生产经营性贷款需求拒之门外，保证信贷资金能全部投入实业经营。

三是实行人性化、道义化的保证担保机制，解决小微贷款抵押品缺乏问题。为防止小微客户融资难演变成融资担保难，三家城市商业银行均实行人性化、道义化的“熟人”保证担保机制，即不需要提供资产抵押、只需要1～2名保证人提供信誉担保，从本源上破解小微客户抵押品缺乏问题。浙江泰隆商业银行道义担保贷款模式即通过与借款人具有道义关系的第三人（如父母、子女、夫妻、近亲属和特殊同事、同学、朋友等）提供保证而发放贷款，充分发挥道义在信贷中的约束作用，实现“贷款放得出、风险管得住”。目前，三家城市商业银行贷款中以信用、保证担保方式发放的贷款占比都在90%以上，而截至2013年9月末，三家城市商业银行的不良贷款率仅为0.56%，明显低于全省（1.76%）和台州全市（1.28%）的不良率。

---

① 政府以极低比例参股且不派高管、不摊项目、不干预经营，台州银行民营资本占比75.14%、浙江泰隆商业银行民营资本占比100%、浙江民泰商业银行民营资本占比84.26%。

四是推行差异化、系统性的利率定价和成本控制机制，形成小微贷款收益覆盖成本的盈利模式。为破解成本收益不平衡，三家城市商业银行均在深入挖掘利润、高度控制成本上形成了独特的机制。其一是差异化的利率风险定价机制。目前，中小城市商业银行的主要盈利来源还是存贷利差，三家城市商业银行对小微客户的存贷款实施近百档的不同利率，做到“一户一价”、“一笔一价”、“一期一价”，满足客户的不同需求，不仅能最大限度扩大利润空间，还能主动快速适应利率上浮政策和利率市场化发展的要求。其二是成熟的成本控制机制。社区化、“一圈、一居、一链”的“批量获客”模式，摊薄了信息获取成本和营销管理成本；设立有人值守的自助银行和完善的后台管控，大大降低了运营成本；划分分支机构和客户经理的拓展营销区域，深化精耕细作的同时减少内耗。

五是建立全方位、可量化的风险管控和内部激励机制，防范小微贷款操作风险和道德风险。三家城市商业银行在实践“大数定律”，坚持发放小额贷款分散风险的同时，抓好风险管控和内部激励这两头，构筑了有效的风险防控与激励约束体系，大大降低了潜在的操作风险和道德风险。其一是建立强有力的后台风险防控体系。强调“管营分工”，分支行设置独立风控部门，通过标准化、工具化手段提升风险管控水平和丰富非现场检查手段，包括建设客户评级系统，完善风险预警和非现场检查系统，建设高覆盖的数据仓库和影像系统，建立贷款终身风险问责制度，行外特聘监督员等。其二是建立完整透明的激励约束机制。员工薪酬直接量化到个人，将存款、资产质量等直接与效益工资、职务级别挂钩；提高员工住房福利，实施周末无公务制度，设立内部职工股，规划员工职业发展路径等，提升工作积极性；发挥亲情激励监督作用，浙江泰隆商业银行“亲情 2 + 1”制度广受肯定，对工作两年以上员工的父母每月发放 300 元红包，银行出 200 元，员工出 100 元，一旦员工违规，款项暂停发放。

六是探索社区化经营、“脸谱化”招人机制，实现小微贷款技术的可复制。在本地业务迅速发展的背景下，三家城市商业银行开始“走出去”，通过机构、文化、商业模式“三落地”措施，主动适应异地市场客户更加难以挖掘、信息更加难以获取、“三缘”缺失等问题，坚持服务小微客户。其一是立足“社区银行”。异地分支机构设置跟着客户走，客户在哪，机构设到哪。依托“一圈、一居、一链”，将机构落地在专业市场、社区等，并通过与市场管理方、社区（村镇）、供应链核心企业等合作，围绕重点区域和专业市场实现批量获客。其二是开展“脸谱化”招聘培训。总结出适合小微贷款服务的人员脸谱特征，如应届毕业生或毕业不超过两年的，以个体工商户为销售对象的销售人员，以及重点商圈、产业链和市场人才等，招聘的营销人员不一定具有高学历，但需具有良好亲和力，善于当好客户参谋，并通过系统性培训将服务小微的企业文化、理念、技术等，根深蒂固为工作人员的行为准则，实现文化落地。其三是提升信贷技术。如台州银行引进国际先进的小额信贷管理体系，对已有的信贷技术进行升华，在其业务范围拓展到北京、深圳、江西等不同经济区域后，这一套信贷管理体系得到了有效检验，并被同行模仿借鉴，实现商业模式落地。

七是具备独立化、学院式的人才培养机制，保障与小微贷款运作模式相配套的人才需求。三家城市商业银行均建立了各自独立的培训学院，以独特的培训机制将信贷文化、风险理念、管理经验、服务标准等传递给每位员工，通过大规模培训、储备与其特殊运作模式相匹配的微贷人才，为台州小微贷款的商业可持续运营和成功复制提供了人才保障。如台州银行设立了占地 1.3 万平方米、单次能培训 500 人的台州银行银座金融培训学院，引进国际先进培训理念，强化课程开发能力建设，建立高密度、高效率、标准化的培训体系，选拔优秀员工自组讲师、导师队伍，并推行“一个学院、多个中心”，实现异地机构实时共享，能够将一个毫无工作经验的应届毕业生在 3 个月内培养成能独立上岗的前台柜员，6 个月培养成能独立发放微贷款的信贷员。

（二）取得的成效

截至 2013 年 9 月末，三家城市商业银行在台州的存款占比 17.8%，贷款占比 15.5%；小微企业（含个人经营性）贷款占比 73.59%，分别高于全国及全省 47.6 个和 35.76 个百分点，户均贷款不超过 50 万元；不良贷款率仅为 0.56%；2012 年净利润 25.55 亿元，均为台州市前十家纳税大户，其中台州银行是第一纳税大户，曾获“最具盈利能力城市商业银行”称号，总资产收益率为 2.34%，是全国唯一一家连续 4 年获得中国银监会“全国银行业金融机构小微企业金融服务先进单位”的法人金融机构。

一是形成了一套商业可持续的小微信贷运行模式。在二十多年的探索实践中，三家城市商业银行实践“大数定律”，零售化经营，坚持了服务小微金融的市场定位；创新搜集“软信息”并紧贴客户服务，破解了小微贷款信息不对称和服务脱节等问题；有意“忽视抵押”，推行“熟人”保证担保机制，破解小微贷款抵押品不足问题；实施近百档的差异化利率定价，系统性的成本控制，破解小微贷款成本收益不平衡问题；强调“管营分工”，内控“环环相扣”，清晰量化奖惩机制，破解操作风险和道德风险问题，逐渐形成了一条专业、专注、专门服务小微客户的商业可持续小微信贷运作模式。

二是实现了小微信贷模式的可复制。在跨区域发展中，三家城市商业银行通过从“撒网式”获客转变为“一圈、一居、一链”批量获客，从无条件招聘转变为“脸谱化”招聘等，实现机构、文化、商业模式落地，成功将小微贷款运作模式复制到异地。截至目前，三家城市商业银行在台州以外的省内其他地市以及上海、江苏、四川、重庆、广东、北京、江西等设有分支机构共 173 家，其中小微企业专营支行35家；发起设立18家村镇银行。浙江泰隆商业银行得到上海监管部门支持，分支机构批量设立，目前已有14家；浙江民泰商业银行小微金融成功经验被四川省省长蒋巨峰批示推广；由台州银行主发起的江西赣州银座村镇银行成为全国首批试点（江西首家）总分行制村镇银行，18家营业机构网点已全面覆盖当地县域市场。

三是实现了小微信贷模式的普适性。三家城市商业银行通过系统性培训和调整转变，将自身探索形成的可持续小微信贷模式的文化理念、运行机制、行为准则等不断固化，传承下去，传输出去，在本地实现良好发展，在经济结构、金融环境、文化背景完全不同的北京、上海、深圳、四川、江西等异地也能落地生根，分支机构及主发起设立的村镇银行均发展良好，得到了政府及监管部门的大力支持，成为当地同行的标杆。

四是创新了一批有全国影响力的小微信贷明星产品。台州银行“小本贷款”有效破解小微企业贷款缺乏抵押难，支持失地农民及异地农民创业就业，被评为全国“服务小企业及‘三农’十佳特优金融产品”，获国务院主要领导批示；全国首创小微企业绿色节能贷款，助推小微企业转型升级；浙江泰隆商业银行研发国内首款小微企业中期贷款产品“SG泰融易”，破解小微企业贷款短贷长用、期限错配难题；浙江民泰商业银行独立研发全国首个金融IC卡手机信贷系统“民泰随意行”，通过手机短信实现24小时自助循环小额贷款功能，被中国人民银行总行列为科技创新项目。

五是实现了自身发展与践行社会责任的双赢局面。三家城市商业银行在支持小微企业中实现自身的快速发展，同时积极践行支小扶弱、让利社会的责任，设立“台行银座扶贫创业慈善基金”、“泰隆慈善基金会”，开展各类公益宣传、社区服务和捐赠活动等，积极帮助贫困者、弱势群体。台州银行打造“免费银行”，自发推出42项减费让利措施，2012年为小微企业等客户节约各项费用2 600余万元。

五、发展新型地方金融组织体系的主要对策

在温州金融综合改革试验区中发展新型金融组织，完善地方金融管理体制，这是国务院批准温州金融改革方案的重要内容之一。发展新型地方金融组织，完善地方金融管理体制需要进行总体设计，找准改革的突破点，梳理出关键性的举措，以便取得切实效果。

（一）总体思路

发展新型地方金融组织，就是在温州金融综合改革试验区过程中，依托现有地方金融组织，如农村信用社、村镇银行、小额贷款公司等，按照“有存有贷、限定区域、风险自负”的原则，探索由符合条件的企业法人、自然人发起，

经银监部门批准设立并进行日常监管，地方政府牵头协调风险防范与处置，在县（市、区）范围内开展业务，自主经营、自担风险、自负盈亏、自我约束的股份制、社区性新型金融组织（暂名为社区银行）。

社区银行要坚持服务小微企业、“三农”和社区民居的市场定位，立足区域经济，以县城（城区）为经营区域，以社区性银行为发展模式，探索建立灵活、便利的信贷管理与服务模式，坚持“小额、分散”的经营原则，提高贷款覆盖面，防止贷款过度集中。严控向国家限制的领域和行业发放贷款，禁止发放政府融资平台贷款。

在试点初期，社区银行经营范围主要为：一是吸收公共存款；二是发放小额贷款，以本区域内小微企业、“三农”和社区居民为服务对象，其70%的信贷资金发放给贷款余额不超过500万元的小额借款人；三是办理贷款户的结算业务。经过一段时间试点，经批准后，社区银行可从事其他业务：一是发行定向的大额存单或金融债券；二是办理票据承兑与贴现；三是代理发行、代理兑付、承销政府债券；四是从事同行拆借；五是代理买卖外汇；六是开展银行卡业务；七是代理收付款项及代理保险业务；八是开展经银行业监督管理机构批准的其他业务。

与现行小额贷款公司和村镇银行不同的是，小额贷款公司是地方政府审批，经工商管理部门注册从事金融业务的机构，按照相关规定可以利用不超过自身资本金的50%从银行融资来放款，从某种程度上将潜在风险转嫁给银行。村镇银行则由某家银行主发起并控股，实际上是发起银行的一个分支机构。而社区银行主体是由民间资本出资，聘请专业人员经营管理，银监部门批准设立并进行日常监管，地方政府牵头协调风险防范与处置的有存贷款功能、有限牌照、机构单一的小型金融机构。由于权责利明确，不会将风险转移给其他金融体系，即便出现风险也集中在一定区域内，便于控制和处置。

小额贷款公司、村镇银行、社区银行比较表

	发起设立	业务范围	审批监管	区域限制
小额贷款公司	民资发起	只贷不存	地方政府审批监管	严格限定区域
村镇银行	银行发起	可贷可存	银监会审批监管	可设分支机构
社区银行	民资发起	可贷可存	银监会审批监管，地方政府牵头协调风险防范与处置	严格限定区域

本着温州金融综合改革先行先试的原则，在温州开展社区银行试点，是温州金融综合改革的重要突破。社区银行业务范围严格限定在一定区域内，通过利用当地的社会资金支持当地的小微企业、“三农”与社区居民，推动当地经济发展。同时，利用业务运作在当地的优势，灵活设定贷款条件，简化业务手续，

有助于解决当地小微企业与“三农”融资难、融资贵问题，从而实现银行大资本与小微企业有效对接，最终实现各类资本与经济转型升级的有效对接。

（二）主要措施

措施之一：完善社区银行的股东和治理结构

股本结构方面，注册资本拟在人民币5亿元以上，全部由社区资本组成。主发起股东及其关联方合计投资入股比例不得超过股本总额的20%；一般股东按照大股东、中股东、小股东股权比例成阶梯型分布，最高入股比例不得超过股本总额的10%；以法人股为主，法人股须占股本总额的2/3以上；股东以当地企业法人、自然人或在外浙商为主，一般在20人左右。

股东的选择方面，主发起股东从当地管理规范、信用优良、实力雄厚、有社会责任感的优质股份制企业中选择。主发起股东除符合银监会有关要求外，还需具备以下条件：最近3个会计年度连续盈利；无不良经营记录和违规记录；资产负债率低于70%；入股资金来源合法，不得以借贷资金、委托资金入股；对投资银行业有理性认识，并有长期投资意向。其他法人股东除符合银监会有关要求外，还应在诚信记录、经营管理上符合相应资格。自然人股东除符合银监会有关要求外，还需具备以下条件：有完全民事行为能力和良好的社会声誉；无犯罪记录和不良信用记录；有较强的资金实力，不得以借贷资金和委托资金入股。

治理结构方面，社区银行应依照中国银监会《商业银行公司治理指引》等要求，构建良好的法人治理结构，发挥股东大会、董事会和高管层的作用，所有权和经营权分离，董事会与经营管理层分开。董事会组成包含独立董事，独立董事应没有牵涉对其独立判断可能造成重大影响的业务和关系；确保经营管理层的独立性，经营管理层按照董事会设定的目标进行日常经营管理，董事会和股东不参与日常经营管理。社区银行拟任高管必须符合商业银行高级管理人员的任职资格条件，可从现有的银行业金融机构中选择有丰富经验的高素质高管担任，并可由行长负责整个管理团队的组建。社区银行可与地方法人商业银行或省级农村合作金融公共服务平台在人才培训、中后台科技信息支撑平台等方面，以服务外包的形式建立合作联盟关系，在风险管控及短期流动性风险救助等方面建立应急合作机制。

措施之二：完善社区银行的监管体系

资本约束方面，社区银行应建立完善资本约束、评估和补充机制，使风险资产规模的扩张控制在资本承受范围之内。在任何时点，机构资本充足率都应保持在11%以上。鼓励采取减少现金分红、增加利润留存、增资扩股等多种措施，以增加资本实力。当资本充足率低于11%时，要暂停办理消耗资本的资产业务，直至资本充足率达到11%以上。

拨备计提方面，社区银行应全面准确反映各类资产形态，并计提充足的风险拨备，拨备覆盖率应达到150%以上，拨贷比应不低于2.5%，并根据监管部门的要求动态调整拨备水平。同时，应对社区银行实行差别化准备金率。

日常监管方面，社区银行将按照属地监管原则，由银监部门负责准入管理和日常金融监管，由当地政府牵头协调金融风险处置。相关监管制度、日常监管程序和指标按照银监会等部门的制度执行。此外，对于社区银行发展中所需要的支付结算、征信服务、网络架构、系统接入等基础设施建设工作，在试点过程中由相关金融管理部门协助完成，从而为社区银行发展提供良好的环境。

接管和终止方面，监管部门建立预警机制，对社区银行关键监管指标进行最低标准设定。一旦相关监管指标接近最低标准或接到风险报告后，应立即启动处置预案，责成其实施风险处置方案，同时根据实际情况，进一步提出具体化解措施，并监督实施。社区银行不能支付到期债务，或者发生信用危机，严重影响存款人利益时，依照《中华人民共和国商业银行法》等有关法律法规的规定，对社区银行进行接管、解散、撤销和破产处置。社区银行应在章程中对接管等事宜作出明确的可操作规定。社区银行因解散、被撤销和被宣告破产而终止的，应向发证机关缴回金融许可证，及时到工商行政管理部门办理注销登记，并予以公告。

措施之三：完善社区银行的风险防控体系

股东风险防范方面，社区银行以其全部法人财产独立承担民事责任。可在章程中明确主要股东对社区银行未能清偿债务的特别责任；股东不得对所持银行股份进行股权质押，在3年内不得转让所持有股份；试点初期3年内不分红，3年后每年税后利润按固定比例进行分红，余额用于资本积累。相关规定均需在入股时签订协议书进行约定。

关联贷款风险防范方面，股东及关联企业不得在该银行贷款或由其对外提供担保。同时，针对相关的违规行为制定罚则。

定期信息披露方面，当地政府应委托审计机构每年对社区银行进行一次年度审计。社区银行需定期向股东进行信息披露，并向当地政府和金融监督管理部门报备，信息披露形式包括关键信息概述和详细陈述。关键信息概述包括银行的资本充足率、对关联方交易头寸、资产质量、股东担保和盈利状况等方面信息。详细陈述包括银行的公司治理状况、完整的财务报告、资本充足性的信息状况、风险管理体系、银行市场风险头寸等。银行董事及高管必须为信息披露的真实性和完整性负责。

限定地域控制风险方面，社区银行所有业务严格限定在注册地所在的县域（城区）范围内，试点地区地方政府对试点的社区银行给予存款支持。

引进保险机制方面，为提升对社区银行金融风险的防范与处理能力，可对贷款引入小额贷款保证保险机制。

建立风险准备金方面，在存款保险制度建立之前，经地方政府同意后，社区银行在试点期间缴纳的所得税地方留成部分和营业税，以及银行自身经营税后收益所得按比例提取部分资金，共同建立风险准备金资金池。在社区银行按规定启动破产清算程序时，启用风险准备金，对存款破产清算赔付差额部分根据资金池总额按比例进行有限赔付。

措施之四：发挥人民银行在审慎管理方面的作用

人民银行作为温州金融综合改革部际协调会议的主要成员，要积极参与地方金融监管体系建设，加强与地方金融监管和其他监管部门的信息交流和共享，健全对地方金融机构和区域金融市场的指标管理体系，为地方金融监管提供指导和建议。地方金融监管部门应该在宏观审慎管理的框架下，加强对地方中小金融机构和区域性金融市场的审慎监管，完善宏观审慎管理与微观审慎监管协调配合、互为补充的体制机制。

措施之五：完善地方信用体系建设

民间金融相对于正规金融的优势主要在于信息优势和交易成本优势，这主要是因为民间金融一般以地缘、人缘、血缘或商缘为纽带而建立起来的，具有“熟人”社会特征，借贷双方的信息不对称问题得到缓解。同时，民间金融具有特殊的声誉约束机制，从而降低交易成本。民间金融发展的重要基础是社会信用体系不健全。这种不完善的社会信用体系导致金融市场充满了信息不对称，提高了交易成本，也导致了金融市场“劣币驱逐良币”现象的产生。大量具有良好信用的借贷者难以或者只能以较高的成本在正规金融市场获取金融服务。

社会信用体系的完善有利于降低金融市场的信息不对称，从而降低金融服务成本，正规金融机构和民间金融组织都将因此受益。然而，社会信用体系的完善使民间金融相对于正规金融的信息和交易成本优势逐渐丧失，正规金融的替代效应必将加强。因此，完善社会信用体系有助于降低民间金融规模，是民间金融加速向正规金融转化的重要外部条件。

当前，社会信用体系建设需要以法律法规为依据，以信用活动的参与者为主体，以信用活动者的信用记录为基础，规范信用数据的收集和使用，形成激励守信、惩戒失信的机制，建立覆盖全社会的诚信系统工程。为此，需要健全信用政策法律法规体系，完善信息记录和数据系统，培育和扶植信用评级市场，健全征信系统。

参考文献

[1] 程蕾：《中国民间金融走势分析》，载《经济理论与经济管理》，2004（3）。

[2] 崔百胜：《非正规金融与正规金融：互补还是替代》，载《财经研究》，

2012（7）。

［3］崔荫：《中国民间金融发展原因探析》，载《中国流通经济》，2007（6）。

［4］邓妮娟：《民间金融与正规金融的合作分析》，厦门大学硕士论文，2008。

［5］高发：《中国民间金融问题研究》，载《金融教学与研究》，2005（4）。

［6］郭田勇、李贤文：《关系型借贷与中小企业融资的实证分析》，载《金融论坛》，2006（4）。

［7］胡金众、李永平：《正规金融与非正规金融：比较成本优势与制度互补》，载《东岳论丛》，2006（3）。

［8］李扬、杨思群：《中小企业融资与银行》，上海财经大学出版社，2001。

［9］林毅夫、孙希芳：《信息非正规金融和中小企业融资》，北京大学中国经济研究中心内部讨论稿，2003。

［10］刘杰：《农村正规金融与非正规金融“垂直连接”的理论分析》，湖南师范大学硕士论文，2008。

［11］罗纳德·麦金农：《经济发展中的货币与资本》（中译本），上海三联书店，1988。

［12］马忠富：《中国农村合作金融发展研究》，中国金融出版社，2001。

［13］彭芳春、耿康顺：《中国民间金融与正规金融的交互作用研究》，载《广东金融学院报》，2011（1）。

［14］彭建刚、王惠、何婧：《引导民间资本进入新型农村金融机构》，载《湖南大学学报》，2008（3）。

［15］史晋川、孙福国、严谷军：《市场深化中民间金融业的兴起——以浙江路桥城市信用社为例》，载《经济研究》，1997（12）。

［16］宋建华：《我国企业的融资行为研究》，载《中国经济问题》，2011（5）。

［17］谈儒勇：《非正式金融批判的批判》，载《甘肃社会科学》，2001（1）。

［18］王磊、吴辉凡、姚广宁：《互补、替代与转化：非正规金融与正规金融的关系》，载《经济经纬》，2009（5）。

［19］王相敏、张慧一：《民间金融、非正规金融、地下金融：概念比较与分析》，载《东北师范大学学报》，2009（6）。

［20］张杰、经朝明、刘东：《商业信贷、关系型借贷与小企业信贷约束：来自江苏的证据》，载《世界经济》，2007（3）。

［21］张捷：《中小企业的关系型借贷与银行组织结构》，载《经济研究》，

2002（6）。

[22] 张军：《改革后中国农村的非正规金融部门：温州案例》，载《中国社会科学季刊（香港）》，1997（20）。

[23] 张松：《民间金融与我国金融制度变迁》，载《江苏社会科学》，2003（6）。

[24] 中国人民银行广州分行课题组：《从民间借贷到民营金融：产业组织与交易规则》，载《金融研究》，2002（10）。

[25] 中国人民银行货币政策分析小组：《中国区域金融运行报告》（2004年），中国人民银行网站，2004。

[26] 庄岩：《正规金融与非正规金融的演化博弈分析》，载《哈尔滨金融学院学报》，2011（1）。

[27] Angelini, P., R. Di Salvo and G. Ferri, 1998, "Availability and Cost of Credit for Small Businesses: Customer Relationships and Credit Cooperatives", *Journal of Banking and Finance*, Vol. 22, pp. 925 – 954.

[28] Anheier, H. and W. Seibel, 2001, "The Nonprofit Sector in Germany", Manchester University Press.

[29] Bell, F., 1997, "The Economic Valuation of Saltwater Marsh Supporting Marine Recreational Fishing in the Southeastern United States", *Ecological Economics*, Vol. 21, pp. 243 – 254.

[30] Berger, A. and G. Udell, 1995, "Relationship Lending and Lines of Credit in Small Firm Finance", *Journal of Business*, Vol. 68, pp. 351 – 381.

[31] Bharath, S., S. Dahiya, A. Saunders and A. Srinivasan, 2011, "Lending Relationships and Loan Contract Terms", *Review of Financial Studies*, Vol. 24, pp. 1141 – 1203.

[32] Boot, A. and A. Thakor, 1994, "Moral Hazard and Secured Lending in an Infinitely Repeated Credit Market Game", *International Economic Review*, Vol. 35, pp. 899 – 920.

[33] Degryse H. and P. Van Cayseele, 2000, "Relationship Lending within a Bank – Based System: Evidence from European Small Business Data", *Journal of Financial Intermediation*, Vol. 9, pp. 90 – 109.

[34] Delbert, F., 1992, "Informal Finance in Low – income Countries", *West View Press*, pp. 187 – 194.

[35] Diagne, A., 1999, "Determinants of Household Access to and Participation in Formal and Informal Credit Markets in Malawi", International Food Policy Research Institute, Washington D. C. FCND, Discussion Paper No. 67.

[36] Diamond, D. , 1984, "Finaneial Intermediation and Delegated Monitoring", *Review of Eeonomic Studies*, Vol, 51, pp. 393 -414.

[37] Floro, M. and D. Ray, 1997, "Vertical Links between Formal and Informal Financial Institutions", *Review of Development Economics*, Vol. 1, pp. 34 -56.

[38] Fry, M. , 1995, "Money Interest and Banking in Economic Development", Second Edition, Johns Hopkins University Press.

[39] Germidis, D. , 1990, "Interlinking the Formal and Informal Financial Sectors in Developing Countries", *Savings and Development*, Vol. 8, pp. 122 -131.

[40] Ghate, P. , 1992, "Informal Finance: Some Findings from Asia", Oxford University Press and Asian Development Bank.

[41] Greenbaum, S. , G. Kanatas andI. Venezia. 1989, "Equilibrium Loan Pricing under the Bank - Client Relationship", *Journal of Banking and Finance*, Vol. 13, pp. 221 -235.

[42] Harhoff, D. and T. Körting, 1998, "Lending Relationships in Germany Empirical Evidence from Survey Data", *Journal of Banking and Finance*, Vol. 22, pp. 1317 -1353.

[43] Isaksson, A. , 2002, "The Importance of Informal Finance in Kenyan Manufacturing", The United Nations Industrial Development Organization Working Paper, No. 5.

[44] Kohn, M. , 1999, "Finance before the Industrial Revolution: An Introduction", *Department of Economics*, pp. 99 -101.

[45] Macafee, K. , 1980, "A Glimpse of the Hidden Economy in the National Accounts", *Economic Trends*, Vol. 316, pp. 81 -87.

[46] Michelle, P. , 1998, "Beyond Credit Worthy: Microcredit and Informal Credit in theUnited States", *Journal of Developmental Entrepreneurship*, Vol. 13, pp. 37 -42.

[47] Petersen, M. and R. Rajan, 1995, "The Effect of Credit Market Competition on Lending Relationships", *The Quarterly Journal of Economics*, Vol. 110, pp. 407 -443.

[48] Schenone, C. , 2010, "Lending Relationships and Information Rents: Do Banks Exploit Their Information Advantages?", *Review of Financial Studies*, Vol. 23, pp. 1149 -1199.

[49] Seibel, H. , 1997, "Upgrading, Downgrading, Linking, Innovating: Microfinance Development Strategies: A Systems Perspective", University of Cologne Development Research Center Working Paper No. 1997 -6.

[50] Sharpe, S., 1990, "A Symmetric Information, Bank Lending, and Implicit Contracts: A Stylized Model of Customer Relationships", *Journal of Finance*, Vol. 45, pp. 1069-87.

[51] Stiglitz, J. and A. Weiss, 1981, "Credit Rationing in Markets with Imperfect Information", *The American Economic Review*, Vol. 71, pp. 393-410.

[52] Townsend, C., 1989, "The Patch Dynamics Concept of Stream Community Ecology", *J. N. Am Benthos Sot*, Vol. 8, pp. 36-50.

[53] Tsai, K., 2001, "Beyond Banks: The Local Logic of Informal Finance and Private Sector Development in China", the Conference on Financial Sector Reform in China.

[54] Weinstein, D. and Y. Yafeh, 1998, "On the Costs of a Bank-centered Financial System: Evidence from the Changing Main Bank Relations in Japan", *Journal of Finance*, Vol. 53, pp. 635-672.

[55] William, F., 1997, "Informal Financial Market under Liberalization in Four African Countries", *World Development*, Vol. 15, pp. 817-830.

浙江民间金融与地方中小金融机构的对接研究

浙江金融职业学院课题组*

一、现状分析：浙江民间金融运行基本状况

（一）民间金融样本分析

为了使本课题的研究更具体反映浙江民间金融的实际情况，课题组成员就浙江民间金融的运行情况在浙江省范围内进行了一次调研。在剔除代表性不强的企业样本后，共得到148家企业和285户家庭的有效问卷数据（实际回收企业调查问卷211份，家庭调查问卷380份）。

1. 企业样本数据情况（148家）

（1）样本行业分布情况

如表1所示，148家样本企业行业分布涉及农林牧渔业、采掘业、制造业、建筑业、餐饮业、房地产业及其他等行业。其中，制造业企业数最多，为89家，占样本结构的60.2%；采掘业企业数最少，为1家，占样本结构的0.7%。

表1　　样本行业结构与全省企业行业结构　　单位：个、%

	样本结构		全省全部企业结构
	企业数	占比	2011年占比
农林牧渔业	12	8.1	2.1
采掘业	1	0.7	1.0
制造业	89	60.2	57.2
建筑业	5	3.4	2.8
餐饮业	27	18.2	21.4
房地产业	3	2.0	2.2
其他	11	7.4	
合计	148	100	

* 课题主持人：孙　颖

课题组成员：汪卫芳　樊祎斌　董瑞丽　屠莉佳

（2）样本规模分布情况

表 2　　样本企业户均规模及经营指标　　单位：万元、人

	148 家样本	工业样本（采掘业 + 制造业）
户均资产	2 198. 96	2 233. 31
户均负债	1 167. 26	1 142. 13
户均销售收入	3 025. 22	2 911. 33
户均员工人数	132. 82	157. 6
资产负债率	53. 08	51. 14
资产利润率	8. 72	9. 04

如表 2 所示，148 家样本企业户均资产 2 198. 96 万元，其中总资产在 1 000 万元以下的企业 58 家，占样本企业的 39. 2%；户均销售收入 3 025. 22 万元，其中销售收入 1 000 万元以下的 45 家，占样本企业的 30. 4%，500 万元以下的 24 家，占 16. 2%。其中，89 家制造业样本企业中，大中型企业 11 家，占 7. 4%。

（3）样本区域分布情况

区域分布上，浙东和长三角区域（杭、宁、嘉、湖、绍）占 48. 6%，私营经济发达、民间融资相对活跃的温州、台州占 26. 4%；经济相对欠发达的金华和衢州、丽水、舟山占 25%。

表 3　　样本企业区域分布情况　　单位：个、%

地区	样本情况	
	企业数	占比
杭州	15	10. 1
宁波	22	14. 9
温州	25	16. 9
嘉兴	11	7. 4
湖州	11	7. 4
绍兴	13	8. 8
金华	14	9. 5
衢州	9	6. 1
台州	14	9. 5
丽水	9	6. 1
舟山	5	3. 3
合计	148	100

2. 家庭样本数据情况（285 家）

（1）样本城乡结构情况

家庭样本数据中，城镇居民数为 153 户，占样本总数的 53.7%；乡村居民数为 132 户，占样本总数的 46.3%。

（2）样本区域分布情况

为减低调研难度及与保证样本区域数据的一致性，区域分布情况基本与企业样本数据分布一致，即：浙东和长三角区域（杭、宁、嘉、湖、绍）占 48.6%；温州、台州占 26.4%；经济相对欠发达的金华和衢州、丽水、舟山占 25%。

（3）样本家庭类别结构

由于个体工商户、私营业主对民间融资的需求量更大，所以，调研样本的重点倾向于个体工商户和私营业主，共占据全部样本数据的 64.6%。其中，个体工商户占 31%，私营业主占 33.6%；而农户样本数据占 35.4%（其中一般农户占 50%，养殖业大户占 50%）。

（二）民间金融数据分析

根据以上调研样本数据进行汇总分析，浙江民间金融的大体运行情况和特征总结如下：

1. 民间融资的渠道分析

（1）企业样本民间融资渠道分析

表 4　　企业样本民间融资渠道情况　　单位：万元、%

	向企业及个人借入	向典当、商行借入	集资集股				民间贴现	其他
			小计	向股东	向职工	向社会		
融资余额	3 528.4	285.6	2 402.5	1 729.8	432.5	240.2	513.7	28.7
占比	52.5	4.2	35.5	72.0	18.0	10.0	7.6	0.4

如表 4 所示，调研期内，企业样本民间融资余额为 6 758.9 万元，其中，向其他企业和个人借入资金余额为 3 528.4 万元，占比为 52.5%；向典当公司、其他融资商行等组织借入资金余额为 285.6 万元，占比为 4.2%；集资集股形式募得资金余额为 2 402.5 万元，占比为 35.5%。其中向股东募集资金为 1 729.8 万元，向职工募集资金余额为 432.5 万元，向社会募集资金余额为 240.2 万元，分别占集资总额的 72%、18%、10%；民间贴现方式融资余额为 513.7 万元，占比为 7.6%；其他形式融资余额为 28.7 万元，占比为 0.4%。

（2）家庭样本民间融资渠道分析

表 5　　家庭样本民间融资渠道情况　　单位：户、%

	民间直接借贷	中间人借放款	互助会、合会等	典当、商行等	总计
家庭户	68	25	12	18	123
占比	55.2	20.3	9.8	14.6	100

如表 5 所示，调研期内，285 户家庭样本数中，有民间融资行为的家庭户为 123 户，占全部样本数据的 43.1%；其融资余额为 652.6 万元。融资方式中，通过民间直接借贷方式募得资金的家庭户为 68 户，占融资家庭户总数的 55.2%；通过中间人借放款方式募得资金的家庭户为 25 户，占融资家庭户总数的 20.3%；通过互助会、合会等组织募得资金的家庭户为 12 户，占融资家庭户总数的 9.8%；通过典当、其他融资商行等募得资金的家庭户为 18 户，占融资家庭户总数的 14.6%。

2. 民间融资的行业布局

从民间融资的行业布局来看，民间融资的行业主要集中在制造业、商贸餐饮业和水电、交通等行业，总融资总额的份额的 57.7%、16.2% 和 13%；从单位均融资额来看，房地产行业单位均民间融资额最高，为 148.1 万元。

3. 民间融资的资金用途

表 6　　民间融资资金用途情况　　单位:%

<table>
<tr><td rowspan="2">企业</td><td>资金用途</td><td>流动资金</td><td>投资、固定资产更新</td><td>创办新企业</td><td>投资、开发房地产</td><td>其他投资</td></tr>
<tr><td>占比</td><td>68.4</td><td>22.7</td><td>3.3</td><td>4.6</td><td>1.0</td></tr>
<tr><td rowspan="2">家庭</td><td>资金用途</td><td>经营办企业</td><td>农业生产</td><td>其他用途</td><td>构建房产</td><td>投资、买车等</td></tr>
<tr><td>占比</td><td>31.2</td><td>15.7</td><td>7.2</td><td>32.9</td><td>13.0</td></tr>
</table>

从表 6 中的数据分析来看，民间融资的资金用途主要用来解决生产经营中资金短缺和房屋构建过程中的资金调剂。对企业样本而言，融入资金用来补充流动资金不足需要的占比为 68.4%，用于更新固定资产及新项目投资的占比为 22.7%；对家庭样本而言，融入资金用于农业生产、商业流通等生产经营用途的额占比为 46.9%，用于房屋修缮及新建的占比为 32.9%，用于其他用途（如孩子教育、家庭医疗支出、婚丧嫁娶等）的占比为 7.2%。

4. 民间融资的融资期限

从表 7 中可以看出，民间融资以短期融资为主，融资期限包括 1 个月以内的、1～6 个月（包括 6 个月）、6～12 个月（包括 12 个月）、12 个月以上及不定期等几种情况。而融资期限在 12 个月（包括 12 个月）以下的民间融资占比为 48.8%。其中，家庭样本户中，12 个月以下的短期民间融资占比为 54.4%。

大多数不定期融资行为多指发生在企业主和家庭户与亲戚朋友之间的“亲友户”借贷情况，通常会在农历春节前结清，所以，实际融资期限也多在 12 个月以内。

表 7 民间融资的融资期限 单位:%

	1 个月以内	1 ~ 6 个月	6 ~ 12 个月	12 个月以上	不定期
企业样本	5. 6	19. 9	23. 3	19. 9	31. 2
家庭样本	5. 1	17. 0	32. 3	14. 0	31. 6

5. 民间融资的利率水平

某种程度上而言，民间融资的利率具有市场化特点。通常情况下，以商业银行同期贷款利率为基础，根据市场供需情况加以调整，即随行就市。样本企业和家庭的融资利率主要集中在月息 8‰ ~ 12‰（含 8‰和 12‰）这一区间，分别占比为 61. 1% 和 62. 2%（如图 1 所示）。

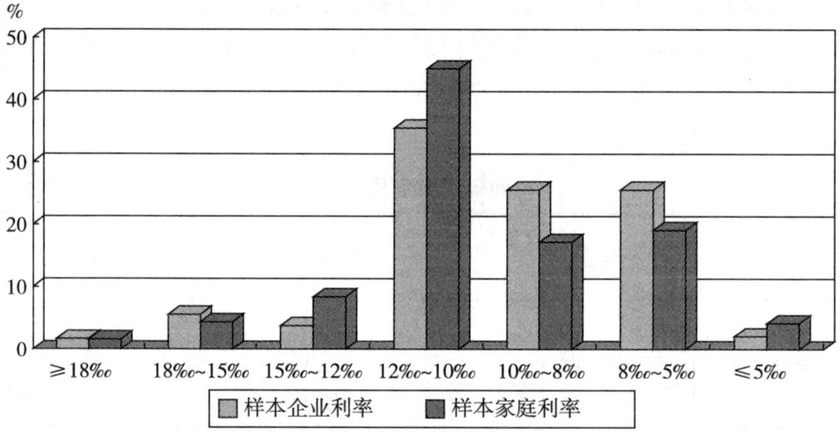

图 1 民间融资的利率水平

从付息方式上来看，民间融资付息方式比较灵活，如利息随本金一次性偿还与利息分期支付（如按照月、季度、年等）等均有所采用。但由于受到计算方式、支付时间等因素的影响，分期支付利息相对较为麻烦，所以，民间融资利息支付方式以一次性偿还本金为主，大约占比为 1/3。值得一提的是，家庭样本户之间的一些亲朋友好之间的“亲友户”借贷行为，往往是不需要支付利息的，故家庭样本的无息融资比例明显高于企业样本（如图 2 所示）。

6. 民间融资的交易形式

民间融资是一种民间信用形式，以借贷双方信用为基础，以信用借贷为主要形式，信用规模相对较小，交易手续相对简单，融资风险相对较大，这些特点在样本家庭户中体现较为显著。如表 8 所示，样本家庭户中，通过口头约定

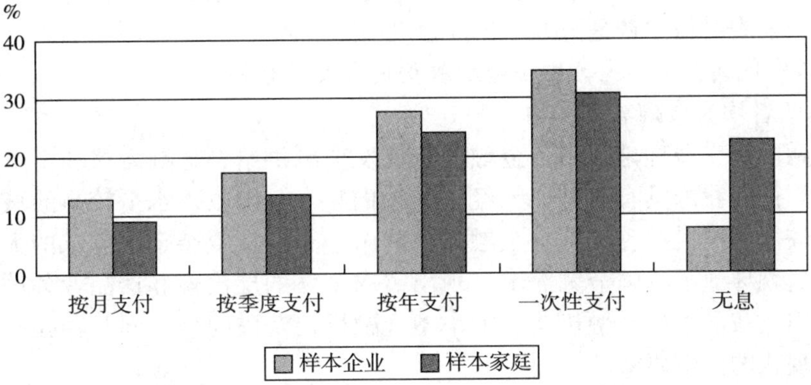

图 2　民间融资的付息方式

或打借条方式达成交易的占比为 85.9%；而通过签订正规合同或担保方式（担保人或抵押、质押方式）达成交易的只占比 14.1%，即民间融资契约化程度较低，具有一定的"关系性融资"特点。

表 8　家庭样本的融资交易形式　单位:%

交易形式	口头约定	正式立约	担保人	抵押/质押	借条	公证
比重	23.8	5.5	5.6	2.4	62.1	0.6

二、关联分析：民间金融与地方中小金融机构关系

（一）民间金融与地方中小金融机构界定

在国外对民间金融的提法相对较少，比较统一的概念界定为"非正式金融"，即金融体系中，游离于国家信用控制和监管当局监管的所有金融交易活动，包括非正式的金融中介组织和非正式的金融交易市场。国内对民间金融的研究起步相对较晚，提出了多种不同的说法，如非正式金融、民办金融、黑灰色金融、地下金融、非法金融等。但到目前为止，无论是理论界还是实务界都没有形成一个概念。本课题比较认同的观点为，民间金融是指经济中自发产生的，游离于国家金融监管体系之外的金融行为和金融组织。由此可见，民间金融具有两个特点：一是非政府主导的自发行为；二是游离于金融监管体系之外。

关于中小金融机构的具体界定，各国有不同的划分标准。在我国，对其定义也有不同的看法，如从服务范围角度、资本规模角度及需求对象角度等进行界定。本文所指的地方中小金融机构指的是全力为当地经济发展提供服务的中小金融机构，其资金来源与运用应基本局限于当地。地方中小金融机构一般不

跨省（自治区）经营，主要服务于地方中小企业和城乡社区居民等中小资金需求者，目前农村信用社是地方中小金融机构的主体。

（二）民间金融与地方中小金融机构内在关系分析

1. 两者均为金融需求产物

金融内生发展理论指出，金融需求诱发金融供给，金融需求和金融供给存在多重均衡。我国具有典型二元经济结构的特点，即收入水平较高的城市和收入水平较低的农村并存，简单金融需求的中小企业和复杂金融需求的大型企业并存。这就导致了我国金融需求呈现出需求主体的层次性和产品业务的多样性特征，因此我国大型金融机构、中小型金融机构及民间金融同时存在是我国二元经济现状的内生要求。

多元化金融形态的共存，多样化金融体系的构建，更符合我国二元经济结构的特点，更满足我国多层次金融服务的需求。从规模形态上来看，大型、全国性/跨区域经营金融机构与小型、区域性经营的中小地方金融机构共存；从组织形态上来看，以民间直接借贷为主的简单形态、民间合租组织/民间集资等为主的中间形态及以小额贷款公司/典当/私人钱庄等为主的专业形态并存；从业务形态上来看，以经营存贷款业务为主的银行类金融机构与以经营信托、保险、租赁、担保等非银行类金融业务为主的非银行类金融机构并存。

2. 两者具有相似服务特性

民间金融与地方中小金融机构在服务区域上、服务对象上、服务方式上、服务优势上具有一定的相似性。第一，服务区域上，两种均以特定的区域为主。基本县域经济为主，针对该地区金融需求提供金融支持，促进地方经济金融发展。第二，服务对象上，两者均以“中小微”企业主和家庭户为主。借助于“关系型信贷”和特色金融产品，满足客户金融需求，实现多层次的金融供给。第三，服务方式上，两者所提供的融资方式均以灵活、简易为主，即能根据客户需要，灵活调整融资期限、融资价格、融资条件等。同时，融资操作手续简单、方便，审批时间短，效率高。第四，服务优势上，两者均具有信息比较优势。民间金融是以亲情、乡情、友情为基础发展起来的，其借贷双方往往是亲戚、老乡、邻居、朋友等熟人，因此，互相之间对信用情况、财产变动、还款能力等都比较了解，能最大程度上避免贷前的逆向选择和贷后的道德风险等信息不对称问题。而地方中小金融机构扎根于当地，与地方政府或相关部门有融洽的社会关系，与区域内各单位有频繁的业务往来，因此，具有比较全面、正确的信息来源。同时，业务人员的“地缘”、“人缘”优势及强大的信息分析平台，也极大程度地降低了信息收集、分析、处理的成本，从而具有信息比较优势。

（三）民间金融与地方中小金融机构对接必要性分析

1. 有利于构建多层次的金融服务体系，改变二元经济结构

完善地方中小金融机构体系有利于地理二元经济结构的转换。地区经济要实现快速发展，就必须充分利用当地的金融资源，防止金融资源外流，同时培育造血机制，其中最有效的手段就是大力发展真正意义上的地方中小金融机构（国外称为社区银行）。

将民间金融引入地方中小金融结构，有利于地方中小金融机构加快产权制度改革，完善公司治理结构，明确市场定位，重视产品创新，充分发挥比较优势，满足经济发展中多元经济主体的多层次金融资源需求。

2. 有利于消除民间金融不安全因素，摆脱民间金融“地下金融”身份

民间金融在促进经济发展的同时，也带来了一系列不能忽视的负面效应。如由于民间金融的松散性、盲目性和不规范性所带来的对国家宏观调控的冲击；民间金融的逐利性所带来的金融秩序紊乱及社会不稳定因素增加等。

将民间资本与地方中小金融机构对接，促使一部分民间金融进入正规金融体系，摆脱地下金融身份，壮大地方金融，实际上是对民间金融的一种间接规范。从制度经济学角度来看，民间金融是诱致性制度变迁的必然结果，即多层次的、多元化的金融需求无法得到满足，从而形成不规范的、非正式的民间金融形态。必须指出的是，民间金融作为一种经济制度安排，存在固有缺陷，即当制度收益低于制度成本的时候，就会导致制度创新缺乏动力，制度形态停滞不前。当民间金融发展到一定阶段，就会陷入这一制度安排困境，从而凸显其冲击宏观调控、扰乱金融秩序、影响社会稳定等负面效应。因此，需要借助政府或监管部门力量，建立健全相关法律法规，改变制度收益与制度成本关系，为其下阶段的制度变迁提供制度安排和利润空间。

3. 有利于引导民间资金流向，提高民间资金使用效率

改革开放以来，浙江省 GDP 总值和人均 GDP 呈快速增长状态。如图 3 和图 4 所示，1980—2011 年，浙江省 GDP 总值由 179. 92 亿元增长到 32 318. 35 亿元，总量增加 178. 63 倍；人均 GDP 由 471 元增加到 59 249 元，总量增加 124. 79 倍。而随着浙江省综合实力的提升，城乡居民人均可支配收入持续增加，如图 5 所示，1980—2011 年，浙江省农村居民人均纯收入从 219 元增加到13 071元，总量增加了 58. 68 倍；浙江省城镇居民人均可支配收入从 488 元增加到 30 951 元，总量增加了 62. 42 倍。

城乡居民收入增加意味着财富累积的加剧，如图 6 所示，1980—2011 年，浙江省城乡居民储蓄余额由 16. 95 亿元增加到 23 470. 25 亿元，总量增加了 1 384. 68倍。由于我国金融市场上的投资渠道较为缺乏，居民可供选择的投资品种不多。而民间金融除了友情借贷、合会等少数互助型融资形式外，往往都是

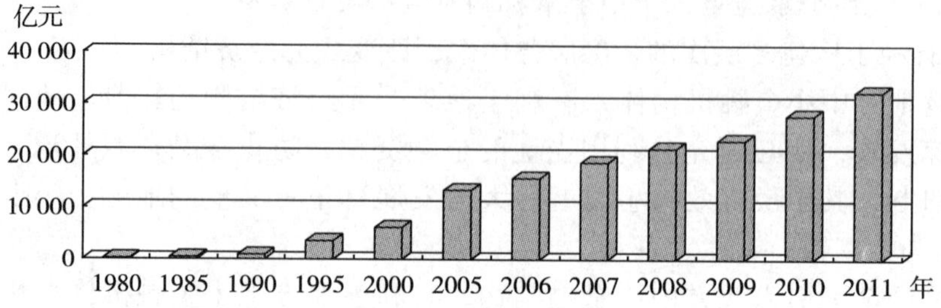

图 3　1980—2011 年浙江省 GDP 增长情况

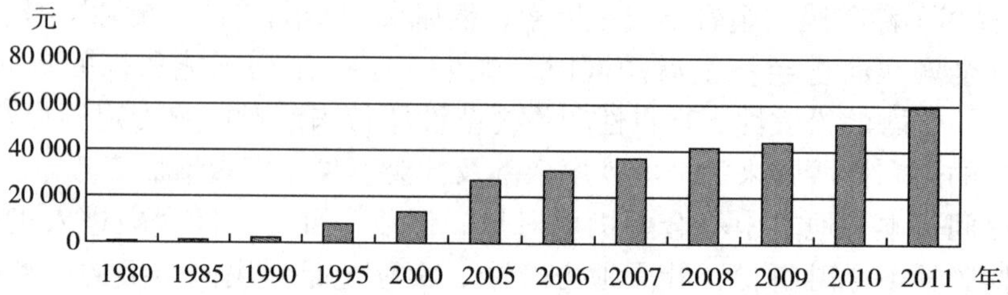

图 4　1980—2011 年浙江省人均 GDP 增长情况

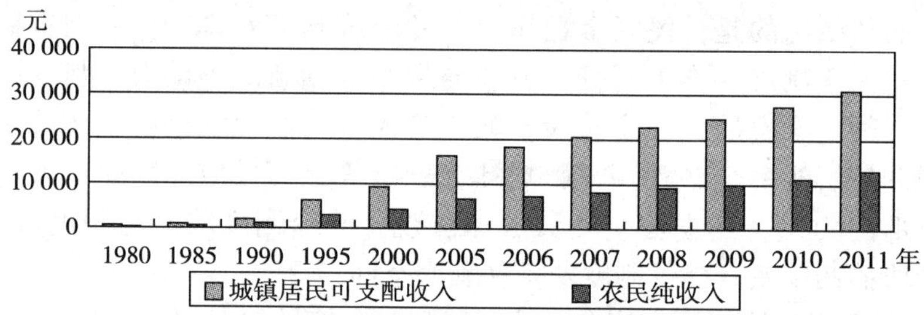

图 5　1980—2011 年浙江省人均收入增长

以高利率来提高吸引力，很容易吸收到社会闲散资金。随着人们收入的不断增加，人们对资产的收益也越来越关注。为了提高收益率，民间资本投向了盈利性集资、私募基金等非正式金融领域，其风险相对于银行存款、国债等投资产品虽然较高，但收益一般也高于银行存款。一方面，充裕的民间资金需要寻找投资途径追求利润；另一方面，地方中小金融机构的发展需要进一步扩大资金来源，更好地满足地方经济发展的需要。但一直以来，我国的正规金融有着严格的准入限制，限制了大量民间资金的进入，也部分导致渴望取得合法身份的规模较大的民间金融机构被拒之门外，不得不借助“地下”形式。

此外，民间资金还具有便利性和互助性的特点。正是这些特点使得民间金融除了以高收益吸收到逐利资金外，还能获得其他资金来源。比如，温州等地

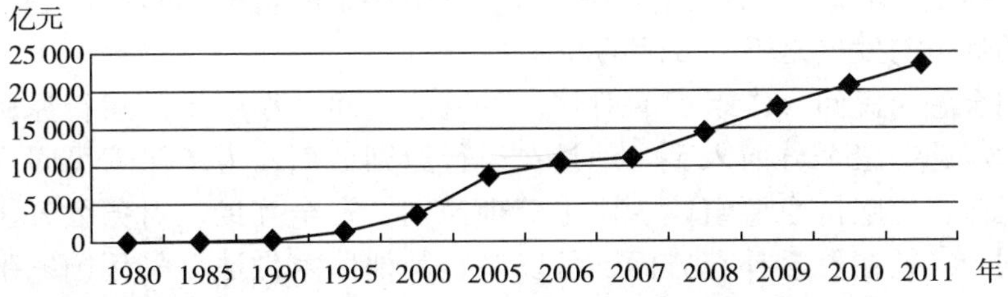

图 6　1980—2011 年浙江省城乡居民储蓄余额增长情况

的某些地下钱庄与当地商贸市场联系紧密，营业时间结合商户需要而延长，存取款十分方便，比正规金融机构更受欢迎，吸收资金更有优势。在民间自由借贷中，不少贷出者是出于“人情”。在合会中，人们最初是出于互助互利而形成资金的联合，并不以逐利为目的，因为生活在一定地域的人们，形成了稳定的人际关系网，彼此之间相互调节资金的余缺也是自发地加强合作和互助的一种形式。

引导民间金融向正规化发展，可以为充裕的民间资金提供新的投资渠道，满足资金逐利的要求。结合民间资金供给的特点，有效地利用充裕的民间资金，因势利导民间资金进入多层次多样化的地方中小金融机构，充分发挥地方金融机构在信息不对称下的比较优势，才能更好地满足多样化的金融服务需求。因此，民间资本与地方中小金融机构的融合成为必然趋势。

三、民间金融与非银行类地方中小金融机构对接路径分析

民间金融与地方中小金融机构的对接可以遵循以下三种路径；第一种，继续深化金融改革进程，积极引导民间资本流向现有的正规金融机构体系，实现其重组；第二种，进一步降低民间资本参与金融的准入标准，使民间金融摆脱“地下金融”的尴尬，推动民间金融的“合法化”、“阳光化”，培育特色的“草根性”地方金融；第三种，加大其他非银行类金融机构改革的力度，借助民间金融与信托、担保、租赁、保险等非银行类金融机构的对接，循序渐进推动地方性非银行类中小金融机构的发展。其中，第一种途径在国有银行产权制度的改革、城市商业银行和农村信用社的增资扩股、重组等方面已有较多的讨论，在此不再赘述。而其他两种途径探讨增量创新和非银行金融机构发展，对这方面的讨论较少。本课题就其他较少受到关注的可能途径提出一些思考。

（一）民间金融与民间合作组织的对接

合作组织形式是目前世界各地比较普遍存在的一种组织形式，是金融体系中不容忽视的一种金融组织形态。作为一种典型的、自发的、内生的民间组织形式，合作制是民间资本逐利性的自然选择结果，是民间资金主体互助互惠互

助的民主体现。因此，探讨民间金融与地方中小金融机构的对接问题，民间合作组织的规范与发展是不可或缺的。

民间金融与民间合作组织的对接，可以从民间合作组织的运行原则、资金补充、发展趋势三个方面入手。一是在运行原则方面，为了保障民间合作组织的良性运作，应坚持自愿组建、民主管理原则、资金互助、财务公开、规模控制等原则。二是在资金补充方面，可以借鉴其他国家做法，采用国家引导、专项支持、合作发展的模式。即在国家政策引导与倾斜的基础上，发展初期，由政策性银行对其提供专项贷款支持。发展中后期，民间合作组织健康平稳过渡，走上轨道后，可以考虑与地方性中小金融银行合作，进行商业化资金补充，实现合作金融组织与地方性中小金融机构的对接。三是发展趋势上，参考日本、韩国农协社区综合性合作组织模式，发展综合性合作组织，构建利益共享和风险共担机制以及共同生产、共同销售和共同消费的新型农村经营模式。

（二）民间金融与小额贷款公司的对接

民间金融与小额贷款公司的对接具有可能性和必要性。局域性特性为两者对接提供可能，即地域、对象、产品等局域性限制是两者对接的前提，而逐利性特性为两者对接提供必要，即民间资本逐利需求与小额贷款公司资金补充需求是两者对接的基础。引导民间资本积极参与小额贷款组织需要有相应的政策优惠与支持，需要政府和社会对农村金融有一定的前期投入。

鼓励民间资本积极参与到小额贷款公司中来，可以通过三个方面来实现：一是降低小额贷款公司的准入门槛，包括从广度上来看的进一步扩大小额贷款公司的试点范围或实施范围，从深度上来看的降低小额贷款公司的注册资本金要求以及从宽度上来看的发放金融许可证和划归金融监管等三个方面。降低小额贷款公司的准入门槛，对于民间金融入股小额贷款组织、从事“阳光化”金融业务提供前提条件。二是保证小额贷款公司的资金来源。可以适当放宽小额贷款公司现行规定中对股东的相关限制。小额贷款公司可以在试点并稳健发展的基础上，根据当地经济金融发展水平及当地金融生态环境情况，适当增加或调整股东人数。为了避免“变相揽存”现象的发生，需要通过对民间投资者资格的严格审查，把拥有资本的民间投资者与民间存款“散户”区别开来。三是鼓励“草根性”小额贷款公司的发展。地方政府或监管部门通过出台税收、汇率等政策，避免不当干预和发挥资源整合优势等方面，对其提供政策优惠和相应配套设施。同时，可以由政府牵头，促进企业、中介机构等与小额贷款组织的密切交流。同时帮助建立行业协会，促进行业内部的信息交流、经验传播及行业的监督与自律。

（三）民间金融与信托机构的对接

将民间金融引入信托机构，可以调节投融资结构，丰富信托市场，完善证券市场，实现民间资本与产业资本的有效结合，是民间金融“阳光化”、规范化操作的一条有效途径。一是完善相关法律法规，引导民间资本流向信托业。政府或监管部门应在现有信托办法完善的基础上，进一步推动相关信托细则的制定与实施，包括信托财产登记细则，信托托管实施细则等。二是依赖政府主导模式，增强民间资本发展信托的信心。对符合国家产业政策的建设项目，政府动用财政资金直接参与信托组建或对信托产品进行贴息，就会增强信托产品的信用等级，政府资金如只要合理的回报，可以降低中小企业的融资成本，吸引更多的民间资金参与，增加财产性收入。同时，政府主导，积极试点新型信托产品，如养老金信托产品、社保金信托产品等，从而提高信托产品和信托公司知名度，激发民间资本参与信托的积极性。三是挖掘民间金融需求，推动信托创新发展。树立与时俱进的创新意识，拓展投资信托、动产信托等现有信托领域的创新空间；发挥信托财富管理优势，挖掘民间金融客户群的潜在需求，如遗产管理等，打造民间金融信托发展平台。

（四）民间金融与保险机构的对接

构建和完善地方性中小保险对于完善我国金融体系，促进地方金融与地方经济发展具有重要作用。由于地方性中小保险机构的核心业务主要为涉农业务，因此，涉农中小保险机构的设置与发展就显得尤为必要。一是从资本构成来看，鉴于涉农保险保障农村、农业、农民的“三农”性质，所以在资本构成上，可以考虑地方政府注入部分资金（这部分资金可由各级地方财政拨款或整合各项支农资金形成），与农业生产相关的企业或组织出资以及经济条件好的村镇、专业合作组织出资入股等方式完成。二是从政府职能来看，中央政府的“调控”（包括建立健全有关农业保险的法律法规、为地方农业保险机构提供再保险、改善现在农村自然条件等）和各级地方政府的介入相结合（地方政府注入部分资金、大力发展农村基础设施、协调各方利益主体等）。三是从组织管理来看，采取股份制运作模式，建立内部激励机制。由于涉农保险主要是和“三农”打交道，交通不发达，工作条件落后，这些给保险机构带来了极高的展业成本（包括人力和财力），因此可以考虑在每个村挑选一定数量的保险代理人员（可以考虑民间资本出资者或相关人员），不仅可以降低农民或贷款组织的道德风险，也可以降低机构的运作成本。对这些代理人员要建立定期考核和年终考核制度，激励他们认真而积极地开展工作。同时还要积极与各类信贷机构合作，相互促进，真正达到服务“三农”的目的。

（五）民间金融与租赁机构的对接

金融租赁凭借其独特的融资功能、营销功能、投资功能及资产管理功能，在推动机械化、现代化进程，解决企业融资特别是中小企业融资中发挥了重要作用，目前已经成为仅次于银行信贷的第二大融资方式。发展地方中小金融租赁机构，有利于农业现代化进程的推进，有利于中小企业融资的发展，有利于金融服务的完善，有利于多层次金融体系的构建，从而推动地方经济与地方金融的快速发展。通过引导民间金融入股组建租赁机构、借助民间金融优势服务中小企业及建立保险制度降低风险等方面，实现民间金融与租赁机构的对接。

（六）民间金融与担保机构的对接

利用民间信用的平台，民间资金自主成立担保合作组织，既能够有效解决融资担保难的问题，又能够为民间资金提供新的出路。在这种合作组织中，民间资金聚集的目的不是从担保业务中盈利，而是提供担保为合作组织的成员，包括自己，带来融资的便利。这种担保形式利用的一样是民间资金互助合作的性质，应该限定在一个较小的区域如专业市场、社区中，利用相互熟悉了解的信息优势结成联盟，相互为成员单位的贷款提供担保。担保是一种信用中介服务，本质上属于金融服务的范畴，它具有信用增级和信用放大功能，对社会信用秩序和信用环境具有较大的影响，是社会信用体系的重要组成部分。为了保证互助担保组织的市场主体资格得到认可，应该给予类似于资金互助合作组织一样的合法金融主体身份，通过注册登记，将其纳入金融监管体系。

参考文献

［1］冯湘勇：《县域经济发展中地方中小金融机构作用研究》，湖南大学博士学位论文，2011。

［2］陆磊、丁俊峰：《中国农村合作金融转型的理论分析》，载《金融研究》，2006（6）。

［3］彭建刚、王慧：《引导民间资本进入新型农村金融机构》，载《湖南大学学报（社科版）》，2008（8）。

［4］余砚新：《论我国信托业制度变迁的路径锁定与突破》，载《现代财经》，2008（6）。

［5］张希惠：《我国民间金融发展研究》，湖南大学博士学位论文，2009。

民营企业信贷风险管理研究

中国银行浙江省分行课题组*

一、民营企业发展情况概述

（一）民营企业的定义

我国现行法律中未对民营企业进行明确界定，国内专家学者对民营企业的界定有不同的看法。

第一种观点将“民营”基本等同于“私营”。

第二种观点认为民营企业是相对国营而言的企业，按照其实行的所有制形式不同，可分为国有民营和私有民营两种类型。

第三种观点认为，企业的资本以民间资产（包括资金、动产和不动产）作为投资主体，即可称为民营企业，即在中国境内除国有企业、国有资产控股企业和外商投资企业以外的所有企业。

此外，按照全国工商联对民营企业的界定，广义的民营企业是指除国有和国有控股企业以外的多种所有制企业，狭义的民营企业则不包含港澳台投资企业和外商投资企业。本课题沿用工商联对民营企业范围的狭义界定。

（二）民营企业发展情况

1. 民营经济规模不断壮大

改革开放至今，民营经济从“社会主义公有制经济的补充”（1982 年《中华人民共和国宪法》第十一条）到“社会主义市场经济的重要组成部分”（1997 年中共十五大报告），再到国家“鼓励、支持和引导个体私营等非公有制经济发展”（2005 年《关于鼓励支持和引导个体私营等非公有制经济发展的若干意见》），其法律地位逐渐提升，成为中国经济发展的重要支柱。

民营经济已成为中国经济的重要组成部分。截至 2012 年 9 月，全国私营企业注册资金达 29.8 万亿元，户均注册资金达 281.3 万元。同期，个体工商户总户数达到 3 984.7 万户。民营经济在 GDP 中的比重已经超过 60%[①]。

---

* 课题主持人：曾林彤
课题组成员：严　桦

① 数据来源：《中国在册私营企业数量突破千万家》，新华网，http：//www. news. cn/。

2. 发展压力不断增大

但是，我国民营经济在发展中也存在着一些问题，发展面临压力。

（1）宏观环境严峻复杂，行业竞争持续加剧。一是近年来宏观政策面的调整和经济形势的变化对民营经济起到了“减速”作用。二是民营经济与外资经济相比，缺乏政策优惠；与国有经济相比，不具有政府主导优势，难以进入垄断行业。三是外来资本对民营经济发展形成冲击。

（2）增长方式尚未转变，高新产业步伐缓慢。民营经济以传统产业为主，粗放的增长方式仍未有效转变，升级缓慢，同时高新技术产业发展滞后，难以形成新的经济增长点。

（3）改革创新停滞不前，体制优势逐步丧失。大多数民营企业停留在传统型家族制管理模式，家族“本位制”逐渐显现出与现代企业制度相悖的一面。

（4）高级生产要素相对匮乏，公共体系亟待健全。高级生产要素的匮乏日益成为影响民营经济发展的重要制约。人才短缺成为民营企业反映的普遍问题之一，技术创新能力不足成为民营经济的共性问题。

二、银行对民营企业的授信策略

（一）内部融资是民营企业的主要融资方式

1999 年，国际金融公司（IFC）调查显示，中国民营企业严重依赖内部融资。民营企业初创时的启动资金 90% 以上来自自有资金或合伙集资，而在后续投资中，至少 62% 的资金仍然依靠业主自有资金或者企业前期利润来解决。除此之外，银行贷款、股票市场、债券等外部融资方式在民营企业早期成长阶段的作用微不足道。目前内部融资仍然是民营企业的主要融资方式。

（二）银行授信是民营企业的主要外部融资方式

表 1　　民营企业外部融资方式调查表①

	过去三年已实施的融资方式占比（%）	未来三年计划实施的融资方式占比（%）
长期银行贷款	72.3	73.6
银团贷款	14.7	21.7
民间借贷	60.8	42.7
上市	1.4	22.9
已上市公司增发股票	0.9	2.7
引入私募股权/风险投资	9.3	23.8
发行短期融资券	1.8	8.0
发行可转债	0.9	4.3

数据来源：《经济转型中的民营企业发展——2010 年千户民营企业跟踪调查报告》，中国民主建国会中央委员会企业委员会、妇女委员会、中国企业家调查系统联合发布。

① 表中数据存在多种融资方式同时存在的情况，因此融资方式占比合计大于 100%。

“2010 年千户民营企业跟踪调查”显示，银行贷款仍然是目前民营企业最主要的外部融资方式。由于民营企业自身经营特点和风险特征与银行传统信贷文化和风险偏好存在一定差异，银行的信贷供给不能满足民营企业。

（三）民间融资是民营企业重要的外部融资方式

银行基于风险角度的考虑，往往倾向于给那些能够提供充足抵押的企业或项目放贷，缺乏有效抵押物且规模偏小的民营企业很难从银行得到贷款。因此，民间融资成为民营企业的重要融资方式。此外，国家宏观调控，银行银根收紧也促使一部分民营企业不得不转向民间融资。

（四）我国银行对民营企业的授信政策

随着现代银行制度的基本建立，商业银行遵循风险和收益相结合的原则，对于民营企业授信基本按照一般工商客户要求掌握。但与国有企业相比较，民营企业特别是中小民营企业，在公司治理、股东实力、经营水平、抵押担保、抗风险能力等方面仍然偏弱，银行仍然较为谨慎。

三、民营企业信贷风险分析

（一）近年来民营企业信贷风险事件频发

表 2　　近年来民营企业（集团）信贷风险事件

序号	民营企业（集团）名称	涉及银行授信	风险成因
1	蓝田股份	涉及 20 多家银行，授信金额 30 多亿元	财务报表造假
2	上海农凯集团	几乎涉及上海所有的银行，授信金额 100 多亿元	实际控制人周正毅犯罪
3	啤酒花	涉及工行、建行、农行等多家银行，授信金额约 15 亿元	资金链断裂
4	新疆德隆集团	金额巨大，仅集团子公司湘火炬、合金投资、新疆屯河 3 家上市公司授信金额已达 59 亿元	操作股价，涉嫌欺诈
5	江苏铁本集团	共有 6 家银行提供授信 43 亿元	违反国家宏观调控政策
6	信泰集团	涉及多家银行授信 8 亿元	多元化投资，涉及民间借贷

随着我国经济不断发展，部分发展良好的民营企业已成为银行的优质客户。但是，一些经营不规范的民营企业也给银行带来了较大的信贷风险，造成了严重的损失。表 2 中列举了近年来民营企业信贷风险事件，其中隐藏着民营企业本身存在的授信风险因素、在授信使用中的风险因素、银行授信管理中的风险因素等多重风险因素。因此，切实加强对民营企业信贷风险的识别与防控，对

于减少银行损失、合理配置资源、提高银行管理水平有着重要的现实意义。

（二）民营企业本身存在的授信风险因素

1. 公司治理机制不健全

民营企业公司治理机制不健全主要体现在家族式集权管理特征明显，家族企业领导者（或实际控制人）的素质、信誉及其个人状况等因素对企业的经营管理、市场竞争力、兴衰成败极为重要，企业经营管理的科学性和约束机制较差。

2. 内部关联风险较大

民营企业间的关联关系复杂，关联交易频繁，不易被银行监控。部分民营企业通过复杂的关联关系和关联交易，虚构贸易背景，挪用甚至骗取银行信贷资金，或者通过关联企业操纵利润、转移有效资产，使银行很难掌握客户的真实负债以及经营效益等情况。

3. 财务信息不真实

民营企业一般管理薄弱、公司治理不健全、财务信息不真实。主要表现在会计核算不规范、财务报表不经审计、数据失真严重、可信度偏低；企业资产与实际控制人的个人资产法律关系复杂；账外经营和现金交易较多。

4. 多元化经营和盲目扩张

民营企业天生的“逐利性”催生了其多元化的投资欲望，但民营企业的投资行为一般较为短视，大多倾向于投向热点项目，投向低水平重复建设、短期利润高同时也是最易受政策限制的行业，缺乏可持续发展的观念和长远的战略发展规划。

5. 市场竞争力不足

一是研发投入不足，产品生命周期短，市场竞争力不稳定。二是受经济周期波动影响明显。

（三）特定类型民营企业的风险特征

除前文所述的一般风险因素外，特定类型民营企业还存在特别的风险特征。

1. 生产型民营企业

生产型民营企业多为劳动密集型企业，科技含量较低，竞争激烈。在多数行业中，民营企业大多处于大企业的上下游，对大企业依赖性强。大企业经营出现问题，往往会直接波及民营企业。

2. 流通型民营企业

流通型民营企业往往无实体经营、缺少自主知识技术产权，整体抗风险能力较弱，市场波动或客观因素的不利变化都可能对流通型民营企业的经营活动产生极大影响。

3. 投资型民营企业

民营企业发展到一定阶段后，通过收购或控股上市公司、炒作股票或房地产等方式进行资本运作，形成巨额泡沫资产。这类民营企业容易出现管理失控、财务混乱等问题。

4. 高科技民营企业

民营企业较难吸引和留住具有创新能力的技术人才，同时资金实力不足，往往削减产品研制过程中的必要支出，导致产品先天不足。此外高科技产品的市场需求不确定性较大，市场销售的失败往往会直接导致高科技企业的破产。

（四）民营企业在授信获得与使用中的风险因素

1. 资金监控风险

民营企业财务不规范，往往通过不同类型的交易方式，特别是现金交易的方式运作资金，难以监控其资金的实际用途和去向。尽管目前银行已按规定执行受托支付，但仅能对授信资金的第一次支付流向进行跟踪，无法核查资金通过多次转账最终回流至借款人的情况。

2. 担保风险

民营企业一般固定资产较少，因此保证贷款居多，抵（质）押贷款较少。民营企业之间互保现象严重，民间借贷担保信息不易掌握，形成复杂的“担保圈”。关联企业间担保现象普遍，一旦发生风险事项，授信风险通过关联关系传导更为迅速。

3. 民间借贷风险

民间融资一定程度上起到了促进民营经济正常发展的积极作用。但民间借贷行为较为隐蔽，银行较难全面了解，过度民间融资以及过高的借贷利率，容易成为企业发生危机事件的导火索和助推器。

（五）银行对民营企业授信管理中的风险

1. 授信向大客户集中

随着我国市场经济的不断发展，一些规模较大的民营企业成为银行重要授信客户。但“明星效应”和“羊群效应”致使银行信贷资金向民营大集团、大客户集中，授信集中性风险也逐步增长。“垒大户”、“驴打滚”等粗放式经营增长方式，给银行的风险管理敲响了警钟。

2. 风险防范意识不强

部分银行信贷从业人员风险意识不强，对民营企业贷款贷前调查不细致，或者流于形式。2011 年以来浙江发生经营危机的民营企业，多数是由于盲目投资，涉及民间借贷，同时受宏观调控影响，造成资金断裂，进而风险通过担保等关联关系蔓延传导，牵涉更多的企业。如客户经理对相关信息不敏感、不闻不问，则会错失采取主动防范风险措施的良机。

3. 风险识别水平不高

部分民营企业为顺利获取银行融资，往往提供虚假的信息来误导银行的风险识别分析。由于信息不对称，通过对企业公开资料的审核及简单的实地走访很难掌握其真实的生产经营情况，传统的财务分析、存货盘点等风险识别手段对管理不规范的民营企业不完全适用。

（六）民间融资的识别方法及风险防范措施

1. 对民间高息借贷识别方法

（1）周期性识别。市场原材料价格上涨、产品出现异常增长、企业授信资金集中性支付、筹划大额投资时，要进一步关注企业的生产经营状况、财务变动情况。在紧缩货币政策、信贷规模调控下，应高度关注金融同业对企业授信的压缩退出所释放的信号。

（2）资金流识别。关注银行存款账户的资金往来信息，对企业与私募基金、资金中介机构、地下钱庄、私人贷款公司、典当行、担保公司等机构的大额资金往来，或出现异常大额现金进账用于归还到期贷款或同户名转账等情形，应及时跟踪调查企业是否涉足民间借贷或非法集资。

（3）外围调查识别。在与企业财务人员、普通员工、法定代表人、股东等接触过程中，通过针对性提问方式，分析企业资金往来信息，了解其内外部集资或民间融资信息。通过关联企业、当地监管部门、地方政府、人民法院等外围获取相关信息。借助互联网、报纸杂志、广播电视等公众媒体发布的资讯了解企业的相关信息。

（4）财务信息识别。其他应付款或长期负债类科目是否金额过大，且无合理解释或相应凭证；是否存在大额股东借款用于归还银行借款或投资；已投入经营资金与其实力明显不符，且没有合理的其他资金来源证明；申请人资金需求与其经营实际需求出入明显；账面资产大大小于实际资产。

2. 银行防控民间借贷风险的措施

（1）风险关口前移。在授信流程的各个环节中，尽可能将风险关口前移，给予业务前线人员更多的权利并同时承担更多的风险防控职责，提高银行风险预警、判断和化解能力。

（2）采取差异化应对策略。在获取充分信息的前提下，判断企业是否涉及民间借贷，分析参与的原因和程度，主动调整授信策略。

（3）严格落实贷款新规，确保信贷资金用途合规。规范贷款用途审查，做到“实贷实付”和“受托支付”。切实落实信贷资金支付、使用环节的合规性，摸清企业资金使用的真实情况。

（4）关注担保互保企业，加强风险缓释能力。银行需及时掌握担保链风险信号，提前预警。针对关联企业互保情况，需增加非关联企业保证或抵押。在第二还款来源方面积极创新担保方式，丰富有效的抵（质）押品范围。

四、浙江商业银行民营企业贷款分析

（一）民营企业是浙江经济的重要支柱

民营经济是浙江经济的显著特征和突出优势。2012 年，浙江规模以上私营企业工业增加值达 4 311 亿元，占规模以上工业的比重从 2007 年的 36.7% 上升到 39.6%。民营企业出口 1 409.7 亿美元，五年年均增长 17.8%，比浙江省出口增速高 5.9 个百分点，所占比重由 2007 年的 48.4% 上升到 62.8%，比全国平均高 25.6 个百分点①。民营企业是浙江经济的活力所在、优势所在和潜力所在。

（二）浙江民营企业特点

1. 起步于家庭作坊式经济

我国民营经济的发展，以江苏、广东、浙江三地最具有代表性。其中，江苏模式大力发展乡镇企业，以苏南地区为代表；广东模式倾向于引进外资型，东莞最具有代表性；浙江模式走出了一条以家庭手工业及在家庭工业基础上发展起来的雇工经营和合股经营的扩大经营形式，以温州地区最为典型。

2. 呈现块状经济的发展特征

从产业形态看，一个个大小规模不等、专业特色鲜明的民营企业群落形成了浙江民营经济发展的块状特征。它以某一行业一两个产品为龙头，众多关联企业相互支撑，在空间上大量集聚，形成区域化布局，其中比较著名的特色产业集群包括绍兴的轻纺、海宁的皮革、温州的皮鞋、打火机和眼镜、台州的缝纫机、黄岩的塑料制品等。

3. 具有发达的专业市场支撑形态

在浙江，专业市场和块状经济互为依托、联动发展，不仅解决了民营企业、中小企业初始发展阶段所必需的市场信息、原材料供给和产品销售渠道，而且通过市场自身，形成遍布国内外的产品销售网络。以义乌小商品市场为例，义乌本地产商品占 30%，而以义乌为中心半径 100 平方公里的商品产销量占 60%。目前，义乌有 33 个国家的 300 余个境外商务机构，常驻外商达 6 000 余人，商品辐射 180 多个国家和地区，成为中国小商品重要出口基地。

4. “走出去”意识增强

基于对利润空间和市场空间的追逐，浙江民营企业“走出去”的跨区域发展意识增强，越来越多的企业步入国际市场。通过在海外建立鞋革、服装、低压电器等专业市场研发中心或生产基地，构建销售网络、参与国际并购、海外上市融资等模式，寻求资本增值。

---

① 《浙江经济和社会在创业创新中推进科学发展》，浙江统计信息网，www. zj. stats. gov. cn。

5. 企业规模、技术含量、发展潜力存在局限

表 3　　2010—2012 年部分省市入选中国民营企业 500 强的企业

单位：家、亿元

	2012 年		2011 年		2010 年	
地区	企业数量	平均营业收入	企业数量	平均营业收入	企业数量	平均营业收入
广东	23	281	21	230	13	102
江苏	108	213	118	162	129	116
浙江	142	150	144	113	180	79
上海	15	195	17	154	19	115
山东	43	222	46	114	36	68
河北	25	173	20	134	5	89
辽宁	12	183	11	147	10	91
天津	12	153	9	140	9	112

数据来源：中商情报网，www. askci. com。

浙江民营企业数量多、实力强，但总体规模较小。2012 年全国民营企业 500 强名单中，浙江占据 142 席，占比为 28. 4%，但营业收入平均值为 150 亿元，明显低于全国平均水平。

民营企业规模过小不仅使企业难以获得规模经济效益，还使企业因综合实力弱而无力顾及创新，综合竞争力和风险抵御能力弱。浙江中小民营企业不少从事生产技术壁垒低、劳动密集型、同质化竞争激烈的行业，缺乏自主创新的能力和动力，未来发展潜力存在局限。

（三）民营企业贷款数据分析——以浙江某银行为例

1. 地区分布较为集中

截至 2011 年末，该银行民营企业贷款①（含贸易融资）占全部对公贷款余额的 73. 43%，高于全省民营经济的占比。

2. 行业分布以制造业为主

该银行民营企业贷款主要集中在制造业和批发零售业，行业分布状况符合浙江地区块状经济、专业市场发达的特点。

① 统计口径："企业性质"为"内资"的企业，包括"股份有限公司、股份合作企业、集体企业、联营企业、其他企业、其他有限责任公司、私营企业"，不包括"外商投资企业、部队、事业单位以及国家机关和部委等单位、金融机构客户、国有独资有限公司、国有企业"，同时未包含零售贷款中的个体工商户贷款。

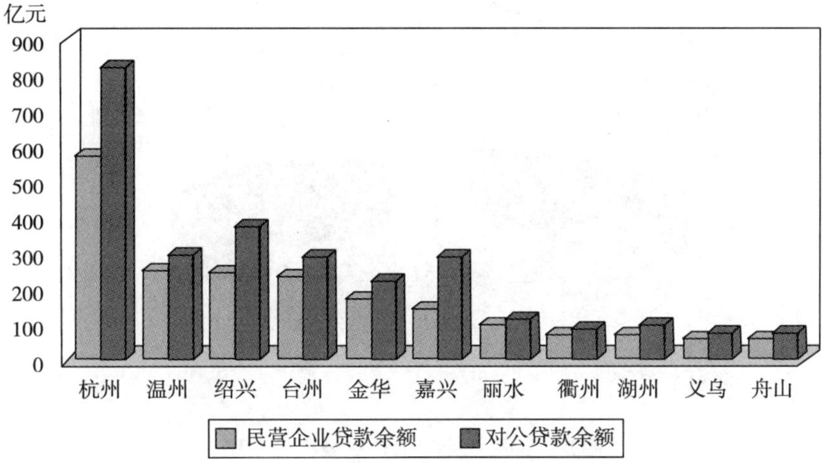

图 1　民营企业贷款地区分布图

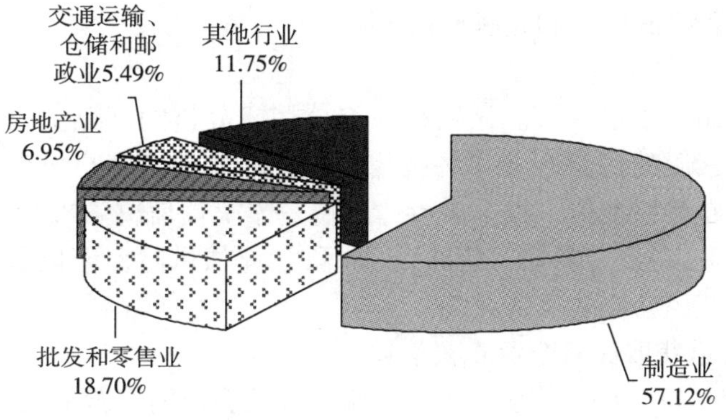

图 2　民营企业贷款行业分布图

3. 企业规模以中小企业为主

该银行民营企业贷款以中小企业①为主，与浙江民营中小企业较多的现状一致。

4. 部分区域资产质量受经济周期影响较大

2011 年以来，浙江民营企业发展面临较大的压力。该银行民营企业贷款资产质量也受到一定影响。其中，温州地区受影响较大，2011 年末民营企业不良率达 1.65%②。

---

① 企业规模按国家统计局原分类标准统计，未按 2011 年新标准。

② 因统计口径原因，该数据仅供参考。

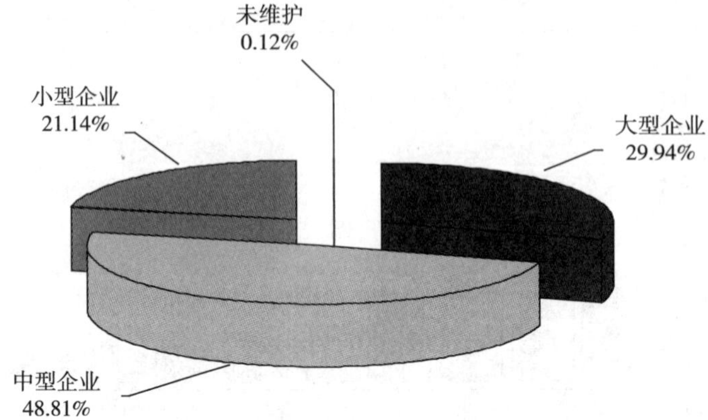

图 3 民营企业贷款企业规模分布图

（四）民营企业风险防范和化解措施——以浙江某银行为例

2011 年以来，针对浙江民营企业风险事项频发的状况，前文所述浙江某银行及时采取多种措施防范和化解授信风险。

1. 严把授信准入关

一是科学制定授信政策。该银行在充分调研分析的基础上，科学制定授信政策，筛选高素质的民营企业作为授信客户，降低授信客户发生重大风险事项的可能性。二是严格授信审批。该行“三位一体”授信决策机制抓住尽责审查、集体评审、专业审批三道风险控制关口，科学评估风险，谨慎叙做业务，在审批环节有效防范民营企业授信风险。

2. 多种渠道获取民营企业真实信息

通过“看、问、查”等多渠道立体掌握授信客户的经营情况。“看”的重点是实地观察了解民营企业的生产经营情况。“问”的重点是通过与相关人员、企业、政府部门接触获取民营企业信息。“查”的重点是查询民营企业的生产数据和外部信息。

3. 严格执行预警与问责制度

为有效防范和化解授信风险，提高对授信风险征兆的反应速度和化解能力，该行出台《公司授信风险预警管理及前期问责管理办法》。该办法使信息的传输更加及时有效，并对未及时预警和存在重大违规行为的相关责任人及时、严肃地进行前期问责，有效地对疏于贷款调查、敷衍贷后管理、隐瞒预警不报等行为形成了有力的制约。

4. 多种途径化解授信风险

对于发生风险事项的企业，该行以整体风险不增加为前提，采取多种手段消除风险隐患。一是深入分析形成原因，制订“一户一策”风险化解方案，防止风险蔓延扩大。二是及时采取核查押品状况、追加保证、停止投放授信、压缩、退出授信、资产保全等有效措施减少银行损失。三是由点及面，对与相关风险暴露客户存在担保关联、投资关联、贸易关联等关系的企业进行全面梳理和防范。四是对相关客户，在风险分类、信用评级和存量客户分类管理等环节跟进调整。五是加强与政府的沟通，积极配合政府的协调化解工作，同时密切关注同业动态，切实维护银行权益。

（五）银行同业对中小民营企业信贷风险的管理手段

1. 台州银行

台州银行创新了一套中小客户贷款调查技术——自编财务报表。客户经理查看企业账户，从中获取现金流量的大小、频度、日常结算业务对象等现金流量和客户信息，再结合平时所获取的“软信息”，评估出客户的风险程度，弥补了较多小企业现金流量表缺失的不足，有利于更加深入地了解客户，控制信贷风险。

2. 浙江稠州商业银行

稠州商业银行创造了“信义担保”的授信模式。所谓“信义担保”，是指贷款担保人除了要担保贷款人的资产信用外，还要担保贷款人的品行和经营能力，如没有赌博恶性、没有涉黑背景、属本分和勤勉的商人等。其作用不仅可以求证贷款人的资产信用，而且可以求证贷款人品行信用。

3. 浙江泰隆商业银行

泰隆商业银行在实践中不断探索小企业信贷服务和风险控制技术，总结出一套以“三表、三品、三三制”为特色的小企业金融服务模式。“三表”指水表、电表、海关报表；“三品”是指人品、产品和押品。泰隆商业银行还创造了“道义担保”贷款，指“由与借款人具有道义关系的第三人提供保证而发放的贷款业务品种”。

4. 浙江民泰商业银行

民泰商业银行创造了“保证担保”，总结出“看品行、算实账、同商量”的九字诀信贷方式。对临时资金周转出现困难，但经营尚好、有还贷意愿的企业，做到与企业协商解决资金问题、制订风险防范预案，或以资产债务重组等形式让企业正常运转，做到不抽贷、不压贷。

五、银行防范民营企业信贷风险的措施

（一）提高信贷风险管理能力

1. 设立科学的信贷准入机制

银行需对民营企业进行市场细分，把握好信贷投向。一要根据各地民营企业的发展现状和特点，严格执行授信客户准入。二要选择经营管理规范、信用

记录良好、主营业务突出、市场地位稳固、经营效益良好的民营企业。三要以风险控制为核心，选择产品有市场、有技术、有发展前景的优质成长型民营企业。四要对所处行业基本面不好、财务结构不合理、流动性不强的民营企业坚决拒之门外。

2. 采取多种担保方式增强贷款担保能力

银行可探索采取多种担保方式，加强对企业现金流、物流的控制力，如：追加实际控制人个人无限连带责任；争取利用政策性担保；以企业存货等动产质押，以应收账款等债权质押，以企业或企业主拥有的可带来现金流或变现价值的权利质押。

3. 合理应用产品组合管理控制风险

银行可挖掘民营企业在产业链中的优势条件降低银行授信风险。例如，对处在核心企业上游的民营企业开展应收账款质押、国内保理等业务；对处在核心企业下游的企业开展存货质押、销售金融服务网络等业务；对外贸型企业可用信用证项下打包贷款、出口押汇等业务；对存货较多、货物价值稳定、变现能力较强的企业开展现货质押、动产质押等业务。

4. 对宏观、行业风险进行动态监测

银行需密切关注经济形势变化，及时调整民营企业授信思路、转变观念，采取积极的应对措施来适应宏观调控后面临的新形势，解决新问题，保持银行民营企业授信业务持续、健康、协调发展。

5. 提高从业人员风险管理水平

银行应针对民营企业和中小企业特点，对客户经理进行有针对性的培训，提高客户经理贷前调查技巧和贷后管理能力。

（二）切实做好授信“三查”工作

1. 提高对民营企业信息真实性的识别能力

对民营企业的信息真实性核查重点要围绕“三品四表”，即人品、产品、担保品；水表、电表、纳税申报表、报关表。同时做到“多查看”和“多结合”：查负债看人行征信、查产量看水电用量、查销售看纳税申报、查出口看海关数据、查库存看生产日期、查资金看银行流水；结合企业资金流、货物流、票据流情况，从严把握上述流向的一致性，严格判断企业的真实交易与资金流向情况。

2. 加强对民营企业授信业务背景和用途的真实性调查

加强对民营企业授信用途真实性的调查，重点从现金流状况、业务规模、生产经营周期、上下游渠道以及与关联企业资金往来等角度，客观分析企业授信的真实需求，判断授信的实际用途。授信发放环节，必须严格执行“三个办法一个指引”的受托支付要求，并持续跟踪授信用途是否符合最初的授信申请。

3. 提高贷后管理和资金监测的针对性

在贷后管理中，要定期核查企业各账户的银行对账单，关注大额资金往来情况。同时，通过相关性分析，核实销售收入和还贷来源，对借款企业的经营管理、财务活动、物资库存等情况进行现场检查。

（三）关注民营企业经营风险

1. 高度重视民营企业实际控制人的个人品行

除了传统的实地走访外，还要充分利用人行个人征信系统，通过其社交圈和外围了解其发家史、个人习性和健康状况，对经营者个人素质、资信状况等方面进行全方面的考评，防范道德风险，合理制订授信方案。

2. 关注民营企业合规经营的风险

应重视民营企业及关联企业的合规经营问题，如环保、税务、反倾销等方面的法律合规性。对于发生此类风险事项的民营企业客户，需密切跟踪事件的发展动态，加强与政府部门的沟通，制定应急预案，谨慎叙做。

3. 防范民营企业民间借贷风险

需多方面收集民营企业民间借贷信息，如：通过企业银行分户账分析是否有异常进出；关注企业往来款是否与主营业务相关并匹配；财务费用等融资成本是否合理；整体资金面、现金流是否与企业经营投资规模匹配；是否与担保公司、典当公司有往来。

4. 关注民营企业自身内部素质的变化

民营企业应对宏观经济变化最为有效的手段是提高自身素质，增强应对外部不利环境的抗风险能力。因此，银行在授信管理过程中应加强对民营企业内部素质变化的关注，评判企业目前应对风险的能力及未来发展潜力，更好地控制授信风险。

（四）根据民营企业不同发展阶段调整授信策略①

1. 民营企业初生期的信贷定位

民营企业创立伊始，技术不太完善，经营管理不够规范，市场前景也不明朗，资金需求量大。一般来说，商业银行对于成长初期的民营企业的贷款总量不宜超过项目投资总量的50%，民营企业的自有资金应该成为项目投资的主体。

2. 民营企业成长期的信贷定位

成长期的民营企业发展迅速，需要扩大生产规模，进一步拓展市场空间。业绩优良、成长迅速的民营企业应作为银行信贷投放的主要对象。但应注意民营企业整体负债状况，避免过度融资，并随时监控企业对信贷资金的使用情况。

---

① 陈敬涛：《基于我国民营企业生命周期的信贷市场定位研究》，浙江大学硕士学位论文，2005。

3. 民营企业成熟期的信贷定位

民营企业在进入成熟期以后，业绩稳定，市场占有份额保持在一定水平。商业银行不应再盲目扩大对这一类企业的贷款量，对企业的信贷总量一般不宜超过对其成长期的信贷投放总量。

4. 民营企业衰退期的信贷定位

企业在进入衰退期以后，产品缺乏竞争力，盈利能力急剧下降，甚至出现亏损。商业银行应仔细甄别这些企业所提供的信息，有步骤地将信贷资金从民营企业退出。信贷退出之时应做到既不影响银企关系，又能使信贷资金稳妥退出，以信贷资产的保全为前提，争取在民营企业破产之前完全退出。

参考文献

[1] 巴曙松：《从“问题富豪”看中国银行业信贷管理缺陷》，中国网，http：//www. china. com. cn。

[2] 陈敬涛：《基于我国民营企业生命周期的信贷市场定位研究》，浙江大学硕士学位论文，2005。

[3] 陈平：《温州民营企业管理模式研究》，学林出版社，2007。

[4] 单东：《金融危机下浙江民营企业的转型升级》，载《特区经济》，2009（4）。

[5] 董富华：《中小民营银行风险控制与核心竞争力：浙省个案》，载《改革》，2011（10）。

[6] 方道富：《一家大型集团企业巨额信贷风险危机化解的实践与思考》，载《浙江金融》，2008（1）。

[7] 何志毅：《民营企业案例》，北京大学出版社，2003。

[8] 胡旭阳：《民营企业的政治资源与民营企业多元化投资——以中国民营企业500强为例》，载《中国工业经济》，2008（4）。

[9] 黄孟复：《中国民营经济发展报告（2009—2010）》，社会科学文献出版社，2011。

[10] 齐诚等：《当前民营经济发展存在的问题及出路》，国研网，http：//www. drcnet. com. cn。

[11] 任建华：“民营企业信贷融资难的经济学解释”，国研网，http：//www. drcnet. com. cn。

[12] 史晋川等：《市场深化中民间金融业的兴起》，载《经济研究》，2001（1）。

[13] 史晋川等：《温州模式研究回顾与展望》，载《浙江社会科学》，2002（3）。

［14］史晋川等：《中小金融机构与中小企业发展研究——以浙江温州、台州为例》，浙江大学出版社，2003。

［15］王利亚：《论民营企业授信风险管理》，载《浙江金融》，2009（11）。

［16］徐元国：《大力扶植民营企业集团发展》，国研网，http：//www. drcnet. com. cn。

［17］张杰：《民营经济的金融困境与融资次序》，载《经济研究》，2000（4）。

［18］张亦春：《中国社会信用问题研究》，中国金融出版社，2004。

［19］钟正岩：《民营经济在浙江对外开放中的作用》，商务部网站，http：//zys. mofcom. gov. cn。

温州担保链的形成与风险评估

——基于多自主体系统和小世界网络

温州市金融学会课题组*

一、当前温州金融风险情况

（一）不良贷款仍然高发

2013 年，温州社会信用破坏程度加深，担保链波及范围扩大，房地产市场价格持续下滑，经济运行总体偏弱，不良贷款仍处于高发阶段。2013 年末，账面不良贷款余额 320 亿元（见图 1），不良贷款率 4.4%，较年初上升 0.65 个百分点；2013 年新发生不良贷款 346 亿元，与 2012 年的 305 亿元比仍处于高发阶段（见图 2）。如考虑不良处置因素，自 2011 年 9 月以来累计发生不良贷款 721 亿元，累计不良贷款率为 9.9%，较年初上升 4.6 个百分点。

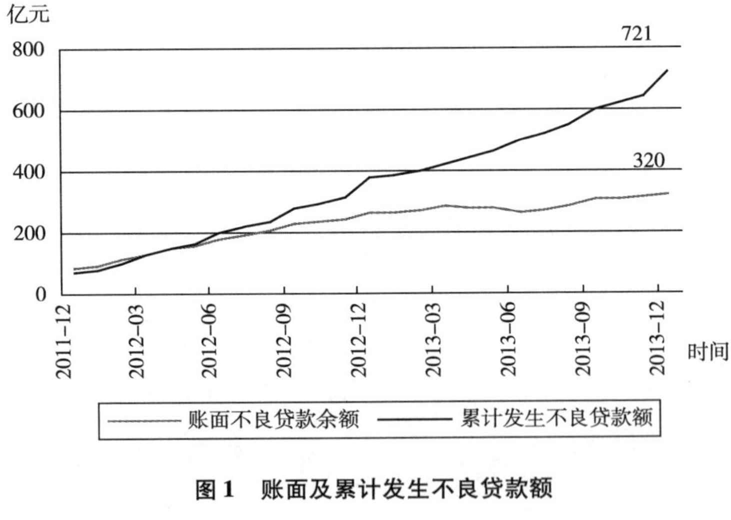

图 1　账面及累计发生不良贷款额

（二）担保链风险仍在发酵

当前，很多因素都会引起或加剧担保链风险：一是银行加强不良贷款清收，

* 课题主持人：吴国联

课题组成员：钱敏泽　毛春华　包婷婷　南单婵　陈明衡　曹志刚　杨晓光

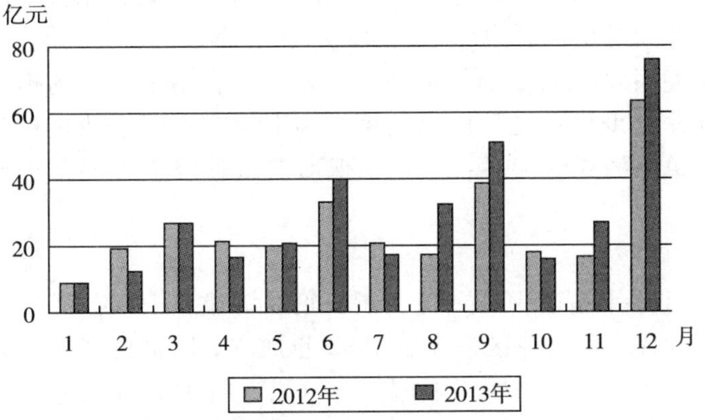

图2 2012—2013 年新发生不良贷款额

特别是交由上级行或专业资产管理公司统一处置，使担保企业代偿压力加大。二是法院加快银行借贷案件的审判、执行，追诉担保企业的贷款责任，使担保链风险加剧。三是债务企业或担保企业有意转移资产，企图逃避偿付责任，债权银行不得不采取相关保全措施，企业资金链断裂的风险加大。四是原来互保的企业，由于一方风险较大，另一方不愿继续互保，银行无法转贷，使原来的担保链风险暴露。五是不少担保贷款是多家企业同时提供连带责任的担保，银行依法可以同时追索多家企业的连带责任，使债务风险成倍加大。

二、担保链关系的形成与发展

温州民营经济发达，中小企业众多，资金需求量大，由于有效抵押物不足，保证贷款一直是企业从银行融资的重要途径。据在温州几家商业银行风险管理部门负责人反映，从开展企业信贷业务以来，就存在企业间的保证担保贷款。多年来随着企业规模的扩张和融资结构的变化，以及在不同时期的宏观调控政策背景下，企业间的担保链关系经历了不同的发展阶段。

（一）担保链发展阶段

1. 1992 年之前

20 世纪 80 年代初，为发展经济，解决小企业融资难问题，温州就有开展保证贷款业务。当时存在担保关系的企业多为公有制企业，且一般是上级、大型的企业对下属、小型企业的担保，也存在上级管理部门为下属企业的担保。如某位年长的银行从业人员回忆，1982 年就经历过温州二轻工业总公司担保下属集体企业贷款发生拖欠的法律纠纷案，还有一些街道办为下属集体企业提供担保。对于私营企业，一方面是贸易活动刚刚起步，生产资金需求旺盛，另一方面是金融业发展较为滞后，特别对私营企业甚至个体户的政策导向并不明朗，此时的融资需求基本靠民间借贷解决[1]，与银行存在信贷往来关系的私营企业非常少，私营企业间的担保更为少见，即使有也多为亲戚、要好朋友圈内的担保。这一阶段担保关系及担保资金的特征，一是以公有制企业间的担保为主，私营企业间的担保非常少见；二是担保关系多为上级对下属企业担保，担保链条短而简单，多为单向的线性关系；三是担保所获贷款资金主要用于流动性的生产经营需求。

2. 1992—2000 年

1992 年，邓小平南巡讲话掀起了新一轮经济建设浪潮。当时以温州扶贫经济技术开发区为代表的工业区率先于 1992 年成立，瓯海经济技术开发区、鹿城工业区、双屿鞋都、乐清岩磐工业园区、永嘉三桥工业园区等，各县（市）工业园区如雨后春笋般冒出，大量企业脱离家庭式作坊转向更为规模化的生产，并逐渐形成了电器、服装、汽摩配、泵阀、不锈钢、鞋业、合成革、印刷、塑编等多个产业集群。这一时期是温州经济发展最具活力的阶段，特别是厂房建设、设备购置等固定资产的投资非常旺盛。随着私营企业的成长，银行在服务中小企业方面有了长足进步，一部分优质、成规模的企业与银行建立了信贷合作关系。90 年代中后期与担保相关的法律、法规的集中出台，促成了银行在保证贷款业务上的拓展。此时担保关系及担保资金的特征，一是随着私营企业的成长和产业集群的形成，在产业链和供应链上都积累了一些相互熟识的伙伴，担保来源由家庭、朋友圈向产业、供应链上拓展；二是担保关系仍然较为简单，以线性单向为主；三是担保贷款资金主要用于满足企业在本地的生产经营与固定资产投资。

3. 2001—2008 年

2000 年以后，温州的企业发展基本步入正轨，在经历蓬勃发展后温州本地的工业用地价格、用工成本等各项费用均较快上涨，环保、税收政策逐渐收紧，一些企业家开始布局上海、杭州，同时周边省份如江苏、安徽、福建等地也开始积极来温招商，企业“走出去”序幕逐步拉开，外迁的过程同时还伴随着在外购置房产等投资行为，一部分企业主由购置房产发展为房地产开发。投资区域的扩张带来企业融资需求的进一步上升，担保关系的发展更为深入，保证贷款的比例较 2000 年之前有较大增长。这一阶段担保关系及担保资金出现的新特征，一是随着企业向集团化发展，母、子公司之间的交叉担保出现，甚至有企业为了融资而专门注册一个新公司进行担保，在产业结伴外迁的过程中，产业链、供应链上的企业担保关系更为紧密；二是担保链条逐渐复杂，交叉与网状

---

[1] 据《中国中小企业金融制度报告》收录的《温州民间金融的新发展》专题调研一文显示，1997 年以前，温州中小企业在开展融资时，70% 的资金靠民间借贷解决。

担保网形成；三是担保所获贷款资金部分流向区外实体经济，以及房地产投资。

4. 2009—2012 年

2009 年，为应对国际金融危机的冲击，国内 4 万亿元投资计划配合适度宽松的货币政策一起推出，银行积极开展信贷营销，贷款投放出现爆发式增长。2009—2010 年仅仅两年间，温州全市贷款累计增加 2 169 亿元，是之前改革开放 30 年累计投放量的 64.8%。如此天量的信贷投放量促使企业不断扩张投资规模。首先是对外投资规模进一步扩大。有代表性的如低压电器行业，由本地企业外迁形成的产值已经与本地的产值不相上下，均达到 600 亿元；温州人在外创立合成革企业 160 余家，超过温州本地 115 家的企业数量；瑞安汽摩配产业外迁产值约为本地产值的 50%；苍南人在外创办的印刷企业约 300 家，从业人数8 000 人。其次是跨行业投资更为盛行。光伏、造船、股权投资、类金融行业都在投资之列。如信泰集团涉足光伏行业投资；服装企业庄吉集团对造船业的投资；温州股权投资协会里曾活跃着环亚、红石、五期等各种企业合伙成立的投资公司，还有乔顿、庄信等大企业的附属投资公司；小额贷款公司的兴起，背后均涉及地区内的龙头企业，以及这些企业所带领的一个企业群体。再次是企业房地产投资急速上升。2009 年中国房地产市场经历了一个急转向上的行情。房地产市场的快速回暖吸引了大批企业加入其中，2010 年温州市百强企业中近五成企业涉足房地产开发，企业组团成立房地产开发公司的现象较为普遍。如温州置信集团，背后联合了 250 多个企业，这 250 多个股东背后还涉及上千人的集资。最后是银行信贷文化的缺失。多头、超额贷款现象普遍。据对目前已出险的 1 179 户不良贷款企业调查显示，2011 年末，19% 的企业在 4 家及以上银行有贷款，最多的一家企业在 19 家银行融资。对一些企业的贷款投放超过销售收入，甚至是销售收入的几倍。

在上述背景下，保证贷款成为企业向银行获取融资的重要途径。2009 年初，企业纯保证贷款①余额 590 亿元，约占所有企业贷款余额的 34%。到 2009 年末，余额快速上升至 840 亿元，占企业贷款比例达到 37.6%，增量占比达到 47.1%。同时期全国的余额和增量占比分别为 29.6% 和 44.7%。2012 年末，企业纯保证贷款余额上升至 1 548 亿元，占企业贷款比例达到 40.2%，当年增量占比 46.2%。同时期全国的余额和增量占比分别为 28.7% 和 25.8%（见图3、图4）。

5. 2013 年

这一阶段主要表现为担保链危机的扩散和担保规模收缩。随着金融风险的扩散和处置工作的推进，银行对保证贷款的风险管理明显加强，企业也在积极

① 根据人民银行金融统计系统数据，贷款分类中只能区分纯保证贷款，而“保证 + 抵押”共同担保的贷款无法再细分出含多少保证贷款。

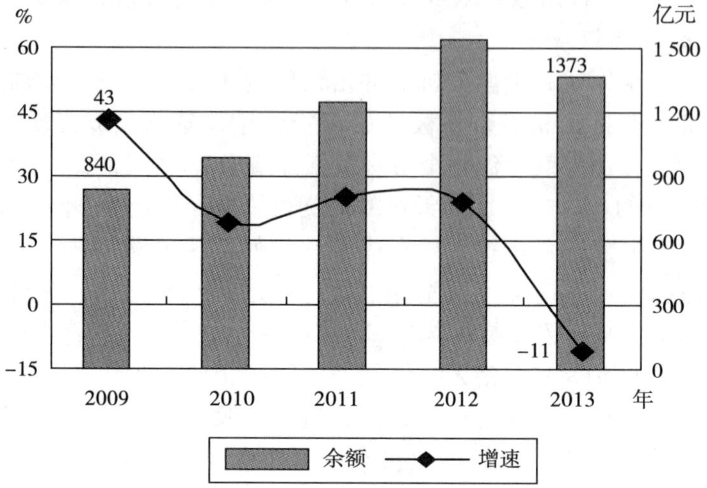

图 3　温州企业纯保证贷款走势

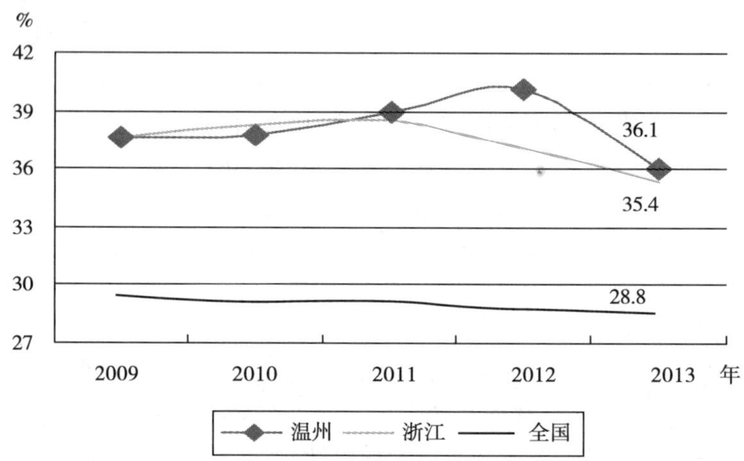

图 4　纯保证贷款占企业贷款比例

调整应对经济运行偏弱局面，收缩融资规模降低财务成本，对外提供担保更为谨慎，尽量割断不必要的担保联系。银企双方的共同调整促成保证贷款高位回落。截至 2013 年末，温州保证贷款余额 1 373 亿元，同比下跌 11%，明显超出企业贷款跌幅，占企业贷款比例下降至 36.1%，回落至 2009 年时的水平。

（二）当前企业保证担保特征

结合 2013 年 12 月课题组在辖内 14 家较大型的商业银行开展的企业担保情况专项调查数据，当前企业保证担保表现出如下特征。

1. 参与面广，杠杆率高

调查数据显示，67.8%的贷款企业有涉及保证，且该部分企业64.1%的贷款依靠其他企业担保，明显高于平均44.7%的水平。自身抵（质）押物偏少，具有比较明显的高杠杆偏好。随着担保户数的增加，对保证贷款的依赖呈上升趋势，如涉及3家企业担保的，保证贷款占比高达68.9%。

表1　　企业涉及保证贷款情况　　单位：%、万元

	户数占比	户均保证余额	保证贷款占比
①不涉及担保	32.2	—	—
②有涉及担保	67.8	1 027	64.1
1家企业担保	34.1	959	61.7
2家企业担保	20.3	971	67.3
3家企业担保	7.9	1 141	68.9
超过3家企业担保	5.6	1 487	61.7①
全部企业	100	696	44.7

2. 资金脱离主营需求

按照先抵押、后担保的风险顺位考虑，当抵押贷款满足不了资金需求时，银行会要求企业提供担保。而对处于常规发展通道的企业而言，经过多年积累，正常的生产经营需求基本可以通过自有资产抵押贷款获得满足。涉及较大担保时，往往是企业跨行业多元投资或跨区域对外投资推动。根据企业信贷资金用途及流向调查显示，2012年温州企业贷款中，约七成留在温州地区，有三成是流向区外的；用途方面，真正用于自主经营的比例仅64%（包括区内51%和区外13%）。也就是说当前温州企业的整体融资量超出本地经营主体的需求，信贷超投部分多以保证担保推动，并且流向区外或其他非主营行业。

3. 担保网络复杂、担保能力欠缺

表2　　企业担保关系类型　　单位、%

担保关系	金额占比
①担保公司之类融资中介提供的担保	1.3
②企业之间有共同投资而形成的担保	9.3
③产业链上下游、有货款往来关系企业的担保	10.2
④企业出于融资需要而形成互保、联保合作的担保	32.6

① 该类企业资产规模较大，可抵押物较多，保证比例反而下降，但户均保证余额明显高出其他企业。

续表

担保关系	金额占比
⑤企业实际控制人系直系亲属的担保	15.0
⑥企业集团内部之间的担保	15.5
⑦仅出于熟人关系，不存在任何经济往来，没有联保、互保合作的担保	16.1
合计	100

从担保企业的关系看，涉及家庭成员或集团企业内部子公司间的担保金额合计占30.5%，此类担保实际上沦为同一控制人或企业的信用贷款。在发生债务违约时，通常整个企业集团已出现整体的资金运作困难，代偿能力非常有限。同时还有32.6%的担保金额是企业间出于扩大融资需求而形成的互保、联保关系，此类担保合作通常发生在其他担保关系难以满足融资需求的情况下，不仅涉及金额较大，而且担保的循环嵌套一定程度上演变为企业自己为自己担保，实质担保能力严重缺位。

三、担保链风险评估

当前担保链风险仍处在扩散的脆弱阶段，风险分析主要是针对企业资金链断裂通过担保链传染的风险评估。评估担保链风险需要分析三个问题：企业担保链网络是如何形成的，企业资金链断裂在担保企业中如何传染，对银行信贷资产产生多大风险。

（一）根据调查数据和数学模型生成担保链网络

担保链关系风险传导较为复杂，需要借助相关数学模型解决。按照40%[①]企业存在担保贷款关系计算，温州33 800个贷款企业中大致存在担保关系的有13 520户企业。用人工手段追踪和描述如此庞大数量企业担保网络是困难的。这里根据大、中、小企业担保关系、银行服务网点情况调查结果（见表3）、一些基本假设和逻辑推演，通过多自主体系统和小世界网络生成理论模拟生成担保网络（见图5、图6）。

表3　　模拟生成担保网络基本参数　　单位:%、个

①企业户数33 800（征信系统查询）	小型企业	中型企业	大型企业
②大、中、小比例（商业银行上报）	86.9	12.3	0.9
③有担保企业的比例（银行统计测算）	39.9	39.5	40.6

① 模型测算是2012年完成的，限于当时条件，涉及担保企业的户数比例用纯保证贷款余额比例近似替代。

续表

④有担保企业的户数 = ①×②×③	11 713	1 637	122
⑤银行服务企业网点数（商业银行调查）	758	758	186
⑥企业贷款平均网点（征信系统抽样查询）	1. 6	3. 3	5. 3
⑦为担保企业服务网点数 = ⑤×③	302	299	76
每个银行网点服务担保企业数 = ④×⑥/⑦	62	18	9
每个企业互保数量（征信系统抽样查询）	1. 14	3. 14	8. 38
⑧逾期还贷企业被抽贷比例（征信抽样查询）	48	52. 4	38. 5
困难企业占比 22%，困难企业受到抽贷后资金链断裂比例 34%（调查银行客户经理 225 人，涉及企业 3 574 户）。			

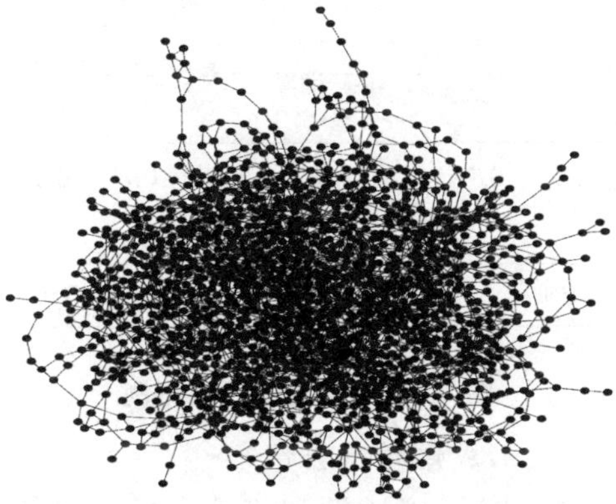

图 5　中型企业担保网络图

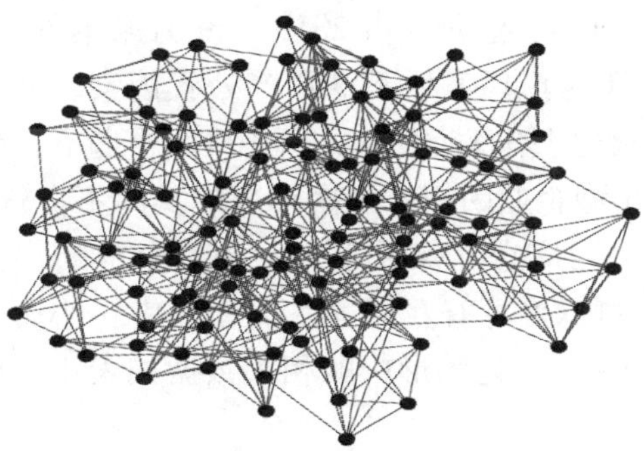

图 6　大型企业担保网络关系

相关条件设定：企业受冲击后按照 34% 的概率发生资金链断裂，如果受到两次冲击，企业按照 67% 的概率发生资金链断裂，或者遇到三次冲击导致企业发生 100% 的资金链断裂。企业资金链断裂风险会因担保链关系向下传染，并可能引发多轮企业资金链断裂。

（二）担保链风险在企业间传染过程

根据企业受冲击①概率、企业担保网络相关参数和设定条件运行模型，可以得到企业资金链断裂比例关系图 7。大型企业因担保链数量大，企业资金链断裂风险传导也快。

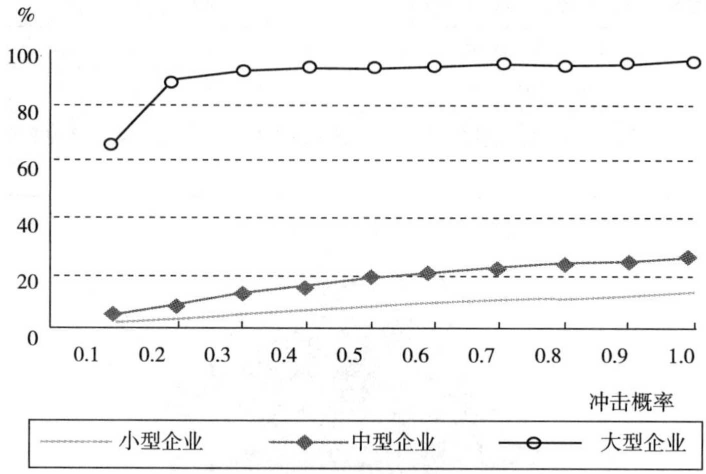

图 7　企业资金链断裂比例

（三）企业资金链断裂形成信贷出险资产

根据不同规模企业资金链断裂比例和贷款余额可测算出相应类型企业信贷出险资产，以及加总的风险资产。在担保企业受到 100% 冲击时，由担保链引发的信贷出险资产将达 1 128② 亿元，占 2013 年 9 月末本外币贷款余额的 15. 6%。截至 2013 年 9 月末，不考虑风波后不良资产处置因素，温州企业因担保原因形成的实际不良资产余额达 199. 1 亿元③，占 100% 冲击下担保链相关出险资产的 17. 6%。按大、中、小型企业因担保原因形成的实际不良资产分别为 14. 2 亿元、100 亿元和 84. 9 亿元，对应在互保关系企业中资金链断裂比例为 2. 7%、6. 4% 和 4. 9%。根据图 8，可以推算有互保关系的大、中、小企业受冲击的比例分别为 0. 4%、17% 和 36%④。上述图形中的相关数据如表 4、表 5 所示。

① 冲击主要指引起或加剧担保链风险的因素。

② 2013 年 9 月末，大、中、小企业贷款余额分别为 528. 7 亿元、1 555. 7 亿元、1 721. 4 亿元，根据图 7 及表 4，在 100% 受冲击时，对应的资金链断裂比例分别是 95. 2%、25. 4%、13. 3%，各自相乘后即为大、中、小企业的最大出险资产 504 亿元、395 亿元、229 亿元。

③ 根据 2013 年 9 月末累计发生不良额 628 亿元和银行调查数据 31. 7% 不良比例来自担保因素计算。

④ 根据图 8 及表 5，由出险资产推算大、中、小企业受冲击概率，分别为 0. 4%、17% 和 36%。

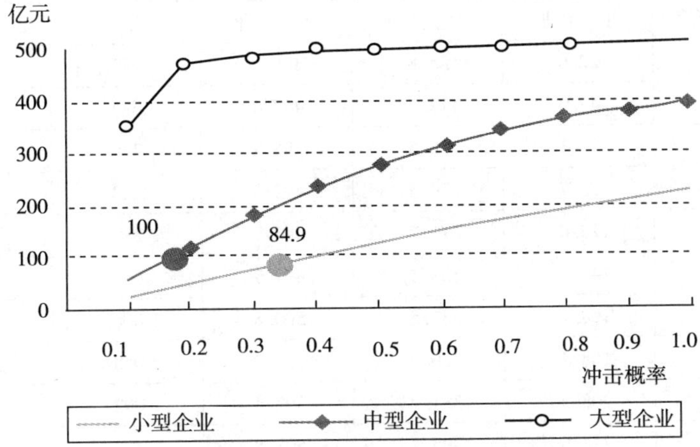

图 8　企业资金链断裂形成出险资产

表 4　企业受冲击导致担保企业资金链断裂的比例　单位:%

企业受冲击概率	小型企业	中型企业	大型企业
0. 02			10. 1
0. 04			23. 0
0. 06			38. 7
0. 08			52. 3
0. 1	1. 3	3. 6	65. 8
0. 2	2. 7	7. 6	88. 4
0. 3	4. 2	11. 3	91. 9
0. 4	5. 7	14. 7	93. 1
0. 5	7. 1	17. 5	93. 6
0. 6	8. 6	19. 8	94. 1
0. 7	9. 8	21. 7	94. 7
0. 8	10. 9	23. 2	94. 7
0. 9	12. 1	24. 5	95. 0
1. 0	13. 3	25. 4	95. 2

表 5 企业受冲击导致担保企业产生信贷出险资产 单位：亿元、%

企业受冲击概率	小型企业	中型企业	大型企业	合计	占信贷余额比例
0.1	22.6	55.8	348.2	427	5.9
0.2	47.3	117.7	467.4	632	8.8
0.3	72.1	176.6	486.1	735	10.2
0.4	98.7	229.5	492.3	820	11.4
0.5	122.0	271.7	495.0	889	12.3
0.6	147.4	308.8	497.7	954	13.2
0.7	168.1	337.5	500.8	1 006	14.0
0.8	188.4	360.5	501.2	1 050	14.6
0.9	208.2	381.2	502.4	1 092	15.1
1.0	228.6	395.2	503.8	1 128	15.6

以上担保网络和企业资金链断裂比例的数量关系是在 2012 年中通过建模得到的。由于当时在调查数据上的限制，无法获得涉及担保企业的比例，在模型推导中用纯保证贷款的余额占比（40%）近似替代。在保证贷款户数比例与金额比例相等的假设条件下，推出企业资金链断裂的金额。

与 2013 年企业担保情况专项调查的结果比较，发现保证贷款的户数比例（67.8%）和金额比例（44.7%）存在差异，但户数比例的增加（27.8 个百分点）带来金额比例的增加并不明显（仅有 4.7 个百分点），因此推测，当更多的企业涉及保证贷款时，风险传染速度应该更快（即图 7、图 8 中的 3 条曲线更陡峭些），而对风险极值的影响有限，实际风险极值会更高些。

四、防控和化解担保链风险建议

担保作为一种广泛应用的风险分担机制，在克服中小企业有效抵押物不足，解决贷款难问题上发挥了积极作用。但从温州的现实结果看，企业之间的担保在信贷投放宽松时期发生了非理性膨胀，并支撑了企业的激进投资行为，为后来担保链的风险传导和集聚提供了可乘之机。因此，从合理的担保规模和如何化解已经形成的担保链风险出发，提出以下三点意见。

1. 设定合理保证担保比例

从整体规模看，按照 2012 年末温州约六成信贷资金用于企业实体经营这一调查数据，企业保证贷款规模应至少压缩相应比例至 24%（2012 年末纯保证贷款比例 40.2% ×60%）的水平。

从个体上看，按照 68% 的企业涉及保证，该部分企业对保证贷款平均依赖度达到 64%，这种以保证担保占主导的贷款模式缺乏稳健性。反过来计算，当这部分企业的担保依赖度降至35%，才有可能推动整体的企业保证贷款比例下降至24%的水平（涉及保证的企业比例×该部分企业保证平均水平+不涉及保证的企业比例×该部分企业保证平均水平=68%×35%+32%×0=23.8%）。

保证贷款的比例控制应该按照新旧隔断的思路，老人老办法，新人新办法。对已经存在的企业保证贷款要在短期内保持规模稳定，给予3~5年过渡时期，逐步退出至合理水平，特别是对同一控制人、集团企业内部间的担保和企业互保、联保形式的融资合作进行清理。对于新发生的保证贷款，单个企业应大致控制在35%的参考水平内。

2. 加强担保体系建设，成立国有担保公司

长期来看，企业之间的担保关系始终存在风险传染的几率，而且企业自己寻求担保，出于利益互换思维容易形成互保、联保交易，实际上架空了担保效力。从其他发达国家和地区解决中小企业融资难的成功经验看，应当逐步以专业担保机构的融资担保替代企业之间的互保联保关系。

温州融资性担保机构的担保余额在整体企业贷款中所占比重较低，而且近两年来业务发展逐步萎缩。2011—2013年，在温州市经贸委备案管理的担保公司逐年下降，分别为50家、40家、38家；注册资本逐年下降，分别为29.9亿元、23.4亿元、22.8亿元；担保余额逐年下降，分别为100.5亿元、64亿元、60.2亿元。

要改变现有融资性担保业务发展的颓势，应当积极推进和完善再担保机制，分散担保机构经营风险，增强其担保能力。同时，担保的正外部性要求政府部门承担应有责任，完善信用担保体系，成立国有担保公司承接担保责任，以此克服民营担保机构个体小，经营不规范，担保代偿能力偏弱的劣势。

3. 分类区别处置担保链风险，恢复企业经营信心

担保链传染是导致温州当前风险加重的重要因素，并且债务风险有向行业规模企业传导迹象。如果没有有效措施，下一步因担保链或借口担保链问题而出险的情况会更加普遍。应秉持“保健扶伤不救死”的原则，区分情况、分门别类地处置担保链风险问题，切割和控制担保链的风险传导。

针对债务人已破产倒闭，或已停止付息转贷的不良贷款担保链问题，要提出合理的代偿方案。追索担保企业的实际代偿要实事求是，有条件的时间上要推后，先处置债务人的资产。多头担保的，银行应与担保企业协商，以贷款额为总数，按比例确定每家企业代偿的上限，避免最高额代偿的高压手段。担保企业无法代偿，但自身经营较好、自有负债部分能够还本付息且没有转移、藏匿资产嫌疑的，可以考虑暂缓起诉和追责。

参考文献

[1] 钱敏泽：《从温州金融形势看区域性风险防控问题》，中国人民银行温州市中心支行内部调研报告，2013。

[2] 吴国联：《关于温州金融创新发展的思考》，中国人民银行温州市中心支行内部调研报告，2013。

[3] 中国人民银行温州市中心支行：《温州金融服务区内外经济调查报告》，中国人民银行温州市中心支行内部调研报告，2013。

[4] 中国人民银行研究局：《中国中小企业金融制度报告》，中国人民银行研究局内部调研报告，2005。

[5] Cohen, L., A. Frazzini and C. Malloy, 2008, "The Small World of Investing: Board Connections and Mutual Fund Returns", *Journal of Political Economy*.

[6] Conyon, M., and M. Muldoon, 2006, "The Small World of Corporate Boards", *Journal of Business Finance & Accounting*.

[7] Fracassi, C., 2012, "Geoffrey Tate: External Networking and Internal Firm Governance", *The Journal of Finance*.

[8] Gerald, P., and P. Tkac: 2009, "The Financial Crisis of 2008 in Fixed – income Markets", *Journal of International Money and Finance*.

[9] Wang, S., and C. Zhang, 2005, "Microscopic Model of Financial Markets Based on Belief Propagation", *Statistical Mechanics and Its Applications*.

[10] Watts, D. and S. Strogatz, 1998, "Collective Dynamics of Small – world Networks", *Nature*.

温州金融改革成效评价研究

中国人民银行杭州中心支行课题组*

一、引言

改革是中国最大的红利，这是过去35年发展历程所证明的。中国特色社会主义在改革开放中重新焕发出蓬勃生机的客观事实，以及中华民族再度崛起的巨大成就，都无可辩驳地证实了改革对于中国的必要性和正确性。回顾中国改革的内容和方式，既有经济、政治、科技、教育等不同领域、全国性的体制机制改革，也有经济特区、国家综合配套改革试验区等渐进式、综合性的区域改革。在改革的推进过程中，适时地对改革的经验与成效进行系统地总结与评估，对于把握改革的整体进程，以及推动改革的进一步深化，都具有十分重要的意义。

从现有文献来看，对于改革成效进行评价的相关研究，主要集中在以下两个方面：一是对具体行业、领域体制机制改革的成效进行评价。例如，刘长青（2004）采用模糊综合评价法对我国改革开放以来金融改革的成效进行了评价分析。覃道爱等（2009）应用多阶段 SBM - Undesirable 模型评价了2004—2007年我国分省（市、自治区）农村信用社“花钱买机制”的改革绩效。张超等（2010）运用DEA 的效率评价方法对我国电信业的三个改革阶段进行量化评价。二是对区域内单一或综合性改革的成效进行评价。例如，余鲁等（2009）从定性和定量两个方面设计了用于衡量和评价国家综合配套改革试验区改革绩效的评价方法及指标体系。苏立峰等（2011）通过问卷调查的结果来衡量和评估上海市政府近五年来在金融领域的各项重大改革和发展措施的绩效。檀江林等（2011）以安徽省农村综合改革的实效性和评价标准为视角，建构指标体系对农村综合改革进行了总体评价。

从总体来看，有关改革成效的评价研究，主要还是集中在具体行业、领域体制机制改革的成效评价，区域性改革的成效评价研究相对较少。在金融领域方面，由于区域性金融改革开展得相对较晚（温州是我国首个以金融为主题的

---

* 课题主持人：郭安娜
课题组成员：王去非　贺　聪　易振华　陈一稀　项燕彪

综合改革试验区），相关评价研究目前还处于空白阶段。本课题将重点围绕温州金融综合改革试验区的改革成效评价展开研究。温州金融综合改革试验区，是我国首个以金融为主题的综合改革试验区，自 2012 年 3 月启动以来，已有一年有余。在一年多的时间里，温州金融改革备受社会各界的关注，也取得了阶段性进展，在规范民间融资、发展中小金融机构、建设金融基础设施、提升中小企业金融服务水平方面采取了很多切实、有效的改革措施。然而，从当前社会舆论来看，由于在民营资本发起设立村镇银行、个人境外直接投资等方面难有突破，加之温州实体经济恢复缓慢、银行不良贷款率持续上升，社会各界对温州金融改革成效持负面评价的居多，认为改革“实招”不多、成效不大。在此背景下，正确认识金融改革成效，引导社会各界为温州金融改革创设一个宽松、良好的舆论环境，显得十分迫切而必要。

本课题将对温州经济运行现状、特点及面临的发展困境进行解读、分析，梳理温州金融改革的主要内容及改革目标，从中整理出温州金融改革成效评价的一些思路和想法；在此基础上，基于区域金融生态系统理论以及公共政策评估理论，结合温州实际情况以及温州金融改革的十二项主要任务，构建出一个全面、合理的温州金融改革成效评价指标体系；进一步，运用一定的数理方法合成一个能够较好反映温州金融改革成效的综合指标；最后，运用该综合指数，客观分析温州金融改革的成效及不足，并对温州金融改革成效评价工作进行展望。

二、温州“问题”与温州金融综合改革

2012 年 3 月，国务院常务会议批准设立温州金融综合改革试验区，《浙江省温州市金融综合改革试验区总体方案》（以下简称总体方案）同时获批实施。与珠三角、深圳前海等其他区域性金融改革不同，温州金融改革的提出有其特定的现实背景，具有“事后”改革的性质，也被寄希望于解决温州经济发展中存在的实际问题。同时，作为一个以试验区的形式推进的区域性金融改革，温州金融综合改革的内容也必然与温州经济、社会发展的特征相联系，带有显著的区域特性。因此，通过对温州经济特点，发展困境的分析，以及温州金融改革目标及内容的解读，有助于我们更好地理解和把握温州金融综合改革的逻辑，梳理出温州金融改革成效评价的一些思路。

（一）温州经济发展及其特点

温州是我国民营经济最为发达的地区之一，改革开放 30 多年来，温州民营经济从无到有、从弱到强，创立了闻名全国的“温州模式”，成为民营经济发展的典范。根据 2011 年的统计数据显示，温州民营经济增加值占温州市生产总值的比重达到 81.9%；民营经济实现社会消费品零售总额占温州市社会消费品零

售总额的89.5%。在温州经济增长因素中，民营经济已成为主要的增长极，民营经济对GDP的贡献率已超过80%。可以说，民营经济的发展就是温州经济发展的一个缩影。改革开放至今，温州民营经济发展大体可以划分为三个阶段。第一阶段从1978年至20世纪90年代初，为起步和快速发展阶段。这一时期温州民营经济以集体经济为主体，个体私营经济进入初创和早期发展时期。第二阶段从20世纪90年代初至21世纪初，是温州民营经济发展的黄金时期，创造了闻名全国的"温州模式"。这一时期，温州形成了以"小商品大市场、小配件大配套、小产品大行业、小企业大协作、小资本大集聚"为特色的经济格局。第三阶段从21世纪初至今，温州民营经济的先发优势逐步弱化，对经济社会的推动作用有所减弱，转型升级面临不少压力。随着各地民营经济发展步伐明显加快，温州民营经济先发优势弱化明显，特别是2008年全球金融危机以及本轮经济危机，对温州民营经济的影响甚大。在需求疲软、成本上升的大环境下，以及自身产业结构及管理模式滞后的影响下，温州民营经济的发展遇到了前所未有的挑战。

以民营经济为主导的温州经济模式，在一定程度上决定了其具有以下几方面的特点：（1）小企业众多，且以家族式管理模式为主。温州民营经济具有作坊式、家庭化的特点，小商品大都以家庭为单位进行，因此温州模式也被称做"小狗经济"，贴切形容了温州遍地的小企业、小家庭作坊场景。家庭作坊形式的发展路径也使得温州的大多数企业仍停留在传统型家族制管理模式，公司法人治理机制还不完善。（2）以传统产业为主，产业结构层次较低。受发展模式滞后、科技投入不足等因素的制约，温州民营经济仍以电气、鞋革、服装、塑料制品等传统产业为主，先进制造业相对落后，尤其是石化、医药、通信、电子设备等先进制造业，温州市相当薄弱。2011年的统计数据显示，电气、鞋革、服装、塑料等4个行业工业总产值占规模以上工业总产值的比重为46.4%，而石化、医药、通信电子设备三个行业的工业总产值仅占规模以上工业总产值的2.7%。（3）民间资本丰富，民间金融市场活跃。一方面，民营经济的持续快速发展，使温州民间资金实力越来越雄厚。近些年来，温州人对房地产、煤矿、棉花等行业的投资引起全国性的关注，也从一个侧面反映出温州藏富于民的现实状况。另一方面，民营经济小企业、小作坊的特点，决定了其很难从正规金融渠道获得融资，这也为温州民间金融市场的发展提供了广阔空间，丰富的民间资金也为民营经济的发展提供了重要的金融资源。

（二）温州"问题"的深层次分析

2011年，宏观经济波动对温州民营经济造成不小冲击，一些民营企业家因经营不善或涉及民间借贷而导致资金链断裂，并最终"跑路"，在社会上造成一定的负面影响。这一民间借贷风波，也被认为是促成温州金融综合改革成型的直接原因。从表面上看，温州民间借贷风波，是由于民间金融市场过于活跃，缺乏相应疏导与规范而导致，是一个金融问题，但从更深层次来看，温州“问题”并不完全是金融问题，其背后是金融与经济发展不协调、产业空心化、企业发展模式滞后等多重矛盾与问题交织的结果，是温州民营经济发展模式弊端的集中体现。

1. 金融改革滞后于经济发展。温州民间金融能够长期存在并且愈演愈烈，与其民营经济的发展模式密切相关，但从根源来看，是长期以来经济发展与金融改革进程不匹配的必然结果。温州作为民营经济最活跃的地区，决定了其具有中小企业多和民间资本多的特点，然而，金融改革进程的滞后造成了“温州悖论”——民间资本多而投资难，中小企业多而融资难。一方面，金融业的市场准入对民间资本没有完全放开，民间资本无法融入正规金融体系中来；金融管理体制不健全，对民间金融市场长期缺乏规范与监管，造成民间借贷暴利化，影响区域金融稳定。另一方面，金融体系结构失衡，不能满足地区经济发展的金融需求。虽然中小企业融资难问题是一个全球性的难题，但是在我国，这一问题很大程度上是由于中小金融服务缺失造成的。长期以来，以国有银行为主体的正规性金融机构存在金融垄断以及对公有制经济和大型企业放款的偏好，民营中小企业的融资需求很难从信贷渠道得到满足，只能另辟蹊径，这也在一定程度上活跃了民间金融市场。

2. 转型升级缓慢，产业空心化。“温州模式”以家庭工厂、传统手工业的方式起家，在商品紧缺的年代，这一发展模式助推了温州经济的崛起。然而近些年来，这种以劳动密集型为主、粗放式的发展方式开始遇到了挑战。一方面，产业层次低、技术含量低，缺乏核心竞争力。随着市场需求结构的变化，市场空间受到约束，产业亟待转型升级。另一方面，各地争相发展民营经济，温州已经不再具有明显的体制优势，且与长三角地区有良好区位优势的城市相比，温州的区位劣势也凸显出来。同时，土地资源紧缺、劳动力成本上涨等瓶颈，进一步压缩了利润空间，使得实体经济趋于微利化。民间资本为寻找新的利润增长点，纷纷转向房地产及民间金融市场，使得资本脱离实体经济，造成产业的空心化与金融化，也加剧了民间金融市场的乱象。

3. 企业高杠杆经营，管理模式滞后。浙江经济具有高杠杆率的特点，这一点在温州地区尤为突出。在经济繁荣时，企业的经营冲动被逐步放大，企业的财务杠杆率不断抬升，在外部环境趋恶时，企业的生存危机就显现出来。例如，温州的庄吉“造船业”和信泰“光伏产业”两个事件，均是由于企业的逆市扩张，杠杆率过高，在宏观政策趋紧时资金链断裂，最后导致企业危机。此外，温州中小企业多采取家族式管理模式，这一模式严重制约了企业的进一步发展壮大。在民营经济发展初期，家族式管理模式具有代理成本较低，有助于增强企业凝聚力、创造稳定经营环境等优势。但随着民营经济的壮大，家族“本位制”逐渐显现出与现代企业制度相悖的一面：缺乏专业化、制度化的管理分工，组织结构封闭、排外，所有权与经营权没有实现合理分离，直接影响了企业的扩张能力、融资能力、创新能力和抗风险能力。

（三）温州金融综合改革的目标及主要内容解读

温州金融综合改革作为一项“事后”改革，其出台的一个现实目标就是，解决温州当前发展过程中遇到的实际问题。从上述分析来看，温州的困境来自产业、金融、企业等多个层面，并不全是金融问题。因此，不能将温州金融综合改革的目标等同于解决温州发展中存在的所有问题。温州金融改革的落脚点在“金融”，其目标也应该立足于金融业的发展与优化，使金融更好地服务于经济发展。

国务院获批的总体方案中，将温州金融综合改革的目标表述为：“构建与温州经济社会发展相匹配的多元化金融体系，有效提升民间资金向产业资本转化的能力；切实改进金融服务，完善专注于小微企业和‘三农’的金融产品创新体系；建立条块结合、分工协作的金融管理体制，确保区域金融和经济社会稳定发展；建立健全地方金融风险预警机制，增强防范和化解金融风险的能力，优化地方金融生态环境”。此后，在浙江省政府出台的《浙江省温州市金融综合改革试验区实施方案》中，该目标又进一步被具体表述为：“着力破解温州市经济金融发展中存在的中小企业多但融资难，民间资金多但投资难的‘两多两难’问题，健全金融体系、丰富金融产品，促进民间金融健康发展，为实体经济可持续发展提供有力支撑”，“经过5年左右的努力，构建与温州经济社会发展相匹配的多元化金融体系，基本建成地方金融改革创新试验区、民间金融规范发展先行区、中小企业金融服务示范区，使金融业成为温州市国民经济的重要支柱产业，在促进产业升级、经济转型中发挥重要作用”。结合这些表述，我们对温州金融综合改革的目标有如下解读（见图1）：其一，温州金融改革的最终目标可以简单地概括为“实现温州经济金融的协同发展”，而这一目标的实现，关键在于提升金融体系服务当地实体经济的能力，因此可以将“提升金融服务能力”理解为路径目标。其二，提升金融服务能力，又可以分为两个层面：一方面，需要加强金融主体建设，如健全金融组织体系，丰富金融产品等；另一方面，需要优化金融生态环境，为金融发展创造有利的外部条件。因此，可以将“加强金融主体建设”与“优化金融生态环境”视为操作目标。

上述是从地方层面，对温州金融综合改革的现实目标进行解读。当然，温州金融综合改革试验区作为一项国家战略，除了要解决当地经济金融发展过程中面临的一些困难外，在国家层面还被赋予了更高的使命。中国人民银行行长周小川在2012年国际金融论坛上，专门就中国金融改革中自下而上的组成部分

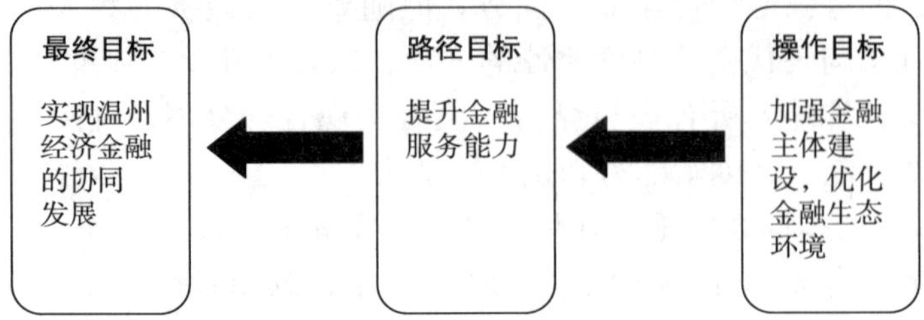

图 1　温州金融综合改革目标解读

进行了阐述，而之所以存在自下而上的金融改革，一个根本原因在于“中国大且不平衡”，因此某些改革需要从小范围开始。打破金融垄断与管制、规范民间金融发展、探索多层次金融管理体制等，这些改革内容受制度约束、风险防范等要求，很难在全国范围推进，需要“下放”改革试验层级，这样有助于突破中央层面的创新阻滞，探索推动改革的政策路径。因此，在温州这样一个民营经济发达、民间资本活跃的地区，开展以规范民间金融、发展民营金融机构、构建地方金融监管体系等为主要内容的改革试点，为全国改革积累经验，是温州金融综合改革肩负的另一项重要使命，也是温州金融综合改革的一个战略目标。

在改革内容方面，温州金融综合改革的主要内容被细分为十二条主要任务，基本涵盖了当前地方金融发展的主要方面，并与温州经济发展的金融需求特点保持一致，同时重点突出对温州民间金融的改革与优化。具体来看，十二条主要任务大致可以分为以下四个方面：第一，促进金融机构、资产管理机构等金融组织改革，如加快发展新型金融组织，大力发展专业资产管理机构，深化地方金融机构改革发展；第二，推动金融市场改革，如培育发展地方资本市场，拓宽保险服务领域，大力培育保险市场；第三，加强金融产品的发展与创新，如创新发展金融产品与服务，积极发展各类债券产品；第四，加强金融生态环境建设，如规范发展民间融资，建立民间融资的制度保障机制与风险预警与防范机制，研究开展个人境外直接投资试点，建立个人境外直接投资的运行机制与监管机制，加强社会信用体系建设，强化地方金融管理机制，建立金融综合改革风险防范机制。

（四）对温州金融改革成效评价的一些思考

从上述对温州经济特点、发展中存在的问题以及金融综合改革的目标和主要内容的分析与解读来看，在温州设立以金融为主题的综合改革试验区，不仅对温州经济的全面发展提供了新的战略安排，有助于解决温州经济发展中的突出问题，而且对深化全国范围内的金融改革来看，也具有重要的先行与示范意义。同时我们也看到，温州金融综合改革立足金融，但却面对经济、金融等多方面的复杂问题，而且，改革也肩负着解决地区发展问题、相关政策突破、全国金融改革试点等多重使命，这些因素都给温州金融改革成效评价研究带来了不小的困难和挑战。结合前文分析，我们有以下两点思考：

1. 温州金融改革成效评价应重点关注金融服务的提升与优化，且在评价过程中注意控制宏观经济周期的影响。温州实体经济困境需要金融政策、产业政策、财税政策等多种政策的配套组合，金融改革只能从金融层面，提升金融服务实体经济的能力。因此，首先需要正确认识金融改革的职责目标，不应将金融改革的功效扩大化，将所有发展问题的解决作为衡量改革成效的标准。同时，在评价过程中，需要注意控制宏观经济周期的影响。金融业本身具有很强的顺周期性，当宏观经济处于上行阶段，一些金融指标不断优化容易造成对改革成效产生过分乐观的判断；反之，在宏观经济的下行阶段，这些指标不断恶化，则容易造成对改革成效作出过于悲观的预期。因此，在对温州金融改革成效进行评价时，要尽可能地将金融改革成效从宏观经济周期的影响中分离出来，使评价结果更加客观、合理，真实反映改革成效。

2. 评价改革成效时应将现实目标与战略目标区分开来，并将评价视角落在现实目标层面。温州金融改革有地方层面的现实目标，也有中央层面的战略目标，不同的是，地方层面的现实目标更加注重对地方发展的推动作用，而中央层面更加关注金融改革政策突破及全国示范的战略意义。当前，社会舆论对于温州金融改革评价不高的一个主要原因就在于，认为温州金融改革在民营资本发起设立村镇银行、个人境外直接投资等方面并没有实质性突破，这一观点其实是过分强调改革的战略目标，而忽视了其在服务实体经济、推动地区发展方面所取得的成效。我们认为，战略目标的象征意义大于现实意义，政策突破可以视为改革成果的一部分，但是其最终还是要服务于改革；研究改革成效评价时还是要将视角落到实处，从改革的现实目标层面出发来分析。金融改革的宗旨在于服务实体经济，特别是区域性的金融改革，其最终目标是希望通过探索与经济发展相适应的金融体制机制创新，促进地区经济转型发展，并且为实体经济可持续发展提供有力支撑。

三、金融改革成效评价的相关理论综述

金融改革成效评价是一项复杂的系统工程，如何选择分析视角以及评价方法，均需要相关理论作为支撑。结合前文对温州金融改革的解读，下面我们将从金融生态系统理论与公共政策评估理论两方面来进行理论综述，并分析其对温州金融改革成效评价研究的参考和启示。

（一）金融生态系统理论

金融是现代市场经济运行的枢纽和核心，它在渗透于国民经济各个领域、

各个层面、各类经济主体和各种经济过程的同时，也反过来受到国民经济各个领域、各个层面、各类经济主体和各种经济过程的影响。中国人民银行行长周小川最早将生态学概念系统地引申到金融领域①，并强调用生态学的方法来考察金融发展问题。他指出：应注意通过完善法律制度等改进金融生态环境的途径来支持和推动整个金融系统的改革和发展。自此之后，越来越多的学者开始关注并着手研究金融生态这一领域，不断丰富和扩展着金融生态的理论体系。

1. 金融生态系统的内涵

在开发和利用金融资源，实现地区和国家经济增长的过程中，如何协调发展的效率与安全问题显得至关重要。传统理论多从金融或经济体系自身的机制设置和风险因素入手进行考察，没有将其放入一个更加宏观的分析框架中展开研究，从而忽略了许多重要的外在因素。金融生态系统则借鉴了生态学中“生态系统”这一概念，从金融业运行的外部环境入手，通过分析和研究对其产生影响的政治、经济、法制、文化等众多“环境”因素来探寻它们之间的联系和相互作用，进而得出更加系统且符合实际的结论，并有针对性地对“金融生态”进行改善，以实现金融发展与经济社会发展的和谐统一。

参照自然生态系统，金融生态系统可以看成是由金融主体和其赖以生存和发展的金融生态环境所共同组成的动态平衡系统②（见图 2），其包括三个层面的内容：金融主体、金融生态环境以及金融系统功能。金融生态的主体指的是金融产品和金融服务的生产者。它既包括金融机构和金融市场这些直接提供金融产品和金融服务的主体，也包括保障金融产品与金融服务等交易活动能够顺利进行的第三方，如会计师事务所、担保公司、监管机构等。金融生态环境则指的是由居民、企业、政府和国外等部门构成的金融产品和金融服务的消费群体，以及金融主体在运行和发展过程中所依赖和生成的各种环境，包括社会保障、社会诚信、行政体制、法制环境等。金融系统功能则强调的是金融生态主体与金融生态环境之间共生共荣、互促互补的动态平衡关系。一方面，金融主体以主动或者被动的形式创造、改变、接受金融生态环境；另一方面，金融生态环境提供金融主体生存和发展的空间，同时也反作用于金融主体，影响其生存和发展。

2. 区域金融生态系统的评价

对金融生态系统的整体状况进行客观的评价，是目前国内金融生态系统定量分析中最普遍、也最重要的一类研究方向。它主要以具体区域为研究对象，

---

① 中国人民银行行长周小川在2004年底的“经济学50人论坛”上所作的《完善法律制度，改进金融生态》的报告中，首次提出改善金融生态环境的观点。

② 李扬、王国刚等：《中国城市金融生态环境评价》，人民出版社，2005。

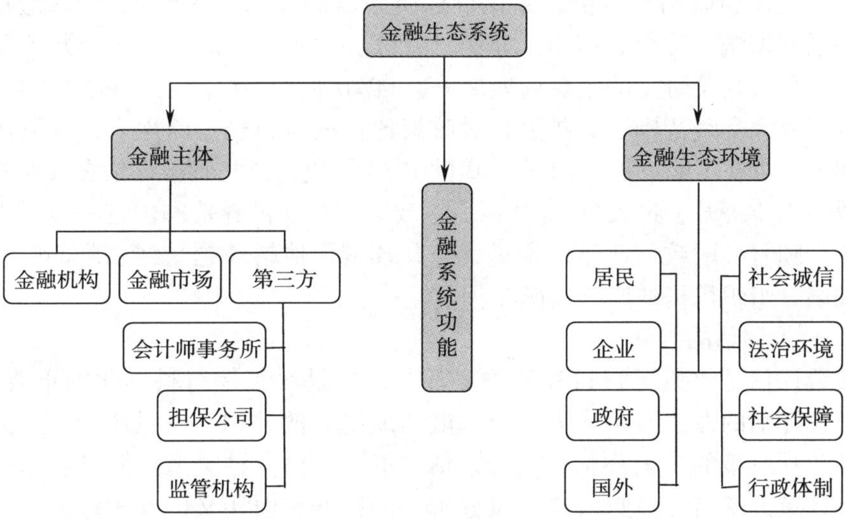

图 2　金融生态系统结构图

运用一定的量化方法来衡量特定地区金融生态水平，在此基础上，间接地提出改善金融生态环境和引导金融生态主体的建议。

从现有文献来看，区域金融生态评价方法中运用最多的是综合评价法。所谓综合评价法，是通过构建全面、科学的评价指标体系，并运用数理方法将各个层面的指标值整合成一个综合指标，以反映评价对象的整体水平。综合评价法是一个“定性—定量—定性”的辩证认知过程。第一次的定性过程其实就是要求明确评价目标，以及评价目标向评价指标体系的转化过程；定量过程是多指标综合评价的核心，通过数量方法实施对现象的总体情况进行综合评估，输出量化的评价值；最后的定性过程则是综合评价结论的更高层次的归结，将综合评价结果与具体现象的背景情况相结合，为相关决策与管理活动提出参考性建议。

关于区域金融生态评价的指标体系方面，国内的研究成果虽然很多，但至今未有一个得到公认并易于应用的指标体系。从共性上看，诸多研究成果在指标体系的结构上都具有层次性特点，且均从金融生态系统构成这一角度着手，即从金融生态主体和金融生态环境两大方面进行分解展开，得到区域金融生态系统的若干要素；中间层次的指标有很大的相似性，诸如法治、信用、经济等，只是具体的命名有所不同；在具体指标的选取上，一般既有定性指标，也有定量指标。

（二）公共政策评估理论

所谓公共政策，是指国家机关、政党及其他政治团体在特定时期为实现或服务于一定社会政治、经济、文化目标所采取的政治行为或规定的行为准则，它是一系列谋略、法令、措施、办法、方法、条例等的总称。对公共政策进行评估，是公共政策研究的重要内容之一。自 20 世纪 50 年代公共政策学产生至今，其研究和实践范围不断扩展，对政策评估的研究也不断深入，政策评估的理论和方法也在不断发展和创新。20 世纪 80 年代，公共政策评估在政府管理中的重要性逐步提升。进入 90 年代以后，政策评估在世界范围内进一步成为研究的热点，随着各国政府改革的推进，公共政策评估越来越受到政府部门、科研机构和国际组织机构的广泛重视。

1. 政策评估的内涵

政策评估是政策运行过程的重要环节，也是政策运行科学化的重要保障。关于政策评估的概念，学术界至今未能达成统一的共识，一般认为，广义的政策评估包括政策的事前评估、执行评估、事后评估三种类型。但目前国外一些学者将政策的事前评估归入“政策分析”的范畴，而狭义的政策评估则专指事后评估①。而作为事后评估，也有两种理解②：第一种是认为政策评估的着眼点应该是政策效果，主要目的在于鉴定人们所执行的政策在达成其目标上的效果，确认政策实施对于政策问题的解决程度和影响程度，寻求通过优化政策运行机制的方式来强化和扩大政策效果；第二种是认为政策评估是对政策全过程的评估，既包括对政策制定的评估，也包括对政策执行、政策监控、政策终结以及政策结果的评估，也就是说，政策评估意味着评估者运用各种不同的社会研究方法，以搜索有效的、可靠的资料和信息，对政策运行的全过程进行广博的分析与研究。

2. 公共政策评估的方法分类

公共政策评估是政府科学决策的重要依据，由于评估方法很多，怎样正确选择评估方法也决定了评估结果的科学性。以是否可以量化为标准，政策评估方法可以分为定量评估、定性评估和定量定性结合评估三类：

（1）定量评估方法。由于公共政策评估中有不少内容涉及数量与统计，因此可以通过客观指标状况反映出政策实施效果。一般来说，定量评估方法的运用有利于减少不必要的评估纠纷与争论，避免评估活动中过于偏重主观价值的倾向。

（2）定性评估方法。无论何时何地，公共政策的评估活动都无法离开人们特有的观念与思想，这就使不同的评估人员形成并产生自身的价值判断，从而影响政策评估标准。而且事物的存在与演进也有其自身发展的规律，反映出事

① 王瑞祥：《政策评估的理论、模型与方法》，载《预测》，2003（3）。

② 陈振明：《政策科学》，中国人民大学出版社，1998。

物的本质特性。所以，公共政策评估活动中仅用客观指标的定量评估方法无法真正反映事物的本质特性，体现评估主体和评估对象的主观愿望，还需要依靠定性评估的方法。通过定性评估方法来弥补定量评估方法的不足，能够对无法进行客观指标量化的政策进行恰当的评估，最终达到有效评估政策的目标。

(3) 定量定性结合的评估方法。该方法是在评估活动中把定量评估指标与定性评估指标，按照一定的权重拟合形成综合评估结果。定量定性结合评估方法既发挥了定量评估方法的长处，又避免了定性评估方法的不足，使评估活动更多地得到人们的认同，评估结论更容易被评估对象接受。

（三）对温州金融改革成效评价研究的启示

区域金融生态系统理论为我们更好地理解地区金融体系的运行及其同社会环境之间的相互依存、彼此影响的动态关系，分析区域金融运行与实体经济发展之间的互动机制，提供了新的科学视角。结合前文对温州金融改革目标的解读来看，“加强金融主体建设”和“优化金融生态环境”这两个操作目标恰好是从金融生态系统的“金融主体”和“金融生态环境”两个层面提出具体的改革目标；而“提升金融服务能力”这一路径目标则可以从金融生态系统的“金融系统功能”这一层面来理解，突出提升金融服务实体经济是改革目标的重要内容。此外，从改革内容来看，其十二条主要任务可以从区域金融生态系统建设这一角度来解读，几乎涉及金融主体、金融生态环境、金融系统功能的各个方面。基于这一事实，从区域金融生态的角度着手，来分析温州金融改革成效的评价问题，不仅能够较为全面地考察温州金融综合改革各项任务的进展，也有利于我们系统、准确地分析和把握温州金融改革成效评价这一命题。

从公共政策评估这一视角来看，本课题关于温州金融改革成效评价的研究，可以视为政策的事后评估，且其关注点主要落在政策效果的评价上。一般来讲，公共政策评估的标准主要包括效果、效率、充足性、公平性、回应性和适宜性①。相比较而言，效果、效率等指标可以用客观数据来衡量，但公平性、回应性等指标，必须要反映各利益相关方的主观感受和切身体会，需要利益相关方的主观评价。从这一角度来讲，在政策评价方法的选择上，定量定性相结合的评价方法更有利于对政策效果进行全面、科学的评价，这也是第四代政策评估模式的主要特点。同时，如何加强作为利益相关方的社会公众参与公共政策效果的评估力度，是一个必须面对的问题，这也为本课题如何选择温州金融改革成效评价的方法提供了一些借鉴和启发。

---

① ［美］威廉·N. 邓恩：《公共政策分析导论》（第二），谢明等译，中国人民大学出版社，2002：437。

四、温州金融改革成效评价理论框架分析

通过对温州金融改革目标与内容的解读以及改革成效评价相关理论方法的综述，从实际和理论两个层面，为温州金融改革成效评价的实践提供了诸多有益的思路与启发。在此基础上，本节将深入探讨温州金融改革成效评价的方法及理论框架。

（一）评价方法

温州金融改革成效评价方法的选择，可以参考区域金融生态系统评价与公共政策评估理论的相关研究。一方面，根据文献综述，在区域金融生态系统评价方面，综合评价法是应用最多、较为成熟的一类方法；另一方面，从公共政策评估的角度来看，温州金融改革成效评价作为公共政策效果评价的一个实践，适合应用效果模型来分析，其中也包括基于系统组成成分的综合评估模型[①]。综合上述因素，我们考虑采用综合评价法，即通过构建全面、科学的指标体系，合成一个综合指数，对温州金融改革成效进行整体量化评价。

综合评价法的步骤主要包括以下三个阶段：第一，建立评价指标体系。指标体系的构建往往从目标分析入手，遵循一定的原则，对目标进行细分与结构化。第二，选择权重构造方法。权重的构造可以分为主观和客观两种，主观法主要是依据个人的理解和偏好，对指标的重要性做出主观判读，如专家打分法、层次分析法（AHP）等；客观法主要是结合历史数据，通过计算不同指标的离散程度，根据离散度的高低来确定权重的大小，如主成分分析法、熵值法等。第三，综合评价实施，包括指标体系数据搜集、数据预处理（标准化、数量化）、计算综合指数。

（二）指标体系构建原则

指标体系的构建是综合评价法的核心，其构建必须遵循一定的原则，如科学性、系统性、层次性、可操作性等。结合前文的分析，我们认为，在构建温州金融改革成效评价的指标体系时，除了要遵循上述基本原则之外，还需要注意以下几个方面：

1. 不宜将“温州金融改革的十二条主要任务”直接作为改革成效评价指标体系的主框架。其一，温州金融改革的十二条主要任务相互之间缺乏一定的逻辑关系，以此构建指标体系，缺乏理论基础；其二，直接以十二条主要任务作为评价的主框架，更像是对温州金融改革进程的一种考量，而不是对改革成效的评价；其三，改革成效的评价应该更加注重宏观性和整体性，而温州金融改革的十二条主要任务中，有些是具体的举措，如开展个人境外直接投资，这是

① 参见第三章“公共政策评估的方法分类”部分的相关内容。

拓宽民间投资渠道的一种举措，将其作为“民间投资渠道多样性”的一个方面更为合适。

2. 温州金融改革成效评价指标体系的设计应以温州金融改革的目标为导向，对改革目标进行逐层分解，作为指标体系设计的出发点。结合前文对于温州金融改革目标的解读，在指标体系设计过程中，可以将路径目标、操作目标作为构建主线，体现在指标体系的结构与层次上。此外，“政策突破”作为战略目标，不适合直接作为评价改革成效的内容纳入指标体系中。政策突破的象征意义大于现实意义，政策突破可以视为改革成果的一部分，但其最终目的还是要服务改革，深化改革，使改革成效更加显著。

3. 次级指标的设计上，需要兼顾以下几点：第一，指标的选择应结合温州金融改革的十二条主要任务，并能体现温州经济发展的金融需求特点，特别是需要突出金融改革前温州金融业的薄弱环节，如金融机构杠杆率过高、直接融资比重过低等；第二，从公共政策评估的视角来看，可以考虑定性指标与定量指标相结合，更有利于改革成效的评价；第三，应注意尽量控制宏观经济周期的影响，运用一定的方法（如采用相对值指标），将指标变化的宏观周期因素与改革成效因素区分开来。

（三）指标体系设计与具体指标说明

基于上述原则，结合金融生态系统理论，本课题从金融生态水平的角度来设计温州金融改革成效评价的指标体系。其中，综合指数为“温州金融改革成效指数”，一级指标主要有三个，分别为“金融发展指数”、“金融环境指数”和“金融服务指数”，分别对应金融生态系统“金融主体”、“金融生态环境”、“金融系统功能”三个方面（见图3）。

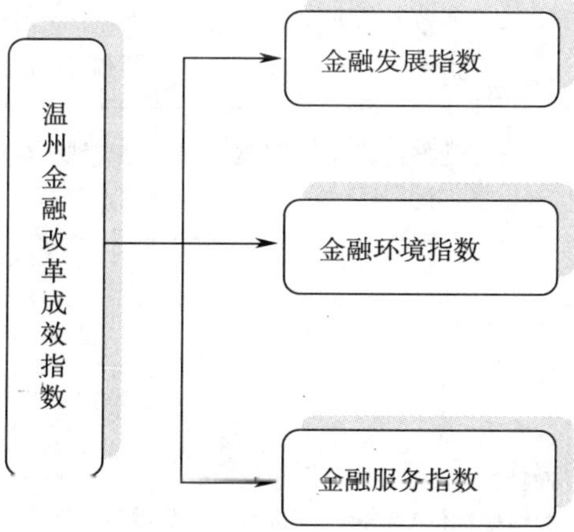

图3　温州金融改革成效评价的一级指标设计

进一步，每个一级指标又逐级分化为二级指标、三级指标和四级指标。其中，“金融发展指数”下辖2个二级指标、5个三级指标、12个四级指标；“金融环境指数”下辖2个二级指标、5个三级指标、14个四级指标；“金融服务指数”下辖2个二级指标、4个三级指标、13个四级指标。具体指标体系结构及指标解释见表1。

表1　　温州金融改革成效评价的指标体系

综合	一级	二级	三级	四级	指标解释
温州金融改革成效指数	金融发展指数	金融规模	金融产业规模	金融业占比	金融业增加值/GDP
				保险深度	保费收入/GDP
				证券化率	上市公司融资额/GDP
			金融组织规模	金融机构网点密度	每十万成年人拥有的金融机构网点数量
				新型金融组织①密度	新型金融组织数量/乡镇数量
		金融结构	融资结构	直接融资占比	直接融资/（直接融资+间接融资）②
				中长期贷款占比	中长期贷款余额/贷款余额
				十大特色产业贷款余额占比	十大特色产业贷款余额/贷款余额
			稳健结构	贷存比	贷款余额/存款余额
				银行业关联度	银行业同业资产③规模/银行业总资产
			组织结构	非银行金融机构④资产占比	非银行金融机构资产总额/银行业金融机构资产总额
				地方法人金融机构资产占比	地方法人金融机构资产总额/金融机构资产总额

① 主要指村镇银行、小额贷款公司以及农村资金互助社。

② 直接融资主要指IPO与债券发行的总额，间接融资主要指新增贷款。

③ 同业资产主要指存放同业、拆出资金和买入返售金融资产三项。

④ 主要指财务公司、信托投资公司、金融租赁公司。

续表

综合	一级	二级	三级	四级	指标解释
温州金融改革成效指数	金融环境指数	监管环境	监管体制建设	地方监管机构建设	定性指标，反映地方金融管理组织构建、人员配备等情况
				金融监管职责界定	定性指标，反映多层次监管体系的职责分工以及地方监管机构对创新类地方金融组织①的监管情况
				相关部门沟通协作	定性指标，反映各监管部门之间沟通协调、信息共享等机制建设情况
				非现场监管能力	定性指标，主要反映监管部门在金融信息采集、分析、预警等方面的能力
			金融风险防范	民间融资动态监测	定性指标，反映监管部门在民间利率监测、民间金融风险防范方面的成效
				突发金融事件应急能力	定性指标，反映政府部门在突发金融风险应急预案、预警体系以及处置措施等方面的建设情况
			金融司法保障	金融法律法规健全度	定性指标，反映在民间金融、地方金融监管等方面的法律法规建设情况
				金融债权诉讼审结率	金融债权审结案件总数/金融债权诉讼案件总数
		信用环境	信用体系建设	信用信息融合度	定性指标，反映社会信用信息共享程度
				小微企业信用体系建设	小微企业授信数量②/小微企业信用档案数量
				农户信用体系建设	农户授信数量③/农户信用档案数量
			社会信用水平	政府信用	定性指标，反映政府的诚信水平
				企业信用	定性指标，反映企业的诚信水平
				个人信用	定性指标，反映个人的诚信水平

① 主要指小额贷款公司、融资性担保公司、典当行、寄售行、调剂行、股权投资公司、投资类机构、网络贷款服务机构等。

② 这里指的是在信用档案建立后获得银行授信的小微企业数量。

③ 这里指的是在信用档案建立后获得银行授信的农户数量。

续表

<table>
<tr><th>综合</th><th>一级</th><th>二级</th><th>三级</th><th>四级</th><th>指标解释</th></tr>
<tr><td rowspan="13">温州金融改革成效指数</td><td rowspan="13">金融服务指数</td><td rowspan="6">融资服务</td><td rowspan="4">小微企业融资需求</td><td>小微企业融资可得性</td><td>定性指标，反映小微企业通过正规金融体系获得融资的难易程度</td></tr>
<tr><td>小微企业授信深度</td><td>定量指标，需通过问卷调查获得，反映小微企业融资来源中银行贷款占比</td></tr>
<tr><td>小微企业贷款占比</td><td>小微企业贷款余额/金融机构贷款余额</td></tr>
<tr><td>小微企业融资相对成本</td><td>定量指标，但需通过问卷调查获得，定义为小微企业融资成本率（融资成本/融资总额）与温州民间借贷利率①的比值，反映小微企业融资的难易程度</td></tr>
<tr><td rowspan="2">“三农”融资需求</td><td>涉农贷款占比</td><td>涉农贷款余额/金融机构贷款余额</td></tr>
<tr><td>农村贷款占比</td><td>农村贷款余额/金融机构贷款余额</td></tr>
<tr><td rowspan="7">投资服务</td><td rowspan="3">民间资本进入金融领域</td><td>准入难易程度</td><td>定性指标，反映民间资本进入金融业所受的门槛限制、非公平性等情况</td></tr>
<tr><td>金融机构②民营资本占比</td><td>金融机构民营资本/金融机构股本总额</td></tr>
<tr><td>发展民营金融服务中介机构</td><td>定性指标，反映民间资本在发展第三方支付机构、担保机构等方面的情况</td></tr>
<tr><td rowspan="4">民间资本投资其他领域</td><td>投资渠道多样化</td><td>定性指标，反映民间资本以股权、债权等方式进入实体经济以及参与海外投资等多种投资渠道的畅通及便利情况</td></tr>
<tr><td>民间资本对接实体经济的广度</td><td>定性指标，反映民间资本在基础产业、基础设施建设、市政公用事业等不同实体领域的参与情况</td></tr>
<tr><td>民间资本对接实体经济的深度</td><td>民间投资/固定资产投资总额</td></tr>
<tr><td>投资需求覆盖面</td><td>定性指标，反映民间投资需求满足程度</td></tr>
</table>

① 温州民间借贷利率数据来自人民银行温州市中心支行开展的温州市民间借贷利率监测问卷汇总（季度）。

② 这里主要指地方法人金融机构，包括城市商业银行、农村商业银行、农村合作银行、农村信用社以及村镇银行。

金融发展指数方面，分别从金融规模与金融结构两个角度来考察。其中，金融规模包括金融产业规模和金融组织规模，前者从银行、证券、保险等多角度反映金融业的产业规模，并采用相对值指标以消除宏观周期因素；后者考察金融主体的数量，在指标设计上突出强调新型金融组织的发展。金融结构包括融资结构、稳健结构和组织结构，融资结构主要从直接融资占比、贷款期限结构和贷款投向三个方面来衡量；稳健结构主要从杠杆率、风险关联等角度考察银行业经营的稳健性；组织结构重在反映非银行金融机构、地方法人金融机构的发展。

金融环境指数方面，从监管环境与信用环境两方面来考察金融业发展的外部环境。结合温州金融改革的主要任务，监管环境包括监管体制建设、金融风险防范和金融司法保障三个指标，主要考察地方金融监管、民间金融风险防范，以及相关法律法规建设等方面；信用环境包括信用体系建设与社会信用水平两方面，前者主要考察信用信息采集的广度与深度，后者则从政府、企业、个人三方面来反映社会的整体信用水平。

金融服务指数方面，结合温州“两多两难”问题，从融资服务和投资服务两方面来考察金融服务的整体水平。其中，融资服务包括小微企业融资需求和“三农”融资需求两个指标，前者主要从小微企业融资可得性、授信深度以及融资相对成本等方面来衡量小微企业的融资服务水平；后者从涉农贷款、农村贷款两个角度来反映“三农”融资需求的满足度。投资服务主要考察民间资金投资渠道的多样性及畅通程度，包括民间资本进入金融领域与民间资本投资其他领域两个指标。前者主要从民间资本进入金融领域的难易程度、金融机构民营资本占比和民营金融服务中介机构的发展等方面来考察；后者主要从投资渠道多样化、民间资本对接实体经济的广度与深度，以及民间资金投资需求满足度等方面来考察。

五、温州金融改革成效评价实证分析

基于上述温州金融改革成效评价的指标体系，本节将通过构建指标权重、采集指标数据，来计算综合指数——温州金融改革成效指数，对温州金融改革实施综合量化评价。

（一）权重构建

权重构建的方法可以分为主观和客观两类，其中，客观赋权法需要利用指标的历史时间序列，根据指标数据的离散程度来设计权重。考虑到温州金融改革成效的评价主要考察指标在改革前后两个时间点的变化，涉及的数据仅有两期，因而无法采用客观赋权法。这里，我们采用专家打分法来构建指标权重，赋权结果见表2。

表 2　　指标权重赋值结果

综合	一级	权重	二级	权重	三级	权重	四级	权重
温州金融改革成效指数	金融发展指数	0. 20	金融规模	0. 08	金融产业规模	0. 040	金融业占比	0. 016
							保险深度	0. 012
							证券化率	0. 012
					金融组织规模	0. 040	金融机构网点密度	0. 016
							新型金融组织密度	0. 024
			金融结构	0. 12	融资结构	0. 048	直接融资占比	0. 014
							中长期贷款占比	0. 019
							十大特色产业贷款余额占比	0. 014
					稳健结构	0. 036	贷存比	0. 018
							银行业关联度	0. 018
					组织结构	0. 036	非银行金融机构资产占比	0. 018
							地方法人金融机构资产占比	0. 018
	金融环境指数	0. 40	监管环境	0. 20	监管体制建设	0. 080	地方监管机构建设	0. 024
							金融监管职责界定	0. 024
							相关部门沟通协作	0. 016
							非现场监管能力	0. 016
					金融风险防范	0. 060	民间融资动态监测	0. 036
							突发金融事件应急能力	0. 024
					金融司法保障	0. 060	金融法律法规健全度	0. 030
							金融债权诉讼审结率	0. 030
			信用环境	0. 20	信用体系建设	0. 120	信用信息融合度	0. 036
							小微企业信用体系建设	0. 060
							农户信用体系建设	0. 024
					社会信用水平	0. 080	政府信用	0. 016
							企业信用	0. 032
							个人信用	0. 032
	金融服务指数	0. 40	融资服务	0. 20	小微企业融资需求	0. 120	小微企业融资可得性	0. 036
							小微企业授信深度	0. 024
							小微企业贷款占比	0. 024
							小微企业融资相对成本	0. 036
					“三农”融资需求	0. 080	涉农贷款占比	0. 040
							农村贷款占比	0. 040
			投资服务	0. 20	民间资本进入金融领域	0. 100	准入难易程度	0. 050
							金融机构民营资本占比	0. 030
							发展民营金融服务中介机构	0. 020
					民间资本投资其他领域	0. 100	投资渠道多样化	0. 020
							民间资本对接实体经济的广度	0. 030
							民间资本对接实体经济的深度	0. 030
							投资需求覆盖面	0. 020

（二）数据采集

以温州金融综合改革试验区的设立时间（2011 年 3 月 28 日）作为改革前后的分界点。定量指标的数据包括两期，其中，改革前的数据采集时点设为 2011 年末，改革后的数据采集时点设为 2013 年第三季度末。

定性指标的数据采用问卷调查的方式来获得。问卷分为三类，分别针对金融管理部门工作人员、金融机构从业人员以及小微企业负责人，收回有效问卷 120 份，其中包括金融管理部门工作人员 44 份，金融机构从业人员 38 份，小微企业负责人 38 份。根据问卷调查结果，对定性指标进行量化，具体如下：问卷设计的选项分为 A、B、C、D、E 五个层次，依次赋值 1、0.8、0.6、0.4、0.2，则定性指标 M_i 的值为

$$M_i = 1 \times A\% + 0.8 \times B\% + 0.6 \times C\% + 0.4 \times D\% + 0.2 \times E\%$$

其中 $X\%$ 表示选择选项 X 的占比。

（三）数据标准化

数据的标准化主要包括数据的同趋化处理和无量纲化处理。我们采用企业绩效评价中常用的功效系数法来进行数据的标准化处理。功效系数法是根据多目标规划原理，对每一项评价指标 X_i 确定一个满意值 A_i 和不允许值 B_i，并以满意值为上限，以不允许值为下限，计算各指标实现满意值的程度，以此来确定各指标的分数 S_i。其具体表达式为

$$S_i = \frac{X_i - B_i}{A_i - B_i} \times 40 + 60$$

在我们的指标体系中，定性指标量化后的不允许值设为 0.2，满意值设为 1；定量指标的不允许值及满意值的确定主要参照历史数据、温州金融业“十二五”规划中的量化目标以及发达国家和地区相应指标的平均水平等依据，具体数值及说明见附录。

（四）指数合成及结果分析

运用功效系数法，并结合指标权重的设置，最终得到温州金融改革评价指标体系中各级指标的得分。具体来看（见图 4），以 2013 年第三季度末作为评价时点，温州金融改革成效指数得分为 78.5，比改革前（2011 年末）提升了 4.1，增幅为 5.5%。改革前后，三个一级指标的值都有不同程度的提升，其中金融发展指数由改革前的 71.2 提升到改革后的 73.4，增幅为 3.1%；金融环境指数由改革前的 76.7 提升到改革后的 80.7，增幅为 5.2%；金融服务指数由改革前的 73.6 提升到改革后的 78.9，增幅为 7.2%。

进一步，对三个一级指数进行深入剖析，分析其下辖二级指标在改革前后的变化情况（见图 5）。在金融发展方面，金融规模和金融结构的值都有小幅提升，增幅分别为 4.3% 和 2.4%；在金融环境方面，监管环境这一指标的增幅较

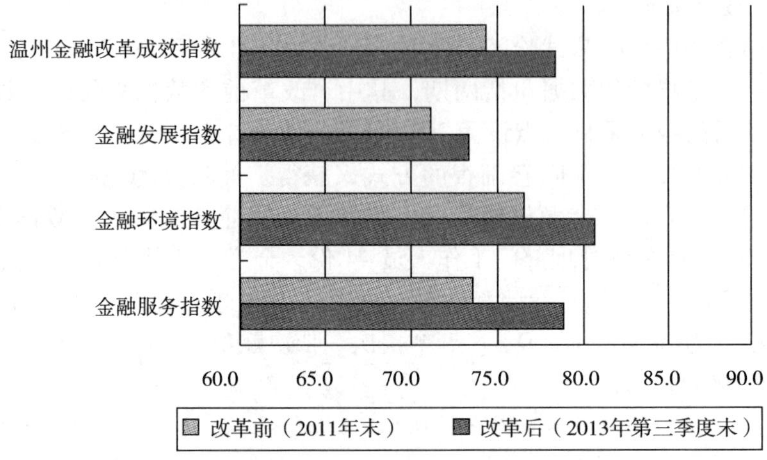

图 4　温州金融改革成效指数合成结果

大，达到9.2%，但信用环境指标的增幅并不明显（1.1%）；在金融服务方面，融资服务和投资服务都有所改善，其中投资服务这一指标的增幅达到11.2%。

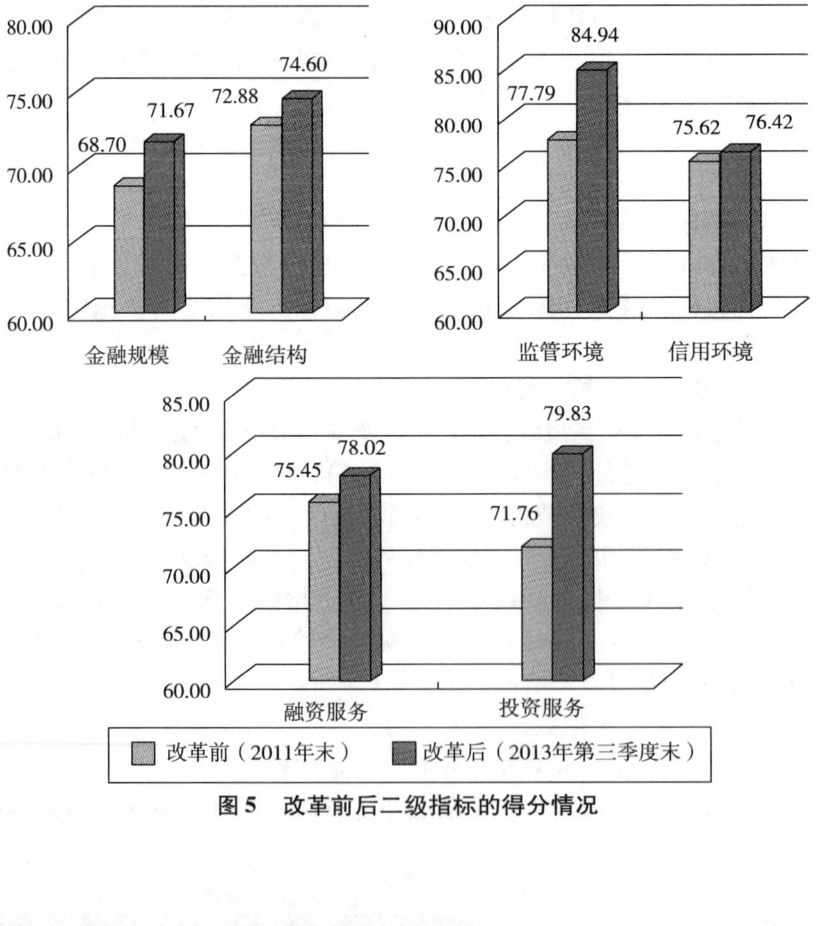

图 5　改革前后二级指标的得分情况

基于指标的得分及权重，可以考察各二级指标变动对温州金融改革成效指数提升的贡献率，其公式为

$$\text{指标}\,i\,\text{的贡献率}=\frac{(\text{改革后指标}\,i\,\text{得分}-\text{改革前指标}\,i\,\text{得分})\times\text{指标}\,i\,\text{的权重}}{\text{改革成效指数得分}-\text{改革前成效指数得分}}\times100\%$$

我们可以发现（见图6），投资服务、监管环境以及融资服务这三个二级指标，对温州金融改革成效指数提升的贡献较大，总的贡献率达到85.5%；而金融规模、金融结构以及信用环境这三个二级指标的贡献相对较低，总的贡献率为14.5%。

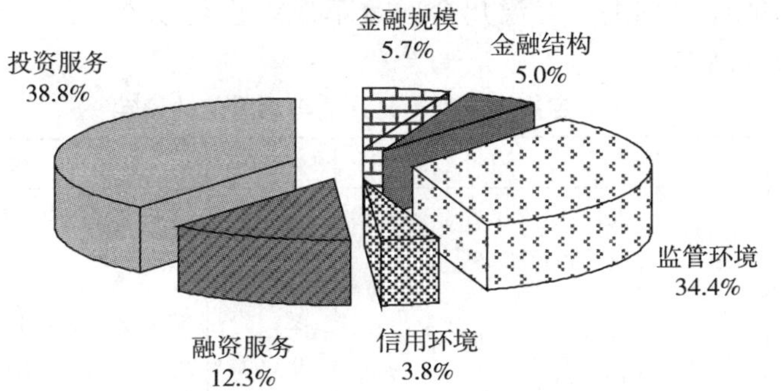

图6　二级指标变动对温州金融改革成效指数提升的贡献率

六、启示与展望

结合上述量化评价的结果，可以得出以下结论和启示：

（一）温州金融改革取得了一定的成效，综合指数由改革前的74.4提升到改革后的78.5，但是也应该注意到，该得分还处于较低水平，温州金融改革还有很大的提升空间；

（二）从一级指标来看，温州金融改革进一步推动了区域金融业的发展，优化了金融生态环境，特别是在金融系统功能方面，有效地提升了金融服务实体经济的能力（金融服务指数的增幅最大）；

（三）从二级指标的贡献率来看，投资服务、监管环境以及融资服务这三个二级指标对温州金融改革成效指数提升的贡献较大，总贡献率达到85.5%；而金融规模、金融结构以及信用环境这三个二级指标的贡献相对较低，总贡献率为14.5%；下一步，在继续强化金融服务、完善金融监管的同时，需要在优化金融结构、改善信用环境等方面进一步加大改革力度，提升改革成效。

金融改革是一个体系复杂、内容丰富的巨大工程，对其成效进行评价，涉及的因素众多，有一定的难度，但意义重大。本课题以金融生态系统理论为基础，运用综合评价法对温州金融改革成效的量化评估做了尝试性研究，在内容

及方法上还存在着一些局限和不足，有待于进一步的研究和探讨：一是指标的经济周期性问题。本课题在设计指标时，已经考虑到指标的经济周期性问题，并采用相对值来尽量削弱这一影响。但是，由于指标体系中涉及众多的定性指标，在问卷调查过程中，受访者在判断时难免受到实际经济因素的影响，使得这些定性指标的量化结果具有一定的经济周期性。二是数据的标准化问题。本课题采用功效系数法对数据进行标准化，但是在“不允许值”与“满意值”的选择上，缺乏一致的标准，一定程度上影响了评价结果的客观性。此外，金融改革是一个长期、持续的过程，对其成效进行评价也应该具有持续性、阶段性。如何选择合适的评价周期，对温州金融改革成效进行动态、持续地评价，也是一个值得思考的问题。

附录：定量指标的不允许值与满意值的设定

四级指标	不允许值	说明	满意值	说明
金融业占比	0.080	2012 年浙江省金融业增加值占比 8.6%	0.150	温州金融业“十二五”规划目标值
保险深度	0.030	2012 年全国保险深度 2.98%	0.060	保费收入按温州金融业“十二五”规划设定的下限值的 1.5 倍计算、GDP 增速按 7% 计算
证券化率	0.000	理论最小值	0.100	融资额按温州金融业“十二五”规划设定的下限值的 1.5 倍计算、GDP 增速按 7% 计算
金融机构网点密度	17.000	2009 年中国的金融网点密度为 52.1 个/10 万成年人，温州成年人比例按 70% 计算	50.000	2009 年经济合作与发展组织（OECD）的金融网点密度为 52.1 个/10 万成年人，温州成年人比例按 70% 计算
新型金融组织密度	0.000	理论最小值	2.000	按照温州金融业“十二五”规划，新型农村金融机构与小贷公司均实现全覆盖
直接融资占比	0.000	理论最小值	0.500	直接融资与间接融资按 1:1
中长期贷款占比	0.150	2012 年 8 月末温州中长期贷款占比达到 2004 年来的最低值 16.3%	0.450	2000—2012 年全国中长期贷款余额占比平均值 45.7%
十大特色产业贷款余额占比	0.150	2010 年温州提出十大行业转型升级行动方案，2011 年第一季度末该比值为 20.6%	0.350	2012 年末，温州工业贷款余额占比为 36.2%

续表

四级指标	不允许值	说明	满意值	说明
贷存比	1.000	贷款余额与存款余额按1:1计算	0.750	监管要求
银行业关联度	0.361	2012年末，兴业银行同业资产规模占总资产比例36.06%	0.083	2012年末，四大国有银行同业资产规模占总资产比例为8.25%
非银行金融机构资产占比	0.000	理论最小值	0.010	2012年末，浙江省非银行金融机构资产占比1.1%
地方法人金融机构资产占比	0.000	理论最小值	0.500	地方法人金融机构资产与非地方法人金融机构资产按1:1
金融债权诉讼审结率	0.500	按50%的诉讼审结率计算	1.000	理论最大值
小微企业信用体系建设	0.000	理论最小值	1.000	理论最大值
农户信用体系建设	0.000	理论最小值	1.000	理论最大值
小微企业授信深度	0.000	理论最小值	1.000	理论最大值
小微企业贷款占比	0.190	2012年全国小微企业人民币贷款余额占比19.1%	0.400	根据《关于银行业金融机构增加信贷投入促进中小企业健康发展的指导意见》的要求计算，平均值为41.7%
小微企业融资相对成本	1.000	小微企业融资成本与民间借贷利率持平	0.250	法律保护的利率水平为基准利率的4倍以内
涉农贷款占比	0.300	按满意值的50%计算	0.600	温州县域经济占GDP比重60%左右
农村贷款占比	0.300	按满意值的50%计算	0.600	温州县域经济占GDP比重60%左右
金融机构民营资本占比	0.500	民营资本与非民营资本按1:1	1.000	理论最大值
民间资本对接实体经济的深度	0.500	民间投资与非民间投资按1:1	0.800	2011年温州民营经济占GDP比重81.9%

参考文献

[1] 陈振明：《政策科学》，中国人民大学出版社，1998。

[2] 姜国兵：《公共政策绩效评估体系建构初探》，载《广东行政学院学报》，2012（6）。

[3] 金雪军：《温州金融改革的意义与突破路径》，载《农村金融研究》，2012（8）。

[4] 李扬、王国刚等：《中国城市金融生态环境评价》，人民出版社，2005。

[5] 刘长青：《有效金融效率及我国金融改革实证评价》，河海大学硕士学位论文，2004。

[6] 潘玥：《中国区域金融生态环境与区域经济发展关系研究》，东北大学硕士学位论文，2007。

[7] 齐亚莉：《中国金融生态问题研究》，西南财经大学博士学位论文，2006。

[8] 苏立峰、朱喜：《上海国际金融中心建设调查报告——业界人士的评价和期望》，载《上海经济研究》，2011（6）。

[9] 苏为华：《多指标综合评价理论与方法问题研究》，厦门大学博士学位论文，2000。

[10] 覃道爱、李兴发：《基于 SBM – Undesirable 模型的我国农村信用社改革绩效评价》，载《金融研究》，2009（10）。

[11] 檀江林、王娟娟、贾亮：《安徽农村综合改革实效性的评价体系建构》，载《安徽农业科学》，2011（14）。

[12] 汪占熬、陈小倩：《温州金融综合改革实验区建设过程中的问题及经验启示》，载《武汉金融》，2012（8）。

[13] 王瑞祥：《政策评估的理论、模型与方法》，载《预测》，2003（3）。

[14] 威廉·N. 邓恩：《公共政策分析导论》（第二版），谢明等译，中国人民大学出版社，2002。

[15] 谢平、徐忠、沈明高：《农村信用社改革绩效评价》，载《金融研究》，2006（1）。

[16] 杨涛：《剖析温州金融改革：动因、难点及方向》，载《农村金融研究》，2012（8）。

[17] 余鲁、白志礼：《国家综合配套改革试验区的绩效评价研究》，载《重庆工商大学学报（社会科学版）》，2009（1）。

[18] 张超、张权、张鸿：《中国电信业改革历程及效率评价》，载《统计与信息论坛》，2010（7）。

对小微企业“期限错配”的测度及其与货币政策、不良率敏感性研究

台州市金融学会课题组*

在小微企业融资过程中，由于信息不对称又缺乏抵押品，特别是银行专业化程度不够，对企业的长期信用风险把控不准，导致其有意识地压缩贷款期限，这与企业资金需求的长期性存在较大的矛盾。鉴于“期限错配”在小微企业融资领域的普遍性和危害性，对其开展深入研究并了解其背后机理显得尤为要紧，但迄今为止没有任何研究能够在量上对其予以证实，本课题希望通过实证的方法，全方位、多维度地对测算期限错配程度、其受我国货币政策冲击的敏感性、期限错配与产生不良之间关系等方面进行研究，从而为我国货币政策的实施和提高小微企业金融支持提供政策建议。

一、对“期限错配”的测评

由于在量上对“期限错配”进行测评，后续研究也无法深入开展，本节我们将通过建立小微企业“期限错配”指数，通过贝叶斯分析，扩充样本数量，最终形成台州地区小微企业“期限错配”的测评结果。

（一）“期限错配”指数设计

在对期限错配的测评中，为了更准确地体现其潜在风险性，我们通过三个维度对其进行全面衡量，且创新性地提出了“期限错配指数”（SLI）。

维度一：深度（H）——“期限错配”贷款余额占比。即在样本企业“期限错配”贷款余额在其所有贷款余额中的占比。该指标体现了企业贷款中“期限错配”贷款的规模情况，该指标占比越大，说明企业“期限错配”现象越明显。

维度二：频度（F）——“期限错配”季度贷款笔数。即样本企业在调查季度“期限错配”的发生笔数，该指标体现了企业发生“期限错配”贷款的频率，该指标越大，说明企业可能面临断供的次数越多，说明企业“期限错配”现象越明显。

---

* 课题主持人：肖宗富
课题组成员：鲍大慧　奚尊夏　魏博文

维度三：阶度（G）——后续型“期限错配”贷款比例。在样本期间期限错配贷款发生额中存在两种情况，一种是在贷款到期前就贷到数额相当的款项，我们称为“前接型期限错配”，这种因资金没出现断档，所以风险相对较小；另一种是贷款到期还清后企业再重新申请贷款，我们称为“后续型期限错配”，这种因为资金更可能出现断供，所以风险相对较大。两者的比例我们称为“阶度”，为避免因没有“后续型期限错配”时出现 0 值的情况，我们用 1 +（“后续型期限错配”/全部“期限错配”）来表示阶度。

基于上述三个维度的独立性，我们将其累乘后得到“期限错配指数”（*SLI*）：

$$SLI = \mathrm{H} \times \mathrm{F} \times \mathrm{G} = \frac{SL}{L} \times F \times \left(1 + \frac{\Delta BSL}{\Delta SL}\right)$$

SL 表示期限错配贷款余额，*L* 表示贷款余额，*F* 表示频度即发生期限错配贷款笔数，*BSL* 表示后续型期限错配。在此基础上我们得出衡量整体“期限错配”情况的“期限错配指数”（SLI*）

$$SLI^* = \frac{\sum_1^n SL}{\sum_1^n L} \times \frac{\sum_1^n F}{n} \times \left(1 + \frac{\sum_1^n \Delta BSL}{\sum_1^n \Delta SL}\right)$$

（二）样本的选取与数据的搜集

我们选取了 93 家企业样本，来源包括国有银行、股份制银行、城市商业银行等，涵盖了台州各大主导产业。样本搜集时间跨度为 2008 年第一季度至 2013 年第四季度。因期限错配在国内没有任何具体量化的定义，故我们结合对商业银行和企业的调查，在对期限错配的相关数据进行搜集时主要通过以下方法：

在获取样本企业 2007 年 1 月至 2013 年 12 月之间的贷款发生额数据的基础上，对其 2008 年以来发生的每一项贷款进行逐笔筛查，将每一笔贷款与之前贷款进行比对，当新发生贷款是在另一笔贷款即将到期的 20 天内（前接型）或者已经到期的 20 天内（后续型）发生，且金额相同或者相近、使用期限合计超过 1 年时，我们就将这笔贷款定义为“期限错配”型贷款。企业季度余额中拥有此类贷款笔数我们称为“频度”。

（三）对样本企业测算及贝叶斯分析

根据上述指标设计和数据搜集方法，我们对 93 家样本的整体“期限错配”行为进行了测算，但对样本企业的测算存在两个问题，一是样本数量只占台州所有小微企业数量的极小部分，二是在不同时间段拥有有效数据的样本数量不一致，为此，本课题采用贝叶斯（Bayes）分析方法，将所有样本数据扩展至与台州小微企业数量基本一致的 10 万家来测算台州整体“期限错配”的具体状况。

分层贝叶斯分析的核心思想是对先验分布的选取采用分层先验，对参数设定初始值，利用 Winbugs 进行 Gibbs 抽样。以 2013 年第一季度深度指标为例，样本均值为 0. 8219，贝叶斯分析后样本均值为 0. 8447，抽样后的结果如下：

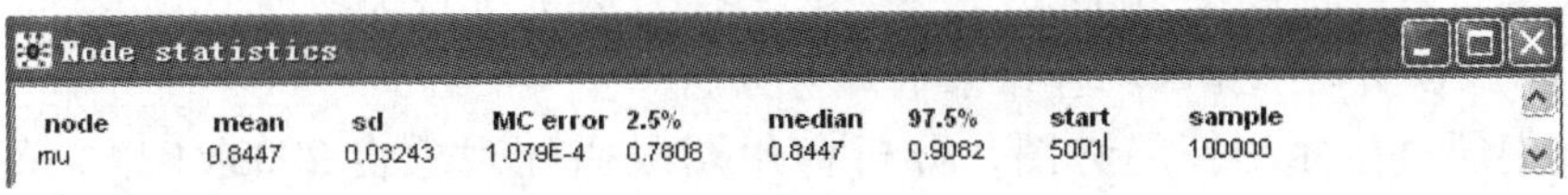

Node statistics

node	mean	sd	MC error	2.5%	median	97.5%	start	sample
mu	0.8447	0.03243	1.079E-4	0.7808	0.8447	0.9082	5001	100000

图 1　全部样本抽样分析结果

根据上述方法，我们对样本不同指标进行了贝叶斯分析，结果如下：

表 1　　经 Bayes 分析后测算的台州小微企业整体期限错配情况

	深度	频度	阶度	综合指数		深度	频度	阶度	综合指数
2008 - 01	0. 61	1. 84	1. 26	1. 42	2011 - 01	0. 65	2. 18	1. 70	2. 37
2008 - 02	0. 61	1. 94	1. 63	1. 97	2011 - 02	0. 65	2. 09	1. 53	2. 14
2008 - 03	0. 71	1. 96	1. 73	2. 34	2011 - 03	0. 74	2. 08	1. 45	2. 14
2008 - 04	0. 70	1. 88	1. 38	1. 77	2011 - 04	0. 67	1. 95	1. 39	1. 77
2009 - 01	0. 60	1. 83	1. 35	1. 46	2012 - 01	0. 68	1. 90	1. 56	1. 98
2009 - 02	0. 58	1. 94	1. 42	1. 53	2012 - 02	0. 75	1. 93	1. 52	2. 16
2009 - 03	0. 59	1. 80	1. 25	1. 27	2012 - 03	0. 83	1. 76	1. 17	1. 68
2009 - 04	0. 72	2. 01	1. 40	2. 07	2012 - 04	0. 79	1. 80	1. 19	1. 73
2010 - 01	0. 69	2. 18	1. 36	2. 01	2013 - 01	0. 84	1. 82	1. 33	1. 96
2010 - 02	0. 67	2. 40	1. 49	2. 34	2013 - 02	0. 80	1. 88	1. 28	1. 88
2010 - 03	0. 63	2. 29	1. 65	2. 33	2013 - 03	0. 81	2. 11	1. 35	2. 27
2010 - 04	0. 67	2. 22	1. 38	2. 01	2013 - 04	0. 83	2. 12	1. 34	2. 41

上述指标的解读：

综合指数：指数越高，企业期限错配情况越严重。该指标的平均值为 1. 95，其中从 2009 年第四季度以来，该值大部分时间均是处于高于平均值的时期，说明危机后期限错配现象变得越来越普遍。

深度："期限错配"贷款余额占比，该指标越高，说明企业期限错配情况越严重。该指标从 2008 年的 60% 左右上升至 2013 年的超过 80%，这说明金融危机以来，虽然经济有所复苏，但经济的紧张形势一直没有得到明显改善，在小微企业领域，银行一直趋向于提高"期限错配"贷款比例以控制风险。

频度："期限错配"贷款笔数指标，该指标越高，企业贷款中"期限错配"贷款笔数越多。该指标平均值为 1. 99，说明台州小微企业平均拥有近 2 笔"期限错配”贷款；最高时为 2010 年第二季度，平均有 2.4 笔“期限错配”贷款，最低为 2009 年第三季度（1.8 笔）。

阶度：“后续型”期限错配贷款占比，即先还后续型贷款的占比，该指标越高，企业面临断供几率越大。该指标历年平均值为 1.42，说明平均有 42% 的贷款为该类贷款，最高是 2008 年第三季度，有 73% 的续贷为该种类型。

（四）台州期限错配测算结果的趋势分析

我们通过指标测算趋势图，分析台州期限错配现象自 2008 年以来的运行特征。

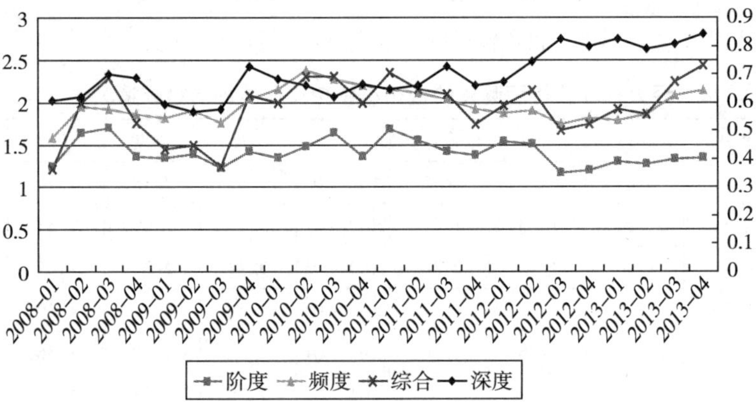

图 2　各指标测评结果趋势示意图

一是期限错配现象周期性特征明显。在 2008 年第三季度，各指标均出现了较为明显的下降，这与经济形势的突然恶化，企业订单减少，企业长期投资意愿急剧下降有较为重要关系。

二是不同指数运行轨迹同中存异。虽然各指标的整体趋势一样，但不同指标的趋势也存在差异性，以表示期限错配贷款占比的深度指标为例，该指标自 2008 年第三季度出现明显下降、2009 年第三季度出现上升以来，一直处于一个上升通道，最高时 2013 年第一季度达到了 84%，这与危机过后，银行风险控制意识的明显加强不无关系。

三是期限错配与货币政策之间可能存在某种关系。以阶度指数和存款准备金率的变化趋势对比图来看，两者上升、下降的趋势可能存在某种关联性，如 2008 年和 2012 年都出现下降的趋势，这可能是对经济周期的共同反映，但不能排除两者之间可能存在的关联性。

二、期限错配货币政策敏感性分析

为了证实期限错配对货币政策的敏感性，我们需要对两者的相互关系进行

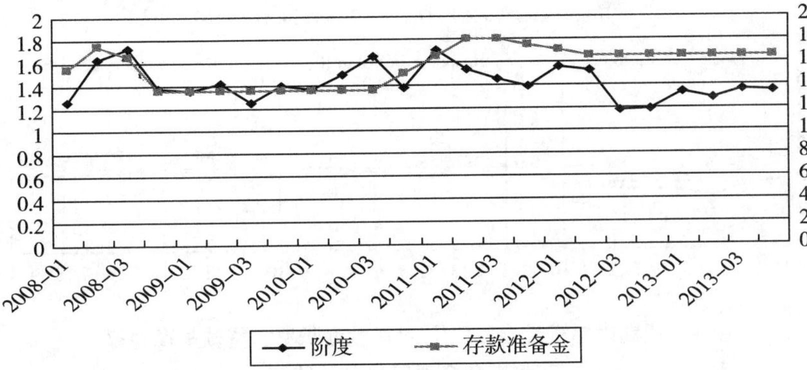

图 3 阶度指标与存款准备金率趋势变化图

进一步的研究，本节我们将利用上述测评结果，通过建立 VAR 模型，在分析两者之间的脉冲响应函数的基础上，利用广义矩估计（GMM）对两者的关系进行实证研究。

（一）VAR 模型

本课题采用的向量自回归模型表述如下：

$$Y_t = \sum_{k=1}^{n} A\, Y_{t-k} + \varepsilon_t$$

其中，$Y_t = [Z_t, r_t, dr_t, l_t], Z_t = [SLI_t, H_t, F_t, G_t]$，$r$、$dr$、$l$ 分别代表央行基准贷款利率、dr 为存款准备金率（考虑到为小微企业提供服务的大部分为中小银行，故本课题选择中小银行的存款准备金率）、l 为制造业贷款增长率（考虑到制造业贷款与企业实际贷款更为符合，故本课题选择制造业贷款增长率作为贷款量的供给状况），A 为系数向量，k 为滞后阶数，ε_t 为白噪声误差。为考虑货币政策对不同期限错配指标起的不同作用，Z_t 被设计成四种情况，即 SLI_t、H_t、F_t、G_t，分别代表期限错配综合指数、期限错配深度、频度、阶度，故上述模型根据利率指标不同也存在不同的三种情况，分别简称 VAR_1、VAR_2、VAR_3、VAR_4。

在对各模型进行单位根和协整关系检验的基础上，我们对其进行脉冲响应函数检验①：

从图 4，我们可以看出货币政策对期限错配产生影响主要有几个特征：

一是企业期限错配现象在受到贷款增长率的货币政策冲击后会作出反向反应。无论何种“期限错配”指标，对来自于 L 即贷款增长率的一个标准差随机扰动的冲击会作出反向反应，但 L 对不同指标冲击使之出现最小值的大小与时

① 因篇幅限制，此处只列出“期限错配综合指数”对不同货币政策指标的脉冲响应图。

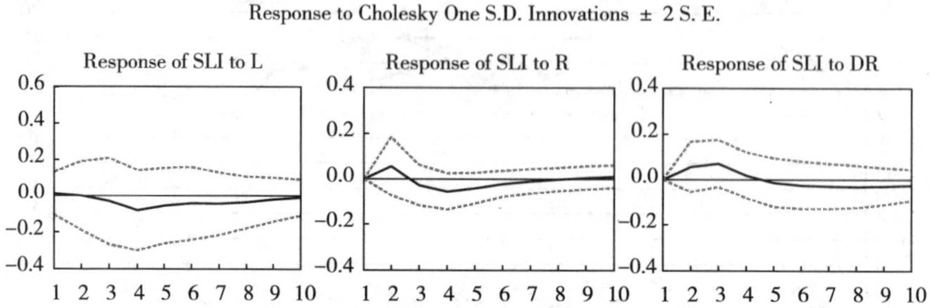

图 4　“期限错配综合指数”对贷款增长率、贷款基准利率、存款准备金率等的脉冲响应

间不同。达到最小值时间最慢的是综合指数，需要 4 个季度，且其极值最小，而深度达到最小值需要 3 个季度，频度和阶度只要 2 个季度就达到最小值。频度在受到信贷规模冲击时先是出现正向反应，说明信贷规模的扩张在短期内加速了企业的“期限错配”行为，但这种现象在第二季度就急剧减弱。

二是企业期限错配现象在受到贷款基准利率的货币政策冲击后先是作出正向反应，后是作出极弱的负向反应直至平衡。无论何种“期限错配”指标，对来自于 R 即贷款基准利率的一个标准差随机扰动的正冲击会先作出正向反应，经过 2 ~ 3 个季度后，各指标转而作出负向反应，说明提高贷款基准利率短期内会加剧企业期限错配的现象，这说明对企业而言，在 2 ~ 3 个季度消化提高利率带来的短期资本流动性问题后，在长期内会因为财务成本的上升而谨慎选择“长用”即进行长期投资。

三是期限错配综合指数、频度和阶度在受到存款准备金率的货币政策冲击后会作出先正向后极弱的负向反应，但对深度指数而言一直呈现正面效应。与提高贷款基准利率一样，大部分期限错配指标在受到提高存款准备金率的正面冲击后，在 3 ~ 4 个季度内会作出正面反应，而在长期会作出负面反应，即因为资金的更为稀缺而更谨慎选择“长用”。与其他指标不同的是，深度指标即期限错配余额占比一直表现为正面冲击，说明提高存款准备金率对企业而言，只能选择利用更多的“短期贷款”作“长期使用”。

四是相对而言对总量的货币调控政策（贷款增量与存款准备金）相对对价格调控（利率）的政策冲击更大且持续时间更长。到平衡所需的时间而言，调量的货币政策相对调价的货币政策而言，具有更为显著的影响力，以“期限错配深度”对贷款增长率、贷款基准利率、存款准备金率等的脉冲响应为例，提高贷款增长率与存款准备金率后，期限错配深度反应的最小值和最大值的绝对值为 0. 02 以上，而提高贷款基准利率对其的反应只有不到 0. 01。

五是货币政策对期限错配的影响会在 2 ~ 4 个季度达到最高点，影响会持续

4～10个月甚至更长。这主要反映在各指标在受到货币政策冲击后的极值出现的时间点上，不同期限错配指标出现极值的时间点会不同，但均在2～4个季度之间，而达到平衡时间点从4个月到10个月不等，甚至更长。以不同政策对综合指数的冲击来看，调整信贷规模、贷款基准利率、准备金率之后，综合指数的极值分别出现在第四、二、三季度，而达到平衡点时间为10个季度、8个季度和12个季度。

（二）期限错配与货币政策关系的估计

上述对VAR模型的脉冲响应分析结果显示，在受到货币政策的冲击时，企业期限错配行为会作出相应的反应，但具体这两方面之间存在何种量化的关系，我们需要进一步验证。

由于各货币政策指标之间往往存在较强的关联性与内生性，故本课题利用最小二乘法（OLS）方法对期限错配与货币政策之间的关系进行估计。为考察不同货币政策对不同期限错配指标作用的异同，本课题将分别以期限错配综合指数（SLI）、期限错配深度（H）、期限错配频度（F）、期限错配阶度（G）为解释变量进行模型拟合，得到结果如表2所示。

表2　　期限错配现象与货币政策关系的GMM估计结果

	SLI（综合指数）	H（深度）	F（频度）	G（阶度）
R（贷款基准利率）	1.25 (0.022)	0.57 (0.0000)	0.31 (0.0597)	1.56 (0.0319)
L（贷款增长率）	-1.23 (0.0034)	-1.63 (0.0004)	-1.40 (0.0044)	-2.05 (0.0227)
DR（存款准备金率）	1.52 (0.0611)	1.58 (0.0463)	0.86 (0.0153)	2.46 (0.0363)
R^2	0.632306	0.757954	0.646081	0.578385
DW统计量	1.35236	1.550571	1.63454	1.60366
J统计量	0	0	0	0

表2结果显示，除了个别指标（R对F的影响）在5%的显著水平下没通过检验外，各模型的拟合度都较好，主要有以下几点结论：

一是紧缩（宽松）的货币政策均会加剧（减缓）企业的“期限错配”现象。以将期限错配综合指数作为被解释变量的模型来看，当贷款基准利率与存款准备金率提高1个百分点、贷款增长率降低1个百分点时，该指数会分别相应的升高1.25个、1.52个、1.23个百分点。

二是对企业期限错配影响从大到小排序的货币政策为：存款准备金率、贷款增长率、贷款基准利率。从表2四个模型分析结果来看，存款准备金政策在综合指标与阶度指标上系数均是最大，在深度指标模型中与贷款增长率相当，在频度指标中较贷款增长率低。

三是三个细项指标模型中货币政策对阶度指标影响最大，深度次之，频度最低。在小微企业融资过程中，银行无疑占据着主导地位，而在人民银行调整货币政策后，其为了顾全自身权益保证风险，首先可以做的便是增加“后续型”期限错配贷款的发放，即先收回贷款，重新进行风险审核后再发放贷款。而深度与频度则相对来说，企业还有一定的发言权，故其受货币政策的影响相对较弱。

三、期限错配对不良的影响分析

以上我们对货币政策向“期限错配”的传导路径予以验证，但“期限错配”与企业产生不良之间存在何种关系相关研究仍未有定论，本节我们将在上文研究的基础上，从微观及宏观两个方面分别建立面板回归模型和协整模型来回答上述问题。

（一）企业——基于企业面板数据的分析

为更好地分析期限错配与企业不良之间的关系，我们分别将综合指数和各细项指标与企业不良（r）建立面板回归模型，分别为式（A）和式（B）：

$$r_{i,t} = \alpha_1 SLI_{it} + C \tag{A}$$

$$r_{i,t} = \alpha_1 H_{i,t} + \alpha_2 F_{i,t} + \alpha_3 G_{i,t} + C \tag{B}$$

在上述面板回归模型通过单位根检验和协整检验后，我们对其影响形式（固定效应模型、随机效应模型）、模型形式（变系数、固定影响、不变参数）进行了验证，根据验证结论，我们选择随机效应，变截距模型对样本数据进行面板回归，结果如下：

表 3　　面板数据回归结果

Variable	Coefficient	Prob.
模型 A		
SLI（-2）	0.320669	0.0272
C	0.012739	0.0018
模型 B		
H（-2）	0.080641	0.0129
F（-2）	0.168079	0.0802
G（-2）	0.207841	0.0060
C	-0.357933	0.0402

面板回归模型A、B拟合程度（R^2）分别为0.380和0.321，拟合程度相对较低主要是因为形成企业不良负债的原因除了本课题提及的期限错配之外，还受到经济形势、本身经营问题等方面影响；另外大部分解释指标均在5%的显著水平下通过检验，仅频度指标（F）是在10%的显著水平下通过检验。

（二）银行——基于宏观数据的协整分析

上述分析为来自微观及企业方面“期限错配”与其产生不良之间存在关系的证据，本部分我们将通过建立协整方程，利用上文对台州地区整体“期限错配”的测算数据对台州银行业整体不良率的影响进行实证分析。为分析期限错配整体指标（SLI*）和各分项指标（H*、F*、G*）对不良率的影响，我们建立如下C、D两个模型：

$$r_t{}^* = \alpha SLI_t^* + C \quad (C)$$

$$r_t{}^* = \alpha_1 H_t^* + \alpha_2 F_t^* + \alpha_3 G_t^* + C \quad (D)$$

其中r为台州银行业整体不良率，因本课题研究对象是小微企业，故本模型的不良贷款率采用的是小微企业的不良贷款率，SLI^*、H^*、F^*、G^*分别为上文测算出来的台州整体期限错配的相关指标：期限错配综合指数、深度、频度与阶度。模型C和模型D都通过了单位根和协整关系检验，在此基础上，我们得到了两模型的协整分析结果：

表4　　协整关系分析结果

Variable	Coefficient	Prob.
模型C		
SLI*（-2）	0.276591	0.0063
C	0.038092	0.0021
模型D		
H*（-2）	0.112808	0.0401
F*（-2）	0.100805	0.1102
G*（-1）	0.309156	0.0003
C	-0.447941	0.0602

在模型拟合方面，模型C、D拟合程度（R^2）分别为0.299和0.301；在指标显著性方面，和模型A、B一样，大部分解释指标均在5%的显著水平下通过检验，而频度指标（F）没能通过检验。

（三）实证结果分析

根据上述结论，我们汇总得出了期限错配与不良关系分析结果：

表 5　　期限错配与不良关系分析结果

变量	系数	变量	系数
模型 A		模型 C	
SLI（-2）	0.320669 *	SLI*（-2）	0.276591 **
C	0.012739 **	C	0.038092 *
模型 B		模型 D	
H（-2）	0.080641 **	H*（-2）	0.112808 **
F（-2）	0.168079 ***	F*（-2）	0.100805
G（-2）	0.207841 *	G*（-1）	0.309156 *
C	-0.357933 **	C	-0.447941

注：* 表明在 1% 的显著水平下拒绝原假设，* * 表明在 5% 的显著水平下拒绝原假设，* * * 表明在 10% 的显著水平下拒绝原假设。

根据表 5，期限错配与产生不良之间主要有以下几种关系：

一是企业期限错配与不良之间存在显著的正向关系。无论是微观还是宏观、综合指数，还是各维度指标，它们与不良之间存在显著的正向关系，以综合指数为例，当企业或银行客户期限错配现象上升 1 个百分点时，其不良负债、不良贷款会分别上升 0.32 个、0.28 个百分点。

二是阶度指标（"后续型"期限错配贷款占比）变化对不良的产生影响最大。从模型拟合结果来看，指标 G 即期限错配阶度对不良的产生影响最大，说明"后续型"期限错配贷款每增加 1 个百分点，不良率会提升 0.21（企业）个或者 0.31（银行）个百分点，这也与实践中由于企业无法续贷而产生不良甚至倒闭的现象相符。

三是深度指标（期限错配贷款规模占比）对不良的产生有显著的正向关系。期限错配深度表示的是企业贷款中期限错配贷款的比例，这一比例的提高对不良的产生起到促进作用，当该比例提高 1 个百分点时，不良率会上升大约 0.1 个百分点（企业模型系数为 0.08，银行模型系数为 0.11）。

四是频度指标（期限错配贷款笔数）与不良之间存在正向关系但缺乏显著性。期限错配频度代表期限错配贷款的笔数，虽然按逻辑分析，当此类贷款笔数越多的时候，其面临断供的机会就会越多，从而产生不良的概率也会越大，但实证结果显示，虽然这两者有一定的正向关系（企业模型系数为 0.16，银行模型系数为 0.1），但显著性不强，在 5% 的显著水平下均没有通过检验。这是因为银行贷款笔数越多，虽然面临断供概率越大，但其断供之后由于风险更为分散，其产生不良的概率也相对较低。

五是不良对期限错配指标的反映时滞为 2 个季度，各指标中不良对阶度指标反映最快。在模型拟合过程中，各指标均是前面2期数据与不良存在显著关系，而在以银行为研究对象的模型D中，阶度指标只提前1期，说明在该指标变化仅1个季度后，银行的不良就发生了相应变化，说明各指标中不良对阶度指标反应最快。

四、主要结论及政策建议

（一）主要结论

根据本课题实证结论，我们得出以下主要结论："期限错配"近年来整体呈上升趋势；紧缩（宽松）的货币政策会加剧（减缓）企业的"期限错配"现象，总量调控比价格调控影响更大，期限错配对货币政策的反应会在2～4个季度达到最高点，货币政策对阶度指标（"后续型"期限错配贷款占比）影响最大；期限错配与产生不良之间存在显著的正向关系，且存在约2个季度的时滞。

（二）政策建议

一是货币政策要在总量调控的前提下注重把握结构性调控工具的运用。研究结果显示，货币政策对制造业的小微企业的期限错配行为产生了较大的影响，也使银行系统面临更大的产生不良贷款的风险，所以在货币政策的调控上，无论基调是从紧还是从松，都应坚持加大对实体经济（制造业）、小微企业的金融支持的基本方向不变，具体来看，应加大对定位服务实体经济、小微企业的银行的支持力度，从信贷规模、差额准备金率、扩充银行长期资金来源渠道、支小再贷款等方面给予政策上的倾斜。

二是要前瞻性地把握货币政策的调控可能对"期限错配"行为产生的影响。上述结论中，不同货币政策的实施对企业产生的影响和时滞不同，所以货币政策的调控要对"期限错配"产生的影响具备一定的前瞻性，其中包括在实施总量调控的货币政策（存款准备金率、贷款增长率）时相对实施价格调控的货币政策（贷款基准利率）时更要关注企业的期限错配，尤其是"后续型"期限错配现象的变化趋势，而在政策实施后的2～4个季度应列为影响的高危期。

三是建立小微企业融资过程中"期限错配"（尤其是"后续型"期限错配）的监测体系。及时发现由"期限错配"突然变化反映出来的不良贷款集中爆发引发金融风险的苗头，为相关应对措施的实施提供时间和依据。

四是探索还款方式的创新手段、规范发展民间转贷机构。银行机构应积极创新类"年审制贷款"等到期后转贷方式；政府部门应加大对企业还款方式创新的支持力度，在巩固单设基金的基础上，探索以"政府+银行"、"政府+企业"模式，以财政资金撬动银行信贷资金、民间资本的方式放大转贷基金规模。

五是建立风险共担保险体系，逆周期调控短贷长用可能存在的潜在风险。建立由地方政府、银行、小微企业三方共建的互保基金、信保基金，对中小企业续贷行为提供担保，强化企业增信功能。

六是建立小微企业融资的财政性补助政策。对融资支持小微企业绩效突出银行机构、融资组织实施诸如财政补贴、税收优惠等方面的财政性补助倾斜政策，增强其小微企业服务的可持续发展能力。

参考文献

[1] 何明：《如何识别和避免企业的期限错配行为》，载《安徽农村金融》，2005 (7)。

[2] 黄翠玲、黄静慧：《商业银行存贷款期限错配的风险与对策》，载《海南金融》，2011 (12)。

[3] 黄宪、吴克保：《我国商业银行对资本约束的敏感性研究——基于对中小企业信贷行为的实证分析》，载《金融研究》，2009 (11)。

[4] 齐寅峰等：《中国企业投融资行为研究——基于问卷调查结果的分析》，载《管理世界》，2005 (3)。

[5] 孙铮、刘凤委、李增泉：《市场化程度、政府干预与企业债务期限结构》，载《经济研究》，2005 (5)。

[6] 奚尊夏：《对台州市中小企业贷款期限错配与还款方式创新情况的调查分析》，载《金融发展评论》，2013 (7)。

[7] 中国人民银行天津分行课题组：《解决期限错配问题的可行之路——关于拓宽银行长期资金来源的探讨》，载《华北金融》，2005 (7)。

[8] Barclay, S., 1995, "The Maturity Structure of Corporate Debt", *Journal of Finance*, 1995.

[9] Fan, P., S. Titman and G. Twite, 2006, "An International Comparison of Capital Structure and Debt Maturity Choices", *The Chinese University of Hong Kong Working Paper*.

[10] Ozkan, A., 2000, "An Empirical Analysis of Corporate Debt Maturity Structure", *European Financial Management*.

浙江省农业保险发展模式选择与比较

中国保险监督管理委员会浙江监管局课题组*

一、国内开展农业保险的主要模式

自1982年恢复农业保险以来，我国各级政府及保险机构在发展农业保险的过程中，进行了许多符合我国国情的有益探索，目前比较集中的经营模式主要有五种：

（一）商业保险公司与政府联办共保模式

这种模式主要在江苏施行。联办模式主要是政府与保险公司合作，按照“政府推动、商业运作、节余滚存、风险共担”的原则，由政府和保险公司按照一定比例进行联办共保，保险业务由保险公司按专业化管理和运作。具体内容是保险机构与地方政府签订联办共保协议，保费收入按照五五的比例分账管理，保险责任和赔付也按照相同比例分摊，政府部分的结余，留作地方政府农业风险基金；保险公司部分结余，按相关规定提取准备金。该模式有机结合了商业保险与政府部门的特长和优势，既确保了政府部门对农业保险发展的主导作用，又充分发挥了保险公司参与经营的积极性；既有利于控制风险，又有利于调动各方的积极性和主动性。

（二）专业性农业保险公司独家经营模式

这种模式的代表是上海的“安信模式”。2004年9月，上海成立了安信农业保险公司，由其独家依照“政府引导、市场化运作、专业化经营、以险养险”的原则经营农业保险。该模式中政府不参与农业保险的具体经营，其主要职能是为保障农业保险制度变迁和持续发展，制订和提供一套有效的制度框架，在这个制度框架内，激发保险公司的创新活力，引导农民的农业保险认知、诱导农民的农业保险需求，提高农民的投保能力。政府通过对安信农业保险公司的控股管理，对其发展规划和战略进行引导。

（三）农业保险互助模式

一种是设立农业保险互助合作社。依托各类专业合作社或农业龙头企业等

---

* 课题主持人：程　杭
课题组成员：叶仁俊　高　婧　潘丹华

农业产业化组织，在政府组织和财政补贴的支持下，由参保农户按“自愿互利、自负盈亏、风险共担、利益共享”原则成立的农业保险组织。这种模式的主要优点是集保险人和被保险人于一身，利益的一致性可以有效地防止道德风险和逆选择的发生，不以盈利为目的可以降低费率和费用成本。

农业相互保险公司是互助合作社的高级形式，或称公司化形式，是相互制与公司制相结合的一种特殊保险组织形式。该模式的典型代表是黑龙江农垦区的“阳光模式”。黑龙江阳光农业相互保险公司成立于2005 年 1 月，是我国第一家相互制农业保险公司。公司实行会员制，凡与公司签订种植业保险、养殖业保险合同者，自动成为法定会员，若保险公司终止或变更，会员相应的权利和义务随之终止或者变更。

相互制保险公司其实质是合作制，兼有农业保险合作社和法人治理结构的双重优势。保险公司不以盈利为目的，没有利润压力，追求会员利益最大化，因而在农业保险经营上更侧重于灾前预防，坚持“以防为主，防救结合”的原则，实行防灾与救灾相结合，有效地建立和健全防灾减灾体系。

（四）引进外资或合资保险公司模式

该模式的典型代表是四川的“安盟模式”。法国安盟保险公司成都分公司成立于2004 年 10 月，是国内第一家外资农业保险公司，以“自负盈亏、险种全面、保费低廉、管理科学”的优势寻求生存，凭借经营农业保险多年的经验技术，以及较雄厚的资金实力，积极拓展业务。但经营多年来，在缺乏网络渠道和政府政策支持的情况下，该公司的经营有点水土不服，主要原因之一就是纯商业化运作模式在当地没有合适的发展环境。

（五）政府扶持下商业公司自主经营模式

该模式下，政府主要给予财政补贴、业务开展和理赔技术等支持，但不参与农业保险经营，具体农业保险经营由一家或多家保险公司自主操作。典型代表是北京市农业保险模式。北京市以县为单位分地区由多家商业保险公司参与经营，政府通过购买再保险、补贴工作费用等方式予以支持。

这种模式的变形是浙江省为代表的共保体模式。在共保体模式下，由多家商业保险公司自愿组建“浙江省政策性农业保险共保体”，授权主承保人经营农业保险。共保体实行“单独建账、独立核算、盈利共享、风险共担”。浙江省共保体对全省（除宁波）统一开展业务，由浙江省农业保险协调小组决定开办险种、补贴比例以及评审具体条款等事宜。

二、浙江省农业保险经营模式分析

（一）共保体模式选择原因

试点之初，浙江省政府选择“政府推动 + 共保经营”为主的政策性农业保险经营模式，主要基于以下考虑：

一是依托现有保险资源，节省制度建立及转换成本，迅速开展业务。采用设立保险公司独家经营模式，在基础薄弱、人才匮乏的情况下，都有前期投入成本高、建设周期长、缺乏操作经验等缺点。而以中国人保财险公司为代表的商业保险公司有较长时间、较大范围经营农险业务的实践，积累了比较丰富的经营和管理农业保险经验，机构渠道遍及城乡，具有人力资源和渠道的先天优势。在政策支持下，保险公司本身也有开展农业保险的积极性，利用商业保险公司的机构和队伍，可以迅速地将业务开展起来。

二是充分发挥市场调节机制作用，有助于体制的自我完善和发展。浙江省是市场经济发达省份，市场对经济的调节作用发挥较为充分。农业保险的商业化运营，保险供给双方通过合同明确权利义务，在某种程度上更容易获得农户的认可，商业保险公司建立的信誉和形象也有助于业务的开展。从保险公司角度，可以利用开展农业保险的契机大力拓展广阔的农村县域保险市场，增强自身的实力，树立自身的形象。而政府则可以充分利用商业保险公司本身所具有的机制灵活、自我激励、自我创新等体制优势。将经营效益与经营者挂钩，有助于充分调动社会资源，通过不断开拓新的业务领域，最终实现整体业务的自我平衡。

三是集政府与共保的合力，有助于增强抗风险能力。在当前政府尚无足够财力为农业保险的开展提供全面支持的情况下，将各家商业保险公司组成共保体联合经营，可以减轻政府弥补巨灾亏损的负担。

（二）共保体模式主要内容

1. 以共保体经营为主

试点之初，针对自然风险高发，商业保险公司积极性不高的现状，浙江省农险协调小组深入研究、反复论证后创建了“浙江省政策性农业保险共保体”经营模式。“共保体”由自愿参加的浙江财险分公司共同组成，实行“单独建账、独立核算、盈利共享、风险共担”，日常业务委托主承保人（人保）经营，3 年一届。2013 年调整为 5 年一届，由 7 家保险公司组成。

同时，浙江省农险协调办委托经纪公司对共保体经营进行日常监管，经纪公司主要负责数据审核、理赔监管、技术咨询等工作。

2. 以低保障、保大灾、保大户为主

保险金额按承保对象物化成本的 50% 左右确定。保险责任以保大灾为主，包括台风、暴风、暴雨、洪水、常见病虫害、大规模疫病等。参保对象以具有一定规模的种养大户为主，鼓励各类农业龙头企业、农业专业合作组织统一参加投保。

3. 初步建立巨灾风险机制

试点开始采用超赔封顶分担机制，即全省农险赔款超出当年农险保费 2 ~ 3 倍、3 ~ 5 倍的部分，分别由共保体与政府按 1:1、1:2 比例承担，超出 5 倍部分共保体不承担责任。2011 年探索建立种植业巨灾风险准备金制度，增加赔款超过保费 1.3 ~ 2 倍部分由巨灾风险准备金承担的分担方式。2013 年取消超赔封顶分担机制，由省共保体全额承担实际赔偿责任，进一步理顺了各方权责，拓宽了发展空间。

4. 探索地方特色农业保险

2012 年，浙江省开始探索契合各地特色农业发展需求的特色农业保险，明确各地开展列入“省试点品种目录”的农产品保险可得到省财政一定比例的保费补贴支持，有效推广的品种可升级为“省级品种”，纳入共保体经营。目前，丽水市开展的食用菌栽培保险、衢州市开展的金针菇保险及杭州市开展的桑蚕保险均已列入省试点项目。

（三）农业保险模式比较分析

1. 经营主体比较

目前各农业保险经营模式的经营主体主要分为政府参与经营、商业保险公司独家经营以及多家保险公司共保经营。浙江省主要采取的是由多家商业保险公司组成的共保体，政府不直接参与经营，日常业务由主承保人人保财险浙江分公司经营。这种模式既能够充分调动保险公司的积极性，又能够有效分散经营风险。不过，与其他商业保险公司参与的模式相比较，存在一定缺陷：一是市场基本无竞争，共保体成员在每一届的任期基本固定，按照既定份额共享，这样不利于激发创新和提升服务的积极性；二是除主承保人外，其他公司基本不参与具体业务操作，不利于农业保险业务开展，更不利于其他经营农险公司的人才队伍培养和经验积累。

2. 实施范围比较

从各种经营模式的实施范围来看，主要有在全省（市）大范围的统一开展保险业务，如浙江省的共保体模式主要经营水稻、小麦等大宗基本农业品种，在全省范围统一开展；在省（市）内分地区开展业务，如北京以乡镇为单位开展保险业务、江苏各个市每个乡镇经营内容也存在差异。浙江省共保体实行全省范围统一开展，有利于基本农业品种保险迅速在全省铺开。但同时也存在一些不足：一是不利于地方特色品种农业保险业务的开展，浙江省地方特色农业十分突出，但目前在开展的特色农业品种寥寥无几，仅在个别县（市、区）零星开展，与浙江省小而精的农业格局不相匹配；二是不利于保险业务推动，浙江省各地地理位置环境不同，农业保险风险也不尽相同，全省统一开展无法针对地区差异实行差别产品。

3. 保险对象比较

农业保险的对象有大户、散户之分。农业保险互助合作社或相互制保险公司以成员为保障对象。上海市对水稻、生猪、能繁母猪等基本品种实行普惠政策，即全市统保，覆盖了散户的保障需求。浙江省目前以“保大户”为主，除能繁母猪以及个别县（市、区）统保水稻、大小麦等品种外，散户基本不在保障范围之内。在实际农业经营中，散户的道德风险较高但抗风险能力也较弱，按照《农业保险条例》要求，鼓励散户以村、合作社为单位统一投保，将是未来全面覆盖农户的有效途径。

4. 保障程度比较

目前大部分省（市）农业以保成本为主，保障农民恢复再生产的能力。浙江省主要保障物化成本50%左右，这几年部分品种也有提升，如水稻保额为600元、800元，基本可以实现物化成本的80%左右。部分省（市）已创新了价格保险产品和产量保险产品，保障市场供应和农民致富，取得了较好效果。如上海安信在财政支持下开展了蔬菜价格保险试点，对于投保的蔬菜龙头企业和种植大户，如果蔬菜在保险期内售价低于前三年同期的市场均价，则由保险公司按其跌幅乘以保险金额进行赔偿。随着农户保险需求的不断提升，保基本物化成本的农业保险已无法满足市场需求，亟须保险公司创新产品、提高保障程度。

5. 政府扶持力度和方式比较

我国农业保险目前发展离不开政府的支持，主要支持模式：一是政府直接参与经营，如江苏的联办共保模式；二是政府给予保费补贴或承担超赔责任，如浙江、上海、黑龙江等模式下，政府均对农业保险业务给予不同程度的保费补贴。北京政府承担赔付率160%以上部分的超赔责任，浙江在2013年之前政府也承担超赔责任，2013年取消了该政策；三是政府购买再保险。如北京市农委代表市政府作为投保人，将全市政策性农业保险业务作为统一整体，直接出资向瑞士再保险股份有限公司和中国再保险（集团）股份有限公司购买再保险。随着浙江省政府超赔责任免除，财政支持主要为保费补贴，在农业保险不断扩面、巨灾风险分散机制建立的情况下，政府的扶持力度也将不断加大。

三、浙江省农业保险模式选择研究

试点以来，浙江省农业保险得到了良好发展，发挥了积极的作用。截至2013年10月底，全省农险累计为810.68万户农民提供了1 179.88亿元风险保障，共实现保费收入16.97亿元。累计赔付户数51.46万户，赔款金额9.32亿元。省级保险品种从10个增加到了16个，地方特色险种7个。不过，2012年海葵台风造成全省水产养殖损失71.18万吨，2013年夏季的旱灾造成浙江省水稻、林木等大量农作物旱死，农户损失巨大。由于这些不在农业保险承保范围内，因此无法得到保险赔偿，这表明了浙江省农业保险尚处于初级阶段，还有很大的发展空间。

（一）浙江省农业保险存在的主要矛盾

1. 浙江省快速发展的农业生产与相对落后的农业保险经营之间的矛盾

浙江省目前已形成了浙江特色的渔业农业区、粮食水果作物区、林业特产杂粮区等农业格局，而浙江省农业保险仍停留在保主要品种、保基本物化成本的初级阶段：一是保险深度与农业规模不匹配。2011 年，浙江省农林牧渔总产值为 2 534. 9 亿元，全国排名第 14 位，而浙江省农业保险的保险深度（农业保险保费在农林牧渔总产值的占比）为 0. 95‰，全国排名第 24 位。与周边省市相比，2012 年上海市农业保险深度为 11. 3‰，江苏为 2. 0‰，而浙江仅为 1. 5‰。二是保险业务结构与农业特色不匹配。近几年来，浙江效益农业快速发展，区域特色十分明显。而浙江省特色农业保险明显滞后。至 2013 年 9 月底，浙江省开展县（市、区）域特色农业保险品种仅 6 个，其中 3 个为省级试点品种。2013 年 1 ~9 月地方特色农业保险实现保费收入 528. 23 万元，赔款支出 113. 13 万元，参保农户 49 567 户，保额 10 930 万元。

2. 浙江省农业日益增长的风险保障需求与相对不足的农业保险供给之间的矛盾

目前浙江省农业保险供给相对不足，无法有效满足市场需求，主要表现为：一是承保险种较少。“共保体”经营的 16 个农业保险险种基本为大宗类传统农作物和畜禽品种，经济作物或特色农产品险种很少涉足。二是保障程度偏低。浙江省农险以保护农户灾后恢复生产能力为出发点，保额按照直接物化成本的 50% 左右确定，如生猪保险保额仅为 600 元/头，无法满足农户的保障需求。三是保险覆盖面不高。较低的保险金额以及较少的保险险种，较大地影响了农户的投保积极性，导致各农业品种的保险覆盖率普遍偏低。以水稻为例，2012 年全省水稻种植面积为 1 248. 89 万亩，农业保险水稻承保面积为 371. 07 万亩，保险覆盖率仅为 29. 7% 。

3. 浙江省较大的地区风险差异与相对单一的农业保险产品之间的矛盾

浙江省农业保险条款费率的结构比较单一，与浙江特有风险状况不相匹配：一是目前“共保体”采用的保险条款基本是全省统一，缺乏对浙江省特殊的风险分布情况和不同地区主要农业品种有较大差异的考虑。二是除个别险种外，浙江省农业保险费率的厘定基本采用的是全省平均费率，无法较好地反映不同地区的风险差异，也容易出现逆选择问题，即低风险地区不愿参加保险，高风险地区积极投保，无形中加大了农业保险的经营风险。

（二）下一步发展模式选择建议

浙江省农业保险发展取得的成绩与浙江省选择共保体模式有必然联系，但随着浙江省农业保险与农业发展矛盾的不断深化，经营模式有必要进一步完善。

1. 建立多层次的农业保险运作模式

在坚持以共保体经营为主的前提下，鼓励各地开展特色险种试点工作，积极探索互助保险、纯商业化运作等多种运作模式，实现农业保险的多样化发展。一是基本农业品种坚持采用共保体经营模式。基本农业品种是关系到国计民生的主要农产品，对农业的稳定发展具有极其重要的影响，因此有必要对这些品种的保险实现全面覆盖。此外，基本农产品数量规模巨大，面临较为突出的农业大灾风险，独家承保或市场化运作的条件尚不健全，建议仍由共保体经营。二是结合地域特点及差异化特色，采用多样化运作模式。考虑到浙江省内各区域间的风险状况、经济状况及农业产业结构的不同，地（市）级统筹开办的农业保险应重视公平与效率两者的结合。地（市）级农业保险可采取多样化和特色化的模式，尽可能地契合当地实际。既可以是政府主导商业保险公司参与，也可以是保险公司与政府联办共保，或者是保险公司招标、区域共保体、民间互助组织承保等模式。每个县可由不同的保险公司经营，如果该保险公司为共保体成员，可同时承担协助共保体相关工作的义务。

2. 探索普惠与自愿相结合的保障机制

一是对享受中央财政补贴的品种实行普惠政策。此类品种保险是农业保险的主要组成部分，具有分布面积广、数量规模大、补贴力度高的特点。建议将此类品种逐一纳入普惠保险范围，以“保成本、广覆盖”的原则，适时实行全省统保，逐步实现基本品种农业保险全覆盖的政策目标。二是给予地方政府和农户充分的自由选择权。在品种上，除基本品种外的其他经济类、特色类农业品种的保险实行财政补贴、自愿投保的原则，按照商业化模式运作；在保障程度上，在保基本物化成本的基础上设置多档保额，由农户自行选择，并支付相应保费。

3. 完善巨灾风险分散机制

浙江省目前实行单一种植业巨灾风险准备金，在发展初级阶段能一定程度上承受大灾考验，但是随着保险产品不断丰富、保险责任不断增加，覆盖区域不断扩大，能发挥的作用将越来越有限，因此，建立共保体内风险分散机制和行业内农险再保机制，进一步完善巨灾风险分散机制势在必行。一是充分运用好行业内再保险这一有效的市场化分散手段，包括比例再保险、超赔再保险和分层再保险或其组合，可以有效地扩大承保能力，保证保险公司的稳定运营，并真正发挥共保体抗击风险的能力。二是尽快建立浙江省农业保险巨灾风险分散机制，在进一步完善现有的种植业巨灾风险准备金的基础上，建立政府支持的更全面的巨灾风险分散机制。

参考文献

[1] 财政部金融司：《从东部五省市看农业保险体系创新》，载《中国财政》，2013（2）。

[2] 林红：《中国农业保险模式的现实选择及发展思路》，载《生产力研究》，2011（3）。

[3] 刘宁：《基于农业经济风险保障能力提升谈我国农业保险经验模式完善》，载《农业经济》，2013（3）。

[4] 孙蓉、朱梁：《世界各国农业保险发展模式的比较及启示》，载《财经科学》，2004（5）。

[5] 张凯伦：《发达国家农业巨灾保险机制及其对我国农业财政政策的启示》，载《农村财政与财务》，2013（4）。

[6] 张旭光、柴智慧、赵元凤：《典型国家和地区的农业保险发展模式概述》，载《世界农业》，2013（1）。

券商电子商务的经营模式及其前景研究

财通证券股份有限公司课题组①

一、研究背景与目的

随着互联网的普及和应用，技术的发展和社会行为的改变带来了支付方式和信息处理方式的改变，也给传统券商带来了挑战和机遇。面对日新月异的发展和变化，如何应对互联网金融给传统券商带来的冲击，成了传统券商迫切需要研究的新课题。国内针对券商电子商务的研究较少，同时也停留在较初期的阶段，对券商电子商务的研究还没有一个完整、系统的归纳和总结。本课题尝试通过界定券商电子商务和经营模式的定义，回顾券商电子商务的发展历程，总结和借鉴国外券商电子商务经营模式，探索我国券商电子商务的创新之路。

二、国外券商电子商务的经营模式

券商电子商务的经营模式主要是指为实现公司经营目标所采取的某一类方式方法的总称，而由于各个国家历史、文化、制度背景、科技发展等诸多因素的不同，相应地在电子商务上所采取的经营模式也会反映各自的特点。

（一）美国券商电子商务的经营模式及发展趋势

1. 美国券商电子商务的经营模式

E*Trade 模式代表美国电子化高折扣经纪商模式，其主要是通过低额的佣金吸引习惯于独立作出投资决策的客户，他们往往不需要投资建议，只需券商提供交易通道。因而这种模式下，券商收入来源在很大程度上取决于客户的规模和在线交易频率。

美林模式是指全服务经纪商的运营模式，该种模式下，券商会向其客户提供专业的投资建议、交易策略及投资顾问等全方位的服务。因此其证券电子商务经营侧重于利用服务深度和广度创造价值，其次才考虑客户对交易佣金的敏感性。

嘉信模式则介于以上两者之间，同时提供网上交易、电话交易及店面交易的方式开展经营，在不牺牲服务质量的前提下主要采用技术创新来降低交易成

① 课题主持人：周　丽

本，进而降低服务价格。

2. 美国券商电子商务的经营模式发展历程

以上三种经营模式的提出，是基于各券商的经营定位、服务目标比较，而从美国券商电子商务的发展历程来划分经营模式的不同阶段，更能看出券商电子商务在经营模式上的演进变化：

20 世纪 90 年代中期，由 E*Trade 首开网上交易的先河，拉开了券商电子商务发展的序幕。随着美国证券电子商务实践的不断发展，其经营模式的转变也经历了几个阶段，如图 1 所示：

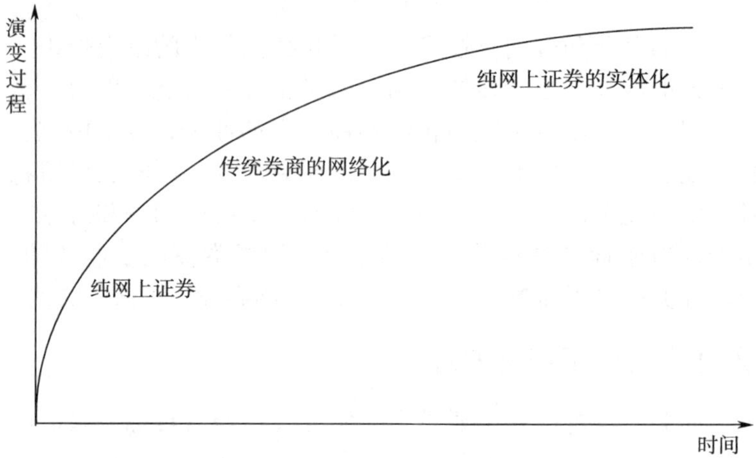

资料来源：财通证券研究所整理。

图 1　美国券商电子商务的经营模式转变

（1）纯网上证券阶段

E*Trade 是美国第一家开展网上证券业务的经纪公司。通过互联网，E*Trade 的业务遍布整个美国，但是运营成本远远低于传统券商。E*Trade 的成功创新，给很多跃跃欲试的企业和券商树立了一个样板。此后，网络证券公司如雨后春笋般地涌现出来，迅速形成了一股潮流。

（2）传统券商的网络化阶段

传统券商在向客户提供传统经纪业务的同时，也大力拓展网上业务。传统券商的网络化方式有两种：一种是券商自己建立一个网络站点，通过鼓励原有传统渠道的客户开设网上账户和吸引新客户办理网上业务来建立自己的网上客户基础；另一种是收购现成的网络证券公司，将成熟的券商电子商务模式直接嫁接到券商的业务渠道中，使得传统券商立即拥有了现成的网络客户基础。

（3）纯网络证券公司的实体化阶段

无实体分支机构的特点，使得纯网络证券公司具有低运营成本和低固定成本的优势，这样券商可以将节省的成本让利给客户，通过有吸引力的佣金来吸引客户。而为弥补缺乏实体运营场所这一缺陷，纯网络证券公司只能靠“昂贵”的市场拓展和建立品牌的努力来吸引客户。这些费用通常会转换成极高的客户获得成本。

经过上述三个阶段，很多网络证券公司发现大部分客户因为担心虚拟交易缺乏安全性和可信度而选择传统券商。这导致传统券商网络化以后，客户数量急剧增长，而纯网络证券经纪公司的客户数量则处于徘徊的局面。为了更有效地联结客户，纯网络证券经纪公司开始转换它们的商业模式，建立实体运营场所，增加交易渠道。纯网络证券经纪公司增加实体交易渠道的方式主要有以下两种：

①通过购买的方式来获得传统的交易渠道。

②通过合作的方式来获得传统的交易渠道。其中一种合作方式是和大的连锁零售商进行合作，将网络证券公司的实体分支机构设立在连锁超市内，分享客流。

3. 美国券商电子商务的经营模式发展趋势

从这些公司的商业战略变化中，我们可以看出美国券商电子商务发展的几大趋势：

（1）混合证券交易模式将占据主流

有网点的传统证券公司与没有网点的纯网上证券经纪公司相比，客户拓展成本比较低。鉴于纯证券电子商务模式缺乏基本的客户基础，而且获取客户的能力较传统券商弱的特点，纯证券电子商务公司开始意识到有形服务网点的价值，纷纷建立自己的实体分支机构。同时，传统证券公司也纷纷建立虚拟的交易渠道，完善自己的网上业务。从长期来看，混合证券交易模式最终将成为主流。

（2）网上功能朝综合化发展

随着网络化的发展，不仅经纪业务可以在网上进行，券商的所有业务包括网上招股、路演、发行信息发布等也可以在网上进行，甚至公司的日常管理，如公司的人事、财务管理等都可以实现网上操作，实现真正的网上办公。

（3）业务范围将趋于多元化

佣金的持续下降导致券商的利润水平不断下滑。为了能在竞争中保持优势地位，各券商的证券网站将不仅仅提供股市行情、新闻信息和一些研究资料。网络券商纷纷涉足保险和银行领域，并开展了代客理财、专家咨询等业务。其中参与者不光有证券公司，银行等传统意义上的金融机构，还有如门户网站（Yahoo、AOL），个人金融管理软件（Quicken、Microsoft Money）和其他机构（如美国运通）等。

（4）购并活动将频繁发生

购并是企业获得超常规发展的一种常用策略。对证券电子商务公司而言，该策略的有效使用可以使公司获得更多的客户、增加公司的实体网点、改善公司的财务状况，并可以大大扩展企业的市场辐射能力，促进企业实现规模经济和范围经济。

（二）日本券商电子商务的经营模式发展分析

日本券商电子商务在经营模式上的突出特点就是出现了一大批专业的“纯网络”证券公司。其网络证券交易起步于 1999 年 10 月股票交易手续费的完全自由化。经过 10 余年的发展，目前个人投资者的股票交易中九成以上都是通过网络交易（见图 2）进行，而 6 大网络券商（SBI 证券、Monex 证券、乐天证券、松井证券、Kabu. com 证券、GMO CLICK 证券）又占据了其中的八成份额。

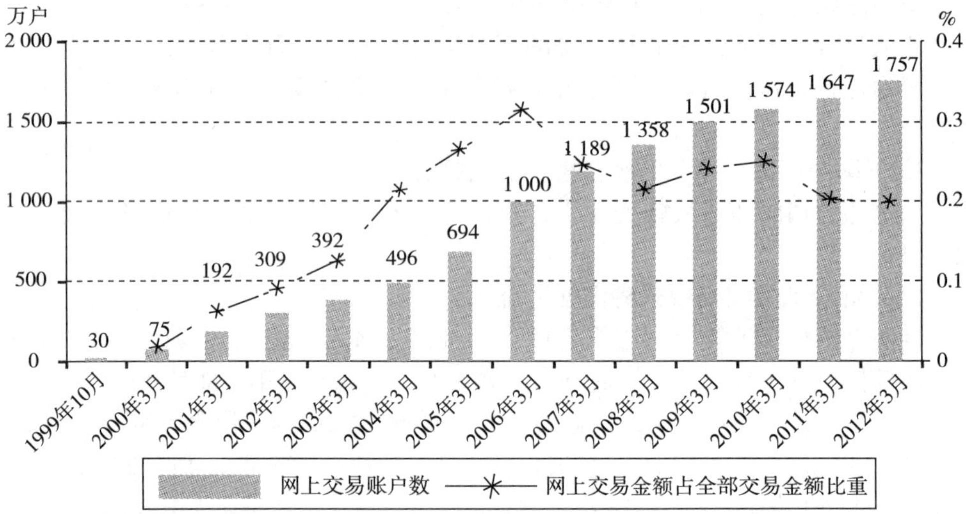

资料来源：日本证券公司统计。

图 2　日本券商网络交易情况

1. 日本网络券商的发展历程

根据日本网络券商发展的特点，本课题将其划分为三个阶段：

第一个阶段是黎明期 1998—2003 年，这个阶段是网络券商发展的初期阶段，由于网络的基础设施和交易系统的不完善，日本网络券商缺乏一个稳定的交易环境。

第二个阶段是充实期 2004—2008 年，这个阶段证券交易手续费的价格战开始加速，网络券商开始致力于通过其他途径吸引客户。除了日本股交易以外，商品范围扩大到了美股、港股、包含新兴市场诸国敞口的基金等国外产品在内的各类投资商品，同时外汇保证金交易也成为了各家网络券商的重要收益来源。

第三个阶段是成熟期 2009 年至今，这个阶段日本网络券商仍主要围绕产品、服务开展经营模式创新。

如图 3 所示：

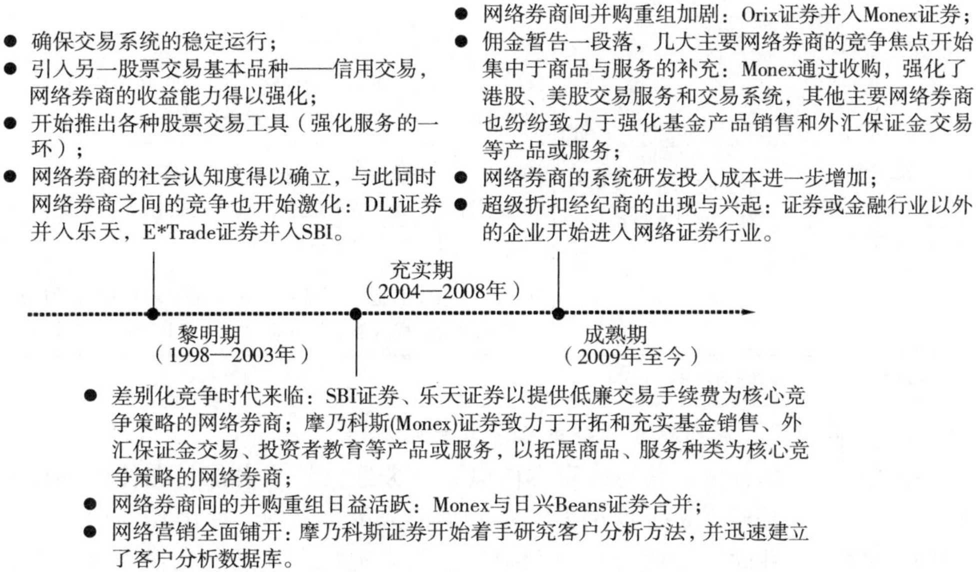

图 3　日本网络券商的发展阶段及其特点

2. 日本网络券商的经营模式分析

日本券商电子商务经营模式的第一股创新浪潮是以经纪业务为契机的，而在后电子商务时代，经营架构无明显变化，主要是以产品、服务创新谋求模式的局部变革，如合并收购在线网站、开发国外证券业务等。日本网络券商未来的发展将集中表现在以下三个方面：进一步实现差别化竞争；进一步开拓海外业务；进一步并购重组以降低成本。

表 1　影响日本网络券商的因素

文化影响	网络交易特点	制度变化
日本人更倾向于自己作研究分析	网络券商的交易手续费仅为传统券商的 1/10 左右①	1984 年日本开放市场，外资证券公司明显增加
		1996 年“金融证券 Big Bang 宣言（Free，Fair，Global）”发表，开始对证券市场进行彻底重建
		1998 年证券行业的准入制度由审批制变为注册制
		1999 年股票交易手续费自由化
		20 世纪 90 年代股票存管制度的改进使得股票转托管手续得以简化

① 参见《日本网络券商的发展历程》，网址：http：//www. docin. com/p－670835721. html，最后访问日期：2013 年 7 月 18 日。

续表

文化影响	网络交易特点	制度变化
公众对网络交易的安全性信赖程度较高	互联网技术高速发展，交易速度大幅提高，交易系统稳定	2000 年允许金融产品募集说明书通过网上提交给客户
		2004 年，为进一步吸引投资者对证券市场的广泛参与，引入了证券中介业务，银行也被允许从事证券中介业务
		2007 年《金融商品交易法》开始全面实施：一些之前被认为不符合有价证券的定义但具有投资性质的金融商品作为法律对象被广泛地纳入新法
		2013 年 1 月 1 日起降低证券信用交易制度的门槛，使投资者在支付同样数额的保证金之后能更频繁地进行交易

资料来源：财通证券研究所整理。

（三）其他国家券商电子商务的经营模式情况

相较于美国和日本，其他国家券商电子商务经营模式大都是在传统券商的单一营业部模式基础上，借助网上业务开展起来的。其中，韩国作为亚洲新型工业化国家，在券商电子商务化浪潮中处于领先地位。韩国个人投资者比例较高（见图 4）。在韩国证券交易市场上，个人投资者在 KOSDAQ、KSE 市场中股票交易总数的占比平均在 85% 以上。这与美日区别明显，而我国情况与韩国相似（以上海证券交易所交易数据为例，见图 5）。互联网用户的增加，互联网交易渗透率的提高以及教育水平的升级等条件都为韩国网上交易的增长提供了良好的外部环境。

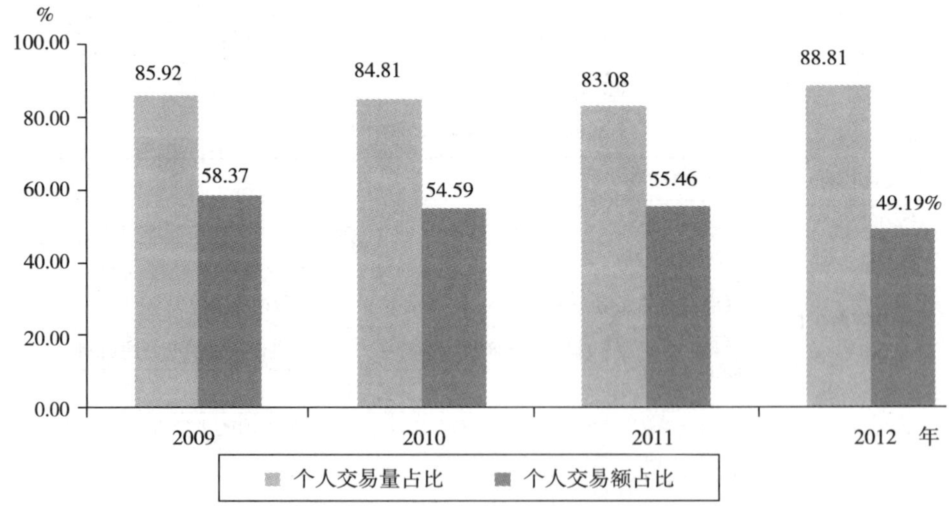

资料来源：Wind。

图 4　韩国证券网络交易情况

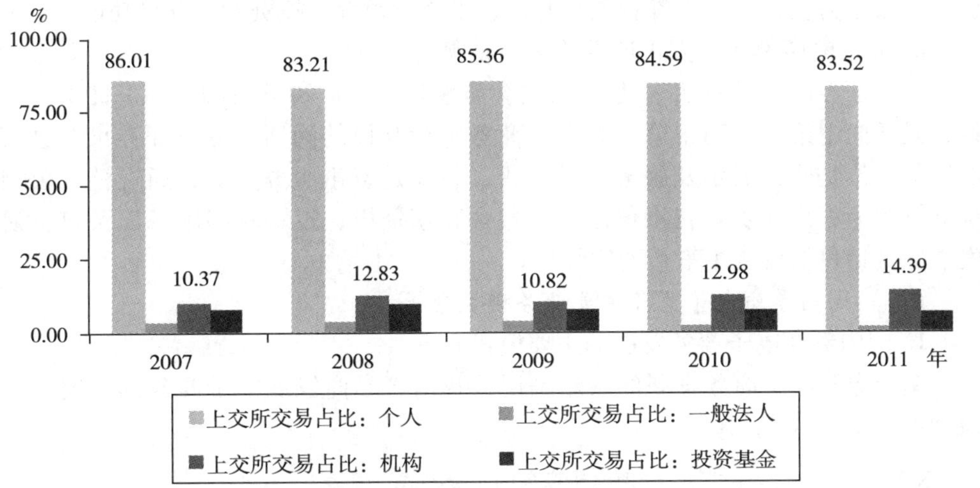

资料来源：CEIC Data Manager。

图 5　中国证券交易构成情况

通过对各国券商电子商务的经营模式研究分析，我们绘制了图 6 对其进行了一个简要概括。

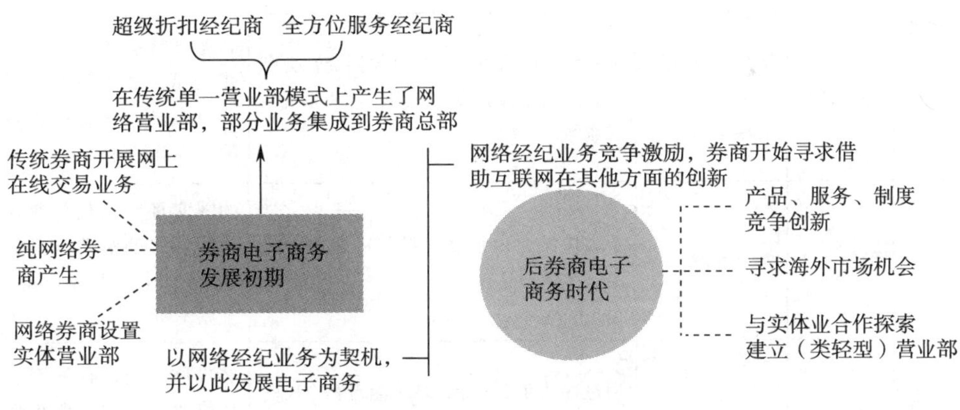

图 6　各国券商电子商务经营模式

三、我国券商电子商务的经营模式

（一）国内券商电子商务运营的总体情况介绍

1. 自建网上商城模式：国泰君安的案例

国泰君安网上商城目前受制于网上开户、清算存管等政策规定，故定位于构建投资者服务平台，通过网上商城增强与客户之间的互动，加强对新开户投资者的服务力度，实现投资者预约开户、投资者教育及投资者服务等功能。

2. 嵌入电商模式：方正证券的天猫旗舰店

方正证券的天猫网店名为“泉友会旗舰店”，于 2013 年 3 月 13 日正式上线，是券商中第一家利用第三方电子商务平台开设的网店。方正证券泉友会旗舰店的定位是业务展示及服务产品销售，主要是资讯服务产品，通过整合公司优势资源为客户提供收费增值服务，包含独家资讯、投资顾问服务以及自主研发、独具特色的投资决策系列软件等。

（二）国内券商电子商务主要业务模式分析

1. 国内券商电子商务发展的主要模式分析

基于券商电子商务发展的最新情况，我们将券商发展电子商务的主要模式梳理如表 2 所示。

表 2　券商电子商务的主要模式一览表

模式	代表券商	业务载体	电子商务商品	模式评价
嵌入电商模式	方正证券	天猫商城搭建网上旗舰店	目前以金融资讯产品为主：包括开盘必听、股票评级、通知、投顾短信、彩信、专职投顾内参等，售价从 0.1 元到 1.598 万元不等。	模式相对简单，需要投入一定的人力物力。
	部分券商	淘宝、腾讯、百度、京东等大型电商	从初级的财富管理产品延伸到资管类产品，还将覆盖直投、并购、对冲等衍生品领域。	暂无具体合作方式，起步较低，风险可控，但竞争激烈，分成模式不明，收益相对较低。
自主开发模式	华创证券	网上商城	手表珠宝、化妆品、服装皮包、奢侈品、生活用品等。	力图实现和优化普通客户一站式的消费与投资体验，但投入成本高，前景不明。
	国泰君安	网络金融部	通过移动互联手段，基本涵盖客户投资需求，包括证券开户、行情交易、购买金融产品甚至其他产品等。	客户群分类，有利于业务快速开展和专业个性化服务，但前期投入成本较高。
	华泰证券	涨乐网 - 网上商城	财富管理产品（基金、信托等）、研究报告、投资顾问等。	是网上营业部、网络销售平台、网上客服平台的综合体，需投入一定的成本维护。

资料来源：财通证券研究所整理。

2. 券商电子商务业务模式点评

具体分析券商开展电子商务的各业务模式，我们认为：

（1）以华创证券为代表的券商建设实物商品的网络商城，与专业的电子商务网站相比并无优势，生存和发展空间将十分有限。

（2）以方正证券为代表的嵌入电商搭建网店模式，利用了电商平台的大量潜在客户群体和网络流量优势，在较短时间内实现相关金融理财产品销售及客户数量的爆发性增长。但目前由于相关政策规定和清算存管技术问题等原因，利用电商平台的网店开户模式还没有推出。

（3）以国泰君安为代表的券商自建金融产品网上商城模式，从形式上看最符合券商开展电子商务的精神，便于公司实现客户网上投资理财的需求，提高客户黏性。但受制于资金和业务发展需求，潜在客户的开发效果较为有限。从长期来看，该模式具有良好的发展前景，一旦该模式实施推广，将重塑行业竞争格局。

（三）诺亚模式分析与券商财富管理模式比较

诺亚财富是近年来国内第三方理财管理业务浪潮中的佼佼者，2007—2012年六年间净利润的复合增长率为131.08%，并于2010年底成功登陆美国纽约证券交易所，其经营模式值得致力于发展第三方财富管理业务的券商借鉴和探索。

1. 诺亚财富经营模式

（1）相对中立的服务模式与深入上游的产品开发模式

诺亚财富通过与保险、基金、信托、私募等金融机构合作，从产品供应商处获得收入。公司不经手客户资金、不发行金融产品，不收取任何产品的管理费，能够随时根据市场变化向客户建议增减资产配置，在一定程度上保持自身独立性。诺亚财富把很大的精力投向投融资项目，通过参与产品设计开发，对与产品挂钩的基础资产和风险进行跟踪管理。

（2）多维度的产品甄选和后续管理体系

公司严格按照“投资理念、投资流程、投资业绩和投资人员”的4P准则，对市场上各类金融产品展开独立持续的调研、分析和评估。对于客户已投资产品，诺亚财富全程负责产品运行情况的跟踪并及时反馈给客户，直到产品结束到期。产品后续跟踪服务具体工作可分为信息追踪、产品评估和预警处理三大块。

（3）自愿结合的“行动组”团队营销模式

诺亚财富“行动组”由4～6个人组成擅长营销和提供理财服务的团队。团队内部分工由各个工作组根据自身情况灵活配置，不再由公司统一划分。团队中成长起来的成员可以分离出来组建新的团队，有效实现“行动组”队伍规模的扩大和内部经验知识的流动，形成良性循环。不同的团队面向不同的行业进行自我定位，设定目标客户群，团队彼此之间就实现了专业层面上的分工，例如有的团队就是与明星及其经纪人打交道，有的专门做房地产业等。

2. 券商电子商务财富管理主流模式分类

（1）高净值客户业务链

代表性券商广发证券将客户定位于高净值客户群体，客户服务不仅涵盖上市融资、财务顾问、投资管理等各个领域，还突破了二级市场的约束，将业务链条延伸到一级市场的产业投资。在运作模式上，它由在经纪业务一线的投资顾问和财富管理师等业务人员汇总客户需求后，将符合条件的需求提交财富管理中心，再由财富管理中心整合系统内投行、资管等各业务资源，向高净值客户提供精准服务。

（2）独立第三方理财超市

该模式的代表性券商为国海证券。在运作模式上，目前该公司财富管理中心的主体为总部和营业部两个级别的投资顾问。前者主要负责咨询和理财产品的设计，产品涵盖量化、债券、信托等各类别，后者主要负责相关产品的推广。在准入门槛上，国海证券较广发证券要低很多。

（3）"全产品"模式

中信证券构建的"全产品"特色服务产品层次较多，不仅覆盖全部经纪业务客户的低端资讯产品，还包括资产门槛过千万的高端客户增值计划。一方面，依托自身强大的研发、投行、资产管理等各项业务实力，中信证券为经纪业务客户提供覆盖发行市场和交易市场的多类产品；另一方面，通过开展财富管理业务，为研究、资管和投行等业务提供客户基础。

3. 总结

通过上述对于诺亚财富和券商开展第三方财富管理业务的分析研究可以看出，二者虽然通过这种经营方式积累了一定客户数量，但是财富管理市场的潜力仍有很大挖掘空间。两者目前都缺乏一个更加有效的渠道和平台实现客户数量的拓展和客户层次的深化，因此作为与客户沟通和联系的渠道，电子商务平台的建立就显得尤为重要。网上电子商务平台的建立在扩大流量的同时可以实现对客户集中、精细化的管理，进而扩大这一类业务的规模并提高效率，提升整个行业业绩。

四、券商电子商务创新经营模式及政策建议

（一）券商电子商务创新经营模式

1. 券商电子商务的发展路径

金融行业的发展将经历"通道—平台—数据"的过程。在"通道"转"平台"的时代背景下，证券公司传统的经纪业务主要是为客户提供证券交易服务，

资产配置服务手段过于单一，无法满足客户的理财需求。当前民众的投资理财需求中，高端客户主要是通过信托产品来进行投资理财，这部分产品一般起步在 100 万元以上，年化收益率在 8% ~12%，甚至更高；而中低端的投资者，则主要通过银行理财产品来进行投资，获取 4% ~8% 的年化收益率。因此，证券公司的当务之急，是利用金融产品代销牌照所带来的多元化产品优势，完成从传统经纪通道业务向理财管理业务的全方位业务转型，通过为客户提供全面的理财管理服务，赢得“泛理财管理”市场的竞争。

2. 券商电子商务创新经营模式

目前券商走电子商务化的路线尚处在起步阶段，业内并未形成成熟的、通过互联网开展业务的模式。无论是实物商品的网络商城、金融产品网上商城还是券商网店，都在一定程度上受限于认知度、网络流量、相关政策和技术支持等因素，互联网金融产业的潜力还远远未被挖掘出来。从电子商务这种交易形式本身来看，未来券商电子商务所提供的产品与服务的经营模式进化路径将是：产品标准化—服务差异化—产品定制。

（1）产品标准化

在互联网上进行标准化金融产品的交易，有利于降低产品销售的成本，提高产品销售的便利度，同时标准化以后的产品将更加方便投资者比较和选择，这种一站式的服务也将增加客户的自主性。由于市场的系统性风险和非系统性风险的存在，主动投资带来的损失可能造成客户粘连度下降，所以风险系数较小的固定收益类产品将成为主要商品。

（2）服务差异化

个性化服务能准确区分客户的风险承受能力、投资品种偏好等个性，并依此对他们进行精准的理财服务和产品推荐，加强客户对公司的黏度。网上平台在品牌效应和信用保证双重支撑之下所建立的详尽的客户信息数据库，将成为券商开展电子商务个性化服务的重要条件。精准的个性化服务是实现信用积累—品牌推广—流量增加这一良性循环的启动环节，也是决定着券商电子商务化服务能走多远的关键所在。

（3）产品定制

券商可以在对积累的数据做进一步的梳理和分类的基础上，针对客户的风险偏好和经济能力设计符合不同种类客户的定制化产品，这将成为券商开展电子商务业务的最终经营模式。产品定制主要是指券商通过电子平台掌握客户详细的投资需求，有区别地为不同的客户设计符合其投资个性的投资组合或理财产品的相关业务的总称。该模式利用了电子商务平台信息采集方便，客户操作简单，可不断升级完善的特点，为各类客户提供符合其偏好的一站式个性化投资体验。

（二）券商理财管理业务的框架设计

1. 灵活的账户体系和便捷的支付通道

为了给线上客户提供最优客户体验的理财管理服务，证券公司可以构建更为灵活的账户体系和便捷的支付通道，保证客户以“傻瓜”的方式、多元的选择完成线上开户、签约购买、支付等操作。

（1）账户体系设计

鉴于证券交易和理财产品购买对应的风险水平差距巨大，证券公司可以设计客户账户下挂传统交易资金账户和理财资金账户，将客户的两类资金账户的资金严格隔离：其中传统交易资金账户适用三方存管账户和资金管理规范，仅用于证券交易；理财资金账户则可以利用网银或第三方支付进行转账支付，仅用于购买理财产品。理财账户和交易账户体系如图 7 所示。

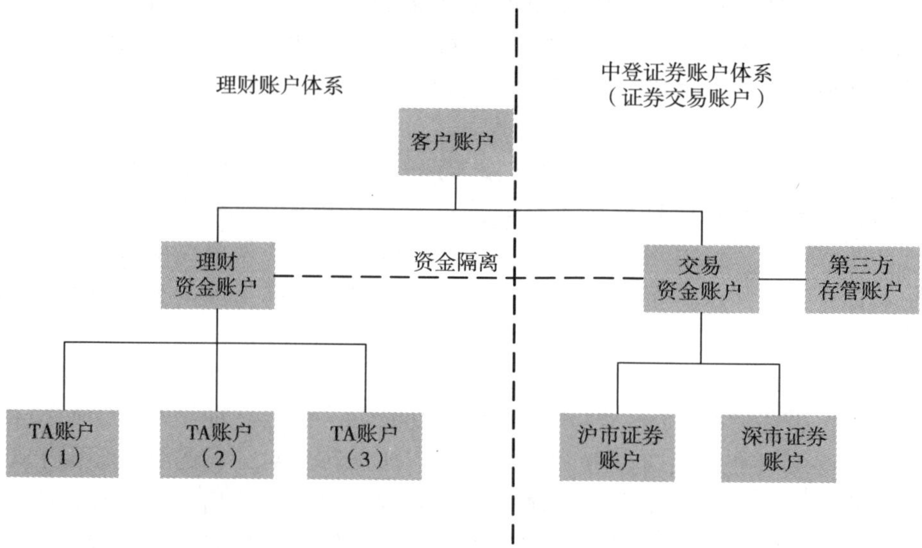

图 7　理财账户和交易账户体系

（2）理财账户资金划拨流程设计

客户购买理财产品的资金可以通过网上银行或者第三方支付机构进行支付划拨（不通过三方存管通道），进入客户在证券公司开立的理财资金账户。客户在网上（或者网上交易软件中）进行理财产品成功申购后，资金将在正常清算时交收至理财产品管理人，同时客户 TA 账户增加相应产品份额（理财产品赎回的流程与申购相反）。如图 8 所示。

证券公司可以设计现金管理产品（货币基金、证券公司现金管理产品等）作为现金理财管理业务的基础产品，签约客户的理财资金账户中多于客户设置

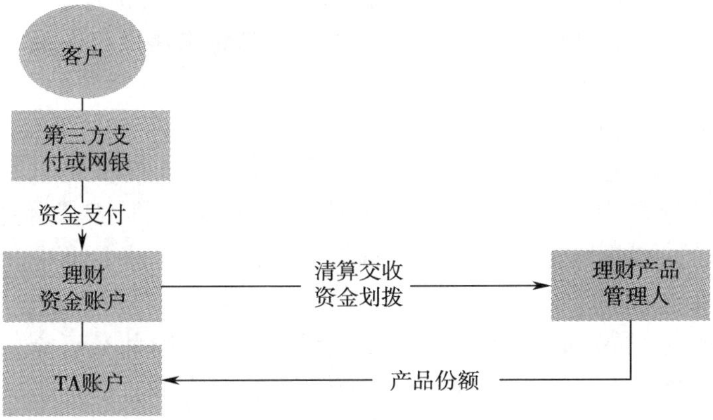

图 8 理财产品申购流程图

的触发限额的沉淀资金，可以自动申购该基础产品，使客户能在不增加额外操作的前提下，获得货币基金水平的收益（远高于现有资金账户的活期利率收益）。

（3）交易资金账户和理财资金账户开户流程设计

资金账户相对证券账户而言，应尽可能简化开户流程。客户可以通过证券公司互联网平台自助进行身份认证、数字证书申领、协议签署、风险测评、第三方存管银行签约等操作步骤，完成一站式开立资金账户。

建议网上开户通过银联接口进行客户身份验证，通过后发放第三方机构颁发的软数字证书，待客户填写完必要的个人信息后，使用该数字证书进行相关协议签署、密码设置、资金账户和三方存管账户开立等操作。

2. 丰富的产品体系

根据客户的不同风险偏好，可以构建一个完整的线上理财产品体系，包括低风险产品（现金管理产品）、中低风险产品（各类固定收益产品、固定收益基金等）、中高风险产品（股权公募产品和私募产品等）、高风险产品（各类直接交易通道服务等）等，如表 3 所示。

表 3 不同风险类别的线上理财产品体系

风险类别	产品
低风险	现金管理产品
中低风险	固定收益产品（包括银行、保险理财产品等）、固定收益基金、券商固定收益集合资产管理计划等
中高风险	股权公募产品、私募产品、券商权益类集合资产管理计划等
高风险	各类直接交易通道服务（股票、债券、衍生品等）

由于券商电子商务所面对的客户净值水平较低，货币基金、银行理财、固定收益类基金等中低风险的理财产品，将成为券商构建以电子商务为载体的理财管理服务产品体系的基础。

3. 存、贷、支俱全的金融生态圈

互联网金融也是金融生态一种，离不开金融“存（投资）、贷（融资）、支（支付）”的生态圈中，客户可以在互联网上便捷地得到基于其自身生活需要的理财管理、融资管理和支付转账的全面服务，这也是未来券商电子商务平台的构建目标。

由于金融生态圈能覆盖客户大部分的理财需求，因此具有竞争优势的券商电子商务平台将成为承载客户理财行为的平台，其在服务客户、沉淀理财资金的同时，积累大量的客户理财行为数据。这些金融生态圈内的行为数据，将成为券商未来数据业务的基础。券商可以通过对客户行为数据挖掘，分析客户的风险偏好、理财需求，从而精准定位产品需求。

4. 强大的后台支持

理财管理业务的开展需要构建从销售服务前端、研究评价和产品筛选中端到产品开发后端的一套完整的运作体系。理财管理业务体系与传统经纪业务存在交叉，以达到借力共赢的效果；但由于对应的风险偏好需求差异巨大，两者也有独立之处。券商需要认真梳理理财管理业务的工作流程和各功能块的职能边界，形成系统的运营管理机制，使上下游各环节和各团队达到顺畅合作与协调。

如前文所述，一个较为完整的理财管理业务体系应该主要包括前端、中端、后端三大部分：

（1）后端：客观的客户需求分析和多元化的产品引进平台

理财管理业务要求证券公司能客观地分析客户财务状况、理财需求和风险承受能力，从客户的角度提供综合性的理财规划服务。在初级阶段，证券公司可以仅仅把产品的销售工作放到线上，客户理财需求的收集仍旧通过理财经理线下进行；在后续阶段，证券公司应通过挖掘客户在电子商务平台上所留下的线上消费和其他行为数据，进行数据分析后自动精确定位客户的理财管理需求，与线下理财经理的客户需求收集工作相互补充。

（2）中端：建立的全面产品评价、筛选和后续管理体系

证券公司应设计完整的理财产品管理流程，包括金融产品研究平台、投资策略研究平台、产品立项流程、产品存续期管理等。其中金融产品研究平台的主要任务是甄别理财产品管理人资质，分析其投资理念等。投资策略研究平台应专注于持续进行理财产品研究与客户需求分析的动态匹配，按客户需求的不同持续进行投资策略的研发和改进。产品的立项流程必须经过包括投资业务和

风控合规在内的公司层面决策机构审议。另外，证券公司应建立产品回顾和持续改进机制，在为客户进行理财管理服务的过程中，对理财产品的存续期情况进行反馈。

（3）前端：强大的线下理财咨询师队伍和线上理财咨询能力

证券公司发展线上理财管理业务，需利用互联网工具的优势：其一是使用技术手段在线上低成本地进行标准化营销、客服业务；其二是利用互联网触手广阔的特点，利用流量营销、入口营销，把优秀的标准化产品呈现到有需求的客户面前。另外，线下理财咨询师的配合也是必不可少的。成熟市场上，私人理财师不仅具备市场、资本、金融、贸易、法律等方面专业知识，而且也有优秀的客户服务意识和能力。但国内理财管理业务发展还不成熟，人员资历浅、人才匮乏现象突出；同时由于理财师队伍具有较大的流动性，所带来的客户流失风险极大。培养优秀的理财咨询师并保证稳定性，是证券公司发展理财管理业务的重点。

（三）发展券商电子商务对监管部门的政策建议

在互联网创新业务尚未找到合适的路径之前，应通过出台符合互联网金融特征的政策法规，鼓励证券公司通过电子商务为传统证券业务寻找新的增长点。基于上文需求分析，传统业务中迫切需要利用电子商务进行展业的是经纪业务和金融产品代销业务，其互联网展业的政策瓶颈主要体现在四个方面：账户管理、资金划转、券商金融产品和设立专业的网络证券经纪公司。

1. 关于账户管理监管政策的建议

建议监管部门支持证券公司进行账户体系的创新，尽快完善证券公司非现场开户指引中的自助开户部分，并通过对具体业务相关账户的监管来替代现有对客户账户开户的监管。比如放松对客户自助开立证券公司客户账户、资金账户的限制，允许网上银行验证等形式的实名认证，可以使用第三方颁发的软数字证书进行协议签署等，进一步简化开户流程；转而在客户进行高风险投资账户（如证券账户等）开户这个会产生实际风险行为的层面，进行不同级别的监管。

2. 关于资金划转监管政策的建议

建议监管部门把以证券交易为目的的账户和以购买理财产品为目的的账户分开监管，购买理财产品的账户，无论是金融产品的直销还是代销，都不需要开立三方存管户。由于购买理财产品账户的资金划转是仅仅为了申购理财产品，该部分业务风险可控。建议引入银联、支付宝等第三方支付机构作为资金存管账户。

3. 关于券商金融产品监管政策的建议

由于取消了“大集合”资产管理产品，当前券商金融产品的门槛级别太少，在“小集合”（100 万元起步）和公募产品（1 000 元起步）间存在产品空档，无法满足互联网客户不同的投资需求和风险偏好。建议监管部门增加证券公司资产管理产品的投资门槛类别，在“小集合”和公募产品间增加新的投资门槛级别。

4. 关于券商网络营销的监管政策建议

建议进一步完善证券公司利用互联网开展经纪业务的相关政策规定和业务指引，放松关于网络营销的限制性政策，允许证券公司通过互联网进行展业。建议允许证券公司自已或成立子公司申请经营证券投资基金等理财产品的第三方销售业务，简化账户管理和资金划拨流程，改善互联网理财管理服务的客户体验，从而提高证券公司在线理财管理业务的竞争力。

参考文献

[1] 艾瑞咨询集团：《2012—2013 年中国金融产品销售销售电商化用户调研报告》，2013。

[2] 狄卫平、梁洪泽：《网络金融研究》，载《金融研究》，2000（11）。

[3] 黄兆隆：《证券公司兵分三路进军电子商务》，载《证券时报》，2013－03－15。

[4] 江南愤青：《互联网金融和金融互联网》，网站：http：//www. sohu. com，2013。

[5] 李琪、Andrew B. Whinston：《金融电子商务》，高等教育出版社，2004。

[6] 林丹明、王斌：《证券电子商务经营模式与创新》，载《经济理论与经济管理》，2004（12）。

[7] 刘俊：《网络金融对经纪业务冲击分析》，长江证券研究所，2013.

[8] 罗亦丹：《非现场开户冲击券商格局》，载《新金融观察》，2013－01－14。

[9] 万建华：《金融 e 时代——数字化时代的金融变局》，中信出版社，2013。

[10] 谢平、邹传伟：《互联网金融模式研究》，载《金融研究》，2012（12）。

[11] 徐兆刚、王凯：《开启我国证券公司电商时代新思维》，载《中国证券》，2013（5）。

[12] 张明：《证券电子商务研究》，载《广东商学院学报》，2003（2）。

[13] 郑爽：《日本 Monex 集团：“对中国‘虎视眈眈’的网络券商”》，载《第一财经日报》，2011－09－14。

[14] 中国互联网络信息中心：《第一次中国互联网络发展状况统计报告》，北京，2013。

[15] Rappa, M., 2003: "Business Models on the Web", *Managing the Digital Enterprise*, Vol. 5.

长三角小微企业金融支持指数编制研究

浙商银行课题组*

绪论

（一）研究背景

1. 现实背景

截至2012年年底，全国工商注册的中小企业总量超过4 200万家，比2007年增加49.4%，占全国企业总数的99%以上①。其中长三角地区高度发达的民营经济和以小微企业为经济主体的经济结构正是其在改革开放以来经济快速崛起的重要因素。

2010年以来，国内外经济形势复杂多变，新情况、新问题层出不穷，许多企业甚至面临生存压力。在当前我国经济增速放缓、经济面临转型升级的大背景下，加强对长三角地区典型小微企业发展情况的调研和分析，掌握小微企业发展现状、金融支持状况就显得尤为重要。

2. 理论背景

20世纪初期，在经济危机不断加剧的背景下，理论界尝试利用指数工具对经济周期波动进行测量和预测。我国宏观景气指数的研究始于20世纪80年代并取得良好趋势判断效果。21世纪以来针对特定行业、群体为评价对象的专业性景气指数随之兴起。目前广泛使用的消费者物价指数、企业家信心指数、国房景气指数等成果即是反映某一行业或领域的经济主体发展态势。

近年来，金融机构、高等院校、科研机构纷纷加大了对中小企业成长状况的研究力度，推出了一些较有影响力的指数，如交通银行与复旦大学联合发布的"长三角中小企业成长指数"、浙江工业大学发布的"中国中小企业景气指数"等。此类指数统计口径主要包括中型和小型两类企业，反映中小企业在经营管理中的发展状况。

（二）问题的提出

现有的小企业景气指数研究基于企业景气研究思路，用于反映小企业群体

---

* 课题主持人：张国光

课题组成员：杨　跃　骆　峰　缪　程

① 数据来源：赛迪顾问，《2013年中国小企业管理健康度蓝皮书》。

的经营状态和发展趋势。然而对于小企业经济运行状况背后的深层次原因现有研究并未能较好解释。小企业发展趋势的好坏判断，是由所处环境的各类外部冲击导致形成的。剔除宏观经济的系统性影响，分离并提炼出经济状态产生变动的根本逻辑更有利于从景气分析角度研究小微企业群体。

目前学术界普遍认为小微企业存在“强势弱位”的竞争格局，其发展受制的主要原因在于遭遇日益严重的金融压抑（罗世炜，2012）。该领域传统研究视角多基于企业融资理论以及零散的单维度数据实证分析，并不能持续地对宏观经济周期波动以及社会经济、金融环境改善过程中小企业获得金融支持难易程度进行时间趋势判断。利用景气指数研究方法去分析研究小企业实际金融支持状态具有重大的应用研究价值。

基于以上存在的研究缺口（Research Gap），本研究拟在充分总结国内外相关研究成果基础上，以经济景气指数评价方法理论为研究范式，结合长三角小微企业发展实际，构建“长三角小微企业金融支持指数”评价方法与指标体系，以便全面评价长三角小微企业发展现状、金融支持状况并预测其未来趋势，为政府部门和企业经营者进行决策提供参考依据。

一、研究意义

（一）理论意义

一是进一步完善和创新我国小微企业景气指数研究。相比于现有研究成果仅分析小企业整体经营成长发展趋势的笼统性，本研究深入剖析了影响小微企业生存发展的核心因素，视角更为精准。以金融支持作为观测对象，能够深层次跟踪和挖掘小微企业发展的内在逻辑，对目前小企业景气指数研究领域进行有力补充。

二是系统性分析小微企业，为解决小微企业融资难问题提供全面的理论视角。金融支持不利是小微企业陷入融资困境的重要原因，进而阻碍了小微企业的发展。本研究充分考虑了长三角地区经济特点和小微企业发展特征，提出包括政府、金融机构和民间金融在内的全面金融支持体系框架，为制定破解我国小微企业融资困境渐进性方案和措施提供有益的分析框架。

三是为深入持续研究分析长三角小微企业金融支持提供稳定的研究范式。本指数的建立，能够持续、稳定地对小微企业的资金获取和使用状态进行观察。相比于已有的相关小企业融资困境单一的分析研究成果，本研究能够更为系统和全面地从时间维度和空间维度对小微企业金融支持发展趋势进行分析和判断。

（二）现实意义

长三角地区民营经济高度发达，小微企业发展需要良好的金融生态环境支持。长三角小微企业金融支持指数能够系统性分析区域内小微企业的持续金融支持获取程度，为金融监管部门以及政府决策机构提供政策参考，加快促进金融服务实体经济发展。通过定期编制、发布长三角小微企业金融支持指数，一方面能够加强政府、行业机构、小微企业、金融机构之间的联系、沟通，保持良好的互动合作关系；另一方面也能为企业自身提供及时了解所在行业、区域小微企业整体发展现状、金融支持态势的窗口，为其后续生产经济提供参考，是金融服务实体经济发展的创新性重要形式。

二、小微企业金融支持：内在机理与理论模型

（一）小微企业金融支持体系构建的原则与框架

金融缺口理论认为，由于市场失灵中小微企业融资存在着长期的资金缺乏，资本和债务双重资源配置不足的存在使得“麦克米伦缺口”成为影响小微企业发展的重要因素（Eisenhardt，1990）。小微企业的资金供给来源于内源融资和外源融资，后者即金融支持，是小微企业资金资源有效配置的重要途径。企业的融资模式取决于其自身的融资能力、资金需求状况和融资的外部环境等约束条件，并综合体现在金融渠道和工具的融资成本、资金可获得性以及契约条件上（张捷，2003）。

企业金融成长周期认为，在企业生命周期的不同阶段，企业所需的金融支持结构将会随之发生变化（康晶，2007）。研究小微企业金融支持力度的前提，需根据我国实际情况构建起系统性的小微企业金融支持体系，分析参与主体对资源配置的影响机理（如图 1 所示）。

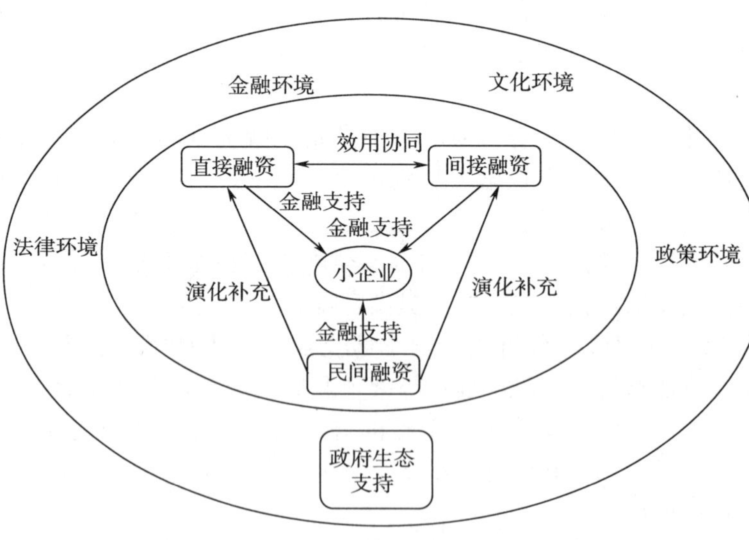

图 1　我国小微企业金融支持体系示意图

（二）间接融资金融支持

基于信息不对称的普遍存在，融资顺序理论认为企业在内源融资资源枯竭时进而寻求外部金融支持（Myers，1984）。由于存在明显的信息不对称，我国体制内金融机构会理性减少对小微企业融资安排，进而使得小微企业在寻求金融支持时面对较强的外部融资壁垒（张杰，2000）。整体上，以间接融资为主的债权融资仍是我国小微企业最为重要的外部金融支持渠道。

1. 商业银行金融支持

长三角地区商业银行发放小微企业贷款对小微企业发展起到至关重要的作用。以浙江地域为例，2012 年年末浙江银行业金融机构小微企业贷款余额 2.2 万亿元，惠及小企业法人 244.34 万户，多项指标居全国第一[①]。具体而言，商业银行小微企业金融支持力度主要受到银行信贷配给力度和银行类型结构两个维度指标的影响。

（1）区域信贷配给力度

银行对小微企业融资的信贷配给力度主要取决于区域内的商业银行的数量、规模以及对小微企业业务的重视程度。传统融资理论认为利率能够调节信贷资金的配置，但小微企业信贷市场上普遍存在信贷配给现象，即企业即使愿意接受更高的利率，银行也不会完全满足这些企业的资金需求（Hoff，1997）。对于这种现象的产生，学者多通过信息不对称以及道德风险进行解释，并置于整个金融市场上贷款需求量大于供给的基本约束（Stiglitz & Weiss，1981）。

实践上，随着商业银行间竞争程度的加剧，小微企业金融服务成为银行争夺的业务蓝海。利率市场化、金融脱媒加速以及资本新规实施等金融新环境对商业银行发展的冲击迫在眉睫，小微金融服务作为商业银行经营特色和战略核心成为商业银行战略转型的重要途径。信贷配给力度的波动有助于分析银行提供小微企业进入支持程度的判断逻辑。

（2）区域银行类型结构

不同类型的银行，对小微企业金融支持力度和效果上有着显著差异性。国外多个研究表明银行规模与小微企业贷款之间存在显著负相关性。中小型银行重视关系和非正式调查，能利用区域性影响力和企业间建立起持续的信息积累渠道，提高关系型贷款的质量。国内的研究同样证明银行的规模和小微企业金融支持呈现差异性（林毅夫，2001）。李志赟（2002）通过模型分析发现，将中小金融机构引入小微企业融资模型后，小微企业的信贷总量和社会总福利将会明显提高，中小银行的数量和小微企业融资总额之间存在着高度正相关性。

综上，不同规模类型的商业银行根据各自的比较优势，将内生地形成在信

---

① 数据来源：浙江银监局。

贷市场上的专业化分工。其中中小型商业银行作为小微企业外部资金补充的主要力量将在我国产业结构升级中长期发挥对小微企业的金融支持作用。

2. 非银行金融机构金融支持

除商业银行外，越来越多的非银行金融机构为小微企业金融需求提供更为优势的服务，市场主导的金融支持模式正逐渐形成。近年来，小额贷款公司的兴起，租赁公司的客户重心下沉，以及阿里金融等新型类金融机构的出现都为小微企业资金配置提供了新的供给渠道。各类非银行金融机构的发展成为银行体系的有力补充，对小微企业的金融支持起到越来越重要的作用。

（三）直接融资金融支持

1. 股权融资性金融支持

小微企业利用资本市场获得股权融资性金融支持，在满足资金融资需求的同时逆向接受市场的择优选择机制，促使企业完善公司治理结构，形成多重风险约束和权利制衡机制。

公开资本市场是企业获得股权融资性金融支持的重要渠道。中小板和创业板为长三角地区中小微企业提供了重要的直接融资渠道（如表 1 所示）。截至 2013 年第一季度末，长三角地区上市公司分别占中小板和创业板规模的 34.2% 和 29.9%。面对现有证券市场对小微企业融资需求的不足，场外交易市场运行框架正逐步搭建。2012 年上海股权托管交易中心，浙江、江苏股权交易中心相继成立。长三角区域拥有众多创新型、成长型中小企业，将会在公开资本市场上获得更多的金融支持。

表 1　　2008—2012 年我国证券市场发展状况

年份	公司家数（个）			市值（亿元）		
	主板	中小板	创业板	主板	中小板	创业板
2012	1 443	696	355	230 177.405	28 940.170	8 731.236
2011	1 420	641	281	215 159.438	27 522.666	7 433.792
2010	1 384	526	153	262 668.209	35 181.437	7 365.219
2009	1 359	323	36	272 395.028	16 722.068	1 610.084
2008	1 356	269	0	142 181.760	6 201.331	0.000
平均年增幅	1.28%	31.75%	221.53%	12.38%	73.34%	110.57%

资料来源：Wind 资讯。

相对于公开资本市场，非公开资本市场能够为满足小微企业金融支持需求提供有力的补充支持。非公开资本市场的出现是基于大量中小企业无法从规模总量小、门槛高的公开资本市场取得融资而出现的（王稼婕，2011）。目前较为成熟的非公开资本市场类型包括风险投资以及私募股权融资。以浙江省为例，截至2012年上半年，浙江省创业投资基金超过500家，投资金额在全国居第六位，已经成为全国私募股权投资基金第四大集聚地（孔德兰，2012）。非公开资本市场金融支持机制能够有效降低信息不对称、分担小微企业创新风险，发挥较强金融杠杆作用，造就了如阿里巴巴、盛大网络等知名企业的发展壮大。

2. 债券融资性金融支持

债券融资能够在不分散企业股权的前提下改善企业财务结构，为中小微企业提供多元化的社会资源。近年来债券新品种的出现为小企业利用债券融资方式获取金融支持提供了良好契机，涌现出中小企业集合债、中小企业集合票据以及中小企业私募债等针对性产品（如表2所示）。

表2　主要小企业债券融资工具分析

融资方式	开始时间	定义	主要特点
中小企业集合债券	2007	通过牵头人组织以多个中小企业构成的集合为发债主体，发行企业各自确定债券发行额度分别负债，采用统一的债券名称统收统付以发行额度向投资人发行的，约定到期还本付息的一种企业债券形式	担保机构的选择多元化；对单个企业的信用要求相对较低；发行的难度相对较小
中小企业集合票据	2009	集合票据，是指多个具有法人资格的中小非金融企业，在银行间债券市场以统一产品设计、统一券种冠名、统一信用增进、统一注册方式共同发行的，约定在一定期限还本付息的债务融资工具	克服中小企业单体发行债务融资工具规模较小、信用级别低、融资担保难等缺陷；融资成本较低；能够解决单个企业独立发行规模小、流动性不足的问题
中小企业私募债	2012	中小微企业在中国境内以非公开方式发行和转让的公司债券。试点发行的企业要求为京、沪、津、浙、苏、粤、鲁7省市内成立满3年的高科技、“三农”，或具有自主创新能力的企业	债券采用备案发行的方式；发行限额不受净资产限制；发行利率采用市场化定价，最高上限不超过银行同类贷款利率的3倍；不强制要求担保及信用评级

资料来源：根据公开资料整理。

（四）民间金融支持

民间金融作为我国金融管制下自发形成的融资渠道，是资金配置中供需双方共同作用的产物，与小企业发展具有高度契合的金融共生性。从其内生机制分析，民间金融产生发展的原动力在于小微企业的融资需求和传统银行融资供给之间存在融资缺口。前者来源于符合中国资源禀赋优势的中小微企业的迅速发展；后者来源于信息不对称和体制内金融支持（见图2所示）。小微企业与民间金融的结合是我国渐进的金融制度变迁形式的体现，民间金融对中小微企业金融的支持作用是传统的正规金融无法完全替代的（林毅夫、李永军，2001）。

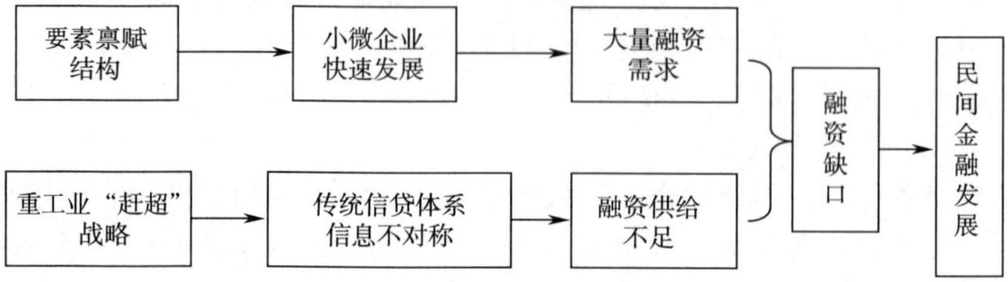

资料来源：葛立新等（2012）。

图 2　民间金融发展的内生机制

长三角地区民营经济高度发达，自古以来民间金融与小微企业的生存发展存在着长期的互动关系，起到至关重要的金融支持作用。史晋川等（2003，2004）提出“温州模式”，认为即使民营企业进入经营规模较大的快速成长期，民间金融仍然是其重要的外部资金来源。2012 年开始的温州金融综合改革进一步规范民间融资，将之纳入到体系性的金融监管指导框架下。随着金融改革试点的推进，我们相信民间金融将会为长三角地区小微企业发展提供更为有力和可靠的金融支持。

（五）政府金融生态支持

从资源配置角度看，市场机制具有内生局限性，纯粹的理性经济收益最大化可能会导致社会福利及效益的低效率运行。由于市场失灵现象的长期存在，即使是在金融体系高度健全的发达国家也存在着针对中小微企业金融支持的政策性金融生态（如表 3 所示）。

表 3　美、日、韩三国小微企业政府支持金融体系比较

	美国	日本	韩国
法律法规	《小企业法》；《机会均等法》；《小企业融资法》；《小企业资助法》	《中小企业基本法》；《中小企业投资促进法》；《中小企业金融库法》；《国民金融库法》	《中小企业振兴法》；《中小企业融资法》；《中小企业创业支援法》；《韩国信用担保基金》
管理机构	小企业管理局；小企业委员会	中小企业厅；中小企业审议会	中小企业局；中小企业振兴公团
政策性贷款机构	美国小企业管理局	国民金融公库；商工组中央金库；中小企业金融公库	韩国兴业银行；韩国进出口银行；韩国长期信用银行

续表

	美国	日本	韩国
政策性担保机构	小企业管理局	中小企业信用担保公司；中小企业信用保险公库	韩国信用担保基金；韩国技术信用担保基金
政策性投资基金	小企业投资公司计划；小企业创新研究计划；新兴市场风险投资项目	中小企业投资育成公社	中小企业投资创业基金；风险企业投资基金

资料来源：刘笑诵（2011）。

我国经济高速发展过程中存在着市场机制的不健全和信息不对称性，正规金融对小微企业融资支持存在必然歧视，非正规金融的规模和运营机制也难以满足小微企业的潜在融资需求。因此要解决中小微企业融资难的深层次问题，建立良好的金融生态环境必不可少。整体上看，我国政府金融生态支持体系如表 4 所示。

表 4　　我国政府金融生态支持体系

维度	主要内容
政策环境	小微企业经营环境、金融环境相关指导
政策性金融	各类扶持小微企业发展的专项基金、政策性银行
政府直接补助	收税减免措施、专项财政补助
配套性金融服务	信用担保体系、政府主导各类中介组织

1. 政策环境支持。中央政府、各部委、地区地方政府颁发政策、法规，能为区域内小微企业的健康发展和转型升级提供良好的制度土壤。针对性政策文件能显著提高小微企业金融满足水平，减少发展过程中所面对的各类阻碍。

2. 政策性金融支持。政策性金融机构能够产生信息的“溢出效应”，对商业银行和其他资金持有者形成诱导，加大对资金的配置作用。政策性银行资金投放的目的更侧重于政策支持下的优惠性和引导性，其投融资倾斜和扶植能充分体现出政策性金融的政策指导性。现阶段政策性金融支持具有产业导向性，在具体的资金受惠方分布上多集中于科技型、“三农”类小微企业。

3. 政府直接补助支持。区域政府向小企业提供的政府补助及相关政策优惠越多，反映出当地政府层面对小企业的重视程度越高，能够显著提高当地小企业金融生态支持环境。不同补助类型会产生显著效果，减税措施对以出口导向为主的长三角地区中小企业绩效具有显著提升作用；对特定行业小微企业实行政府直接补助支持，能够直接减少小微企业的资金缺口，并提升其通过其他融资渠道获得金融支持的效率。

4. 配套支持服务。除以上金融支持方式外，政府还能为小微企业金融环境提供配套支持服务。一是提供信用担保金融支持，在降低融资门槛、减少信息不对称等方面为小微企业提供相对公平的融资环境。二是提供专业化服务机构或机制。无论是建立规范性的银企政联动机制，抑或是鼓励培育行业协会、商会在解决小微企业融资难题中的作用发挥，政府都能够有效地为小微企业金融支持提供相应的配套服务。

（六）小微企业金融支持体系模型的提出

本部分从理论层面梳理我国小微企业金融支持体系的维度和构成，并分析刻画了不同金融支持渠道的作用机理（见图 3 所示）。随着经济周期的波动以及金融市场的优化完善，不同金融支持路径的作用机制和资金供给效益也会随之发生改变。其作用结果，即是不同类型小微企业在主观和客观因素的约束下选择适宜于自身的融资渠道和金融工具，从微观大样本统计上刻画出长三角地区小微企业群体的金融支持状况和发展趋势。

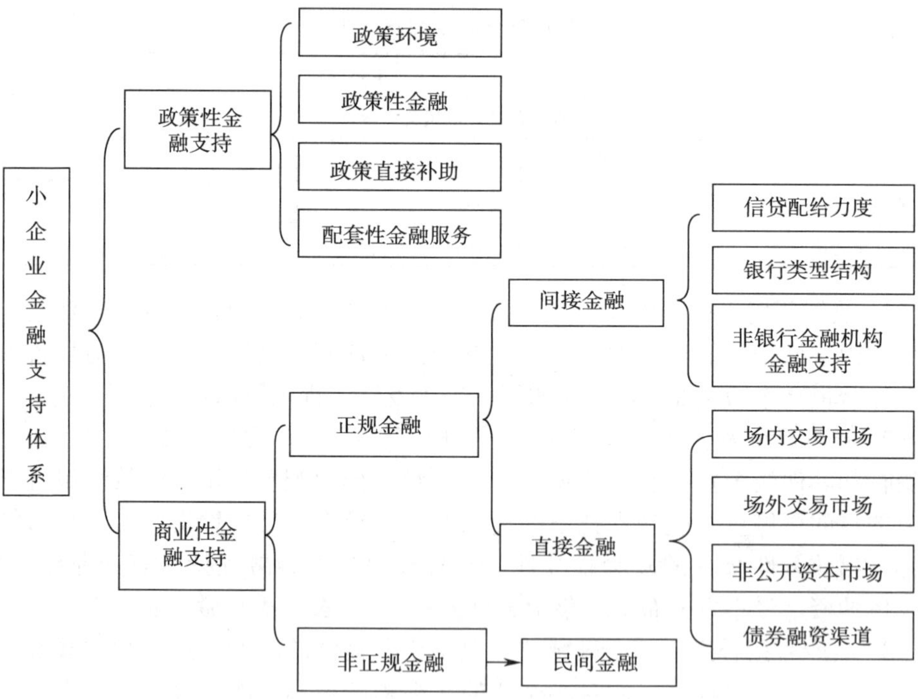

图 3　长三角小微企业金融支持体系

三、小微企业金融支持指数体系构建

（一）指数构建模型选择

1. 指数工具选择

本研究采用经济景气指数方法构建指数模型。以往的研究和实证表明，经济景气指数方法能够较好地预测经济周期的波动情况（池仁勇等，2011）。本研究中，小微企业金融支持状态和小微企业自身发展和宏观经济运行状况高度相关，具有周期性波动的经济特点。采用景气指数方法刻画小微企业金融指数变化，能够清晰地描绘出我国小微企业发展中金融支持力度发展的轨迹，可以预测未来金融支持的走势，反映出小微企业发展过程中融资缺口难题的解决程度。

2. 景气指数方式选择

本研究将主要采用调查问卷方法和合成指数（CI）分析方法。前者用于研究数据采集，与统计报告及相关年鉴数据一起，构成了研究原始资料的来源；后者用于景气指数的最终计算。国际通行的景气指数计算方式分为扩散指数（DI）和合成指数（CI）两类。结合我国经济发展规律和以往我国行业景气指数的编制方法，本研究中采用合成指数中基于“增长率循环”规律的计算方法，利用经济景气指数增长率的上升和下降来划分经济周期阶段并计算景气指数。其基本原理是先求出每个评价指标的对称变化率，然后求出先行、一致和滞后三组指标的组内、组间平均变化率；最后以某一标准年份为基期年份，计算出其余年份每期的相对指数数值，并形成景气指数趋势图。此外，在指标分类、权重确定等重要的环节，将采用时差分析、主成分分析方法进行处理。

（二）指标选取

经济活动的变动特征是由统计指标的数量变动特征表现，景气指数评价所包含的复杂性、动态性和系统性特征使得其指标选取尤为重要（秦炳旺，2009；詹蕙卿，2009；池仁勇，2011）。根据对小微企业金融支持理论模型的构建分析，可确立小微企业金融支持景气指数的多维度综合指标体系（如表5所示）。在具体指标选取过程中，本研究将遵循经济重要性、统计充分性、指标协调性与灵敏性原则，采用专家调查法方式和最小均差法综合确定最终的评价指标体系。

表 5 小微企业金融支持景气指数指标体系框架

<table>
<tr><td rowspan="13">小微企业金融支持指数指标体系</td><td>一级指标</td><td>二级指标</td></tr>
<tr><td rowspan="3">间接融资金融支持</td><td>信贷配给力度</td></tr>
<tr><td>银行类型结构</td></tr>
<tr><td>非银行金融机构金融支持</td></tr>
<tr><td rowspan="4">直接融资金融支持</td><td>场内交易市场</td></tr>
<tr><td>场外交易市场</td></tr>
<tr><td>非公开资本市场</td></tr>
<tr><td>债券融资渠道</td></tr>
<tr><td>非正规金融支持</td><td>民间金融</td></tr>
<tr><td rowspan="4">政策性金融支持</td><td>政策环境</td></tr>
<tr><td>政策性金融</td></tr>
<tr><td>政策直接补助</td></tr>
<tr><td>配套性金融服务</td></tr>
</table>

（三）金融支持指数构建

在小微企业金融支持指数评价指标确定的基础上，本研究将评价指标分为先行指标、一致指标和滞后指标三类，并确定不同指标的计算权重，最终得出小微企业景气指数计算公式。具体的分析原理如下。

1. 景气指数评价指标分类

在本研究的选定时间周期内，小微企业的金融支持程度一直处于增长上升阶段，经济周期性并不是很明显。因此本研究将经济周期对小微企业金融支持指数的影响因素进行忽略处理，直接选择确定先行指标、一致指标和滞后指标。通过使用时差相关分析法、K－L 信息量法、峰谷对应法等多种统计工具对之进行分别计算，最后针对结果通过专家讨论方式明确最终分类方式。

2. 评价指标权重确定

指标权重的计算方法已较为成熟，学界以层次分析法和主成分分析法为主要工具。本研究中采用主成分分析法中的聚类分析方式选择若干个有代表性指标构成指标体系。

3. 景气指数计算与结果讨论

本研究中采用基于“增长率循环”规律合成指数计算小微企业金融支持指数，其基本原理是求得每个评价指标的对称变化率以及先行、一致和滞后三组指标的组内、组间平均变化率，最后以某一标准年份为基期年份，计算出其他年份的相对指数数值。具体计算过程可分为以下四步。

首先，求得指标的对称变化率并将之标准化。将指数评价指标体系中的每

个指标进行单独分析，得出对称变化率并标准化。单指标对称变化率计算公式为

$$c_{it} = \frac{200 \times (d_{it} - d_{it-1})}{d_{it} + d_{it-1}}$$

其中，c_{it}表示第 i 个指标在第 t 期的对称变化率。而 d_{it}和 d_{it-1}则分别表示第 i 个指标在第 t 期和第 $t-1$ 期的原始数据。此外，如果用 B_i 表示第 i 个指标对称变化率时间序列的序列平均数，N 表示标准化期数，那么，B_i 可表示为

$$B_i = \sum_{i=2}^{N} |C_{it}| / (N-1)$$

由此可得到指标的标准化数值 $S_{it} = C_{it}$ 。其中 S_{it}表示评价体系中第 i 个指标 t 时期对称变化率的标准化数值。

其次，求得各指标组的标准化平均变化率 R_{it}：

$$R_{it} = \frac{\sum_{i=1}^{k} S_{it} \times W_{it}}{\sum_{i=1}^{k} W_i}$$

其中，W_i 表示第 i 个指标的赋值权重，k 表示评价指标体系中所有指标条目数量。

再次，求得指标标准化因子。为实现各评价标准的同步化，需要对所有因子进行平均化，其标准化因子 F 的计算公式如下：

$$F = \frac{\sum_{t=2}^{N} \frac{|R_t|}{n-1}}{\sum_{t=2}^{N} \frac{|P_t|}{n-1}}$$

其中，R_t 表示先行指标或滞后指标的综合评价对称变化率第 t 时期的数值，P_t 表示一致指标的综合平均对称变化率时间序列的 t 时期数值，N 表示期数。则以同步指标标准化的平均变化率为

$$r_t = R \quad t = 2, 3, \cdots, n$$

最后，可算出最终的合成指数。首先还原原始指数的时间序列得到环比原始指数。令 $I_1 = 100$ ，$t=2$，3，⋯，n。

如果用 $\acute{I}$ 表示所选基准期的平均值，那么最终的合成指数 C_{it}可以表示为

$$C_{it} = \frac{I_t}{\acute{I}} \times 100\%$$

利用指数合成法可以计算出合成指数，并且以基准期为 100，则每期的景气指数可构成特定时段的景气指数趋势图。对景气分析的结果，可运用特定的方式进行描述和分析，对研究主体的运行状态和未来发展趋势进行经济学意义的

分析判断。目前信号灯法、图形法、计分法等都是较为成熟的分析工具（胡萌、孙继国，2009）。

四、研究结论及展望

本研究充分总结国内外相关研究成果，结合长三角小微企业发展实际提出小微企业金融支持体系模型，并提炼出指标评价体系。在此基础上，以经济景气指数评价方法理论为方法论构建“长三角小微企业金融支持指数”评价方法，为政府部门和企业经营者提供决策参考依据。由于笔者研究能力有限、时间紧迫性以及数据可获得性等原因，本研究仍存在较多不足，仅作为“长三角小微企业金融支持指数”系统研究的前期理论框架分析部分。未来将在以下四个方面进一步对本研究进行拓展研究。

一是实现景气指数的定期检测和测量分析。本研究仅提出小微企业金融支持指数编制的原理和方法，并未实际收集数据进行测量。未来研究团队将继续细化梳理可行适用的评价指标，借助本单位长三角区域内的网点分布和相关合作单位进行数据的采集和处理加工，定期检测各类指数值并进行深入分析，全面评价长三角小微企业发展现状、金融支持状况并预测其未来趋势。

二是细化研究对象。未来本研究将根据长三角经济发展特色进一步开展细分区域分析和行业分析，编制更为精准的区域成长指数和行业成长指数。前者全面比较各地区小微企业金融支持状况的特征及差异。后者分析不同行业小微企业在宏观经济环境中的成长及相应金融支持表现，为行业发展提供借鉴。

三是深化金融支持理论体系。本研究在小微企业金融支持体系理论模型分析上仅考虑金融资源配置中的供给层面，并没有和金融有效需求及供给效率结合起来。根据研究需要，未来研究可适当拓展其内涵和外延，如加入企业本身的生产经营、绩效、风险、对形势的感受和趋势的判断等，使之在金融与实体经济的结合点上，更好地反映企业的发展状况。

参考文献

[1] 池仁勇、程聪、谢洪明、叶成雷：《中国中小企业景气指数研究报告（2011）》，经济科学出版社，2011。

[2] 葛立新、张国光、郭新强：《我国民间金融发展的内生机制和演化路径：一个理论分析》，载《金融监管研究》，2012（8）。

[3] 胡萌、孙继国：《经济景气评价》，中国标准出版社，2009。

[4] 孔德兰：《基于发展方式转变的中小企业金融支持体系研究》，中国金融出版社，2012。

[5] 李志赟：《银行结构与中小企业融资》，载《经济研究》，2002（6）。

［6］林毅夫、李永军：《中小金融机构发展与中小企业融资》，载《经济研究》，2001（6）。

［7］刘笑诵：《中小企业发展的金融支持体系建设》，载《开发研究》，2011（5）。

［8］罗世炜：《关于我国城市商业银行对中小企业信贷融资问题的研究》，暨南大学博士学位论文，2012。

［9］史晋川：《温州模式的历史制度分析——从人格化交易与非人格化交易视角的观察》，载《浙江社会科学》，2004（4）。

［10］史晋川等：《中小金融机构与中小企业发展研究——以浙江温州、台州为例》，浙江大学出版社，2003。

［11］王稼婕：《金融创新对于我国小企业融资的影响研究》，浙江大学博士学位论文，2011。

［12］银监会：《中国银行业2012年年报》，2013。

［13］张杰：《民营经济的金融困境与融资次序》，载《经济研究》，2000（4）。

［14］Eisenhardt, E., 1990, "Environment and Growth among US Semiconductor Ventures, 1978－1988", *Administrative Science Quarterly*, Vol. 9（3）.

［15］Hoff, K. and J. E. Stiglitz, 1997, "Money Lenders and Bankers: Price－increasing Subsidies in a Monopolistically Competitive Market", *American Economic Review*, Vol. 52（2）.

［16］Myers, S., 1984, "The Capital Structure Puzzle", *Journal of Finance*, Vol. 39（3）.

浙江省环境污染责任保险研究

浙商财产保险股份有限公司课题组*

近年来，随着经济的增长和人口的增加、生活模式的转变，企业和居民排放的污染物都在增加，突发性环境污染事件也不时发生，环境污染赔偿问题日益严重。特别是一些污染事故受害者得不到及时赔偿，引发了一系列社会矛盾。

浙江省同样存在环境污染问题，一些环境污染事故也造成了不良的社会影响。为了降低环境污染事故的不利影响，浙江省从2009年开始试点环境污染责任保险，将其作为防治环境污染损害的经济手段之一，但至今成效甚微。

为此，本文拟对浙江省环境污染赔偿风险进行分析，对环境污染责任保险作深入研究，分析其开展情况、存在的问题及原因，并在借鉴国内外环境污染责任保险发展经验的基础上，对浙江省环境污染责任保险的发展思路提出有针对性的建议。

一、浙江省环境污染赔偿风险分析

目前没有浙江省环境污染赔偿金额方面的数据，但我们可以通过分析环境污染纠纷案件数量和案均金额，对环境污染赔偿风险的特征进行定性。分析表明，浙江省的环境污染赔偿风险具有整体风险较大、突发性事件发生率不高、非突发性事件发生率较高的特征。

（一）浙江省环境污染纠纷案件数量

事实上，浙江省环境污染纠纷案件数量也是缺乏统计数据的。以下从污染排放量、污染指标、环境污染事件和环境违法案件数量上，间接推测出浙江省环境污染纠纷案件数量近年来有增无减。

1. 污染排放量整体呈上升趋势

近十年来，浙江省各类污染物的排放量整体呈上升趋势。在污染排放量增加的大趋势下，环境污染纠纷增加是高概率事件。

---

* 课题主持人：金　武

课题组成员：施雪忠　吴可昊　贾锐锐

表 1　　2003—2012 年浙江省污染物排放量

年份	废水（亿吨）	废水中化学需氧量排放总量（万吨）	废气中二氧化硫排放总量（万吨）	固体废物（万吨）
2003	27.00	56.20	73.40	1 976
2004	28.13	55.65	81.41	2 318
2005	31.32	59.47	86.04	2 514
2006	30.35	59.27	85.94	3 096
2007	33.81	56.40	79.70	3 613
2008	35.04	53.86	74.06	3 785
2009	36.50	51.38	70.13	3 907
2010	39.48	48.68	67.83	4 268
2011	42.01	81.83	66.21	4 513
2012	42.10	78.62	62.58	4 534

注：数据来源于历年浙江省环境状况公报。

2. 部分污染结果指标不容乐观

从污染结果的相关指标看，水污染、大气污染近年来并没有明显好转，某些方面甚至有恶化趋势，间接印证了环境污染纠纷可能高发。

表 2　　2003—2012 年浙江省水污染、大气污染部分指标

年份	V 类和劣 V 类水断面（%）	平均酸雨率（%）
2003	23.4	84.3
2004	31.3	90.0
2005	20.5	91.9
2006	21.0	91.6
2007	21.1	92.6
2008	19.3	92.2
2009	17.6	92.8
2010	10.5	87.9
2011	24.4	82.8
2012	18.5	84.1

注：数据来源于历年浙江省环境状况公报。

3. 突发性污染事件下降但环境违法案件增加

近十年来，浙江省突发性环境污染事件数量呈下降趋势，但环境违法案件呈波动上升趋势，很多环境违法案件是居民投诉、信访后立案的，这在一定程

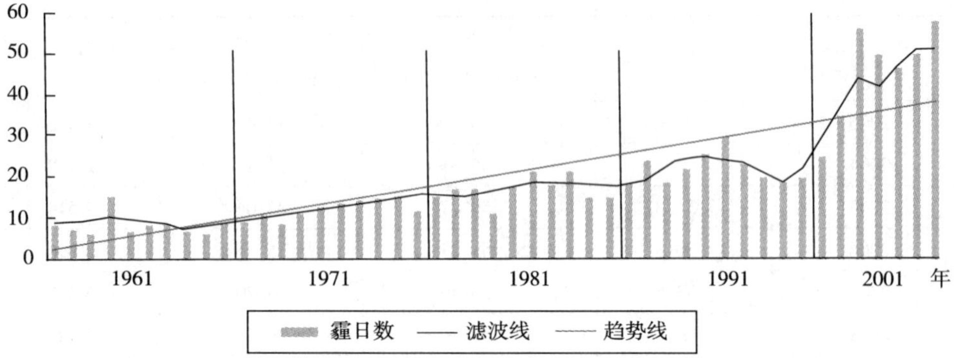

注：引自《浙江省气候变化公报》。

图 1　1961—2008 年浙江省年霾日数历年变化图

度上说明，浙江非突发性环境污染纠纷的风险发生率较高，与此相关的赔偿风险较大。

表 3　2003—2012 年浙江省突发性环境污染事件、环境违法案件

年份	环境污染事件（起）	环境违法案件（起）
2003	229	6 052
2004	80	7 877
2005	165	8 764
2006	99	10 479
2007	59	11 707
2008	65	10 070
2009	50	8 406
2010	34	9 742
2011	31	9 994
2012	23	10 272

注：数据来源于历年浙江省环境状况公报。

（二）环境污染纠纷案均金额

我们有理由相信，环境污染纠纷案均金额是呈上升趋势的，这是因为：我国侵权赔偿制度正在逐渐完善中，赔偿范围正在逐渐扩大，人身伤害的赔偿标准正在逐渐提高，居民拥有的财产价值也逐渐提高。

二、环境污染责任保险的作用

目前，一些企业发生环境污染事故后要么被迫倒闭，要么转由政府承担赔偿责任。要降低浙江省整体的环境污染赔偿风险，保险是非常重要的一种财务性手段。

（一）有利于受害人迅速得到经济补偿，有效保护受害者利益

目前我国主要由政府和污染企业负责环境污染赔偿。政府赔偿企业污染的责任，缺乏明确的法律基础。污染企业对环境污染的赔偿普遍采用能拖则拖的方式，大的污染事故往往还造成企业无力承担巨额赔偿。而环境污染责任保险参与环境污染事故的处理，有利于使受害人及时获得经济补偿，稳定社会秩序。

（二）有利于企业转移赔偿责任风险，降低污染事故对企业经营的影响

由于环境污染事故具有影响范围广和损失数额巨大的特点，单一的企业很难承受大额的赔偿责任。通过环境污染责任保险这种机制，以较低的成本将企业的风险转移给保险公司，从而使企业可以在污染事故发生后，迅速恢复正常的生产经营活动。

（三）有利于促进政府职能转变，减轻政府负担

环境污染责任保险有利于发挥保险的社会管理功能，协助政府加强环境风险管理，促进政府职能转变，减轻政府的赔偿压力。一方面，保险的介入将化解政府的赔偿压力和事故处理难度。另一方面，保险公司也在一定程度上分担了政府监控和预防环境污染风险的责任。

（四）有利于促使企业加强环境污染风险管理，提升环境管理水平

为降低风险，保险公司会在承保前对企业的环境污染风险进行评估，提出风控建议，在承保前后监控企业的环境污染风险变化情况。这将有利于促使企业切实加强环境污染风险管理，帮助企业提高环境管理的能力，从而最终起到降低整个社会环境污染风险的作用。

（五）有利于通过经济手段促进企业减排，减少环境污染影响

在设计环境污染保险制度时，可以根据企业污染排放和以往的赔偿责任情况，制定差异化的费率和保障程度政策。企业要获得较低的保险费率，得到较高的保障，就需要合理控制污染排放，这就可以形成一种减少污染排放的激励机制，在一定程度上有利于控制企业的污染排放，减少环境污染的不利影响。

三、浙江省环境污染责任保险开展情况

（一）政策情况

2009 年，按照国家环保总局、中国保监会《关于环境污染责任保险工作的指导意见》（环发〔2007〕189 号）精神，宁波成为几个试点城市之一，下发了《关于印发宁波市环境污染责任保险试点工作实施方案的通知》（甬环发〔2009〕52 号）。镇海在 2010 年、2011 年、2012 年分别提供了 70%、50%、30% 的保费补助。

2010 年 6 月，浙江省环保厅和浙江保监局联合下发了《关于开展环境污染责任保险试点工作的意见》。这是浙江省（不含宁波）第一次出台有关环境污染责任保险的政策文件。

2010 年 10 月，浙江省环保厅下发了《浙江省环境污染责任保险第一批试点工作实施方案的通知》，将嘉兴市、绍兴市和台州市定为首批试点地区。

2010 年 11 月，嘉兴市环保部门制定出台试点工作的指导意见，对试点企业，第一年补助保费的 70%，第二年补助保费的 50%，第三年补助保费的 30%。同时，对参保企业给予适当增加贷款授信度。

2011 年 12 月，温州市下发了试点工作实施方案，参照省环保厅对第一批试点地区的要求，开始试点工作。

（二）试点经营情况

2011 年，浙江省内共有 49 家企业投保环境污染责任保险，保费收入 223.13 万元，保险金额 1.9 亿元①。2012 年，投保企业增加到 331 家，但保费增加不多，共 458 万元，保险金额共计 2.86 亿元②。

四、浙江省环境污染责任保险存在的问题及其原因

在政府的推动下，浙江省环境污染责任保险已经实施四年，取得了一定的进展。但浙江省累计的保费规模仍只有数百万元，件均保额仅 86.4 万元，投保率和保障程度都较低，保障范围窄，还需要进一步加强工作，真正发挥环境污染责任保险分散环境污染风险、保护受害人利益、促进环境风险管理的作用。

（一）存在的问题

从浙江省环境污染责任保险的运作情况看，主要存在三方面的问题：一是投保率低，二是保障程度低，三是保险责任范围窄。

1. 投保率低

浙江省环境污染责任保险投保率，一方面因为企业购买意愿不强，另一方面因为保险公司销售意愿不强。

（1）企业购买意愿不强

从省内试点地市的投保企业数量看，覆盖的企业比较少。在实施政府补贴的宁波和嘉兴，自愿参保的企业也不多。事实上，企业购买意愿不强是个全国性问题。在企业调研中发现，大多数企业并不愿意投保该险种，一方面，企业认为增

---

① 参见浙江省环境保护厅：“2011 年浙江省环境状况公报”，http：//www.zjepb.gov.cn/hbtmhwz/gzfw/hjzl/hjzlzkgb/201306/t20130605_ 285810.htm。

② 参见浙江省环境保护厅：“2012 年浙江省环境状况公报”，http：//www.zjepb.gov.cn/hbtmhwz/gzfw/hjzl/hjzlzkgb/201206/t20120605_ 110081.htm。

加了成本；另一方面，他们认为企业的环境风险并不大，自身可以控制①。

（2）保险公司销售意愿不强

目前，省内参与环境污染责任保险试点工作的险企主要是中国人保，平安财险和太保财险等少量参与。由于保费规模小，保险公司参与环境污染保险更多的是为了体现品牌价值、加强政企合作关系，而不在于获得多大的业务和利润。

2. 保障程度低

2011 年，浙江省环境污染责任保险件均赔偿限额为 387.8 万元。2012 年，件均赔偿限额下降至 86.4 万元。件均赔偿限额低，与浙江省环境污染责任保险相关政策未就赔偿限额作出明确规定有一定关系。与国内其他省份相比，浙江省环境污染责任保险的赔偿限额是偏低的。如陕西、广东的赔偿限额最低为 100 万元，辽宁省的赔偿限额最低为 200 万元。

3. 保险责任范围窄

浙江省未对环境污染责任保险的责任范围作明确规定。目前，省内保险公司的条款大同小异，主要包括突发意外事故造成第三者人身伤亡、财产损失，以及由此产生的清污费用、法律费用。这与企业的需求有一定差异。

从国外情况看，环境污染责任保险的承保范围呈现不断扩大的趋势。一些国家已经把渐发的环境污染，或反复性、持续性事故所引起的环境损害予以承保。目前，省内环境污染责任保险对渐发的、反复性或持续性事故造成的环境损害不予承保，而这类环境损害赔偿责任可能是巨大的。

（二）原因

造成浙江省环境污染责任保险市场供需两不旺的原因归纳起来有以下几点：

1. 环境污染赔偿的立法司法体系不完善

我国的民事赔偿法律制度和司法实践远没有国外完善，环境污染导致的侵权责任不明确，索赔举证难，这使得企业有较低的赔偿预期。这是企业不愿意通过保险方式转移环境污染侵权责任风险的根本原因。

我国的《环境保护法》、《侵权责任法》未就环境污染侵权责任和赔偿作出详细规定。《海洋环境保护法》、《固体废弃物污染环境防治法》、《大气污染防治法》、《水污染防治法》、《放射性污染防治法》、《环境噪声污染防治法》等法律只对环境污染赔偿有原则性规定，没有可操作性强的具体规定。

国外解决环境污染赔偿的一个救济方式是公益诉讼，而我国对环境公益诉讼总体上缺乏法律规定，致使许多污染受害者无法请求法律救济。《民事诉讼法》第五十五条把个人排除在环境污染诉讼主体外。国务院发布的《诉讼费交纳办法》没有把公益性的诉讼案件明确纳入其中。

① 刘欣、欧昌梅：《环境污染强制保险全面推行》，载《东方早报》，2013－02－22。

在国家层面立法司法体系不完善的背景下，浙江省也没有出台地方性法规，对环境污染赔偿问题进行细化完善。

2. 政府承担了环境污染赔偿的主要责任

现在环境污染事故的救济主要依靠政府，原因有以下几个方面：

第一，一些地方政府基于 GDP 考核压力，缺乏对环境污染企业进行严厉治理的内在动力。

第二，一些环境污染事故赔偿金额巨大，超出企业承受能力。

第三，很多环境污染对环境安全和公众健康的影响要若干年后才显现出来，取证难度大，而且一些企业可能已经关闭。国外针对这类风险，一般通过环境污染损害赔偿基金的方式予以处理。但国内普遍还没有这一制度。

3. 精算数据缺乏

目前企业承担的环境污染赔偿责任不多，企业的历史污染事故损失、污染风险管控能力等方面的真实数据较难获取，保险公司很难积累有效的精算数据。精算数据缺乏使保险公司倾向于设计保障面窄、费率高的产品，执行较为谨慎的承保政策。

4. 缺少环境污染损害赔偿鉴定机构

环境污染风险较难评估和量化，国外普遍设立环境污染损害赔偿鉴定机构，作为专业的第三方机构提供鉴定服务。浙江省目前缺少这类鉴定机构。保险公司目前的鉴定技术力量较为薄弱，理赔上容易采用较为严格的措施。

5. 保险产品与企业赔偿风险匹配度低

浙江省企业环境污染赔偿风险的特征是：突发性事故风险发生率不高，非突发性事故风险发生率高。而保险公司目前仅保障突发性事故所造成的赔偿责任，且保险保障程度低，造成保险产品仅覆盖少量的企业风险，因而企业的投保积极性不高。

6. 没有要求强制投保

目前，浙江省环保部门和保险监管部门对环境污染责任保险的基本态度是：鼓励投保，自愿为主。由于没有要求强制投保，加上立法和司法不完善，政府总是能够出面解决污染后遗症，导致企业有较低的环境污染侵权损失赔偿预期，不愿投保。保险公司因为承保面窄，大数法则不能很好地发挥作用，也只能采用较为谨慎的承保政策。因而市场需求和市场供给都被抑制了。

五、国内外环境污染责任保险发展经验借鉴

（一）国外环境污染责任保险经验借鉴

1. 美国

美国的环境污染责任保险又称污染法律责任保险，包括两类：一是环境损

害责任保险，以约定的限额承担被保险人因其污染环境，造成邻近土地上的任何第三人的人身损害或财产损失而发生的赔偿责任；二是自有场地治理责任保险，以约定的限额为基础，承担被保险人因其污染自有或者使用的场地而依法支出的治理费用。

美国的保险人对企业正常、累积的排污行为所致的污染损害也可予以特别承保。美国针对有毒物质和废弃物的处理所可能引发的损害赔偿责任实行强制保险制度。当前，在美国的50个州中，已经有45个州出台了相应的危险废物处置责任保险制度的规定。

2. 德国、法国、英国

德国环境污染责任保险采取强制责任保险与财务保证或担保相结合的制度。德国《环境责任法》规定，存在重大环境责任风险的“特定设施”的所有人，必须购买损害赔偿责任保险合同，或由州、联邦政府和金融机构提供财务保证或担保。法国和英国的环境污染责任保险是以自愿保险为主、强制保险为辅。一般由企业自主决定是否就环境污染责任投保，但法律规定必须投保的则强制投保。

3. 印度

印度1991年通过《公共责任保险法》，规定处理“危险物质”的单位，如果是政府和国有公司，实行环境保险基金制度；如果是普通商务公司，强制要求投保环境责任保险。

4. 巴西

巴西于1981年颁布首部环境法，要求污染者无论是否具有过错都必须对环境以及第三方造成的损害进行赔偿。1998年，巴西通过环境犯罪法。银行开始要求企业客户采取措施降低环境风险，企业是否能够出具保险单是批准给予贷款的条件之一。

（二）国内环境污染责任保险经验借鉴

1. 江苏

2008年，江苏省启动内河船舶污染责任保险，后扩大到其他企业的环境污染责任保险。一些地市将环境污染责任保险工作列入全市年度重点工作，强力推进促落实。无锡等地还制定保费补贴、把环境污染责任保险纳入环境评价指标体系等激励措施。

保险公司方面，加强产品创新，在主条款外，扩展了“自然灾害条款”、“污染清理费用条款”、“污染救助费用条款”、“疏散人群费用条款”，并提供了“地下储罐条款”、“精神损害赔偿条款”供企业追加选择。

2. 湖南

湖南省自2008年起逐步开展环境污染责任险试点工作。采取的措施主要包括：在办理排污许可和开展行业准入审核、“三同时”验收时对企业进行保险引导工作。对上年未出险的企业，续保优惠 5%，连续两年未出险的企业保费优惠 10%。建立特大环境污染事故应急基金，用于重特大环境污染事故的救助和环境恢复。

3. 重庆

重庆市试点阶段在七类行业中各选择五个具有行业代表性的企业参加试点。重庆市政府采取了相关引导措施，如将企业是否投保环境污染责任保险作为环评审批、总量减排、清洁生产审核、环境污染事故应急的管理参考因素。

六、浙江省环境污染责任保险发展的对策思路

根据对浙江省环境污染责任保险现状的分析，参考国内外环境污染责任保险的发展经验，笔者提出浙江省环境污染责任保险的发展思路如下：

（一）加强环境污染侵权赔偿立法建设

目前，国家在对环境保护法进行修订，可能会进一步明确环境污染责任保险的法律地位。环境保护部和中国保监会也在 2013 年 1 月联合发文，要求环保部门推动健全环境损害赔偿制度。浙江省环保部门、保险监管部门和保险公司需要利用合适的平台和机会，向立法部门建议尽早完善环境污染侵权法律规定。

要在相关法律中明确环境污染方应承担的赔偿责任，包括赔偿的范围以及标准。赔偿责任一般包括人员伤亡、财产损害、精神损失、生态环境复原（或修复）及相关的评估费用等。要加强对环境污染方的刑事和民事责任追究，多种方式追究污染者的赔偿责任。

（二）建立环境污染强制责任保险制度

为使浙江省环境污染责任保险持续、良性地发展，有效发挥其促进社会管理的功能，建议按照以下思路设立环境污染强制责任保险制度：立法强制实施，广覆盖，成立共保体，赔偿限额根据企业规模和行业性质分若干档次，费率统一，建立风险基金制度。

1. 立法强制实施

要确保环境污染责任保险强制实施得到有效执行，需要把环境污染责任保险纳入浙江省地方性法规建设。如果仅仅是环保部门和保险监管部门下发通知，或者浙江省政府出台规范性文件，都没有地方性法规的效力高，强制实施的效果相对会差一些。

2. 广覆盖

一般来说，强制保险都是采用广覆盖的原则。正是因为有些企业不愿参保，不能很好地发挥保险的作用，才需要采用强制保险的方式。就环境污染责任保险而言，覆盖面广的好处是：第一，覆盖面广，能最大限度地分散环境污染赔偿风险。第二，覆盖面广，有利于大数法则发挥作用，使保险公司能够厘定更

准确的费率。第三，覆盖面广，保险公司的经营风险才能降低，保险公司会更愿意提供相关的产品和服务，包括企业环境风险评估。

建议浙江省在环保部、保监会2013年1月下发的《关于开展环境污染强制责任保险试点工作指导意见》（环发〔2013〕10号）的基础上，进一步扩大环境污染责任保险的覆盖面。

3. 成立共保体

由于环境污染责任保险缺乏精算数据且具有一定巨灾风险特点，单一保险公司的风险可能较大。共保是有效的解决方法，即由多家保险公司共同承保环境污染责任保险，分摊理赔金额。浙江省的农业保险等政策性保险共保体运行已有七年，取得了良好的效果。

在实际操作中，可由一家熟悉当地市场的保险公司作为共保体首席承保人，负责牵头环境污染责任保险的相关事宜。首席承保人承担环境污染强制责任保险的日常业务，其他保险公司不参与日常业务经营，每月进行共保体内的资金清算。年终结算时，共保体各成员公司按股份比例分摊盈利或亏损。

共保体应在浙江省保监局和环保厅的联合指导下开展工作。共保体应与地方政府保持较为密切的合作关系，保持经营的稳定性。共保体章程应报浙江省保监局和环保厅同意后执行。参与共保体的保险公司数量可不做限制，原则上符合一定条件的保险公司都可自愿加入。

4. 赔偿限额根据企业规模和行业性质分若干档次

浙江省环境污染强制责任保险制度应对赔偿限额作出明确规定，以便参保企业在投保时参照执行，避免保险公司不愿承保、企业希望少投保等现象发生，提高制度执行的效率。

参考其他省份的制度，赔偿限额可以根据企业规模和行业性质分若干档次。年度累计赔偿限额最低可设为年均100万元。赔偿限额过低不利于发挥风险分散的作用。

5. 实施统一费率

精算数据的缺乏使得保险公司各自厘定费率有较大难度。建议由共保体统一采集数据后，制定一个统一的费率政策：确定一个基准的费率，并根据企业风险大小，有上浮和下调的比例。

6. 保险责任涵盖突发性污染和部分渐发性污染

企业对渐发性污染有保险需求。建议浙江省在制定环境污染强制责任保险具体政策时，不仅把突发性污染事故造成的赔偿责任涵盖进来，还能进一步拓展部分渐发性污染的赔偿责任。可以先针对那些因果关系比较明确、容易举证的渐发性污染，以列举的方式列明在保险责任范围内。待条件逐渐成熟后，再逐步增加对渐发性污染的保障。

7. 建立风险基金

国外有风险基金制度，作为巨灾风险分担机制，承担保险公司的超赔风险，扩大保险公司的承保能力。风险基金的来源可以参考国外的经验，采取多渠道方式：政府财政支持，从保费中提取，从排污费、环境税中提取，捐赠。

（三）政府提供配套支持

1. 对保费提供财政补助

从试点情况看，对企业提供财政补助有利于提升环境污染责任保险需求。在强制保险实施的前几年，建议政府按照保费的一定比例提供财政补助。在共保体模式下，政府补助的操作相对简便，把保费补助支付给首席承保人即可。

2. 把强制保险与环保措施结合起来

把强制保险与环保措施结合起来是有效落实强制保险的手段，这也符合环保部、保监会联合下发的《关于开展环境污染强制责任保险试点工作指导意见》文件精神。

3. 建立环境污染损害赔偿鉴定平台

一方面，保险公司缺乏环境污染损害的理赔技术；另一方面，企业对保险公司理赔的公正性有所怀疑。因此，建立第三方的损害赔偿鉴定平台，有利于促进环境污染责任保险的推广。

环境污染损害赔偿鉴定平台能够有效运作，离不开相对完善的环境污染损害鉴定标准。目前，环保部仅有《关于开展环境污染损害鉴定评估工作的若干意见》（环发〔2011〕60 号）一个文件，对环境污染损害鉴定作了规定。该文件遵循“试点先行，逐步完善”的原则，需要根据浙江省的实际特点，对环境污染损害鉴定标准进行完善。

4. 对环境污染强制责任保险实施免税政策

为鼓励保险公司积极开展环境污染强制保险，建议对保险公司开展环境污染强制责任保险免征营业税。

七、总结

经过本课题的分析，浙江省环境污染责任保险发展缓慢有多方面的原因：环境污染赔偿的立法司法体系不完善；政府承担了环境污染赔偿的主要责任；没有要求强制投保，导致企业的保险需求较低；精算数据缺乏；缺少环境污染损害赔偿鉴定机构；没有强制保险确保一定的业务量基础，导致保险公司承保谨慎，供给缺乏。

要解决浙江省环境污染责任保险现在面临的困境，第一要加强企业环境污染侵权的立法建设，转变政府职能，使企业真正承担起自己的环境污染责任；第二要通过立法的形式实施强制保险，扩大保险覆盖面，把企业的环境污染责任风险有效转移给保险公司，并通过共保和建立风险基金的形式分散巨灾风险；第三要政府提供相应的配套支持，包括对保费提供财政补助，把强制保险与环保措施结合起来，建立第三方的损害赔偿鉴定平台，对环境污染强制责任保险实施免税政策等。

目前，按照上述建议措施推动环境污染责任保险有一定难度。但是，将环境污染责任保险强制实施的呼声越来越高，环保部正积极推动将环境污染责任保险写入环境法。在这样的背景下，浙江省应该也有条件进一步推动环境污染责任保险。浙江省有支撑环境污染责任保险扩大实施的经济基础和市场基础，并在全国范围较早试点环境污染责任保险，积累了一定的经验。环境污染保险制度符合平安浙江、生态浙江建设的要求，无论在立法部门还是政府部门，并不存在很大的阻力，缺少的是一个强有力的推动。

只要浙江省政府金融、环保相关部门和浙江省保险监管部门能积极推动，相信浙江省能够进一步推动环境污染责任保险：扩大环境污染责任保险覆盖面，通过共保体的形式提高承保能力，建立环境污染风险基金；并通过提供财政补助，把保险与环保措施结合起来，实施免税政策等方式有力推动环境污染责任保险的开展。这样就顺应了党的十八届三中全会关于政府职能转变的思路，通过责任保险创新社会管理，助力浙江省生态文明建设和平安浙江建设。

参考文献

[1] 别涛：《国外环境污染责任保险》，载《求是》，2008（5）。

[2] 环境保护部、国家统计局、农业部：《一次全国污染源普查公报》，网站，http：//www. zhb. gov. cn，2010。

[3] 王莉：《构建我国环境责任保险制度的几点思考》，载《河南省政法管理干部学院学报》，2008（3）。

[4] 游桂云、张连勤：《西方国家环境责任保险制度比较及启示》，载《上海保险》，2008（2）。

[5] 詹洪波、王成元：《我国环境污染责任保险制度实施方式的探讨》，《山东省保险学会2008年“改革·创新·提高保险竞争力”主题征文颁奖仪式暨学术报告会论文集》，2008。

[6] 张立新：《环境污染责任保险制度模式选择研究》，载《绿色科技》，2012（4）。

[7] 浙江保监局财产保险监管处：《浙江省环境污染责任保险发展现状及相关建议》，载《浙江保险》，2013（2）。

[8] 周道许：《环境污染风险的社会化管理手段研究：我国环境污染责任保险发展的路径选择与制度构想》，载《环境经济》，2011（5）。

城镇化背景下城市群集聚扩散效应与房地产区域金融调控研究

——基于 MU—SYS 体系的房地产金融调控层级模型探索

绍兴市金融学会课题组*

一、城镇化背景下房地产调控的积极意义

从 1978 年至今，我国经历了城镇化逐渐发展到加快推进的过程，城镇化水平的提升极大地推动了国内经济发展。城镇人口从 1.72 亿增加至 6.9 亿，城镇化率从 17.92% 提升至 51.27%。同时，城镇化推进的过程也是国内房地产业发展的历史，从 1978 年提出住房商品化概念，到 1992 年房改全面启动，再到 2003 年以后住房价格持续上涨，从此房地产开始步入长期调控时代。城镇化推进与房地产发展是特殊阶段不可割裂的现象，大量农村人口迁徙到城市，转化为城镇人口，首要问题是解决住房置业问题，并由此产生巨量城市住房需求，催生房地产业蓬勃发展。归根结底，是城镇化促成了房地产发展，同时房地产建设又加速了城镇化进程。党的十八大提出坚持走中国特色的新型工业化、信息化、城镇化、农业现代化道路。新型城镇化建设将成为未来我国经济发展的新引擎和主攻点，其中重要一环便是如何解决城镇住房合理需求与现有房地产发展系列问题间的核心矛盾，因此本课题认为在城镇化高速推进的初期，探索城镇化发展与房地产调控的问题具有一定的理论价值。

（一）有助于实现城镇化进程的科学有效推进

目前，国内处于城镇化高速发展初期，存在城镇化发展速度与资源不匹配、发展速度过快、城市配套建设跟不上、经济结构与城镇化不匹配等诸多问题，核心矛盾在于人口城市化迁徙过程中城市集聚效应导致大中城市与小城镇不均衡发展，表现为大城市承载力饱和，小城镇发展滞后、无序。而城镇化背景下的新型房地产调控着眼于人口因素，将为城镇化推进提供积极丰富的调节机能：一是在小城镇产业规划和发展扶持上充分发挥人口引流作用，缓解大城市人口超载问题，为城市群发展提供科学的规划和配套机制：二是能避免城镇盲目发

---

* 课题主持人：陈　隆

课题组成员：张巧华　王悦章　屠裕程　王　勤

展和“空城”建设，实现产业、人口、城市群的协调发展。

（二）有助于解决现有房地产发展中的突出问题

城镇化建设是房地产持续健康发展的重要机遇和窗口。2003 年以来，国内房地产市场蓬勃发展的同时，也积累了大量的问题和矛盾，诸如房地产价格快速上涨、市场风险累积、刚需满足率低、产业过度投资过度依赖及相关投融资问题。城镇化背景下，通过合理的房地产调控能给上述问题提供有效缓释空间，一定程度上缓解主要矛盾：一是按照不同区域实施差别化调控，缓解大城市住房价格过快上涨和持续上涨问题，进一步实现房地产市场“软着落”；二是进一步明晰房地产行业定位，通过调节房地产开发，实现市场供给与需求总量大致平衡，提升刚性需求和改善性需求满足率，确保房地产市场健康可持续发展；三是在城镇化进程下，通过合理产业规划及加强小城镇基础配套建设，提高小城镇宜居水平，合理消化城郊及部分小城镇空置项目，提升城市群发展后劲。

（三）有助于进一步优化房地产调控方式和效率

当前房地产调控取得一定成效，投机性购房需求得到一定遏制，市场形势逐步趋稳，但热点中心城市住房供需失衡及住房价格过快上涨问题依然存在，未来房地产调控效率有待加强。城镇化背景下的新型房地产调控体系，通过强调人口迁徙因素，构建横向区域定位差别调控体系，避免“一刀切”的僵化调控，并结合纵向调控时间轴，确保调控向量与城镇实际相配套，市场供给与实际需求水平相符以及调控方式与城镇化进度一致，确保城镇化过程中房地产市场平稳发展，住房价格稳定，住房需求总体满足。

二、城镇化房地产调控概念：MU－SYS 体系

本课题构建的城镇化背景下新型房地产调控体系（MU System），是在城镇化（Urbanization）快速发展的特殊时期背景下，将人口迁徙因素（Migration）作为调控的重要参考指标，把区域差别化调控和时间进度调控相结合的新型调控系统，简称 MU 体系。考虑应用该调控体系作为城镇化快速发展阶段的配套政策，将为城镇化各阶段提供与之相适应的调控对策，作为城镇化推进中房地产市场发展的调节器和稳定器。

（一）调控目标

MU 体系主要的调控目标为保持城镇化各阶段内区域住房价格稳定、住房供求基本平衡。

（二）体系架构

MU 调控体系由三大模块组成。以人口因素为第一模块，考虑城镇常驻人口增量，即净人口迁徙流入量作为核心指标，评估所在城镇总体住房需求变化。同时以城镇规模级别、地域定位及与所属城市圈中心距离等横向区域指标作为

第二模块，评估其房地产调控向量。城镇级别指标衡量所调控城镇的规模级别，级别越高的城镇人口集聚效应越显著，反集聚化调控力度应越强。同理，与城市圈中心距离越近，受中心城市辐射越明显，住房市场越可能表现出供不应求局面。而空置率水平越高，则说明城镇住房投机性消费越明显，或已经出现供过于求局面。第三模块为纵向城镇化进度指标，不同城镇化阶段表明下阶段城镇化速度及人口迁徙趋势，在第二模块基础上对已有调控向量进行微调，为下阶段预留调控空间，以提高调控精度，最终形成集聚化调控和反集聚化调控两大调控向量，分别代表不同的调控方向和强度。

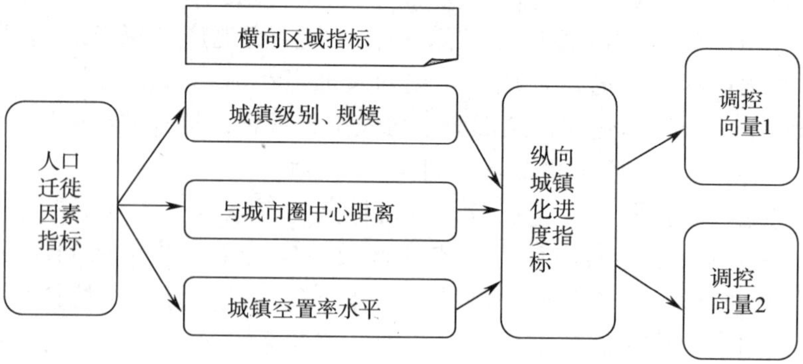

图 1

（三）优势分析

MU－SYS 与现有房地产调控手段相比，具有以下优势：

一是将人口因素纳入调控体系。人口因素是影响房地产市场的主要变量，人口的变动直接影响住房市场需求和价格波动。国际上住房调控较为成功的国家中，德国都将人口因素视为调控的重点，以实现住房长期供求平衡。纳入人口迁徙因素，同时也反映出城镇化阶段的调控特殊性，能大幅提高调控效力。

二是实现地区差别化调控。通过横向指标找准城镇调控定位，实现不同规模、级别和地域城镇的差别化调控，避免现有住房调控“一刀切”模式，增强地方调控主动权，提高调控精度。实施差别化调控的另一优点在于可以分散调控，避免出现系统性调控风险。

三是提高住房调控前瞻性。运用纵向城镇化进度指标能有效判断住房需求变化趋势，为下一步调控预留调控空间，避免调控盲目性，增强主动性和前瞻性。

三、MU—SYS 调控模型

（一）指标设置

1. 人口指标

MU－SYS 调控模型设置人口迁徙（Migration）指标为 M，为年度净人口流入＝人口流入－人口流出，即为城镇人口净增量，数据来源于统计局当年常驻人口新增数。

N 为上年人口存量，同样来源于统计局数据。

2. 横向差别指标

设置城镇级别指标 L，按照房地产业城市级别划分，分别为 L_1 镇级、L_2 县级城市、L_3 地级城市、L_4 省会城市、L_5 中心城市，分别对应 5 级调控强度。城镇级别越高，所需调控强度越高。

与城市圈中心城距离指标 D，计算公式为：调控城镇与所属城市圈中心距离/所属城市圈最长半径，按照地理实际数据获取。该指标与人口指标正相关调节，即距离所属城市圈中心城市越近，受其辐射影响越大，人口集聚效应越明显，所需调控强度越高。由于 $D\in(0,1)$，$1+D\in(1,2)$。

空置率（Vacancy Rate）指标为 V，即存量空置房/存量房。考虑到国际通行惯例，商品房空置率在 5%～10% 为合理区，商品房达到供求平衡，有利于国民经济的健康发展，因此在真实空置率水平上进行核算处理，预留良性空置率水平。

城镇规模指标为 U，用常驻人口数量代替，来源于统计局数据。

3. 纵向进度修正指标

纵向进度指标设置为城镇化进度水平，按照学界普遍认同的城镇化发展规律，城镇化由初级阶段逐渐提速，经过加速阶段，最后趋于饱和。目前国内城镇化水平已超过 50%，处于加速阶段。因此设置纵向进度（Progression）指标为 P，对应各阶段调控修正水平，即在横向指标基础上进行预修正，修正强度随城镇化水平提高而减弱。

（二）模型构建

1. 人口因素模型

城镇住房缺口公式为：$M-[N/(1-V)-N]$，其中 $N/(1-V)$ 表示当前存量住房能满足的人口数量，$N/(1-V)-N$ 表示当前存量住房富余量，即在当前存量人口基础上能额外满足的人口数量，$M-[N/(1-V)-N]$ 则表示随城镇化人口流入，人口净增加后，无法得到住房满足的人口数量。

2. 横向差别化模型

城镇住房调控强度不仅取决于人口增量，同时也与城镇级别和与所属城市

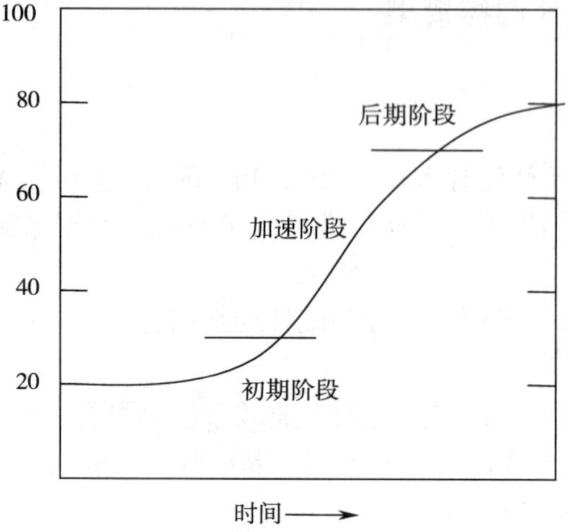

图 2

圈中心城距离有关，由于调控强度与城镇级别负相关，与距离指标负相关，因此构建模型如下：

设净人口流入上下限为（0，U + N/（1 − V）− N）（事实上年度内不可能达到与城镇原有人口规模相当的人口迁徙），则不考虑 L 的调控强度为：$S/L = (1+D) \times \{M - [N/(1-V) - N]\} / U \in (0, 1)$，将其划分为 5 个层级，即 $(S/L)_1 \in (0, 0.2)$；$(S/L)_2 \in (0.21, 0.4)$；$(S/L)_3 \in (0.41, 0.6)$；$(S/L)_4 \in (0.61, 0.8)$；$(S/L)_5 \in (0.81, 1)$，随层级提高调控强度逐渐增强。

考虑 L 后，综合调控强度为：$S = L \times (1+D) \times \{M - [N/(1-V) - N]\} / U$，由于 L 具有 5 个层级，因此综合调控强度 S 共有 25 个层级①，1 级为最微调控，25 级为最高强度，依次逐渐提高。

3. 修正后 MU—SYS 体系联立模型

纵向城镇化进度修正指标是在横向差别模型上的修正，即在评估横向差别化调控强度的基础上，根据总体城镇化趋势对其进行修正，提高调控精度和前瞻性。

（1）25 级联立模型

由于城镇化进度指标 P 为递减函数，因此随城镇化深入修正水平逐渐减弱，设考虑修正指标后的结论调控强度为 S′。设 P 为（当年城镇化率/80%）$\in (0.625, 1)$，为方便起见，设修正参数为 $(1+1-P) \in (1.375, 1)$，修正强

① 由于量化数据较难获得，因此本课题考虑采用定性 25 个层级区分，但调控层级为主观区分，如需细化，可以分为 36 级、81 级，甚至为连续不间断函数，本课题不再赘述。

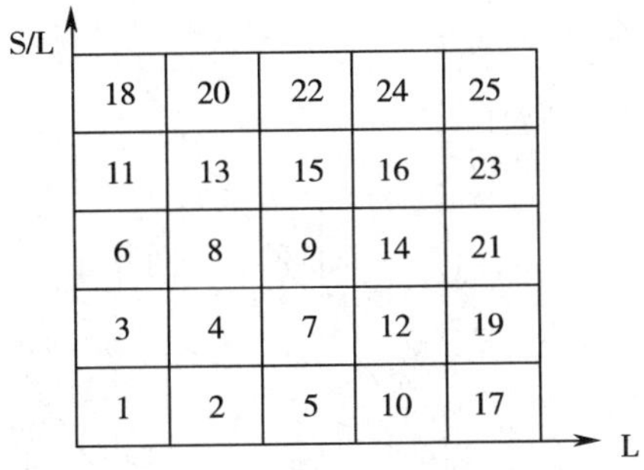

图 3　横向差别 25 级调控强度图

度随 P 增加而减弱，即结论调控强度 S′ = S ×（1 + 1 − P）。

结论调控强度 S′ =（1 + 1 − P）× ｛M −［N/（1 − V）− N］｝/ U ×（1 + D）× L。

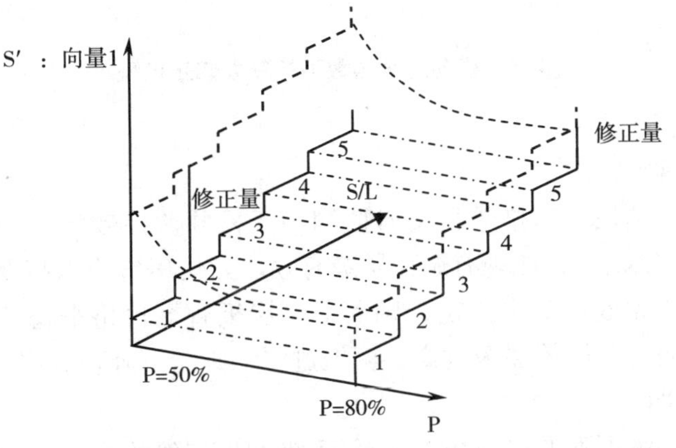

图 4　25 级调控联立修正模型

（2）连续扩展模型

在横向调控模型为连续函数的假设下，综合联立模型如图 5 所示。

（3）模型运用及检验

①模型运用

本课题构建的 MU—SYS 调控模型，适应于集聚效应作用下的任何级别城镇，按照 25 级调控体系，对 1 至 25 级从无调控到终极调控（即不限开发、家庭二套限购）分别细化为 25 个层级。根据所调控城镇的相关统计数据对应的即期调控层级进行房地产调控，次年根据最新数据再次计算调控层级，并按照新一轮调控层级调控，实行一年一调。值得注意的是，本课题的分层级及模型取数节奏均为主观选择，如需细化，可精确至一个季度一调，甚至一个月一调，对

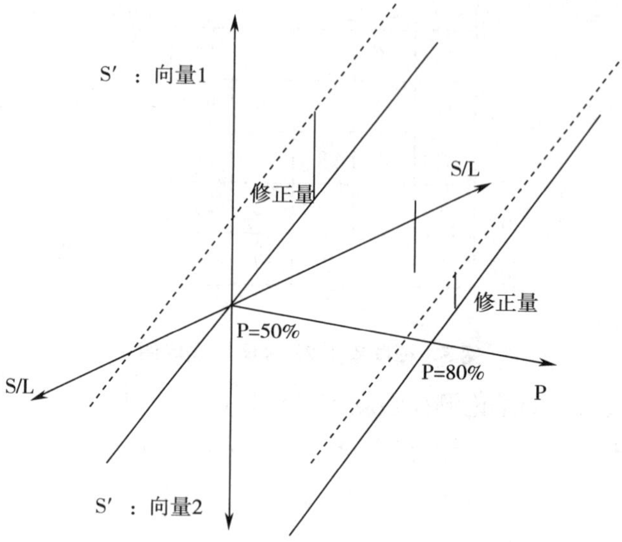

图5 横向连续函数下的联立修正模型

此本课题不再赘述。

② 调控检验

对本地区城镇住房价格进行实时监测用于检验调控效果，如果住房价格保持平稳（含通胀水平），即现有调控层级有效。如住房价格保持明显上涨，则说明现有调控层级无效或效果不足，则需上调层级直至价格平稳。如住房价格不升反降，则说明现有调控层级过高，调控过严，则需下降现有层级。

③ 相关说明

出现调控层级不准的原因在于1至25级调控层级均由人为分层，而影响住房市场的因素太多，除主要的人口因素外，还有诸如城市配套、宜居水平、产业发展等诸多因素影响。由于地区和城镇间差异巨大，再加上人口因素与调控水平间的函数性质需实证获得，因此调控层级的划分和政策细化需地方在实际调控中逐步修正获得。

四、城镇化背景下房地产金融调控

由于房地产市场调控是个多部门、多方式的综合性业务，涉及土地、税收、金融等多领域政策，考虑到人民银行部门专业职能，本课题对金融调控领域的相关政策进行细化和延伸。

（一）横向差别调控政策

根据25级调控层级，包括从零调控至终极调控，已涵盖所有调控强度。由于 L 分为 5 级，分别为不同类型的城镇级别，因此横向差别调控强度实为 5 级（包含人口迁徙和地理距离两大因素），而在城镇化进程下，调控主要为反集聚化调控，即购房调控。因此本课题对横向差别调控即 S/L 分为五大层级。其中，最低调控强度 S/L_1 对应最低集聚效应的差别化调控，支持刚性需求和改善性需求，即三套限贷、二套首付 4 成；最高调控强度 S/L_5 为按揭业务全面停止；其余 3 级按层级高低调控强度逐渐增强。考虑到影响购房行为最主要的因素为限贷及首付比例政策，利率政策影响力度相对弱化，因此 5 级政策内未考虑利率政策。

（二）城镇差别开发贷款政策

城镇级别从 L_1 至 L_5 依次为镇、县、地级市、副省及省会城市及中心城市，按照反集聚化调控思路，对镇级及县级城镇在配套产业政策、城镇基础配套设施的同时，实施鼓励和中性开发贷款政策，对地市级别以上城镇则按照级别分别采取谨慎、消极和限制开发政策，目的在于防止中心城镇在人口集聚过程中再次膨胀，防范房地产泡沫风险扩张。在政策层次制定时，由于资本金比例政策对开发行为影响最大，因此为方便起见，集中就资本金政策进行层级划分。

（三）金融调控政策运用

按照城镇化背景下的房地产金融调控模型，首先按照调控城镇的人口、空置率、地理指标等统计数据得出横向差别调控级别，同时按照城镇级别选择对应的 L 层级，确定该城镇房地产综合调控政策，即适应于人口迁徙规模、城镇地理因素及城镇级别的购房、开发信贷政策。最后根据整体城镇化进度，对相关政策进行修正。针对本课题所构建的 25 级简化模型，应在横向差别调控级别上进行修正，但不改变原有城镇级别参数，即（S/L）×（1+D）×（1+1－

		L_1：鼓励开发（资本金30%）	L_2：中性开发（资本金40%）	L_3：谨慎开发（资本金45%）	L_4：消极开发（资本金50%）	L_5：限制开发（资本金60%）
$(S/L)_5$	首套限贷	18	20	22	24	25
$(S/L)_4$	二套限贷；一套首付 60%	11	13	15	16	23
$(S/L)_3$	二套限贷；一套首付 50%	6	8	9	14	21
$(S/L)_2$	二套限贷；一套首付 40%	3	4	7	12	19
$(S/L)_1$	三套限贷；二套首付 60%	1	2	5	10	17

图 6　25 层级房地产金融调控模型

P），选择修正后最接近的级别。如原有城镇级别为 L_3（地级市），调控级别为 7 级，（1 +1 − P）参数为 1.375，则修正后调控级数为 9.625，则选择最接近的 9 级调控。

五、长三角房地产调控实证案例

本课题构建的城镇化背景下新型房地产调控模型是对当前形势下房地产调控思路的一项探索，致力于通过城镇差别化调控实现住房市场供求平衡。为进一步检验模型的适用性及可操作性，本课题选取长三角部分城市进行城市调控层级测算。长三角是东部发达城市群，长期以来是外来人口流入集聚的重点区域，在城镇化背景下其人口集聚效应具有相当的典型性，因此本课题选择其中部分城市作为测算对象。

（一）数据选取

按照 25 级简化模型指标选取相应数据。对人口存量和迁徙指标采用统计局常驻人口数据，并用年度常驻人口轧差数作为人口迁徙流入量。空置率数据由于目前统计局尚未公布，因此本课题的空置率数据源于分别采集，部分城市空置率数据来自水业、电力部分的计表不走测算数据（该类测算数据更接近城市真实空置率），而另外部分城市的空置率数据来源于各类评估数据。在得到真实空置率数据后，对真实空置率进行核算处理，即减去合理的空置率水平，得到核算空置率。此外，按照实际地理数据计算 1 + D 指标，将上述数据录入 25 级简化模型，在进行初始调控层级修正后，得到最终层级。

表 1　　长三角部分城市调控层级测算

城市	2012 年常驻人口/万	2012 年新增人口/万	真实空置率	核算空置率	1 + D	初始调控层级参数	修正层级参数	最终层级
上海	2 347.46	46.46	0.044	−0.056	1	0.0728219	0.1001301	17
苏州	1 051.87	4.87	0.16	0.06	1.355745	−0.08026	−0.058371	5
杭州	880.2	10.2	0.0526	−0.0474	1.689362	0.0960287	0.1320395	10
无锡	643.22	6.22	0.078	−0.022	1.493617	0.0465956	0.064069	5
宁波	765.6	5.6	0.072	−0.028	1.625532	0.0561652	0.0772271	10
南京	810.91	10.91	0.068	−0.032	2.161702	0.0961131	0.1321555	10
绍兴	508.3	17.3	0.073	−0.027	1.668085	0.1006275	0.1383629	5
常州	496	1	0.079	−0.021	1.677447	0.0378838	0.0520902	5
嘉兴	456.27	6.27	0.069	−0.031	1.352766	0.0592644	0.0814885	5
镇江	313.43	2.43	0.081	−0.019	1.940426	0.0512246	0.0704339	5
扬州	460.05	15.05	0.1456	0.0456	2	−0.03013	−0.021913	5
泰州	562.69	101.69	0.092	−0.008	1.86383	0.3516258	0.4834855	9
湖州	293.5	4.5	0.091	−0.009	1.582979	0.0383903	0.0527866	5
舟山	113.7	1.7	0.097	−0.003	1.642553	0.0294718	0.0405237	5

（二）测算结论

通过模型测算，按照各城市相对应最接近的调控层级，测算城市基本都适用于的最低层级的（S/L）调控指标，同时按照城市级别选择适应的开发政策。其中上海采用17级调控；杭州、宁波、南京采用10级调控；苏州、无锡、绍兴、常州、嘉兴、镇江、扬州、湖州、舟山采用5级调控层级。值得一提的是泰州对应9级调控层级，主要因为其人口迁徙数据指标。除泰州外所有城市均对应最低级的（S/L）横向调控层级，原因在于人口数据所反映的人口迁徙流入量较小，可能基于统计数据的采集口径并未包含外来流动人口，此外空置率数据无官方可靠来源，也影响测算精度。

（三）几项说明

一是测算对象均为地级以上城市。城镇化背景下的新型调控模型适用于所有级别的城镇，即包括镇级以上城镇，但基于统计数据可得性和测算的可操作性，本课题选择了长三角地级以上部分城市。

二是25级简化模型在城市调控层级测算中仍具有局限性。即25个层级的划分过于粗糙和笼统，因此测算结果表现出大体一致的调控层级。实际对应于不同人口规模、级别的城市以及不同的人口迁徙速度等复杂测算对象时，需要进一步细分，精化模型，本课题仅对城镇化背景下城镇住房调控提出了新的思路，在实际调控操作中还有待深入。

三是城镇化背景下的住房调控模型是一项实证工程。测算对象及所需调控层级两者的相关性需在实践中积累数据，并加以实证分析。同时，调控层级对应的政策为断层数据，如何量化分析，有待实证研究。因此本课题构建的25级简化调控模型在一定程度上仍带有主观性。

六、相关建议

城镇化背景下的房地产调控是一项系统工程，MU—SYS模型是以新形势下的人口迁徙因素为核心的调控方式，是推进城镇化发展的配套政策，但要最大限度发挥其调控效率，仍需做好以下几方面工作：

（一）构建MU—SYS调控数据库

要最大限度发挥调控体系的调控效率，构建完善的城镇住房调控数据库是首要前提，通过数据库构建可以实现调控的精细化测度和前瞻性操作。一是完善补充关键指标数据。本课题的25级简化模型采用的指标数据均来自相近替代数据，或用评估数据，没有权威数据来源，如人口迁徙指标使用常驻人口年度轧差数，空置率指标采用水电系统内部测评或网络评估数，与现实情况存在一定差距。因此建议与统计、建设及相关部门构建MU—SYS体系调控数据库，实现城镇数据共享，提高数据来源的可靠性。二是建立政策效应评估模型。在

MU—SYS 模型的基础上，按照各级城镇的实际调控强度与市场波动构建关联模型，测试并修正 MU—SYS 模型精度，特别是针对政策数据如何量化问题加以实证分析，寻找科学的量化方式。理想的调控数据库应覆盖集聚效应明显的重点城市圈的所有级别城镇，形成一定的时间跨度数据，有条件的可考虑建立 MU—SYS 连续调控体系，以实现精细化调控。

（二）培育住房调控的市场预期

要最大化发挥任一调控方法的有效性，除提高测算精度和模型可靠性外，构建良好的市场预期和政策反应尤为关键。当调控目标和手段清晰被市场了解时，市场将自动按照调控政策发生自我调节，这是所有调控体系的最优状态。因此建议：一是提高调控的信息透明度，可以选择各种宣传方式提高市场认知度，考虑依托透明售房信息平台，按期发布住房市场变化及人口数据，及时发布住房调控政策，使市场清晰了解调控思路，形成良好的政策预期和政策反馈机制。当市场状况变化时，市场本身将根据调控体系进行自发调节。这是 MU—SYS 调控体系的理想状态，调控实践中应按照构建市场预期的高度来进行调控操作。二是配合城镇化发展政策。住房调控政策在调节市场，努力实现供需平衡的同时，更应发挥调控的主导性，不断扩大调节适应性，即在城镇化背景下不但被动做好市场调节，更应主动配合城镇化发展方向，引导人口迁徙流动，实现调控和发展的紧密结合。以调控手段配合城镇化发展政策，助推城镇化发展步伐。

（三）打造住房调控的政策合力

住房金融调控手段是城镇化背景下住房市场调控的关键手段之一，但并非全部手段。科学合理的住房市场调控将包括房管、税收等多项重要职能，因此应将 MU—SYS 体系纳入整体住房调控的政策体系中，最大限度发挥调控效果。一是实现调控政策有机融合。以城镇部门横向配合和部门纵向负责为基础，打造全方位调控网络。联合建设、税收等职能部门，按照整体的调控体系框架，共同参与政策层级细化和制定，完善横向 S/L 调控政策层级，从住房消费、使用、交易等各项环节制定无缝政策衔接和有机融合。二是构建调控矩阵组织。从各关键职能部门中抽调专家，组建住房调控专项小组，定期沟通调控职能配合工作，共同参与调试和修正调控体系，将部门职能和多样性政策融合为统一调控，实现有方向、有层级、有强度的调控合力。

参考文献

[1] 蔡昉：《中国人口流动方式与途径》，社会科学文献出版社，2001。

[2] 群高、张小雷：《基于 PSR 响应模型对乌鲁木齐市非户籍人口与房地产市场的相关性验证》，载《建筑经济》，2009（5）。

［3］沈悦、刘洪玉、郑思齐、董黎明：《住宅市场与城市经济互动机理研究综述与展望》，载《城市问题》，2006（1）。

［4］逸伦、果桂梅：《空间实体要素与城市房地产投资的关系研究》，载《热带地理》，2009（1）。

［5］周一星、孙则昕：《再论中国城市的职能分类》，载《地理世界》，1997（1）。

［6］周一星：《论中国城市发展的规模政策》，载《管理世界》，1992（6）。

浙江区域性资本市场未来发展的思考

中国证券监督管理委员会浙江监管局课题组*

多年来，浙江经济以其鲜明的民营经济特色闻名于世，浙江市场极具生命力和创造力，人均 GDP 长期名列全国前茅。但是，近年来随着国际国内宏观发展环境的深刻变化，作为推动浙江经济发展主要力量的民营经济，其“低、小、散、弱”的特点逐渐制约了浙江经济的持续发展，必须加快转变经济发展方式，推动经济转型升级。

浙江经济的转型升级离不开金融支持，但金融支持不是简单地等同于增加银行贷款，浙江省银行业存贷款比例以及银行贷款余额与 GDP 之比均远高于全国平均水平。单纯依靠信贷增长助推经济增长已不现实，必须大力发展直接融资。直接融资也不仅仅是企业上市，浙江有 90 余万家中小企业，仅有 247 家企业在沪深证券交易所上市，意味着仅依靠交易所市场已经难以满足浙江众多希望通过资本市场来走规范化发展道路的企业需求，难以满足浙江经济转型升级对资本市场的需求，必须建设一个区域性资本市场，为浙江非上市企业的集聚、各类信息的发布、投融资双方的汇集以及企业品牌的营销提供一个平台。顺应这一需求，2012 年 10 月 18 日，经清理整顿交易场所部际联席会议验收，浙江股权交易中心正式挂牌成立。

一、浙江股权交易中心发展情况

截至目前，浙江股权交易中心共有挂牌企业 591 家，其中，股份有限公司 116 家，有限责任公司 475 家，总股本 107 亿股，市值近 200 亿元；托管企业 201 家，托管股数 209 亿股；24 单私募债备案，金额 24. 8 亿元，9 单完成发行，募集资金 11. 85 亿元；各类会员 191 家，投资者 6 700 余户，成交金额 5 100 余万元（不含非交易过户）。作为多层次资本市场体系的重要组成部分，浙江股权交易中心在完善市场结构、提供综合服务平台及提升证券公司服务小微企业能力等方面都发挥了一定的积极作用。

（一）浙江股权交易中心的成立优化了浙江资本市场结构。依靠自上而下的

---

* 课题主持人：蔡建春

课题组成员：王继翔　贾　婕　谢定能　张晓昆

行政力量推动发展起来的中国资本市场，形成了与发达资本市场截然不同的“倒金字塔”形结构，20 多年的发展基本围绕交易所市场展开，数量巨大的中小企业一直是资本市场服务的薄弱环节，其融资和股权转让的需求无法通过资本市场获得有效的满足。浙江股权交易中心的成立丰富了浙江资本市场结构，为大量短期内难以登陆交易所市场的中小企业提供了综合服务平台，增强了资本市场服务中小企业的能力。

（二）浙江股权交易中心为众多中小企业提供了多元化服务。利用浙江股权交易中心这一平台，企业可以通过私募股权融资、债权融资及股权质押融资等多种方式募集发展所需的资金。更为重要的是，企业在浙江股权交易中心托管、挂牌、融资，必须在公司治理结构、信息披露质量方面达到一定的要求，客观上提高了企业的规范度、透明度，进而有利于企业价值发现、企业形象提升及企业信用增进，形成了良性互动平台。

（三）浙江股权交易中心为投资者的项目搜寻和退出提供了便利。利用浙江股权交易中心这一信息发布、汇集及企业价值发现的平台，投资者更容易发现和了解适合自身投资策略的企业及退出时的交易对手方，降低了项目的搜寻成本、信息成本及退出成本。同时，企业股份的流动和转让为投资者的进入和退出提供了一个相对公允的参考价格。

（四）浙江股权交易中心提升了证券公司服务中小企业的能力。国务院非常重视中小微企业的发展，多次提出加快丰富和创新中小微企业金融服务方式，提升金融服务中小微企业的能力。与银行、保险及股权投资基金等其他金融、投资机构相比，证券公司以往基本致力于为大型企业提供包括保荐、承销、财务顾问在内的各类服务，相对欠缺服务中小企业的经验和能力，区域性股权交易市场的发展为证券公司加强业务协同、积累业务经验、提升风控能力提供了一次很好的机会。同时，除直接从场外市场业务中获益外，证券公司也因为可以在资产管理、直投等全业务链参与场外市场而成为区域性股权交易市场建设的重大受益者。

二、浙江股权交易中心发展面临的问题

浙江股权交易中心开业以来的一年左右的时间，尽管发挥了很大的作用，但也出现了市场交易不活跃，企业挂牌热情不高，中介机构开展业务积极性不足等问题，致使市场功能未能有效发挥，市场发展的良性循环尚未形成。这既有市场主体认识不足的原因，也有体制机制上的缺陷和不足。

（一）企业挂牌热情不高。由于浙江股权交易中心在制度设计、业务规则、信息系统等方面与三板市场、交易所市场缺乏有效衔接和有机联动，未来几年内上市预期较高的企业担心在浙江股权交易中心挂牌及随之而来的股权转让可

能会影响企业未来的 IPO 进程，对参与浙江股权交易中心心存疑虑；其他企业对浙江股权交易中心为企业带来的长远、无形利益如规范企业运作、提升企业形象等缺乏认识，更多的是考虑改制及挂牌为企业带来的短期、有形成本，致使股份制改造及挂牌积极性不高。

（二）券商开展业务积极性不足，券商外机构开展业务受到一定限制。目前，证券公司在浙江股权交易中心开展业务的投入产出比远低于交易所市场的承销保荐业务，因此证券公司普遍未将区域性股权交易市场作为未来重要的业务领域进行深入拓展。省内部分私募基金、投资公司长期服务于中小企业，具有丰富的中小企业资源和较强的产品开发能力，同时又有在浙江股权交易中心开展业务的积极性，但受制于缺少证券业务资格，在开展股份转让、定向发行、债券承销、代理买卖等业务时存在法律障碍，降低了业务拓展积极性。

（三）高端专业人才缺乏。相对于成熟的交易所市场，浙江股权交易中心在市场定位、制度设计、产品开发、业务拓展等各个方面仍处于探索发展过程中，没有成熟的模式和经验可供借鉴。因此，资本市场尤其是场外市场方面高端专业人员的支撑对市场未来的发展至关重要。与上海、北京、深圳等地方相比，浙江缺乏这方面的专业人才，从国内外一流证券公司、证券交易所引进人才又受制于收入水平、社会地位、配套政策等方面的限制也存在一定困难。

（四）投资者对市场的认同度不高。作为一个新兴市场，浙江股权交易中心尚处于起步发展阶段，挂牌企业数量较少，挂牌企业的规范程度和信息披露质量有待市场检验，投资者短期内难以准确筛选投资标的和把握投资机会，因此对市场的参与热情不高。

三、关于浙江股权交易中心的几点认识

随着三板市场、券商柜台交易市场的建立，多元化、竞争性场外交易市场体系逐渐形成。作为一个仍处于探索发展阶段的区域性股权交易市场，浙江股权交易中心的定位关乎其自身的未来发展及为实体经济服务功能的有效发挥。

（一）浙江股权交易中心是企业优化融资结构的渠道。2012 年，浙江金融机构贷款余额 59 509 亿元，位居全国第二；浙江省 GDP 为 34 606 亿元，位居全国第四，金融机构贷款与 GDP 之比为 172%，全国这一比例为 129%。以全国第二的贷款余额支撑了全国第四的 GDP 发展，金融机构贷款余额与 GDP 之比远高于全国平均水平，这在一定程度上说明浙江间接金融的供给不是不足，而是有可能过多。间接金融的长期过度供给造成了浙江企业负债率偏高，相当一部分企业负债率在 70% 以上，且以短期负债为主。负债率偏高、对银行的过度依赖造成当宏观经济下行，企业经营困难时，银行信贷的收紧将进一步加剧企业困境。浙江经济的转型升级和可持续发展要求迫切需要企业调整融资结构，提高

资本比重，降低负债率。浙江股权交易中心的建立正是为企业提供了这样一个途径。

（二）浙江股权交易中心是交易所市场和三板市场的有益补充。浙江有340余万家各类经济活动单位，90多万家企业，其中70%以上的是民营企业，规模以上工业企业3万多家，但股份公司仅有1 600家左右，通过股份制改造建立现代企业制度任重道远。近些年，浙江企业登陆交易所市场的速度较快，即便如此，平均每年也只有20家左右的企业可以发行上市。目前全省仅有246家境内上市公司，仅靠交易所市场难以满足浙江众多企业股份制改造、上市的需求，必须发展新市场。三板市场的建立，在一定程度上缓解了这一矛盾，但仍有大量的非上市、非公众公司难以获得资本市场服务。浙江股权交易中心正是应对浙江经济发展实际对资本市场的需求而产生的，为浙江众多非上市公司提供了改善融资结构、规范企业运作、提升企业形象的平台，是交易所市场和三板市场的有益补充。

（三）浙江股权交易中心不是以交易为主要目标的市场。作为一个私募的小众市场，浙江股权交易中心交易必然是清淡的，交易不应成为浙江股权交易中心追求的主要目标，也不是浙江股权交易中心的主要功能。作为市场组织者、平台搭建者和服务提供者，浙江股权交易中心应重点推进企业挂牌并关注挂牌企业的信息披露，这是浙江股权交易中心发展的基础。只有通过规范挂牌企业的信息披露行为、提高挂牌企业的信息披露质量，才能吸引投资者进入市场，才能为中介机构的业务拓展和产品创新奠定基础，才能逐步发挥浙江股权交易中心的投融资功能、公司治理功能、后备资源培育功能和并购重组功能，实现浙江股权交易中心推动挂牌企业“适度融资、适度提升、适度转让”的功能。当然，这并不意味着流动性对于浙江股权交易中心不重要，但市场的流动性不应由中心直接创造和提供，而应依靠中介机构实现。

四、浙江股权交易中心市场发展建议

为推进浙江股权交易中心的发展，我们建议：

（一）证监会统筹发展各地区域性股权交易市场

目前各地都在纷纷建立区域性股权交易市场，在市场定位、制度规则、系统建设、发展模式上都不尽相同。2013年8月，国务院办公厅在《关于金融支持小微企业发展的实施意见》中指出，“在清理整顿各类交易场所的基础上，将区域性股权市场纳入多层次资本市场体系，促进小微企业改制、挂牌、定向转让股份和融资”，明确了区域性股权市场是多层次资本市场体系的组成部分。作为“正金字塔”形市场结构的塔基，区域性股权交易市场担负着为企业进入更高层级的资本市场进行基础培训的功能，基础不扎实，难免会影响到更高层级资本市场的健康稳定发展。为保障区域性市场的规范发展，建议证监会统筹协调各地区域性股权交易市场的发展，出台区域性股权交易市场发展指引，使各地区域性股权交易市场在功能定位、底线规则等方面实现协同。

（二）营造区域性股权交易市场发展的良好环境

一是建立区域性股权交易市场与三板等市场之间的有效衔接。区域性股权交易市场是交易所、三板等市场的有益补充，为便利股权交易中心挂牌企业对接三板等更高层级的市场，建议探索建立区域性股权交易市场与三板等市场之间的联动机制，在投资者适当性管理、信息披露、会员管理等业务规则及股份登记托管平台、信息系统标准等方面保持区域性股权交易市场与三板等市场的承接性和协同性。

二是支持引导区域性股权交易市场进行适度创新。区域性股权交易市场是一个私募的小众市场，从市场发展角度看，需要根据投融资双方的个性化需求开发差异化、特色化的非标产品；从风险防范角度讲，创新失败带来的风险局限于区域性市场，影响面较小，试错后比较容易及时调整。同时，区域性场外交易市场的创新经验可以为在资本市场全面推进创新提供借鉴。建议支持引导各市场主体在区域性股权交易市场进行适度创新，研究引导企业发行优先股，推出市政债，推进资产证券化业务等。

三是发行审核中适度参考挂牌企业过往的信息披露。在现有的发行体制下，审核重点是信息披露的质量，浙江股权交易中心的一个发展定位就是提高挂牌企业的信息披露质量、规范挂牌企业的信息披露行为。可以说，浙江股权交易中心的挂牌企业已经在一定程度上经受了投资者对企业信息披露质量的检验。建议在不改变现有发行审核体制的基础上，在这类企业申请发行上市时，过往的信息披露行为和质量可以作为发行审核的一个参考依据，适当加快审核速度。

四是研究成立专门服务于中小企业的专业券商。中介机构是浙江股权交易中心功能发挥的重要力量，但传统券商一方面缺乏服务中小企业的经验和人才，同时也因投入产出的短期不配比对参与浙江股权交易中心积极性不高，而未能很好地发挥应有的作用。相比传统券商，私募投资基金、投资管理公司等机构既有参与浙江股权交易中心的热情，又有丰富的私募市场运作经验、中小企业服务能力，但往往在业务开展过程中受制于业务资格的限制。建议研究成立专门服务中小企业的专业券商，鼓励上述专业投资机构申请专业券商牌照，更好地服务于区域性股权交易市场的发展。

五是地方政府积极落实推动区域性股权交易市场发展的各项财政税收优惠政策，降低市场运行成本，增强市场主体参与的积极性。同时，积极推动中小企业进行股份制改造，为区域性股权交易市场的发展提供雄厚的企业基础。

（三）建立监管部门与地方政府之间的协作监管机制，形成监管合力

作为多层次资本市场体系的重要组成部分，浙江股权交易中心的发展需要监管，监管在降低市场风险的同时有利于增进市场信用。证监会对信息披露、定向发行等具有丰富的监管经验；地方政府在协调社会资源、维护社会稳定、提供政策扶持等方面具有优势；中国证券业协会可以为浙江股权交易中心的会员管理、自律监管提供支持和帮助，共同对在浙江股权交易中心从事业务的证券公司进行监督。建议建立证监会、中国证券业协会和地方政府之间的协作监管机制，形成监管合力，充分发挥各自优势，共同做好浙江股权交易中心的监督管理，推动浙江股权交易中心的健康发展。

信息化银行建设研究

中国工商银行浙江省分行课题组*

一、中国银行业信息化发展的历程和现状

（一）银行信息化从无到有，实现了质的飞跃

回首中国银行业的信息化发展历史，以中国工商银行为例，1984 年成立之初在近乎零起点的基础上，经过几代人不懈接力，从营业网点电子化操作入手，在 20 世纪 90 年代完成构建了省级分行集中的信息服务网络，并于 2002 年完成了主机由省级中心向南、北两个数据中心的集中，到 2004 年成功实施两大数据中心的整合，成为国内首家实现数据大集中的银行，并逐渐在全球扩展。数十年来，中国银行业信息科技投入持续增长，基础设施建设不断扩展，数据大集中基本完成，应用系统建设形成规模，信息科技治理体系日益标准化、科学化。

（二）银行信息化塑造了全新的客户服务体系

随着银行业信息网络建设的深入和信息服务能力的提升，“以客户为中心”的经营模式革新正在成为现实。客户到银行网点会发现传统的冷冰冰的柜台变亲切了、自在了，排队少了，服务渠道多了。存取现金可通过自助柜员机完成，转账缴费汇款可通过自助终端完成，办理开户等传统柜面业务，可通过自助填单机和发卡机完成。一笔汇款瞬间即可划转至远在千里之外的银行账户上；通过一部电话就可以随时随地下单参与上海黄金交易所的黄金买卖；足不出户就可以完成水、电、煤气和手机费的缴纳；手持一张信用卡便可轻松畅行全球；发一条短信就可以得到金融问题的专业解答，银行信息化彻底改变了客户服务能力和服务模式，进而改变了客户生活，银行正在成为客户身边的银行。

（三）银行信息化构建了全新的银行业务运营体系

信息技术的深度应用使银行业务的集中处理成为可能，大大提高了网点的业务处理效率。业务自动化和管理信息化在银行的组织结构、业务管理、流程设计、激励机制等诸多领域的深入运用，推动了银行“流程再造”的实现。例如工商银行的业务集中处理平台，按照“受理前移，处理集中”的思想，实现

---

* 课题主持人：吴翔江
课题组成员：徐小宙　唐　亮　寿研耕　王学军　卢福祥

了企业转账、汇款、汇票和个人外汇汇款、借记卡批量发卡、银行卡申请等占用柜面资源较多、使用率高的非实时业务全面纳入集中处理，提升了柜面业务受理效率。业务集中处理以后，业务的平均受理时间为分散处理模式下的35%，但是核算质量提高了10倍；远程授权实现了授权集中，授权效率提高了5倍；授信集中审批通过将现场调查的视频、照片和资料传送到后台审批终端，由专业团队集中审批，统一了审批标准，降低了贷款风险。

（四）银行信息化促进了银行管理的现代化

信息是银行最为重要的资产，是银行业务经营的核心，是支持精细化管理、提升风险识别能力的基础，是决策层准确把握、科学决策的依据。例如工商银行近年来在内部财务管理、经营决策和绩效考核等领域做出了持续的信息化应用实践。工商银行绩效考核管理MOVA系统覆盖了工行各个层级、各个专业部门的27万用户，定制考核方案达9.7万个，实现了机构、部门、产品、客户、员工五个维度的考核评价，推动了以价值为导向的考核目标。银行业的信息化正在引发银行内部管理机制的变革，组织机构扁平化，系统协同标准化，银行经营管理水平逐步向现代企业要求靠拢，风险管理能力进一步加强。

二、从银行信息化到信息化银行的转变是银行业发展的必然要求

（一）信息化银行是商业银行转型发展的必然选择

当前世界经济结构正在全面调整，全球经济金融的一体化在深入推进，新的金融监管改革进入付诸实施阶段，金融脱媒和利率市场化在加速演进。随着新业态的不断涌现，银行客户的管理模式、运作模式、财务模式和生活方式正在并将继续发生深刻变化。中国工商银行浙江省分行行长沈荣勤指出：“商业银行的转型是对现行发展方式、增长模式、经营结构的重大调整和改造，因此必须把创新摆上更加重要的战略高度，通过引入新技术，研发新产品，再造新流程，开拓新服务，确立新模式，为转型注入原动力，提供着力点。”银行必须充分运用现代信息技术，使之融入银行服务各个环节，为客户提供全方位、高价值和个性化的服务，构建渠道网络化、产品多样化、服务精细化、使用人性化的客户服务体系，才能真正抓住客户的心，在千变万化的市场竞争中站稳脚跟。

（二）信息化银行是适应全球技术革命的必由之路

比尔·盖茨认为，互联网的发展也许有一天会令传统商业银行丧失存在的价值，成为“21世纪的恐龙”。新兴技术以新时空、新模式和新规则等特点带动相关产业发展的倍增效应，必将给金融业带来前所未有的机遇和挑战。信息化银行必须以银行核心系统建设为核心，通过对云计算、移动互联、物联网、社交网络等新技术、新方法的跟踪、消化和应用，促进银行在服务理念、组织转型、业务经营和管理创新等方面进行战略性变革，推动银行在客户服务、流

程再造、经营决策、办公协同、风险防控等方面挖潜重塑和开拓创新，从而使信息化成为银行再造的突破口，锻造信息化银行的核心竞争力。

（三）信息化银行是银行信息化推进的必然结果

银行信息化的推进是分步骤的、渐进的，我国银行业的信息化正在向纵深挺进，相较于IT建设水平的先进性，银行的经营管理模式则相对滞后。系统之间的专业分割、标准、关联非常的复杂，流程过长，运行成本高。随着银行的规模的持续扩展和国际化、综合化发展的加快，这些先天不足衍生出来的部门各自为战，信息传导迟缓，市场反应迟钝等大企业病越来越明显。为实现信息与银行经营的融会贯通，需要我们创造性地利用信息科学技术，充分挖掘银行经营运作的信息流转规律，建立基于信息集成共享的流程架构，把数据转换成有用的信息，把信息转换成知识，把知识转换成利润，形成不可复制的核心竞争力，所以必须要建立信息化银行。

三、信息化银行建设的方向和路径

（一）发展网络金融

当前商业银行与网络经济的共生关系越来越明显，银行发展网络金融不仅能使商业银行了解客户商业活动流程，掌握商业信息，也倒逼商业银行改变传统管理模式和服务方式，促进商业银行向全能服务型发展，向网络化金融转变。中国工商银行浙江省分行行长沈荣勤明确指出，银行要“适应电子商务发展潮流，以网站为切入点，研究不同类型客户群体的金融需求特征，为企业提供网站建设、在线支付、网络融资等一揽子服务，延伸产品链和服务面，实现共赢发展”。

1. 网络金融思想

网络金融需要银行关注整个业态建设，从单一产品服务开发向平台型金融生态建设转变，紧紧围绕“商业圈”、“数据圈”、“金融圈”三大核心，充分运用现代信息技术，融合贯通商业与金融各个环节，帮助客户实现跨时空、跨行业的经济资源配置，为客户提供全方位、高价值和个性化的服务。

商业圈方面，银行通过建立统一平台，聚集核心企业、上游供应商、下游分销商，嵌入跨银行支付结算功能和融资功能，使金融服务紧密渗透到企业运作的各个环节里，有效加强银行与客户的黏合度，从而聚合资金流、物流和信息流；数据圈方面，银行后台系统通过把商业圈所产生的各类数据、现有银行业务数据和外接系统的数据进行整合，建立起多元数据挖掘与分析模型，经过交叉验证，为客户信用评价、经营活动分析和推动客户间价值交换提供信息保障；金融圈方面，利用前台商圈的供应链和交易数据，通过数据分析，为客户定制高契合度的服务，将复杂的金融业务，如多种类型的结算、融资、资金管理等服务定制到客户的日常经营当中，为平台体系内的客户提供跨时空、全流程、全方位的电子化金融服务，以信息服务完成银行由资金中介向服务中介的转变。

2. 网络金融实践

工商银行浙江省分行结合浙江省经济环境，一直在探寻适合民营经济多样性和灵活性特点的平台化金融模式，并已取得了阶段性成果和经验。以工商银行浙江省分行“工银聚”平台建设为例，基本形成了以供应链企业、专业市场和公共服务平台为推进目标的平台业务模式。

具体而言，“工银聚”平台包含了以下三种落地应用模式。（1）对接模式。企业自有平台内嵌金融代理模块，与银行平台对接。比如核心企业义乌东方之星公司上游融资需求就通过其自身的贸易服务平台与工行的“易透”融资模块对接，为其上游客户提供供应链货款融资服务。在民生领域工行根据区域特点推出的社保卡，与不同医院的银医合作等均采用了此模式。（2）共享模式。企业自有平台与银行平台中的行业应用模块共享互补，同时配套金融服务模块，组装成新型行业应用的模式。比如台州伟星新材供应链销售系统，就是将“工银聚”平台中的“供应链销售”行业应用模块、金融服务模块与伟星自身的ERP系统有机结合，形成一个完整的供应链金融销售服务平台，向终端用户提供服务。（3）平台模式。对于信息化程度较低的中小型企业，按照平台型模式，由银行提供集金融服务、行业应用和企业官网于一体的完整解决方案，为企业进销存提供一条龙服务，典型案例如平湖服装城网上交易市场。

3. 网络金融推进关键点

为了构建良好的平台金融生态，需要有效解决三方面的问题。（1）可扩展性。商业信息平台与银行自身的金融系统有很大区别，其用户群体、使用方式、业务形态千差万别、用户体验要求高、需求变化快。尤其是随着客户深入使用平台，会不断提出新的升级需求。平台系统的架构设计不仅要适应客户特点和需求升级，也要预留金融服务功能的扩展空间。（2）可兼容性。个性化设计使平台实现快速落地，但批量复制推广效率较低。加强模块化设计，通过不同模块的组装，来满足同一商业模式下不同客户的个性化需求。要对行业需求进一步整合提炼，根据需求特性进行分类，将应用垂直水平切分成不同的标准模块，同时预留个性化开发空间，以兼容标准性和个性化的需求。（3）可复制性。通过业态分类、服务分层，针对不同客户的平台商业模式，构建相应的平台金融服务模板。在平台模板的基础上，针对同类业态和平台需求的客户，通过积极引导、模板复制，实现模板平台的复制推广应用。

4. 网络金融功能完善

就工商银行浙江省分行的实践经验，银行系网络金融平台当前有以下几方面功能亟待完善。（1）积极推进支付结算功能整合。研究探索支付结算的跨行跨平台模式，进一步加快支付产品的升级换代，全面满足对交易平台动态订单支付的绑定支持，加强与第三方支付公司、银联等机构合作，作为跨行收款的后台通道，创新银行自有在线支付产品。（2）进一步整合网络平台融资功能。着力加强传统线下信贷产品的网络化建设，逐步实现信贷流程电子化、客户服务网络化，并利用大数据进行交叉验证，提高审批效率；创新电商模式下的新型融资产品、积极开展全网融资、全链融资业务，对企业和个人，直接通过网络发起贷款申请、提款、放款等流程，以及多种担保方式下的随借随还，将平台融资服务的客户主体从小企业向法人、个人客户延伸。（3）加快完善金融、非金融产品服务体系。着力从业务整合层面提升平台的适用覆盖面，改造平台登录机制，逐步尝试用客户已有的银行网银账号作为网络平台的统一登录号，将银行自有的产品，以及基金、保险、理财等代理产品，链接到平台上进行销售，不断丰富完善平台的金融非金融产品体系。

（二）构建云银行体系

云计算以其高可靠性、高扩展性、通用性、按需服务和虚拟化等优点，正在快速变革着当前世界的 IT 版图。信息化银行应将云计算作为金融创新的新引擎，以银行未来战略发展思路为基础，寻找云计算与银行经营管理、客户需求的结合点，思考银行基于云的业务模式创新机会和蓝图规划，以积极的姿态迎接银行云时代的到来。

1. 客户服务云

客户服务云可以在银行信息化建设多年成果的基础上推陈出新，综合发挥银行在资源、渠道、技术和服务方面的优势，为社会提供以金融为核心的综合服务。

银行可以利用云技术实现资源的多方协同配置，打破物理网点、人力资源、业务资质等因素对银行业务发展的限制，从而将业务延伸至当前无法服务的客户群体与市场。依托音视频率等信息技术，扩大 VTM、智能终端等应用范围，进一步整合全行资源，构建“远程服务网格化、专家团队集中化”的远程银行服务模式，一方面，为智能银行、移动银行等营销服务提供“类柜面”服务支持，进一步将业务受理前移、业务处理后移，实现客户服务“零等候”；另一方面，充分整合现有的产品经理、营销专家、管理团队等中后台人力资源，突破地域、管理层级的限制，为中高端客户维护、为高技术含量产品咨询和应用提供支持。

客户服务云还可以作为提供金融信息中介服务的平台，促使银行从传统融资中介向全能型金融服务中介转变。针对浙江省民间资本发达，但客户间信息不对称情况较严重、客户交易成本较高的情况，通过在金融服务云下建立金融信息服务平台，实现融资信息、资金信息等各类金融信息的交互共享，同时发挥银行在客户评级、风险控制等方面的金融优势，为客户牵线搭桥，撮合双方需求，将大幅降低信息不对称情况和交易成本。金融信息服务平台通过服务中小企业，通过充分调动和汇聚民间资金，打破资金信息和融资需求信息不对称的局面，降低中小企业获得资金的门槛，解决融资难的问题；金融信息服务平台还能够服务地方政府，通过平台运行积累民间资本以及小额贷款公司等各类信息，经过整理和挖掘可以形成高质量金融交易指数，从而提高金融监管效率，有效防止风险。

2. 办公管理云

银行在探索研发未来的办公管理信息化进程中，可以利用“云计算”灵活整合办公信息与资源，形成一个以用户为中心，以应用为载体，以消息为主线，按需提供服务的“云办公”信息网络。

银行的办公管理是一套机构层次复杂、工作流程严谨的组织体系，很多事务都需要通过部门、用户间的流转协作才能完成，完整强大的工作流引擎将赋予“云办公”新的意义。在工作流的作用下，可以快速定义和修改事务流程、协作关系，以任务为管理线索，执行各种工作流程的调度、分发和管理。通过云技术实现对各类工作事项在云平台的流程管理，使工作处理过程更加清晰透明，职责更加明确，办事更加高效。

用户与用户、应用与应用间的协同通信是整个“云办公”体系的核心价值。我们利用软视频会议系统可以实现通信交流的协同会话和传递，利用统一通信平台可以实现邮件、文字、音视频的迅速传播和接收。日程管理、考勤管理、事务督办等一些传统单功能节点的应用服务，在“云办公”信息网络中将不再孤立，各类应用服务之间可以互相通信，协同工作，从而共同完成以往需要辗转多次，切换不同系统完成的复杂事务。

此外在银行内部管理和业务监测方面“云计算”也能发挥重要作用。以工商银行浙江省分行开发的全景监测平台为例，系统运用物联网、电子地图和GPS等最新技术，将管理信息、监控信息与地理信息有机结合，从全局的高度完成对工行机构资产、运营状况、保卫信息等各方面的实时监测，满足工行各级营业机构的监测管理需要。

3. 基础设施云

基础设施云即提供动态的基础设施，利用可按需扩展的虚拟化、融合的资源整合服务器、存储和网络孤岛，为所有可以成为各种云服务基础的数据提供一个真正的动态基础设施和单一平台，这些云服务包括存储、基础设施、平台甚至软件即服务。基础设施云核心在于基础框架的资源虚拟化。通过虚拟化及其整合的服务管理，能够为客户实现一个简化、扩展、高效的 IT 基础架构，从而灵活适应业务目标的需求，并交付更高质量的服务，为成功实现云计算打下强大的基础。

（三）迎接大数据时代

银行业天然拥有大量的客户数据和交易数据，通过运用科学分析手段对海量数据进行分析和挖掘，可以更好地了解客户的消费习惯和行为特征，分析优化运营流程，提高风险模型的精确度，从每一个经营环节中挖掘数据的价值，从而进入全新的科学分析和决策时代。

1. 打造大数据平台

银行应高度重视并积极推动数据工作，将其作为重要内容纳入银行发展战略规划。健全数据标准体系建设与管理，完善全行标准体系框架，建立结构化以及非结构化数据管理的各项标准，同时还要建立和完善标准实施的管理工作机制，明确数据归口管理部门以及各环节职责，统筹管理、分工负责，针对数据全生命周期的各个阶段制定清晰、有效的流程。健全指标服务体系，数据口径一致、标准一致，编制并发布规范统一的“数据口径”和“数据字典”，建立有效机制保障其权威性。

工欲善其事，必先利其器。当前，云计算、商务智能、分布式存储计算等信息科技技术为大数据挖掘提供了有利条件，而神经网络、遗传算法、决策树等人工智能科学的发展为复杂数据的去粗存精配备了更加灵敏的工具。因此要充分吸收科技发展最新成果，积极应用各类数据分析挖掘技术方法，加大对银行企业级数据仓库的利用广度和深度，同时还需要加快完善银行基础性数据平台功能，应用 Hadoop 技术大幅提升数据处理能力和处理效率，使系统能够满足银行在客户营销、风险监测、经营分析、绩效考核等业务领域的大数据分析需求。

2. 培养大数据人才

数据分析工作，不仅需要掌握日新月异的信息科技技术，还要熟悉银行业务专业领域知识，同时对市场具有敏锐洞察力。因此要加大金融科技部门与业务部门人员的交流和融合，在科技和业务人员中挑选优秀人才，着力打造一支数量充足、结构合理、素质优良、综合能力出众的数据分析师专业队伍，使其在相关领域开展模型研究和分析挖掘工作。并且要注意加强数据分析师与基层行的联系，数据分析师要贴近市场一线，充分听取基层行的需求和意见，并将数据分析挖掘的结果在基层行应用推广，实现“从基层中来、到基层中去”。

3. 深化大数据应用

在客户关系管理和精准营销方面要利用大数据创新营销管理新模式。充分利用数据挖掘工具，更为全面准确地分析判断客户的现时需求，预判客户的潜在需求，锁定潜在客户，实现从传统的推广型或关系型营销向基于数据挖掘分析的对客户精准营销以及金融服务过程管理的转变。首先可以从客户属性、客户行为、客户价值等不同角度对客户进行细分，针对每类目标客户制定不同的营销策略。其次可以从银行产品和客户相关特征出发进行关联分析，通过建立预测模型预估客户潜在需求和潜在利润，实现产品交叉销售。

在风险管理方面通过对企业客户信息以及经营的资金流、物流、交易信息的分析，改变以往由分支行的前台客户经理发起的分散管理模式，建立自上而下的风险识别和处置的集中管理模式。比如在信贷风险监测领域，可以通过建立信贷客户全面风险数据视图，除采集客户的财务数据、账户资金往来等传统数据外，还要纳入企业高管的个人信用数据、担保圈数据、上下游客户数据、人行征信数据、企业水电费、代发工资、仓储物流等数据，并利用大数据分析技术，建立客户全方位数据智能监测模型，及时提示和预警风险，提高信贷风险的前瞻性管理能力。

在业务流程上要通过对客户交易信息的深入分析和挖掘，进一步深化业务运营流程优化工作。重点通过客户信息的整合共享，推动在账户开户、挂失、签订协议等账户管理类交易流程的优化整合，在满足监管要求的前提下，减少客户填单或实现免填单，提升网点业务处理效率和客户体验。

在优化资源配置方面，要建立可量化的考核评价与资源配置管理体系。可通过数据分析挖掘，针对不同网点、渠道的客户需求特点和趋势，优化设备投放等资源配置，提高投入产出效率。比如在ATM资源投放和配置优化上，可对ATM一年的交易情况进行分析和跟踪，适当调整ATM的配备，提高资源产出效率。

在产品创新和持续改进方面要加大对客户行为数据的分析和挖掘。发现用户使用产品的规律，并将这些规律与产品需求相结合，可以让产品设计部门更加详细、清楚地了解用户的行为习惯，并发现目前产品需求和设计中可能存在的问题，并为进一步产品创新和优化完善提供依据。

（四）深化移动互联应用

移动互联是互联网业态的又一次革命，未来将是万物互联的移动社会。银行必须直面这一趋势和其中蕴含的商业蓝海，着手打造集金融、商业和生活于一体的移动金融体系。

1. 移动应用

移动金融应用以手机银行为典型代表，把其他渠道的一些账户应用移植到手机上，让客户可以自助进行余额核对、资金转账和交易提交，同时传送为顾客量身定做的公共或私人信息。

移动生活应用例如每个月的水费、电费、煤气费，不定期的话费充值，对时间、空间的要求较高，可以通过移动客户端、手机短信进行缴费单的推送，及时告知客户欠费和需缴纳的费用情况，同时只需回复短信或进入移动客户端进行简单的操作就可以完成缴费充值，相比传统的缴费方式，将带给客户更多便利和快捷。

移动理财着眼于满足客户对理财需求的多样化和方便性。浙江工行推出的“微理财”系列产品利用微信强大的客户传播效应，结合传统便捷的短信、电话渠道实现掌上理财，突破时空限制，随时随地为客户提供理财产品购买服务，业务一经推广就取得了良好的市场份额。

移动预约应用使用 LBS（基于位置的服务）技术，使得更多基于用户定位的服务变成了现实，我们可以获取周边最近的银行网点信息、排队忙闲信息，为客户提供银行服务预约、身份识别、ATM 手机取款、交易引导等服务，这种新型的体验只有基于移动银行才能实现。

2. 移动支付

移动支付本质是智能化、网络化、虚拟化的银行卡支付，是金融创新与移动互联技术发展融合的产物，能够有效整合金融芯片卡、移动电子商务、物联网等新兴技术，是未来金融芯片卡渠道拓展和一卡多应用创新的主要方向。

手机近场支付依托于智能芯片卡的一卡多应用技术，通过开发搭载银行卡功能的多形态手机支付卡，使传统手机同时兼具非接触式介质信用卡的各项支付特性。银行应加快非接触式芯片卡受理环境建设、加强移动小额支付产品开发，尤其是拓展电子现金在公共交通、公用事业、餐饮服务等快速消费领域的使用范围，使更多客户随时随地享受手机近场支付带来的高效、便利、安全的银行服务，逐渐培养持卡人的用卡习惯，并最终实现“消灭信用卡”的目标。

移动远程支付是传统互联网支付的延伸，将非面对面的网上银行和网上购物搬到移动互联网上，使客户可以不受时空限制完成银行转账、信用卡还款、缴费充值、电子商务等功能，充分发挥银行在支付领域的优势，整合短信银行、电话银行、手机银行、电视银行等现有平台开发的符合移动支付特点的快捷支付产品，为客户提供方便的个性化金融服务和更为快捷的支付渠道，以应对传统电子商务快速向移动商务转移的趋势。

移动电子商务融合了线上支付和线下支付的特点，以智能手机终端为载体，利用 LBS、语音识别、二维码等新兴技术，开发移动支付客户端程序，实现“线上交易线下支付、线下交易线上支付”的完美结合。能满足客户在不同时间、不同地点、使用不同手机支付方式进行交易支付的市场需求，为商户提供低成本、高效率、全方位的移动支付整体解决方案，为消费者提供安全、便捷、灵活、无处不在的移动支付产品。

3. 移动网点

随着银行同业竞争的日益加剧，作为传统服务载体的银行网点正在加快向智能化、集约化、虚拟化转型，而移动互联技术的发展则为网点转型注入了新的力量，利用互联网络和移动通信技术，构建实时服务与非实时服务相结合、柜面服务和虚拟服务互为补充、现场服务和远程服务协作处理的多层次客服体系，提升客户服务效率和水平，从而促进银行由现在以实体网点服务为主向以虚拟网点自助服务为主转型，在服务、技术和渠道等方面的竞争中取得先机。

银行利用无线技术实现柜面终端的可移动化，使银行业务开展不再受地域限制，可根据实际需要为集团客户提供批量化、集约化的上门服务，为大力推广“走出去”营销模式提供服务支持；利用无线技术使ATM、自助终端具备更多的灵活性，并且通过客户群分析实现自助设备功能的分类，在社区、集市、医院等客户集中的区域为客户提供按需服务，实现银行网点的有效延伸。

四、结束语

信息技术导致产业发展的洗牌效应和倍增效应日趋明显，“其兴也勃焉，其亡也忽焉”，大量新兴企业的成功和老牌企业的衰亡案例告诉我们，过去的价值并不能代表未来的地位。信息化背景下的经济对市场的每个参与者来说都是一片蓝海，我们今天看到的也许是沧海一粟，冰山一角，从长期的视角来看没有先来后到者，每个主体都面临着机遇和挑战的并存。当前银行业的应对之道需要时间长河的检验，它“不是挑战的结束，甚至不是结束的开始，但也许是挑战开始的结束。”作为银行业的佼佼者，我们必须克服身处温室的舒适错觉，时刻保持危机意识；我们要有跟踪新技术的敏感性和勇气，积极投身于大数据、云计算、平台金融、移动互联等新兴领域；我们要勇于跳出固有思维模式，不断创新理念，布局新领域，承担起未来赋予我们的使命。

参考文献

[1] 黄铠、福克斯、唐加拉：《云计算与分布式系统：从并行处理到物联网》，机械工业出版社，2012。

[2] 胡世良：《移动互联网商业模式创新与变革》，人民邮电出版社，2012。

[3] 姜奇平：《互联网对银行核心竞争力的渗透史》，载《互联网周刊》，2012（3）。

[4] 迈尔·舍恩伯格：《大数据时代》，浙江人民出版社，2013。

[5] 谢平：《互联网金融模式研究》，中国金融四十人论坛网站，http：//www.cf40.org.cn，2012。

浙江农信支持农业生产经营体制创新的路径研究

浙江省农村信用社联合社课题组*

一、农业生产经营体制的创新催生出新的金融需求

（一）农业生产集约化经营，催生规模化金融需求。近年来，农村土地、生产资料、农业工具等主要生产要素逐步向种养植（殖）大户、农业龙头企业集中，农业资源集约化势头明显，现代农业的经营效率不断提高。农业金融需求由过去的“散、小”向规模化金融需求转变，对大型农业机械采购、冷库储存、节水灌溉等农业基础建设、生产设施设备的投入要求增多，农业生产的固定资产融资需求增多，融资期限也逐渐转向中长期。

（二）农业经营主体更趋多元化，催生特色化金融需求。近年来，现代农业公司、农民专业合作社、联合经营户、家庭农场、专业大户、兼业经营等新型农业经营主体蓬勃发展，基地化生产、工业化管理、市场化经营的现代农业公司逐步增多。多元化的新型农业经营主体要求金融机构在产品设计、准入标准、信贷政策、风险控制等方面进行特色化的设计和安排，由此催生了一系列特色化、专业化的金融需求。

（三）农业产业链双向延伸，催生全方位金融需求。现代农业发展中，农业前、中、后产业链条各环节结合更加紧密，“公司+基地+农户”、“公司+专业合作社+农户”、“农超对接”、“订单农业”等产业链合作模式成为常态。农业产业链加快发展，使得各类农业经营主体的利益联结更加紧密，资金循环体系更加健全，抗风险能力明显增强，为金融机构开展全流程的产业链金融创造了有利条件，同时对全方位、综合性的金融服务提出了更高的要求。

（四）农业功能向纵深演变，催生创新型金融需求。现代农业对现代经济社会的推动功能不断增加，农业与第二、第三产业加速融合，形成了有机农业、循环农业、生物能源农业、休闲农业和文化创意农业等多种新型业态。新型农业产业形态通过公司化运营，对引入资本、发行债券、管理咨询、现金管理等

---

* 课题主持人：王越萍

课题组成员：潘金波　郦　慧　刘伟强　罗妙娟　戴欢姣　俞广敏

非信贷类的金融服务需求明显增多，对农业投资基金、租赁融资、信托融资等多样化融资需求日益增长，要求金融机构提供创新型金融解决方案。

二、新型农业生产经营体制的创新对浙江农信带来了金融挑战

（一）贷款额度较小、融资期限较短，新型经营主体贷款难问题依然存在。据课题组调查，浙江农信系统内绝大部分县市级行社扶持家庭农场的数量都为零；作为新型农业经营主体，一些专业大户、家庭农场依旧被作为普通农户来放贷，合作社作为法人取得贷款仍然非常少，小微涉农企业申请贷款也很困难。不仅资金规模难以满足需要，而且从期限上来看，小额农贷的贷款期限多为1年，采取“春放秋收冬不贷”的操作模式，不符合新型经营主体产业链逐渐延长下的经营周期、销售周期，更难以满足其对于固定资产投入的中长期融资需求。在目前的农村金融市场中，这些新型经营主体仍是信贷需求满足程度较低的群体，也是最迫切希望解决贷款难问题的群体。

（二）融资渠道狭窄、信贷品种单一，不利于新型经营主体做大做强。随着新型经营主体特别是农业龙头企业的不断发展壮大，其金融需求呈现多元化、多层次。课题组抽样调查，浙江农信仍有部分行社只能提供传统的“存、贷、汇”老三样服务，服务方式单一，结算手段落后，债券等融资方式基本没有，金融支农后劲明显不足。

（三）农业保险不足、赔付比率较低，新型经营主体面临规模化风险。当前，农业保险覆盖率低，政策性产品种类少，农业保险业务占比一直处于低位徘徊，客观上也影响了浙江农信支农的积极性。即使在农业保险已经覆盖的地区，保险公司在核算生产成本时，还是将新型经营主体视为普通农户，未将土地流转费用计入成本，一旦发生自然灾害，保险赔付数额常常还不够支付土地租金，难以发挥对新型经营主体的保驾护航作用。

三、造成新型农业经营主体金融困境的主要因素

（一）农村金融制度的制约是首要因素。主要原因与农村金融制度的诸多方面都存在制约有关，如监管政策较其他金融机构严厉，自身产品的不完善性，科技支撑的薄弱化，人员队伍的老化，制度的缺失，等等。

（二）土地等财产抵押变现难是最大瓶颈。由于新型经营主体发展刚刚起步，普遍固定资产较少，而承包、流转的土地，宅基地及以上的房产等由于受到法律的约束难以抵押。

（三）商业化取向与支农责任的矛盾是根本原因。农村金融由于成本高、风险大、收益低的特点，特别是农信社改制成股份制商业银行后，在商业化驱动下，一些原本定位于服务“三农”的农信机构，也转型为市场化操作方式，有

的甚至出现了离农进城态势，网点和服务一起减少；农村吸储多，放贷少，存贷比严重失衡，实际上成为农村资金的“抽血机”，很难真正满足农村发展的金融需要。现有的鼓励农信机构支农的财税、货币、监管等优惠政策力度薄弱，还难以弥补农信社支农的机会成本，不足以调动其自觉支农的积极性。

（四）农业风险分担机制缺失也是关键因素。农业面临的自然风险大，操作成本高，以追求利益最大化的商业保险公司不愿意进入农村市场；而政策性农业保险则由于保费分担机制不完善，政府补贴不高，其发展受到了制约；我国又尚未建立农业再保险制度，农业再保险服务极度缺乏，农保公司实际上也面临高风险，一旦发生巨灾，农保公司难以独立承担赔偿责任，因此对农民的保险力度有限。

（五）新型经营主体规范水平不高是一大障碍。新型经营主体还处于起始阶段，管理上还不够规范，内部规章还不够健全，财务信息的透明度也较差，也缺少长远发展规划和目标，使金融机构难以判断和评估其信贷风险，客观上制约了银行金融服务和信贷资金的有效投向。

四、金融支持农业生产经营体制创新的积极意义

（一）集约化经营呼唤规模化金融需求。新型经营主体因为经营规模大、设施装备先进，需要承担较多的土地流转费、农机购置费等投入，融资总量由过去的“散而小”逐渐向规模化金融需求转变。随着生产集约化、机械化程度的不断提高，对仓储设施、信息化设备、农田水利等基础设施设备的投入增多，产生大量固定资产融资需求，且融资期限还由周期性生产贷款向中长期延长。

（二）多元化主体要求特色化金融服务。传统农业生产中，金融需求以农户贷款为主。新型经营主体则包括家庭类、公司类、互助合作类，经营规模大小、产业纵深程度、法人地位差异，带来融资需求的多样化。单一的以放贷为主的金融服务难以满足其整体要求，引入资本、发行债券、管理咨询、现金管理等非信贷类银行服务需求明显增多，客观上要求金融机构在产品设计、服务内容、准入标准、风险控制等方面进行特色化的设计和安排。

（三）产业化发展期待产业链金融支撑。新型经营主体的发展使传统生产环节的信贷需求，逐渐向农产品加工、流通、销售多个环节乃至全产业链延伸，对全方位、综合性的金融服务提出了更高的要求。而随着“公司＋合作社＋农户”、“公司＋家庭农场”、订单农业等产业链合作模式常态化建立，各个经营主体之间联系更加紧密，为金融机构开展全流程产业链金融服务创造了有利条件。

（四）市场化取向呼唤抗风险型金融保障。对于新型经营主体而言，几乎把全部身家都投入其中，一旦出现自然风险和市场风险，打击可能是毁灭性的。因此，在经营中对农业保险、期货套期保值等抗风险型金融需求强烈，也要求

我们必须更加重视健全农村金融风险转移和补偿机制建立。

五、浙江农信支持农业生产经营体制创新的基本原则设想

（一）坚守一条底线。创新农业生产经营体制必须守住一条底线，就是要尊重农户的生产经营主体地位，保障农民的土地承包经营权，真正做到现有土地承包关系保持稳定并长久不变。

（二）抓住两个关键。创新农业生产经营体制必须抓住两个关键，一要着力培育新型农业生产经营主体，二要着力构建农业社会化服务新机制。

六、浙江农信支持农业生产经营体制创新的路径选择

（一）突出金融支持的重点领域

1. 抓重点，加大对农产品规模化生产的金融支持力度。督促县级行社结合当地实际，继续做好粮食生产能力建设工程金融服务工作，以粮食生产核心区及非主产区的粮食生产地区为重点，支持粮食生产基地建设。支持新一轮“菜篮子工程”，支持园艺作物标准园、蔬菜集约化育苗基地和设施蔬菜基地建设，推动畜禽标准化规模养殖和水产健康养殖。推动主导产业突出、集聚效应明显、产业链条完整、辐射带动能力显著的国家级和省级农业产业化示范基地创建。

2. 扶农头，加大对农业规模企业的金融支持力度。支持辐射能力突出的农业龙头企业大力发展订单农业，带动农户增收致富。支持省级以上重点龙头企业提高产品科技含量，加快新技术、新工艺的研发推广和应用，促进涉农产业和产品升级。支持行业内具有强势市场地位的龙头企业通过标准化基地建设、创新流通方式，向产业链上下游延伸，实现产供销一体化、种养加一条龙式发展。支持具备较强扩张能力的龙头企业通过完善治理结构、兼并重组、开拓国际市场等方式，积极培育全球领先的农业产业化企业集团。

3. 找载体，加大新型农业经营主体的金融支持力度。重点支持联户经营、专业大户、家庭农场和农民合作社等新型生产经营主体。积极支持具有原材料采购、市场销售等比较优势，且运作规范的联户经营、专业大户、家庭农场、农村合作组织等新型经营主体。以省农业厅和省农办确定的农村专业合作示范社、农村土地流转规范化管理和服务试点地区内的家庭农场为重点，促进农业生产经营的组织化。积极支持农业强县（市）经营实力强、管理规范的农民专业合作社，重点支持农业产业链上的龙头企业发起的合作社，重点支持国家级示范社，择优支持省级示范社。按照“宜社则社、宜户则户”的原则，在加大对农民专业合作社信贷支持的基础上，批量开展对合作社成员农户的信贷支持。

4. 强基础，加大对农业配套设施建设的金融支持力度。进一步加大对大型水利枢纽和重大水利工程项目的支持力度；积极探索参与中低产田改造、高标

准农田建设、大中型灌区改造、排灌泵站更新等农田整治工作。支持现代农产品流通体系，支持重要农产品和优势农产品批发市场、农产品现代流通综合示范区建设工作，为大型农产品流通企业提供综合性金融服务；推进省农业厅定点批发市场的设施改造与功能升级；加强与供销合作总社的合作，支持“新农村现代流通网络工程”基础设施建设；推动农超对接，降低农产品流通成本。

5. 重投入，加大对农业生产科技项目的支持力度。以现代种业、高效安全肥料、农药、兽药研发和农业科技项目转化为重点，以核心区企业为载体，支持高新农业示范区、省级农业科技园区建设。为农业科技研发、新技术推广和农产品生产加工技术升级提供资金支持。探索支持生物育种等战略性新兴产业。大力支持大中型农机制造装备业发展，为先进适用、安全可靠、生产急需、节能减排的农业机械生产研发提供资金支撑，大力扶持设施农业发展。

（二）完善金融支持的保障体系

1. 积极进言献策，努力争取农业金融补偿政策。由省农信联社牵头，当好省政府和有关部门的参谋，推动有关部门加大对农业金融扶持的补偿力度。建议由政府牵头成立包括财税、金融监管部门、金融机构、农口部门等相关单位参加的支持现代农业发展联席机构。在财税方面，建立省级财政金融支农风险基金，为政策性信贷提供贴息和补偿。对农业贷款达到一定比例的农信机构，减免其营业税，降低或返还其所得税。在货币政策方面，完善差别存款准备金和利率政策，对农村商业银行实行与合作银行、信用联社同等的存款准备率，鼓励和引导农村商业银行经营和拓展农村金融业务。加大“财税 + 保险 + 担保 + 期货”的风险补偿力度，对农信机构开展的低收益、高风险的农贷业务，由各级政府和财政部门适度提供利差补贴和呆账贷款损失弥补。

2. 突破制度瓶颈，加快建立农村抵押登记制度。加快将林权、土地使用权等不动产和农业机器设备、农用车、农产品等动产引入农村信贷业务。破解农村土地经营承包权、农村居民房屋权、林权、农机具所有权和经营权、农村集体建设用地使用权、库堰塘水域和海域承包经营权这“六权”抵押担保难的问题。

3. 加强对外合作，健全完善农业风险分担机制。积极向省政府建议，组建符合农村经济发展需要的政策性担保公司，鼓励建立民间出资的商业化担保公司和会员出资的会员制担保公司，发展壮大农村互助担保组织，缓解农民贷款担保难问题。加快推进农业保险和再保险发展，为农业保险、再保险提供税收优惠。加快推进农村征信体系建设，建立农业企业和农户信用信息基础数据库，使征信系统建设和征信服务覆盖到广大农村和农民。

（三）提升金融服务的持续能力

1. 健全机制，加大对农业生产经营体制创新的长效投入。全省农信系统应充分认识现代农业发展中存在的金融商机，把现代农业作为当前信贷的投放重点领域，优先保障其信贷规模需求。特别是对形成规模的农业经营大户、发展前景好的现代农业金融产品，在信贷规模核定上体现差异化安排，给予适度倾斜。在内部管理上，要进一步明确现代农业金融业务的业务范围，探索建立内部专项工作考评机制，对现代农业金融业务情况定期考核、自我评估。对风险控制水平好、定价能力强、服务效果突出的分支机构和基层网点，专配奖励工资和营销费用，同时在零售产品计价、年度条线工作考评和评先评优等方面给予倾斜。

2. 积极探索，创新支持农业生产经营体制创新的服务方式。在组织形式上，探索在现代农业资源丰富、客户集中的区域，建立特色农产品行业的专营机构。在营销服务上，推广实施涉农贷款链式营销，发挥龙头企业和主导产业的辐射带动作用，在做好法人客户业务的同时，拓展与主导产业密切相关、具有一定规模、收入稳定的农户群。在业务流程上，提高农户金融服务集约化水平，做到集中审查、集中审批和集中贷后管理，充分发挥利用技术手段和现有系统优势，提高贷款运作效率。

3. 分类管理，对不同涉农行业实施差异化的信贷政策。结合行社实际，完善涉农行业政策，根据现代农业的细分行业特点，制定差异化的信贷政策，实现对主要涉农产行业的基本覆盖。完善差异化的区域信贷政策，针对区域农业特点，出台区域性信贷政策。鼓励分支机构和基层网点围绕国家农业和农村经济战略布局，制定一揽子差异化的区域信贷政策。

（四）强化金融服务的创新提升

1. 深化全省农信系统产品和服务创新，多渠道满足新型农业经营主体的金融需求。要灵活运用风险补偿、贴息、奖励补助等财政手段，引导信贷资金投向“三农”。落实加强农户金融服务、新型农村金融机构定向费用补贴和县域金融机构涉农贷款增量奖励政策。各行社要不断创新金融产品和服务方式，加大对农业产业化的贷款扶持力度，扩大贷款担保抵押范围和品种，降低龙头企业和农户融资成本，鼓励龙头企业和农民专业合作组织设立担保机构或分支机构，落实农业保险政策。

2. 积极引导培育土地承包经营权交易市场。建议有关部门加快土地承包经营权确权登记工作，推动土地承包经营权的资产化、股权化和市场化，有效解决农民的抵押难问题。

3. 加大对龙头企业授信业务的产品和服务创新力度。要加大对农业产业化发展的信贷支持力度，重点支持一批市场前景好、发展潜力大、带动能力强的龙头企业建设项目。要针对龙头企业和农户金融服务需求的特点，开发专门的龙头企业贷款、贸易融资、贴现、保理、贷款承诺、保证、信用证、票据承兑等表内外授信和金融业务产品和服务，鼓励各行社发展保单、仓单等质押贷款，推广林权、商标权、知识产权、股权抵（质）押贷款，大力推广农户种植养殖业订单贷款、“公司+农户”贷款等。

4. 为诚实守信的龙头企业和农户开辟贷款“绿色通道”。进一步完善龙头企业贷款授权授信制度，完善农户小额信用贷款和农户的联保制度，减化贷款手续，缩短办理时间，在手续齐全的条件下要在柜台一次性办结。推行信贷关系建立、评级、授信“三合一”，提高贷款效率。进一步扩大小额农贷的对象和范围，将贷款对象由传统的种养户扩大到加工户、个体工商户、科技示范户等，提高小额农贷额度。建立农户经济档案，做好申请贷款农户的信用等级评定和有信贷需求且具备偿还能力的农户授信工作。要严格控制龙头企业和农户的贷款利率水平，切实降低龙头企业和农户融资成本。

（五）改善金融服务的综合环境

1. 构建内外合作和银企联动机制。要积极搭建企业合作平台，通过举办银企对接会和网上金融超市等活动，开展多形式、多层面的银企对接，建立融资协商长效机制，互通企业经营、融资状况和金融产品、信贷流程等信息，提高农业产业化龙头企业融资效率。加快推动以农民专业合作社和农民青年示范户信用信息采集和信用评价为切入点的农村信用体系建设工作。依据信用评价结果对农村经济主体提供相应的金融支持，改善农村地区金融生态环境。积极推进诚信体系建设，健全龙头企业和农户诚信评价、信息披露制度，引导龙头企业和农户诚实经营，建立健全龙头企业和农户信用红黑名单制度。依法打击恶意逃废债行为，切实维护金融债权，营造良好的信用环境。

2. 加强对经营主体的综合指导和服务。各行社要加大对新型经营主体在科技服务、政策咨询、市场信息、产品营销等方面的指导，帮助其提高应对市场风险和自然风险的能力；要引导新型经营主体规范经营管理，完善家庭农场的认定标准、登记办法，加强农民专业合作社规划建设，引导建立规范的组织结构和内部管理制度，指导涉农小微企业完善管理制度；要转变观念，充分认识到新型经营主体相较于普通农户在经营能力、规模生产中的巨大优势，为其涉农业务的发展提供更宽阔的盈利渠道和增长空间，从而以更积极主动的姿态去开拓农村市场，加大对新型经营主体的金融综合服务。

（六）强化金融风险的管理防控

1. 加强客户准入，强化源头管理。密切跟踪联户经营、专业大户、家庭农场等经营主体主管部门管理政策实施情况，对新型农业经营主体实施名单制管理。在信贷支持过程中，要对借款人主体资格、借款用途、生产和管理水平、销售目标市场、还贷来源和担保能力等进行严格审查，重点选择规模较大、信誉较好、经营效益较高的经营主体给予支持。

2. 创新担保方式，降低信贷风险。在采取专业担保公司担保、公司担保和自然人担保等方式的基础上，应充分考虑家庭农场等新型农业经营主体缺少担保物的实际，对农机专业户购置机具和经营性资金需求可试点农机具抵押；关注各地农村土地流转服务体系建设情况，在风险可控的前提下探索土地经营权抵押；对具有较大规模的专业大户、家庭农场创新仓单质押和应收账款质押，对资信状况良好且符合相应条件的新型农业经营主体以信用方式发放贷款。

3. 严格贷后管理，加强跟踪监测。由于新型农业经营主体风险管理特点与一般农业经营主体存在较大差异，应根据客户特点制定有针对性的风险管理措施。同时，加强客户跟踪管理，及时掌握其生产经营情况，加强资金流向监管。对采取创新担保方式的，必须要加强抵押物监管，防止抵押物悬空风险。

4. 关注政策变化，把握行业动态。由于新型农业生产经营主体所在行业市场波动较大，要密切关注行业发展趋势，及时掌握行业信息，开展行业发展趋势和市场走向的研究。加强与当地政府涉农部门的联系，建立信息沟通机制，密切关注地方政府扶持政策的调整和产业整合状况，有效规避政策风险。

参考文献

[1] 方智君：《关于金融支持家庭农场的几点思考》，载《绍兴农村合作金融》，2013 年卷。

[2] 王建超：《走访全市首家“家庭农场”后的思考》，载《绍兴农村合作金融》，2013 年卷。

[3] 徐红玲：《对上虞市农民专业合作社经营发展及金融支持的调查与思考》，载《绍兴农村合作金融》，2013 年卷。

[4] 徐栋：《金融支持新型农业经营体系亟待发力》，载《金融时报》，2013－03－18。

商业银行金融产品创新及其风险防控的研究

中国建设银行浙江省分行课题组*

一、金融产品创新概述

（一）金融产品创新的含义和作用

金融产品创新是商业银行运用新思维、新方式和新技术，在金融产品或服务、交易方式、交易，以及金融市场等方面的创造性活动中，实现银行经营利润最大化和风险最小化的一系列经济行为过程。简而言之，商业银行金融产品创新是指商业银行通过不断创造、引进、模仿和推广新的金融产品，来满足人们不断增长的金融消费需求。金融产品创新是一个相对概念，它不仅仅指银行业对产品进行的完全自主的原创性开发，还包括引入国外已经成熟的金融产品，对原有产品的功能进行拓展、产品间的组合和重新组合，产品的重新市场定位等。金融产品创新保证了金融产品的多样化和服务的特色性，可使客户从中得到方便和利益。

商业银行金融产品创新是商业银行创新的最直接和最典型的表现形式。商业银行金融产品创新的重要现实意义和作用具体体现在以下几个方面：

第一，金融产品创新是商业银行防范和化解金融风险的有效途径。金融产品创新是一种完全基于市场的风险化解和防范机制。首先，金融产品创新必然伴随着金融机构和金融产品的日益丰富，从而使金融部门能运用各种金融产品来消化经营风险，这是一种较之冲销呆坏账更为积极有效的方法。其次，金融产品创新的基本方向是融资证券化，这将使融资性金融产品拥有很强的流动性、创新性和多样性，这种创新性和多样性对金融业务运行具有调节功能，能有效引导商业银行实现稳健经营。再次，金融产品创新能推动金融市场向前发展，以实现风险的社会分散化。

第二，开展金融产品创新是我国商业银行增强盈利能力，实现可持续发展的关键。随着资本市场和信息技术快速发展而产生了“资本性脱媒”和“技术性脱媒”的趋势，传统的以利差收入为主体的单一收入结构已严重制约了商业

---

* 课题主持人：李晓虹

课题组成员：徐　光　田　芳　邓嫦琼　陶　懿　吴云剑

银行盈利能力的增强，影响到商业银行的可持续发展。尽管商业银行是经营信用和货币的一种特殊企业，它也是通过出售产品和劳务来实现发展的，金融产品的升级换代、金融产品结构的优化调整、新金融产品的设计、包装和推广，对于商业银行的可持续发展具有决定性的意义。

（二）金融产品创新的产生及效应

究竟是什么原因导致了新的金融产品层出不穷？各国经济学家对这一问题的解释众说纷纭，如货币因素说、技术发展说、回避管制说等，均从不同侧面说明了某一因素对金融产品创新的作用或影响却忽视了各因素之间的相互作用和合力。本课题认为，当代金融产品创新的产生不是简单地由某一因素所致，而是由社会、经济环境的变化而引发或推动的，具体表现为以下几点：一是新科技革命的兴起，“第四次产业革命”有力地刺激了以金融产品创新为主的金融创新，大大提高了金融机构的创新供给能力；二是变动中的金融管制环境，金融管理当局与金融机构处于彼此不断适应的过程中，当现行管制不能适应金融发展要求时，金融机构会通过规避性创新来冲破障碍，而这又触发了针对监管的新一轮创新；三是金融的快速发展，一方面商品经济的迅速发展对金融产品和服务提出了更高的标准，促使金融业开辟新的发展空间，另一方面，在任何情况下，竞争都是刺激创新供给的有效因素。

金融创新可以对风险进行规避，可以帮助金融机构获得更大的收益，这是金融创新的魅力体现：一是促进金融产品多元化，满足客户需求，金融产品创新个性化、多功能化、高附加值和自主化的特点使其超脱营销领域的低层次竞争；二是提高金融机构的盈利能力和避险能力；三是提高金融市场的有效性，金融产品的不断创新促使金融市场日趋成熟，降低交易成本，市场有效性不断增加。

然而，金融产品创新是一柄“双刃剑”，几乎每场金融风暴都与其负面效应息息相关，主要体现在：一是金融产品及其交易越来越脱离实物资产，其高虚拟和高杠杆性加大了市场的虚拟性和波动性；二是金融产品创新的同时也带来了新的风险，特别是各种衍生金融产品本身就带有一定程度的风险；三是削弱了货币政策的发挥，表现在对政策工具、中介目标和传导过程的影响，尤其是“金融脱媒”现象直接加剧了经济生活的不稳定性；四是对货币供给产生较大影响，即对基础货币和货币乘数。

（三）我国金融产品创新中存在的问题及原因

1. 存在的问题

由于我国的金融市场体制尚未完善，国有商业银行目前正处于向现代商业银行转型的过程中，银行在管理机制、经营机制、科技水平、服务意识等方面还不能够完全适应现代商业银行的运作模式，在金融产品创新上存在不小的压力和不少问题：一是产品创新起点不高、产品功能差异较大。金融创新的理念如空降兵，在短时间内席卷而来，各金融机构、金融专家还没厘清创新的概念就盲目开发，急于推陈出新，导致产品功能不全；二是我国金融机构只强调竞争不注重合作，造成在创新过程中大量的重复劳动，加大创新成本；三是产品独创性低，同质化现象严重。目前我国 85% 的金融产品借鉴了国外的创新，同时现有金融产品都是由各金融机构的总部设计出来后，从上到下一级一级照搬不误地推行，没有充分考虑地区的差异性，导致金融产品同质化不断加剧；四是缺乏必要的风险约束。当前我国金融产品创新与金融规范之间有较长的时间间隔和较大的空间差异，使得这种创新具有较大的随机性，容易带来风险隐患。

2. 我国金融产品创新滞后的原因

一是体制创新落后。我国的金融体系改革始于 1987 年，目前虽然已经建立了比较完善的金融体系，但我国的金融体制改革仍然显得落后。其主要表现为：（1）产权制度尚未真正建立；（2）四大国有商业银行改革缓慢，影响了国有商业银行资产质量的提高和金融产品创新的发展；（3）体制改革落后，导致我国的金融组织体系条块分割，相互不能形成统一体，从而给新产品的推广和应用带来不小的阻力。

二是缺乏对金融产品创新真正意义上的理解，创新的动力不足。无论是金融监管机构还是金融机构，都不同程度地存在对金融产品创新的误解。一方面，国际上运用多年且实践证明是非常成熟的金融产品，经常被人为地视为不符合中国国情而束之高阁；另一方面，金融机构的管理高层出自于“一放就乱，一管就死”的恶性循环的顾虑而裹足不前。

三是缺乏足够的科技技术支持。由于受实力和水平的限制，多年来技术性金融产品创新日益成为我国金融机构金融创新中最薄弱的环节。电子网络的建设中，不仅各家金融机构互不兼容，即使是同一系统的各分支机构之间也各自为战。一个全国性的资金汇化、信用卡结算、电子汇兑系统尚未形成。

四是缺乏适宜的金融产品创新环境。金融创新需要适宜的金融环境，而我国目前在金融管制方面、在经济环境方面、在金融机构自身的经营机制方面，都存在着制约金融创新的障碍。与国外金融机构相比，我国金融机构在金融产品创新过程中受到诸如利率、外汇管理等政策方面的限制还比较多。

二、金融创新风险概述

（一）金融创新风险的含义和成因

1. 金融创新风险的含义

金融创新风险是金融风险在金融创新方面的具体表现，是金融创新过程中，创新供给主体的创新措施不能顺利实施，或者是创新收益遭到损失的可能性，它包含两方面的含义，一是金融创新主体在进行金融创新（金融工具创新、金融市场创新、金融技术创新、金融制度创新等）过程中所面临的不确定性，我们称为初始风险；二是指金融创新后在其运用过程中给金融机构或金融体系及社会所带来的不确定性，称为继生风险。初始风险和继生风险是金融创新在设计、开发、传播、运用过程中的不同阶段产生的风险，是创新风险的两种不同类型，但都属于创新风险。

金融创新风险不同于产业创新风险。首先，产业创新风险主要存在于创新成果的市场认可度及潜在收益的获得程度，而金融业是一种特殊的产业，它不仅具有一般产业创新的风险，而且还具有信用风险、利率风险、汇率风险等特殊的行业风险，还有些金融创新在追逐利润时也制造出了新的风险。因此，相比而言，金融创新风险要远远大于一般产业的创新风险。其次，金融业涉及国民经济的各个方面，因此金融创新风险要比一般产业创新风险具有更广的影响面和更大的影响力。再次，金融创新无法申请专利，具有强大的可模仿性和可推广力。每当一项新的融资技术或金融工具被设计创造出来投入运用，它便同时被公开，而且随后被模仿推广，创新的能量才得以释放，只有通过这两个阶段的活动，创新才能真正被社会所接受，否则将发生市场缺损、作用缺损、价值缺损。因为若没有模仿与推广，创新将被局限在一个狭小的范围内，银行家便成为一个孤独的创新者，尽管从理论上可独享创新利润，但实际上往往由于市场规模的不经济，接受程度低等原因导致对创新成果的市场需求量过小，创新成本过高，创新者很难获得全部的潜在收益，实现利润最大化，一般产业创新则与此相反。因此，二者所面临的风险也不同。

2. 金融创新风险的成因

金融创新风险的成因主要体现在以下三个方面：

第一，金融创新使通货膨胀成为可能。首先，金融创新扩大了货币供应主体。例如商业银行在金融创新中出现的诸多与活期存款类似的新型负债账户就具有较强的存款派生能力。其次，金融创新提高了货币流通速度。金融电子化作为金融创新的特征之一，大大加快了货币的流通速度。再次，金融创新扩大了货币乘数。一方面，商业银行创造出介于活期、定期存款之间或逃避计提法定准备金的新型负债种类，减少了法定储备金的提交款，导致法定存款准备金的实际提缴率下降，货币乘数扩大。另一方面，收益较高的银行放款与投资进货增多，加大了保有超额储备的机会成本，同时银行间同业拆借市场发达，而公众对通货的偏好减弱，导致银行持有的超额储备下降，这三个因素造成货币乘数的增加。

第二，金融创新降低了金融系统的稳定性。一方面，创新加大了原有的系统风险，如市场风险、信用风险等；另一方面，金融创新使金融业在传统风险的基础上面临更多新的金融风险，如经营风险、投机风险、伙伴风险等。因此，金融创新使得金融风险更加复杂，更加难以控制，降低了整个金融体系的稳定性。

第三，金融创新弱化了金融监管的有效性。一方面，金融监管领域扩大，对象增多。各类金融机构之间的业务相互交叉和渗透，传统的银行与非银行金融机构业务分工的界限日益模糊；另一方面，表外业务交易比例增加，金融监管出现“真空地带”；此外，金融监管措施的创新相对于金融机构的业务和工具创新显得滞后。

（二）金融产品创新与金融风险的关系

1. 金融创新与金融风险的联系与区别

金融创新与金融风险对金融业的发展都有促进和制约作用。但是，一般认为金融创新对金融业的促进作用要远远大于金融风险的促进作用，而金融风险对金融业的制约作用要远远大于金融创新的制约作用。同时金融创新和金融风险的影响范围十分相似，包括国内金融和国际金融。在国内金融方面分别包括政府、企业（金融企业与非金融企业）、居民和国内金融市场；在国际方面分别包括各国国家、国际金融机构和组织、离岸金融交易者和国际金融市场。在国内的金融创新一般都是与该国的特征和具体情况相适应的。在国内的金融风险，一般也是由于该国的一些特殊原因造成的。金融创新的另一大块就是国际金融创新，而金融风险的另一大块则是国际金融风险。

同时，金融创新与金融风险之间又存在区别。一方面，金融创新与金融风险是两个不对等的概念。金融创新是一种过程，其结果是各种新的金融产品与服务；金融风险是一种损失的可能，其结果是带来金融、经济乃至社会、政治的损失；另一方面，金融创新与金融风险的运作机制不同。金融创新是金融活动的主体主动开展的、有意识的活动，金融风险的传导则是金融活动主体无意的或被迫的一种传递；金融创新一般都会有模仿者，并且对金融的发展有一定的促进作用，金融风险的模仿行为是一种“从众行为”，对金融风险的传导会起到推波助澜的作用，危害整个金融体系；金融创新的过程需要一种灵感和创造性思维，但不一定有明确的方法和轨迹，而金融风险的传导机制是客观的、确定的，甚至有确定的流向，足够强的金融监管力是能够对其产生预警的。

2. 金融产品创新中的风险规避

金融产品创新中的风险规避是针对金融风险中的可管理风险而言。风险规避是指通过各种手段和方法对这种风险进行重新的配置与安排，其主要形式有：

风险的分担：指将原先由一个风险承担者承担的风险分摊到多个风险承担者身上，以降低每个风险承担者所承担的风险，常见于再保险业务。

风险的转移：指将原先由某一风险承担者多承担的风险转移到由另一主体，

其中风险转移者需支付一定的费用或放弃一定的权利以便能换得稳定的收益或资产价格。

风险的整合：即认为实物的发生总是围绕一定的中心左右波动，最典型的就是正态分布，将大量不确定的风险组合起来可以将最终风险波动控制在一个较小的范围内。

风险的消除：指通过金融产品创新可以使原来的风险完全消除。

金融产品创新对金融风险的四种规避形式，实际上是对金融风险的四个要素重新进行了安排，即风险来源、风险大小、风险承担人和风险期限。那么，金融产品创新的规避效果如何？一般而言，金融产品创新可以为各国政府和国际金融组织、各国金融机构、各国企业和各国个人规避风险。对国家而言，在国际金融交往中必然会面临各种各样的金融风险。例如，在对其他国家发放贷款时，接受贷款国的信用如何、经济状况如何等都将影响其对债务的偿还。通过金融产品创新可以对借贷国的还款方式进行规划，最大限度地保证贷款的如期收回。对金融机构而言，首先，金融产品创新可以帮助他们减少金融市场的操作风险。其次，金融产品创新还可以帮助各国金融机构更好地安排和组织风险。对银行而言，在发放贷款的过程中及前后，都可以通过金融创新手段避免不同阶段的风险。

三、金融产品创新的风险防控机制

（一）金融产品创新风险防控的一般原则

金融产品创新风险作为金融风险的一部分，既具有金融风险的一般特征，同时也具有自身特殊性，体现在金融产品创新风险的两重性、隐蔽性、突发性、杠杆性和连锁性。

1. 成本最低原则

控制金融风险的根本目的在于避免可能发生的损失，因此往往需要付出一定的代价，表现为金融风险的控制成本，主要有：交易成本，即人们通过某种金融交易来管理面临金融风险时所发生的各种费用；执行成本，通常发生于各种金融交易中；机会成本，即人们为了管理所面临的金融风险而必须放弃的收益；风险成本，越来越多的衍生金融工具被用于管理投资者所面临的金融风险，但这些工具大多具有明显的两重性，在作为金融风险管理工具的同时，又会引发新的、更为严重的金融风险。

2. 效率最高原则

所谓金融风险控制的效率，是指通过采用一定的金融风险控制策略，能使自己所面临的金融风险减少或消除。从理论上说，人们自然必须以金融风险控制的效率最高作为选择金融风险控制策略的基本原则。但是，在现实的金融风险管理中，效率往往与成本成正比。所以，在实际选择金融风险管理策略时，人们常常会陷入顾此失彼的困境之中。于是，如何准确地估计金融风险管理的成本，以求得各种备选策略的净成本或净收益，是选择最优的重要环节。

3. 保护收益原则

不同的金融风险往往有不同的性质、不同的特点，在现实生活中，有许多的金融风险都具有两重性：它既可能给人们带来损失，也可能给人们带来意外的收益。这类金融风险，通常被称为对称性风险。而在这类金融风险的管理中，选择适当的金融风险管理策略就显得尤为重要。一般来说，在其他条件一定的情况下，人们应该尽量选择那些既可能避免损失，又能保护可能的意外收益的策略。

（二）金融产品创新的风险防控

1. 金融监管与金融产品创新的风险防控

以金融风险监管来防范金融产品创新风险，可以从以下几个方面考虑：

一是建立和完善金融监管的法律支持体系。金融监管的有效运行依赖于健全的金融法律体系。监管者要有效履行金融监管职能，除了主体法律体系外，还需要一套较为完整的与之相配套的实施细则，对立法环境尚未成熟、近期不易立法的有关金融行业，可先制定过渡性的暂行条例。

二是实行严格的市场准入监管。市场准入监管是防范创新工具交易风险的第一道关口。监管当局对准备上市的金融创新工具，各种交易机构的注册、审批，交易所会员及经纪人资格的批准等都要严格审查，把握交易风险和交易总规模，控制金融产品创新风险，确保金融市场的有序、健康发展。

三是加强监管机构之间的信息交流与共享，建立和健全金融信息披露制度。健全金融监管信息系统，在条件成熟时建立金融监管信息中心，专门从事监管信息的收集、整理、发布、分析、研究，保证信息共享的长期性、稳定性、安全性，达到防范金融风险，提高金融监管效率的目的。

四是监管的市场化，引入金融机构信用评级法。信用评级运用于金融监管之中，一方面，评价金融机构的业绩，对金融机构的经营具有指导作用；另一方面，利用评级指导金融机构的投资和经营活动，以提高资产质量，限制不慎投资经营活动。

2. 金融产品创新主体与金融产品创新的风险防控

一是表外业务的管理。金融产品创新主体应根据自身的规模、资金、能力等确定表外业务占全部资产额的比例，并把握好表外头寸。同时，表外业务与表内业务要分开管理，加强表外业务的统计和核算，及时发现表外业务经营中存在的问题，并制定出应付突发事件的措施。

二是金融机构内部控制设计。建立和完善创新金融工具交易的内部控制制度应包括以下几个方面：第一，明确创新金融工具交易中董事会、管理当局以及具体操作人员的职权和责任，实行严格的问责制，对在交易活动中有越权或违规行为的交易员及其主管，要有明确的惩处制度。第二，实施全面的内部控制与稽核。创新业务风险管理规则和程序是内部控制总体框架的延伸，内部稽核人员对风险管理过程和内部控制系统进行定期检查，有效发挥内部监管职能。第三，应建立足以监控、管理和报告创新产品交易风险的管理信息系统，特别是明确不同层次的报告制度。第四，应选用具有高素质的交易人员，并明确界定交易员权限，包括其职责范围和交易限额。

3. 行业监管组织和国际协作

对于金融产品创新的风险防范，在强调加强政府监管的同时，要注重发挥行业自律监管的作用。由于衍生产品品种众多，交易过程复杂，交易规模庞大，监管部门很难对所有交易进行全面监管。因此，监管当局应该采取各种行之有效的措施，充分调动市场交易主体自律管理的积极性。

此外，由于金融产品创新的风险带有国际性质，其监管不是某个国家的事情，而是关系到本国乃至全球的金融安全，因此，加强国际协作显得尤为重要。通过金融监管的国际协作，各国监管机构与国际性金融组织的合作与协调，能够有效降低金融产品创新风险。金融产品创新的国际监管可从两个方面进行：一是国与国之间的协作监管；二是国际性组织对其成员国所进行的风险监管。

四、衍生金融工具的风险防控

（一）衍生金融工具的种类和功能

金融工具创新之后，西方金融学使用了“derivative financial instruments”一词来描述新的金融工具，翻译过来即为“衍生金融工具”。从汉语的角度讲，由于新的金融工具无一例外的都是对已有金融工具的某些特性如风险性、流动性、收益性、期限长短等进行重新组合的结果，因此，把新的金融工具看做是原有金融工具的“衍生物”也是不难理解的。衍生金融工具的种类很多，若按原资产来做基本分类，见表1：

表1　　衍生金融工具分类

对象	原资产	衍生工具
短期利率	存款	金融期货、金融远期交易等
长期利率	债券	债券期货、利率掉期交易等
股票	股票指数	股票指数期货、股票指数期权等
货币	现货交易	货币期货、货币掉期等
商品	现货商品	商品期货、商品掉期等

衍生工具之所以能在很短的时间里获得如此迅速的发展，其主要原因是基础工具价格变幻莫测，由于宏观、微观等各种因素的影响，未来市场价格是无法完全预知的，而各种各样的衍生工具一方面为投资者提供了保值、投机和套利的手段，另一方面为金融机构和工业企业提供了风险管理、存货管理和资产组合管理的工具。

（二）衍生金融工具的风险识别

既然衍生工具是从传统的金融资产派生出来的，就具有本源资产的经济效果。我们比较一下债券投资与利率掉期交易就会发现，由于掉期交易不存在本金移动的风险，因此衍生工具交易排除了本源资产最大的风险。对比本源资产，衍生工具是一种效率极高的商品。风险通常被定义为“未来收益的不稳定性程度”，通过对这种不稳定性的原因进行细分，可以划分出三类风险，如图 1 所示。

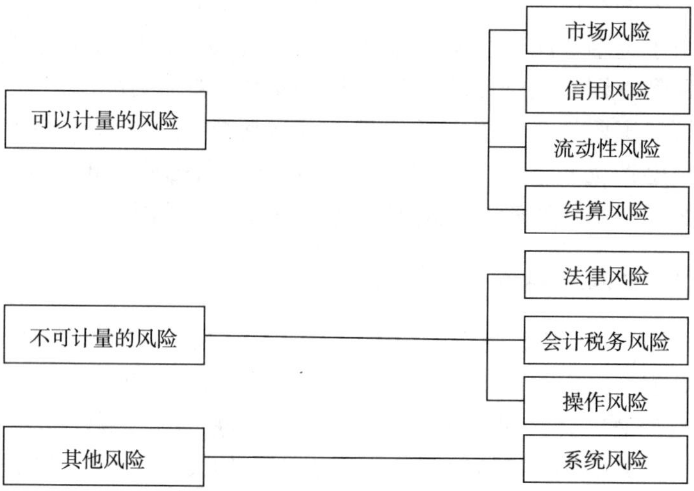

图 1　衍生金融工具的风险种类

下面就三种主要衍生金融工具的风险识别进行分析：

1. 金融期货

金融期货是一种完全不同于金融现货的交易方式，具有独特的保证金制度、结算制度和数量限额制度。由于金融期货主要是在场内交易的，各交易所完善的保证金制度、结算制度和数量限额制度，使金融期货交易的信用风险和流动风险相对较小。

交易保证金是金融期货投资者获取收益或承担损失的杠杆。通常情况下，现货市场上价格的轻微变动，都会在金融期货市场中的这个“杠杆”上得到明显的反映。保证金的这种“放大”功能，使金融期货的市场风险十分巨大。市场风险可以表现为内部操作不当或管理失误，其中比较典型的是交易员舞弊的风险。在金融期货交易的历史上，发生在经纪人身上的虚假陈述、欺诈客户等行径可谓屡见不鲜，最常见的是交易员在接受顾客的全权委托后，往往为了得到佣金收入而不必要地下单，从而使客户遭受损失。

2. 期权

期权是一种不对称的合同，所谓不对称是针对期权所特有的风险和收益机制而言的。正因为权利和义务的不对称，所以期权的风险要分买卖双方来进行识别。期权交易通常也是在严密的市场组织体系中进行的，所以其信用风险和流动风险都较小。如同金融期货交易一样，期权交易的首要风险是市场风险，而且在市场风险方面，合同卖方承担的风险要大于合同买方。此外，合同购买者支付的期权费大小也是衡量风险的一个重要因素。

3. 互换

顾名思义，互换就是两个或两个以上的当事人按照共同商定的条件，在约定的时间内交换一系列支付款项的金融交易。主要包括利率互换和货币互换两种形式，这两种形式都蕴含着远期合同交易思想。与金融期货和期权不同，互换在业务发生时就对交易双方都有利，但这并非意味着没有风险。互换不仅伴随着风险而产生，而且这类交易在风险上还具有独特之处，互换涉及的风险主要有市场风险、信用风险、流动风险、兑换风险、差额风险和替代风险等，其中兑换风险、差额风险和替代风险则是互换交易所特有的风险。

从上述分析中，可以看出，三类衍生金融工具的风险既有共性，又有个性。

(三) 衍生金融工具的风险管控

1. 衍生金融工具风险的内部管理

(1) 市场风险的内部管理

市场风险是因市场价格变动造成亏损的风险，是衍生金融工具的一种主要风险，可分为如下几步：

计算风险敞口头寸（即市场价值）—确定交易者的风险承受能力—严格交易程序—进行“压力测试”

由于金融衍生工具的复杂性，对金融衍生工具市场风险的管理除了和其他任何资产的风险管理一样，对市场价格（如汇率、利率、证券行情等）有良好的判断能力外，还应注重对产品特性的了解，开发出合适的管理软件由专家实施管理。

(2) 信用风险的内部管理

信用风险是交易对手不履行责任而导致的风险，信用风险存在于一切交易中，场外衍生工具交易最为严重。主要措施有：

信用限额，需同时考虑结算风险和结算前的风险，并应对与机构有业务关系的所有交易对手设置这样的信用限额。

内部评级，大的投资银行通常设立专门的单位评定对手信用。在场外交易中，对手一定要达到公司所要求的评级标准才可被接受。内部评级中应考虑的因素有外部评级、交易的时间性和数量、第三者保证和抵押品。

（3）流动性风险的内部管理

流动性风险主要包括两方面的内容：一是资产组合流动性风险，二是资金短缺风险。管理流动性风险的有效措施是实行多元化投资。在多元化投资组合中，每种投资都要有一定的额度限制，保证部分投资具有高度的流动性，以应付不时之需。

（4）操作风险的内部管理

操作风险是因负责管理的计算机系统程序出现差错，导致不能正确把握市场风险，可从如下几个方面着手：一是培养一批高素质的管理人员和业务操作人员；二是建立准确高效的计算机处理系统；三是在内部管理上实行职责分离；四是操作风险的管理应建立在前几种风险管理之上，保证管理部门人员准确知晓金融衍生工具的风险价值及价格状况，使风险处于可控和可承受的范围内。

（5）法律风险的内部管理

由于金融衍生工具是新兴的金融工具，产生纠纷时往往出现无法可依和无先例可循的情况。在法律风险的管理中，首先应保证一批熟知金融衍生工具的专家参与交易法规条例的制订，使法律能够跟得上金融衍生工具交易发展的实际。在尚无明确法规保护的情况下，交易方应明确交易对手是否有权从事金融衍生工具交易，有无足够法律依据确保对方如期履约。

2. 衍生金融工具风险的外部监管

衍生金融工具的风险管理除了内部控制外，还需要外部机构的监管，包括政府、行业协会以及交易所的自我管理。

政府对衍生金融工具的监管应当是宏观的、全局的和基础性的。一是制定交易法规，颁布监管条例；二是管理和监督期货交易所的行为准则；三是对市场参与者实行宏观管理；四是制定仲裁和索赔处理的规则。

成功的衍生金融工具市场需要有行之有效的行业自律管理与之相配合，行业协会对市场的监管主要表现在：一是制定行业协会宗旨，强化职业道德规范；二是负责会员的资格审查和会员的工作记录；三是监管已登记注册会员的经营；四是调解纠纷、协调会员关系；五是实施宣传教育计划，普及衍生金融工具知识。

除此之外，交易所是进行衍生金融工具交易的基本场所，交易所的自我管理是整个市场监管的核心内容，主要内容有：一是对会员和交易规则的管理；二是建立健全财务安全保障体系，确保交易市场财务的健全和完整；三是交易活动的信息披露，包括品质信息披露和数量信息披露。

参考文献

[1] 蔡武：《衍生金融工具的风险防范研究》，硕士学位论文，2000。

[2] 董丽：《金融产品创新与风险防范探析》，载《黑河学刊》，2009（6）。

[3] 高永成：《对我国商业银行金融创新的探索》，硕士学位论文，2001。

[4] 胡玉芬：《对我国商业银行金融创新及其策略的研究》，硕士学位论文，2002。

[5] 黄德权：《论金融创新及其风险控制机制》，硕士学位论文，2000。

[6] 李健：《我国商业银行金融创新风险防范研究》，硕士学位论文，2010。

[7] 李勇志：《金融产品创新及其金融风险的控制》，硕士学位论文，2003。

[8] 刘光辉：《我国商业银行金融创新实践与策略研究》，硕士学位论文，2003。

[9] 颜德民：《金融衍生工具与中国金融衍生市场发展》，硕士学位论文，2000。

[10] 郑爱民：《我国金融创新发展趋势及其监管研究》，硕士学位论文，2001。

[11] 郑飏飏：《金融创新风险的研究》，硕士学位论文，2005。